마지막 계승자

이 도서의 국립중앙도서관 출판예정도서목록(CIP)은 서지정보유통지원시스템 홈페이지(http://seoji.nl.go.kr)와
국가자료종합목록시스템(http://www.nl.go.kr/kolisnet)에서 이용하실 수 있습니다. (CIP제어번호 : CIP2019016971)

THE GREAT SUCCESSOR
The Divinely Perfect Destiny of Brilliant Comrade Kim Jong Un

— 김정은 평전 —

마지막 계승자

THE GREAT SUCCESSOR

애나 파이필드 지음 | 워싱턴포스트 베이징지국장

이기동 옮김

도서출판 **프리뷰**

수수께끼 인물의 퍼즐 맞추기

나는 평양행 고려항공 152편 기내에 자리를 잡고 앉았다. 북한의 수도로 가는 여섯 번째 취재출장이고, 김씨 일가의 세 번째 지도자 김정은이 권력을 물려받은 뒤 첫 번째 방문이었다. 2014년 8월 28일이었다. 북한 현지취재는 늘 기묘한 흥분과 좌절을 함께 안겨주었다. 하지만 이번 출장길에 나는 차원이 다른 기괴함을 맛보게 되었다.

우선 내가 앉은 좌석이 몸무게가 140킬로그램이나 나가는 거구의 프로레슬러 존 앤더슨Jon Andersen 바로 옆자리였다. 샌프란시스코 출신의 이 프로레슬러는 링네임이 '스트롱 맨'으로 다이빙 넥브레이커diving neckbreaker, 고릴라 프레스 드롭gorilla press drop같이 말만 들어도 오싹한 기술을 구사하는 것으로 유명하다.

비즈니스석 승객 한 명이 자기 친구와 함께 앉아서 가겠다고 이코노미석으로 옮겨가는 덕분에 내가 대신 비즈니스석의 앤더슨 옆자리로 옮겨 앉게 된 것이다. 공산국가의 민항기 좌석에도 등급이 있다. 옛소련에서 제작한 낡은 일류신 여객기는 붉은 시트에 하얀 커버가 씌워진 헤드레스트, 금실 수를 놓은 쿠션이 갖춰져 있어 마치 할머니댁 거실의 안락의자 같은 분위기를 풍겼다.

존 앤더슨은 한물 간 세 명의 미국 프로레슬러 중 한 명이었다. 이들은 일본에서 거구 하나만 가지고도 아직 스타 대접을 받고 있었다. 명성도 어느 정도 누리고 수입도 제법 짭짤한 편이다. 이들은 새로운 기회의 나라에서 기상천외한 코미디 쇼를 하러 가는 길이었다. 처음으로 열리는 평양국제프로레슬링대회는 일본 프로레슬러 안토니오 이노키가 주최했다. 주걱턱으로 잘 알려진 이노키는 스포츠를 통해 평화를 증진한다는 명분을 내세워 대회를 준비했다.

비행기가 이륙하자 앤더슨은 북한의 진짜 모습이 어떨지 궁금하다고 했다. 미국 언론에 소개되는 내용이 아니라 진짜 실상을 보고 싶다는 말이었다. 우리는 외부인은 절대로 실상을 알지 못하도록 수십 년에 걸쳐 교묘하게 만들어 놓은 가공의 세계로 날아 들어가고 있었다. 하지만 그에게 그렇다는 말을 하지는 않았다. 그가 그곳에서 만나게 될 사람이나 장소, 단 한 끼의 식사도 각본에 의하지 않은 게 없다는 말을 차마 해줄 수는 없었다.

앤더슨은 몸에 꽉 죄는 검정 라이크라 쇼츠 바지를 입고 경기장에 등장했다. 속옷을 입고 나왔다고 생각한 관중도 있었을 것이다. 엉덩이 위쪽에 스트롱맨STRONGMAN이라고 선명하게 새겨져 있었다. 요란한 굉음 속에 등장한 그는 평양 류경정주영체육관에 모인 1만 3,000명의 관중들에게 눈요기 거리를 선사했다. 그는 거대한 근육질 남성의 상징이었다.

옷을 벗으니 평소보다 몸집이 훨씬 더 커보였다. 이두박근과 넓적다리 근육을 보니 숨이 멎을 듯했다. 포장지에서 삐져나올 것처럼 탱탱한 소시지 살코기 같다는 생각이 들었다. 이들의 모습을 본 북한 주민들의 충격이 어떠했을지는 상상할 수 없을 정도였다. 수십만의 아사자를 낸 대기근을 겪은 이들이 대다수였다.

이번에는 덩치가 더 큰 레슬러 밥 샙Bob Sapp이 등장했다. 흰색 망토를 걸친 그는 북한이 아니라 사순절 시작 전 '참회의 화요일'에 어울릴 법한 복장을 했다. '둘 다 죽여 버려!' 앤더슨의 고함과 함께 두 사람은 자기들보다 덩치가 훨씬 작은 일본 레슬러들을 상대로 2대2 복식경기를 시작했다.

하지만 그 경기 역시 그동안 내가 북한 땅에서 목격한 다른 여러 일들과 마찬가지로 매우 낯설고 혼란스럽기 그지없는 장면들이었다. 그것은 지구상에서 가장 악질적인 선전꾼들의 나라에서 미국인들이 벌이는 코미디 쇼였다. 관중석의 북한 청중들은 실제 경기가 아니라 고도로 기획된 쇼라는 사실을 금방 알아챘다. 스포츠 경기가 아니라 오락이었다. 사람들은 무대 위에서 벌어지는 코미디를 보며 웃음을 터뜨렸다.

북한 땅에 가면 어떤 것이 사실이고 어떤 것이 허구인지 혼란스러웠다. 당시 나는 6년 만에 북한 땅을 다시 찾았다. 마지막으로 간 게 2008년 겨울 뉴욕필하모니 오케스트라의 방북 때였다. 나는 뉴욕필하모니의 방문이 역사에 하나의 전환점이 될 것이라고 생각했다. 미국에서 가장 저명한 오케스트라가 미국에 대한 증오로 가득 찬 나라에 와서 공연하는 것이었다. 무대 양쪽에 성조기와 북한 인공기가 마치 북엔드처럼 세워져 있는 가운데 오케스트라는 조지 거슈윈George Gershwin의 곡 '파리의 미국인'An American in Paris을 연주했다.

허구로 가득 찬 땅

"언젠가 평양의 미국인이라는 곡이 나올지도 모릅니다." 지휘자 로린 마젤Lorin Maazel은 연주 시작에 앞서 북한 관객들에게 이렇게 인사했다. 공연 후반부에 이별을 노래하는 애절한 선율의 민요 아리랑이 연주되자 철저히 선별해서 참석시킨 평양 관객들 가운데서도 동요하는 모습이 눈에 띄었다.

하지만 내가 생각한 역사의 전환점은 오지 않았다. 그해 북한의 최고 통치자 김정일이 뇌졸중으로 쓰러졌다. 그는 이 심장질환에서 회복하지 못하고 몇 년 뒤 결국 사망에 이르게 된다. 그가 쓰러지고 나서부터 북한정권은 한 가지 일을 해결하는 데 전력을 다했다. 그 일은 바로 이 공산 왕조가 흔들림 없이 대를 이어 지속되도록 하는 것이었다.

막후에서 김정일의 막내아들을 후계자로 세우는 작업이 진행됐다. 당시 24살에 불과한 김정은을 북한정권의 다음 지도자로 앉히기로 한 것이다. 그가 외부 세계에 김정일의 후계자로 공식적으로 알려진 것은 그로부터 2년이 더 지나서였다. 일부 분석가들은 당시 김정은이 개혁적인 지도자가 될 것이라는 희망적인 분석을 내놓았다. 스위스에서 교육을 받았고, 서방국가를 여행하면서 자본주의의 맛을 보았다는 사실을 분석의 근거로 내세웠다. 과연 김정은이 그런 과거 경험을 북한 내부에 들여올 것인가?

런던에 유학한 안과의사 출신의 바샤르 알 아사드 시리아 대통령과 집권 초기 실리콘밸리를 방문하고, 여성 운전을 허용한 사우디아라비아의 모하메드 빈 살만 왕세자도 처음에는 비슷한 기대를 모았다. 중국 전문가인 존 딜러리John Delury 연세대 국제대학원 교수의 말에 의하면 김정은의 경우도 초기 징조는 괜찮았다. 딜러리 교수는 이 젊은 지도자가 처음에는 1978년 덩샤오핑鄧小平이 중국에서 한 것처럼 북한에 개혁과 번영의 바람을 몰고 올 것이라는 기대를 모았다고 했다.

하지만 실제로 드러난 것은 다른 방향에서의 낙관론이었다. 끝이 멀지 않다는 의미에서의 낙관론을 말한다. 가까이는 서울에서부터 멀리 워싱턴 D.C.에 이르기까지 많은 정부관리와 분석가들이 크고 작은 목소리로 북한에 대해 비관적인 전망을 내놓았다. 심각한 정세 불안정과 중국으로의 대량 탈출 사태, 군사정변, 임박한 체제붕괴 가능성 등이 제기됐다. 비관적인 전망을 내놓는 사람들이 공통적으로 동의하는 생각이 하나 있었는데, 그것은 바로 '3대 지도자 시대까지 독재정권이 유지되기는 힘들지 않겠는가?' 하는 것이었다. 유럽에서 부유층 자녀들이 다니는 학교에서 교육을 받고, 시카고 불스의 열렬한 팬인 스무 살 남짓 어린 지도자, 군부나 정부기관에서 제대로 경력을 쌓은 적이 없는 어린 지도자에게서 정권의 미래를 기대하기는 정말 어렵지 않겠느냐는 말이었다.

조지 W. 부시 행정부 때 북한핵 6자회담의 미국 측 수석대표로 활동한 빅터 차Victor Cha 교수는 북한정권이 수주가 아니면 최소한 수개월 안에 붕괴될 것이라고 예견했다. 그는 일관되게 이런 전망을 내놓았고, 그의 전망에 동조하는 전문가는 얼마든지 더 있었다. 대부분의 북한 관측통들이 종말이 머지않다고 생각했다. 김정은이 지도자 역할을 감당해내지 못할 것이라는 회의론이 광범위하게 퍼져 있었다.

나도 회의적인 생각을 갖고 있었다. 김씨 일가의 통치가 3대째 이어진다는 것은 상상도 할 수 없는 일이었다. 나는 가까이서 혹은 멀리서 여러 해 동안 북한을 지켜보았다. 파이낸셜타임스Financial Times 에서 일할 때인 2004년 서울특파원으로 와서 남북한을 모두 취재했다. 그때부터 나는 인내심을 갖고 북한 문제에 매달렸다.

이후 4년 동안 북한을 10번 방문했는데, 그 가운데 5번은 평양을 취재하기 위해 간 것이다. 김씨 일가를 위해 만들어놓은 기념물들을 둘러보고, 정부 관리자와 공장책임자, 대학교수들과 인터뷰했다. 이런 일은 항상 북한당국이 보낸 감시인이 지켜보는 가운데 이루어졌다. 감시인들은 자신들이 철저한 각본에 따라 짜놓은 상황에 대해 내가 어떤 의문도 제기하지 못하도록, 자기들이 보여주는 것 이외에 다른 것은 보지 못하도록 항상 내 곁에 붙어 있었다.

나는 진실의 희미한 조각이라도 찾아내기 위해 신경을 곤두세웠다. 북한정권은 나의 눈과 귀를 가리기 위해 갖은 애를 다 썼다. 하지만 국가가 파산 상태이고, 겉과 속이 일치하는 것이 하나도 없다는 사실은 금방 눈치챌 수 있었다. 경제는 거의 작동을 멈추었고, 사람들의 시선에 담긴 공포감은 감출 수가 없었다. 2005년에 나는 평양의 거대한 스타디움에서 김정일과 불과 50미터 떨어진 곳에 서 있었다. 귀가 멍멍할 정도로 울려 퍼지는 함성과 박수소리는 녹음해서 틀어주는 것같이 들렸다.

이런 체제가 3대째 이어지는 것은 불가능하다고 나는 생각했다. 그렇지 않을까? 광범위한 개혁이 이루어질 것이라고 한 전문가들의 전망은 틀렸다. 붕괴가 임박했다고 믿은 전문가들도 틀렸다. 나도 틀렸다.

한국을 떠난 지 6년만인 2014년, 이번에는 워싱턴포스트 특파원으로 다시 돌아왔다. 특파원으로 부임하고 몇 달 뒤, 그리고 김정은이 집권하고 3년 정도 지난 시점에 평양에서 열리는 프로레슬링대회를 취재하기 위해 간 것이었다. 외국 기자들은 이런 취재 명목으로 방북 비자를 발급받았다.

나는 깜짝 놀랐다. 수도 평양에 건설공사가 한창이라는 사실은 알고 있었지만 이렇게 광범위한 규모로 진행되는지는 전혀 예상하지 못했다. 도심에서 한 구역 건너면 고층 아파트 단지 건설공사가 진행되고 있었다. 전에는 시내에서 트랙터 한 대 보기 힘들었는데, 황록색 군복 차림의 작업인부들과 트럭, 크레인이 곳곳에 눈에 띄었다.

전에는 길거리를 돌아다녀도 사람들이 내게 눈길 한 번 주지 않았다. 외국인을 보기가 아주 드문 곳인데도 그랬다. 모두 눈을 내리깔고 앞만 보고 걸었다. 그런데 이제는 도시의 분위기가 한결 부드러웠다. 사람들의 옷차림도 나아졌고, 새로 만든 링크에서 롤러블레이드를 타는 아이들도 보였다. 분위기 전체가 한결 여유로워 보였다.

북한 체제의 선전장이라지만 수도 평양의 삶은 여전히 힘들어 보였다. 낡아 털털거리는 트롤리 버스를 타기 위해 정류장에는 사람들의 긴 줄이 늘어서 있고, 나이 든 여성들이 무거워 보이는 큰 가방을 등에 메고 다녔다. 길거리에서 비만은커녕 약간 통통하게 살찐 사람도 구경하기 어렵다. 넘버원 한 명만 예외일 뿐이다. 그렇다고 망하기 일보 전의 도시도 아니었다.

조선민주주의인민공화국 건국 70년이 지난 시점에 북한 공산주의의 얼굴인 평양에 와해의 징조는 보이지 않았다. 그 기간 중 세계는 무자비한 통치로 사람들을 고문하고 죽이면서 자신의 사욕만 채운 독재자들의 부침을 무수히 지켜보았다. 아돌프 히틀러, 이오시프 스탈린, 폴 포트가 그랬고, 이디 아민, 사담 후세인, 무아마르 가다피, 페르디난드 마르코스, 모부투 세세 세코, 마누엘 노리에가가 그랬다. 그 가운데는 이데올로기 광신자도 있고, 약탈형 독재자도 있으며, 상당수는 양쪽 다 해당되는 독재자들이다.

가족이 돌아가면서 권력을 휘두른 가족형 독재자들도 있었다. 아이티의 '파파 독'Papa Doc 두발리에는 아들 '베이비 독'Baby Doc에게 권력을 넘겨주었고, 시리아 대통령 하페즈 알 아사드는 아들 바샤르에게 권좌를 물려주었다. 쿠바의 피델 카스트로는 동생 라울에게 권력을 넘겼다.

김씨 일가의 3대 세습은 지금까지 국가권력을 확고하게 장악하고 있다는 점에서 다른 독재자들과 차별화된다. 김일성이 권좌에 있는 동안 미국에는 해리 S. 트루먼 대통령부터 시작해 9명의 대통령이 자리를 지켰고, 일본에는 21명의 총리가 들어섰다. 김일성은 마오쩌둥이 죽고 거의 20년 더 살았고, 이오시프 스탈린이 죽고 40년 더 살았다. 북한은 이제 옛소련보다 더 장수한 국가가 되었다.

나는 김정은에 관한 모든 정보를 찾아내 도대체 이 젊은 지도자에 대해, 그리고 그가 물려받은 북한정권에 대해 사람들이 내놓은 전망이 왜 틀리는지 그 이유를 알아내려고 했다.

김정은이라는 수수께끼 인물에 대한 단서를 찾아내기 위해 그와 직접 만난 적이 있는 사람과는 모조리 인터뷰를 시도했다. 쉽지 않은 작업이었다. 우선 그를 직접 만난 사람의 수가 너무 적고, 그 몇 안 되는 사람들 중에서 그와 의미 있는 정도의 시간을 보낸 사람은 정말 극소수였다. 내가 가진 직관을 총동원해 수단 방법을 가리지 않고 단서를 찾아나설 수밖에 없었다.

암울한 미래

김정은의 스위스 유학 시절 그의 후견인 역할을 한 이모와 이모부를 찾아냈다. 그의 십대 시절에 대한 단서를 찾기 위해 스위스에도 갔다. 그가 예전에 묵었던 아파트 건물 바깥에 앉아 시간을 보내고, 그가 다닌 학교 주변을 한참 서성거려 보기도 했다.

어두컴컴한 중국 식당에서 후지모토 겐지藤本健二와 점심식사를 두 번 함께 했다. 일본 요리사로 파란만장한 삶을 살아 온 그는 김정은의 부친 김정일의 전속 스시 요리사였고, 또한 김정은이 어렸을 때 미래의 지도자인 그의 놀이 상대가 되어 주기도 한 사람이다.

농구선수 데니스 로드먼Dennis Rodman이 북한에 갔을 때 일행으로 함께 간 사람들과도 만나 이야기를 들었다. 김정은의 이복형 김정남이 쿠알라룸푸르 공항에서 피살되었다는 소식을 듣고 나는 곧바로 비행기에 올랐다. 내가 현장에 도착한 것은 그가 피살되고 불과 몇 시간이 지난 뒤였다. 시신이 안치된 시체안치소 바깥에서 기다리고 있는 동안 화가 잔뜩 난 표정의 북한 관리들이 분주히 오갔다.

말레이시아 주재 북한대사관으로 갔더니 대사관 직원들은 기자들의 방문에 과민반응을 보이며 출입문에 붙어 있는 초인종마저 떼어내 버렸다. 나는 김정남의 이종사촌 누나를 찾아냈다. 그녀는 김정일의 수양딸이 되어 김정남과는 남매지간이 되었으며, 그녀가 서방으로 탈출하고 김정남이 마카오에서 망명생활을 하면서도 계속 연락을 주고받은 사이이다. 그녀는 지난 4반세기 동안 이름을 바꾸고 다른 사람이 되어 완전히 새로운 삶을 살고 있었다.

2018년 들어 다양한 외교접촉이 활발하게 진행되면서 북한 지도자를 만난 사람을 찾아내기가 한결 수월해졌다. 김정은과 한국의 문재인 대통령, 김정은과 도널드 트럼프 미국대통령의 정상회담이 성사되었다. 한국 가수에서 독일의 체육 관계자에 이르기까지 평양에서 김정은과 만난 여러 사람들로부터 이야기를 들을 수 있었다. 싱가포르에서는 그가 탄 자동차 행렬이 내가 서 있는 앞을 빠르게 지나갔다. 나는 이 수수께끼 같은 독재자를 직접 만난 사람들의 이야기를 통해 어떤 실마리라도 얻으려고 했다.

유엔 북한대표부에 나와 있는 북한 외교관들에게 김정은과 인터뷰할 수 있도록 주선해 달라는 부탁을 계속했다. 이들은 이스트 리버의 루스벨트 아일랜드에 있는 숙소에 함께 모여 사는데, 그러다 보니 뉴욕에서 이스트 리버는 우스갯소리로 북한을 가리키는 말로 쓰이기도 한다. 인터뷰 요청은 성사 가능성이 매우 낮은 시도이기는 하지만 그렇다고 완전히 터무니없는 발상도 아니다. 김일성도 1994년 사망하기 얼마 전 외국기자 일행을 단체로 초대해 점심식사를 함께 한 적이 있다.

그래서 나는 북한 외교관들을 만날 때마다 김정은과의 인터뷰 건에 대해 묻고, 그 사람들은 내 말에 그저 허허 웃기만 했다. 북한 외교관들과 만날 때는 미드타운 맨해튼에 있는 스테이크 하우스에서 점심식사를 함께 했는데, 이 사람들은 항상 48달러짜리 필레 미뇽을 주문했다.

2018년 중반 김정은과 도널드 트럼프 대통령 간에 정상회담이 있고 한 달 뒤 북한대표부에서 외국 기자를 상대하는 리용필 차석대사를 만났다. 상냥한 매너를 갖춘 외교관인 그는 내 말에 웃으면서 이렇게 대답했다. "꿈은 꿔볼 수 있지 않겠습니까."

하지만 꿈만 꾸며 마냥 기다릴 수는 없는 일이었다. 그래서 체제 전시장인 수도 평양을 제외한 다른 지역의 실상에 대해 이야기해 줄 만한 북한 사람들을 만나기 시작했다. 다른 지역 취재는 허용해 주지 않을 것이기 때문이었다. 김정은을 개인적으로 알지는 못하지만 새로 시행되는 정책을 보고 그의 됨됨이에 대해 말해 줄 사람들이 더러 있었다. 그가 권력을 물려받은 이후까지 그곳에 살다 우여곡절 끝에 탈북에 성공한 사람들이었다.

북한 취재를 하는 동안 나는 수십 명, 어쩌면 수백 명에 달하는 탈북자들을 만났다. 이들은 김씨 세습 정권을 피해 도망쳐 나온 사람들이다. 탈북자를 영어로 '탈주자'라는 뜻을 가진 defectors로 표현하는 경우가 많은데 나는 이 단어를 좋아하지 않는다. defectors는 북한정권에서 도망쳐 나온 이들의 행위에 바람직하지 않은 점이 있다는 뉘앙스를 풍기기 때문이다. 나는 이들을 '탈북자'escapees나 북한 '난민'refugees으로 부르는 게 더 좋다고 생각한다.

시간이 가면서 증언해 줄 사람을 만나기는 점점 더 어려워지고 있다. 김정은 시대에 접어들고 나서부터 탈북자의 수가 계속 줄어들고 있기 때문이다. 국경 보안이 강화된 때문이기도 하고, 북한 내부의 생활 형편이 나아지고 있기 때문이기도 하다.

탈북자들의 한국 내 정착을 돕는 단체들을 통해 북한 주민 몇 십 명을 만날 수 있었지만 이들 역시 쉽게 입을 열지는 않았다. 다양한 부류의 사람들이 있었다. 관리도 있고, 평양 시내에서 장사하는 사람, 그리고 국경지역에서 밀거래로 돈벌이를 하던 사람도 있었다. 국경에서 장사하다 적발되면 아무리 하찮은 죄목이라도 악명 높은 수용소로 끌려간다. 이들 가운데는 젊은 지도자가 긍정적인 변화를 이끌어 줄 것이라고 믿는 사람들도 있었다.

한국에서도 이들을 만났는데, 주로 교외 위성도시에서 일을 마치고 오는 사람들을 재래시장 안에 있는 고깃집에서 만났다. 북한을 탈출한 뒤 제3국을 경유해 기약 없이 먼 길을 떠도는 이들을 메콩강변에서 만나기도 했다. 라오스와 태국의 우중충한 호텔방 바닥에 함께 주저앉아

이야기를 나눈 사람들도 있다.

가장 위험한 경우는 중국 북부에서 이들을 만나는 때였다. 중국당국은 탈북자들을 경제적 난민으로 취급해, 이들을 적발하면 강제 추방한다. 이들은 체포되어서 북한으로 송환당해 가면 반역자로 엄한 처벌을 받게 된다. 이런 위험한 상황에서도 이들은 세들어 사는 아파트로 찾아간 내게 자신들이 겪은 일을 용기 있게 털어놓았다.

8개국을 다니며 이들과 수백 시간에 걸친 인터뷰를 했다. 그들로부터 들은 이야기 조각을 하나하나 모아서 김정은이라는 퍼즐을 맞추어나갔다. 퍼즐을 맞추고 나서 얻은 결론은 아직 북한 땅에 갇혀 있는 2500만 명의 주민들에게 반가운 소식이 아니다.

김정은 가계도

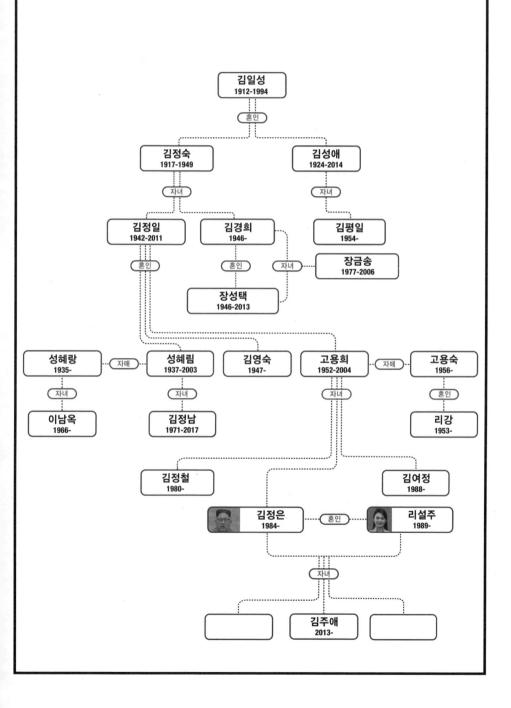

PART 03 자신감

2,500만 북한 주민들에게 이 책을 바칩니다.
그들이 자유롭게 꿈을 펼치며 사는 날이 하루 빨리 오기 바랍니다.

책에 등장하는 탈북자들 다수가 자신의 실명이 드러나지 않도록 해달라고 부탁했다. 자신의 신분이 알려질 경우 북한에 남아 있는 가족들의 안위가 걱정되기 때문이다. 이런 경우에는 가명을 쓰거나 아예 이름을 표기하지 않았다.

THE
GREAT SUCCESSOR

PART 01
후계자 수업

1장
어린 독재자

경애하는 최고영도자 김정은 동지께서는
하늘에서 내려와 백두산에서 잉태되시었다.

노동신문 2011년 12월 20일

원산은 사회주의 지상낙원이다. 적어도 북한에서는 그렇게 부른다. 험준한 산과 자갈투성이 토양, 시베리아에서 내려오는 혹한과 순식간에 몰아닥치는 홍수 등 척박한 북한 땅에서 원산은 빼어난 아름다움을 고스란히 간직한 몇 안 되는 곳이다. 갈마반도 안쪽에 숨어 있는 항구를 따라 하얀 백사장이 길게 뻗어 있고, 앞바다에는 작은 섬들이 점점이 수를 놓은 것처럼 자리하고 있다. 원산의 동해안 지역은 북한의 상위 0.1퍼센트가 여름휴가를 보내는 최고의 휴양지이다. 북한판 마서스비니어드Martha's Vineyard라고 할만하다.

이들은 바다로 나가 수영을 하고, 해변에 자리한 빌라 수영장에서 느긋하게 휴식을 취한다. 이곳 특산물 털게의 집게발에서 맛있는 속살을 빨아먹고, 꽉 찬 털게알을 숟갈로 떠서 먹는다. 인근에 있는 시중호의 진흙 온천탕에 들어가 느긋하게 몸을 푼다. 섭씨 40도가 넘는 시중호의 진흙 온천탕은 피로를 풀어주고 주름을 없애는 특효가 있다고 소문난 곳이다. 나이 많은 간부들은 지친 몸을 느긋하게 탕에 담그고 기운을 되찾는다.

간부 중에서도 최고위간부인 김정은 일가도 이 지역을 특별히 좋아한다. 김정은 일가는 대를 이어 70년 넘게 북한을 통치하고 있다. 1945년 2차세계대전에서 패배한 일본이 한반도에서 물러나자 나라 밖에서 항일투쟁을 하던 젊은이가 김일성이라는 가명으로 원산항을 통해 북한으로 돌아왔다. 그는 귀국 후 새로 건국한 북한의 지도자가 되기 위해 애쓰는 동안 종전 당시 불과 4살이던 아들 김정일을 원산에 남겨 놓았다. 한반도의 북쪽은 공산주의 소련과 중국의 지원을 받고, 남쪽은 민주국가 미국의 지원을 받았다.

김정은이라는 이름의 어린 소년이 해변에서 뛰놀고 바나나 보트를 타고 파도타기를 하며 길고 긴 여름날을 보낸 곳도 바로 이 원산이다. 김정은은 1984년 1월 8일에 태어났다. 조지 오웰의 소설 덕분에 어쩔 수 없이 압제와 디스토피아를 연상시키는 해에 태어난 것이다. 이 아이의 할아버지는 조선민주주의인민공화국을 36년간 통치했다. 위대한 수령, 민족의 태양, 불패의 사령관으로 불린 김일성이다.

소년의 아버지는 42살 쯤 되었을 때 후계자로 지명되었고, 그 때문에 북한정권은 세계 최초의 공산 왕조라는 불명예를 안았다. 그는 영화를 광적으로 좋아하는 다소 이상한 사람이었다. 그는 지도자 수업을 거쳐 나중에 '경애하는 지도자 동지', '하늘에서 내려온 위대한 장군님', '21세기를 인도하는 안내별'로 불리게 된다.

김일성과 김정일 모두 원산을 좋아했다. 그리고 이 두 사람의 뒤를 잇는 김정은도 원산을 좋아했다. 김정은은 자라면서 수시로 평양을 떠나 이곳으로 왔다. 스위스에서 유학할 때도 방학이 되면 동쪽으로 멀리 떨어진 이곳으로 와서 지냈다. 더 자란 뒤에는 미국의 괴짜 농구선수를 자랑삼아 이곳으로 불러 함께 보트를 타고 파티도 열어 주었다. 더 나중에는 역대 다른 미국 대통령과는 다른 부동산업자 출신 대통령이 원산의 아름다운 해변을 추켜세우고, 그곳에 콘도를 세우면 좋겠다는 말도 했다.

김씨 정권은 북한이 사회주의 지상낙원이라는 신화를 퍼뜨리기 위해 외국인들을 선별 초청해 원산의 아름다운 풍광을 보여주었다. 원산 시내는 특별히 눈길을 끌만한 곳이 못 된다. 한국전쟁 당시 미군의 계속되는 폭격으로 시내는 완전히 파괴되었고, 이후 소련식 도시가 다시 만들어졌다. 건물들에는 '위대한 수령 김일성 동지는 영원히 우리와 함께 계신다!'와 같은 붉은색 선전판이 나붙어 있다. 주민들은 칙칙한 회색빛 콘크리트 건물 꼭대기에 세워진 이런 전체주의 체제 선전물들을 지켜볼 수밖에 없다.

송도원해수욕장의 깨끗한 모래해변은 많은 사람들이 가보고 싶어 하는 곳이다. 김정은이 해변에서 뛰놀던 1980년대에도 원산은 전 세계 공산주의자들이 모이는 핵심적인 모임 장소 역할을 했다. 1985년에는 소련과 동독의 어린이들이 원산에 모여 캠프를 열었다.[1] 북한 국영 언론들은 전 세계 어린이들이 원산에서 신나게 여름을 보내는 사진을 내보냈다. 그러나 소련이 아직 망하기 전이어서 형제국인 북한을 도와줄 형편이 되었던 1980년대에도 현실은 사진 속 분위기와 딴판이었다.

재일교포 농업기술자인 이우홍은 원산농업대학에서 학생들을 가르치기 위해 1983년 원산에 도착했다. 학교 교실을 둘러보는데 젊은 여학생들이 희귀 품종으로 유명한 황금소나무에 대해 배우고 있었다. 전체가 황금색을 띤 소나무이다. 당시 이우홍은 교실에 앉아 있는 학생들이 여고생들인 줄 알았다고 했다. 그런데 알고 보니 농업대학 학생들이었고, 영양실조로 제대로 발육이 안 되어서 그렇게 보였던 것이다.[2]

이듬해 그는 원산의 명물인 붉은 해당화꽃 구경을 하려고 해변으로 나가 보았는데, 꽃이 보이지 않았다. 아이들이 먹을 것이 없어서 꽃씨를 먹으려고 꽃을 따 가는 바람에 그렇게 되었다고 그곳 주민이 설명해 주었다.

북한 당국에서 선전하는 농장들은 선진 영농기술이나 기계화가 전혀 도입되어 있지 않았다. 수천 명의 농부들이 하나같이 쌀이나 콩 수확 일을 손으로 직접 하고 있었다.[3]

북한에서 전설처럼 전해져 내려오는 이야기가 있다. 1984년 남한에 큰 홍수가 닥쳐 국토가 황폐화되다시피 한 적이 있다. 그때 북한은 구호식량을 배로 실어 남쪽으로 보냈는데, 이때 구호 선박이 출항한 곳이 바로 원산항이다. 원산항은 비무장지대인 DMZ에서 북으로 불과 80마일 떨어진 곳에 위치해 있다. 김정은이 태어나고 8개월 되던 때였고,

대부분의 북한 주민들은 심각한 식량 부족에 시달리고 있었다. 그런 때 '남조선 홍수 피해민들을 위한 구호식량'이라고 적힌 북한적십자사의 식량 포대를 실은 배가 원산항에서 출항한 것이다.

당시 조선노동당 기관지 노동신문은 이날의 행사를 이렇게 보도했다. '분단 40년 만에 가장 신나는 행사였다. 부두는 열정으로 넘쳐났다.' '드넓은 부두에는 잘 다녀오라고 외치는 함성이 넘쳐났고, 항구 전역이 남조선 가족에 대한 사랑으로 넘쳐났다.'

물론 김정은이 이런 일을 알고 있었을 리는 만무하다. 당시 그는 평양에 있는 저택이나 원산 해안에 인접한 격리된 별장에서 부족한 것 없이 행복한 삶을 누리고 있었기 때문이다. 원산 휴양지의 별장은 워낙 넓어서 김씨 일가의 아이들은 마당에서 전동 골프 카트를 타고 다닐 정도였다.[4]

북한의 보통 아이들이 먹을 게 없어서 꽃씨를 따먹던 1990년대에 김정은은 스시를 먹으며 액션 무비를 보았다. 농구에 빠졌고, 파리로 날아가 유로 디즈니를 구경했다.

그는 25세가 되던 2009년까지 지구상에서 가장 비밀스런 정권인 북한에서도 사람들의 눈에 띄지 않고 장막 뒤의 삶을 살았다. 후계자로 북한 엘리트 층에 공식적으로 소개될 당시 그의 첫 번째 기념사진은 원산에서 찍은 것이었다. 그 가족사진은 조선중앙텔레비전을 통해 한두 번 방영되었는데, 사진은 아주 흐릿했지만 김정은은 검정색 인민복 차림으로 아버지 김정일, 형, 누이, 그리고 다른 두 명과 함께 나무 밑에 서 있었다.

김정은에게 원산은 대단히 중요한 장소로 남아 있다. 지도자가 된 다음에는 아무런 걱정 없이 뛰놀던 젊은 시절의 즐거운 기억을 되살리려는 듯이 원산에 대규모 관광단지 건설을 지시했다. 수조 안에 터널까지 갖춘 대형 수족관이 있고, 어린이들을 위한 거울의 집, 인도어 풀과 아웃도어 풀을 갖춘 송도원 워터파크가 건설됐다. 긴 워터슬라이드에 회전 슬라이드도 갖춰져 있다. 한 마디로 테마파크에 사회주의 지상낙원을 건설하려고 한 것이다.

김정은은 '경애하는 최고영도자'가 되고 얼마 지나지 않은 2011년 말 이곳 현지 지도에 나섰다. 흰색 하복 셔츠에 아버지와 할아버지의 얼굴이 새겨진 빨간 배지를 단 김정은은 워터슬라이드 위로 몸을 내밀고 활짝 웃으며 "순전히 우리 힘으로 이런 물놀이장을 건설하게 돼 매우 기쁘다."고 말했다.

높은 다이빙 보드에 올라서면 해변에 펼쳐진 형형색색의 파라솔과 부두에 정박 중인 페달 보트들이 내려다보인다. 하지만 이런 시설들은 일반 프롤레타리아 계급이 이용하는 것이고, 김씨 왕조 사람들만 이용하는 전용 시설은 따로 있다. 김씨 가족이 쓰는 초호화 해안 저택과 손님을 위한 넓은 게스트 하우스 여러 채로 구성된 드넓은 별장 단지가 있다. 게스트 하우스들은 프라이버시를 보장하기 위해 서로 멀찌감치 떨어져 있고, 집과 집 사이에는 칸막이처럼 나무들을 심어 놓았다. 고위간부들끼리도 서로 조심하는 게 매우 중요하다.

별장 단지 안에는 대형 인도어 풀이 있고 연안 바지선에 설치한 선상 수영장도 있다. 김씨 일가가 외해로 나가는 위험을 감수하지 않고도

바다 수영을 즐길 수 있도록 만들어 놓은 것이다. 덮개를 씌운 부두에는 김씨 일가가 타는 여러 대의 요트와 제트스키 10여 대가 정박해 있다. 농구장과 헬기 착륙장도 있다. 그리고 김정은이 자가용 경비행기를 직접 몰고 리조트로 올 수 있도록 별장에서 멀리 떨어지지 않은 곳에 활주로도 새로 닦았다.

김씨 일가는 김정은이 권력을 유지하도록 도움을 주는 고위간부들과 함께 이 시설을 이용한다. 정치범수용소를 관할하는 악명 높은 보안기관인 국가안전보위부도 원산 해안에 여름 별장을 보유하고 있고, 김씨 일가의 금고로 비자금을 만들어 보내는 책임을 지고 있는 '39호실'도 이곳에 별장이 있다. 그들이 흘린 땀으로 이 휴양시설이 유지되는 셈이니 이 정도의 전리품은 챙길 자격이 있다고 할 수 있다.[5]

이런 휴양지 원산 해안에 어울리지 않는 시설물이 한 곳 있는데, 바로 미사일 발사대이다. 김정은은 권력을 물려받은 이후에 10여 발의 미사일을 원산 지역에서 발사했고, 이곳에서 실시하는 대규모 포병 훈련도 직접 참관했다.

새로 개발한 300mm 방사포로 연안의 섬 하나를 순식간에 잿더미로 만드는 것도 지켜보았다. 한 번은 해안 별장에 남아서 미사일 발사 장면을 지켜보았는데, 로켓 기술자들이 이동식 발사대를 이용해 미사일을 별장 건너편에 위치한 발사 지점으로 운반했다. 김정은은 창가 책상 앞에 앉아 만면에 미소를 띤 채 미사일이 일본 쪽을 향해 날아가다 대기권으로 진입하는 장면을 지켜보았다.

김정은은 2014년 이곳에 있는 자신의 전용 해변에서 인민군 해군 고위 지휘관들의 수영훈련을 지도했다. 연금 받을 나이가 다 되어 보이는 해군 지휘관들이 하얀 제복과 모자를 벗고 수영복으로 갈아입은 뒤 바닷물로 뛰어들었다. 모두들 '총성 없는 전장'에 온 것처럼 죽기 살기로 5킬로미터를 헤엄쳤다. 그야말로 장관이었다. 서른이 갓 넘은 새파란 지도자가 해변에 마련한 책상 앞에 앉아 쌍안경을 눈에 대고 자기보다 나이가 두 배, 몸집은 절반밖에 안 되어 보이는 지휘관들이 바닷물에 뛰어들어 팔을 휘젓는 모습을 지켜보았다. 군대 훈련을 받아 본 적 없고, 최고지휘관 자질도 없는 그가 해군 장성들에게 누가 보스인지 가르쳐주는 장면이었다.

그런 일을 하기에 그의 홈구장 같은 원산과 원산 앞바다는 최적의 장소였다.

3대 세습을 위한 신화 만들기

1970년대 중반까지 북한 경제가 남쪽보다 앞서 있었다. 북한 쪽에 천연자원이 집중돼 있는 덕분이었다. 김일성은 중공업과 광업 분야를 집중 육성하면 되었다. 거기다 소련의 지원이 있었고, 사회주의식 노동력 동원체제를 이용할 수 있었다. 반면에 대한민국은 한국전쟁이 끝난 뒤 폐허에서 맨손으로 처음부터 새로 시작해야만 했다.

그 즈음 60대가 된 김일성은 어떻게 하면 자신의 유산을 지속시킬 것인지, 자신이 정착시킨 독재체제를 어떻게 이어나갈 것인지에 대해 생각하기 시작했다. 소련과 중국이 당 조직을 통해 새로운 지도자를 선출하는 것과 달리 김일성은 자신의 가계 안에서 권력을 승계시켜 나갈 생각을 했다. 동생에게 권력을 물려줄 생각도 잠시 해보았으나 장남에게 물려주기로 생각을 고쳐먹었다. 실망스러워 하는 의견이 있었지만 무시했다.

그렇게 하기 위해 몇 가지 수정 작업이 필요했다. 1970년 북한의 정치용어 사전에는 권력세습을 '착취 사회에서 유지하고 있는 반동적인 관습'이라고 설명하고 있었다. 이러한 설명이 사전에서 소리 없이 사라졌다.[6]

국가 미디어들이 '당 중심'에 대해 언급하기 시작했다. 김정일의 이름을 밝히지 않고, 그의 활동을 소개할 때 쓰는 말이었다. 김정일은 노동당 내 서열을 한 단계씩 빠르게 밟아 올라갔다.

북한의 동맹국들은 김일성의 후계 구도를 일찍부터 파악하고 있었다. 평양 주재 동독 대사는 1974년 본국으로 보낸 전문에서 북한 주민들은 전국의 각급 노동당 회의를 통해 김일성 주석에게 중대한 일이 일어나는 만약의 사태에 대비해 '김정일에 대한 충성맹세'를 할 것을 요구받고 있다고 보고했다. 관공서 벽에는 통일이나 사회주의 건설과 관련해 김정일이 했다는 발언과 함께 그의 초상화가 나붙기 시작했다고 동독 대사는 보고했다.

공식 출판물에서는 김일성을 아버지처럼 인자한 인물로 그렸다. 사진이나 그림 속에서 김일성은 행복해하는 북한 주민들에게 애정을 듬뿍 담은 시선을 보내고, 아이들과 어울려서 함께 웃었다. 이런 황제 같은 모습은 50년 뒤 그의 손자를 통해 부활했다. 김정은은 권력을 물려받으면서 할아버지의 흉내를 내고, 할아버지처럼 미소 짓는 독재자의 모습을 장착했다.

김일성의 첫 번째 부인 김정숙과 장남 김정일의 사진이 눈에 띄게 많이 소개되기 시작했다. 김정일이 선전 분야 종사자와 영화 제작자들을 모아놓고 지시를 내리는 사진도 공개되었다. "김일성이 북한 주민들 앞에서 취하는 포즈를 김정일도 똑같이 취하고 있다." 동독 대사는 보고서에서 이렇게 썼다. "이런 점들을 관찰한 결과 우리가 앞서 생각한 가정이 사실과 일치하는 것이 분명하다. 김일성의 장남이 조직적으로 후계자로 육성되고 있다."[7] 1980년 평양에서 개최된 6차 조선노동당 당대회에서 김정일의 후계자 지위가 공식화되었다. 정치국 상무위원, 중앙군사위원회 위원, 비서국 비서 등 노동당 내 3대 기관의 고위직에 동시 임명된 것이다. 이처럼 노동당 3대 조직의 지도부 자리에 동시 임명된 것은 김일성과 김정일 두 사람뿐이었다.[8]

김정일을 후계자로 내세우면서 김일성은 혁명과업이 '대를 이어' 계속될 것이라고 강조했다. '친애하는 지도자 동지'가 '위대한 지도자'의 뒤를 잇는 것이었다.

김정일은 노동당 내에서 맡은 책임이 점점 더 늘고, 아버지가 북한 전역으로 현지 지도를 나갈 때 함께 다녔다. '경애하는 지도자', '모르는 것이 하나도 없는' 지도자가 예고 없이 농장에 나타나 농민들에게 농사를 가장 잘 짓는 방법에 대해 지도하고, 공장 책임자들에게 철강 생산을 어떻게 하면 늘릴 수 있는지에 대해 가르쳐주었다. 훈시를 듣는 현장의 근로자들은 수첩을 손에 들고 지도자 동지가 말하는 내용을 일일이 받아 적었다.

1983년 김정일은 아버지 없이 외국 방문을 했다. 외부로 알려진 첫 독자 해외 방문에서 그는 빠르게 성장하는 신흥 중국의 공장들을 견학했다. 당시 방문은 민주화를 하지 않고 경제 개혁을 추진하는 중국의 개혁 개방 방식에 북한을 동참시키려고 중국 당국이 의도적으로 주선한 것이었다. "30년에 걸쳐 지칠 줄 모르고 달려온 혁명과업을 통해 새로운 번영의 시대를 열어갔다." 김정일이 지도자 자리에 오른 뒤 북한에서 출간된 그의 공식 전기에는 이렇게 쓰여 있다.[9]

하지만 소심한 성격의 김정일은 활달한 아버지 김일성과는 딴판이었다. 김일성은 일본 제국주의에 맞서 게릴라 투쟁을 전개한 독립투사 행세를 했지만 김정일은 군대 경험이 거의 전무했다. 그는 영화 애호가이고, 퍼머 머리에 술과 여자를 좋아하는 플레이보이였다. 그때까지 정권에 기여한 것이라고는 영화 몇 편 제작한 것이 전부였다.

그러면서도 1991년 김정일은 인민군 최고사령관에 임명됐다. 세습 구도를 다지기에는 썩 좋은 시기가 아니었다. 베를린 장벽이 이미 무너졌고, 그가 최고사령관에 임명되고 이틀 뒤 소련 연방이 붕괴됐다. 정치적, 경제적으로 북한정권을 지원해 주던 동유럽 공산주의 블록이 사라진 것이다.

권력 세습을 정당화하기 위해 북한정권은 김정일의 출생과 관련해 황당한 이야기를 꾸며내기 시작했다. 큰 줄거리는 한국의 전통신화와 기독교 신앙에서 빌려 왔다. 그렇게 해서 단지 아버지가 권력을 물려주어서 지도자가 된 것이 아니라, 애초에 지도자가 될 신성한 권리를 부여받고 태어났다는 논리를 만들었다.

먼저 출생지를 러시아 극동 하바로프스크에 있는 항일투쟁지에서 백두산으로 바꾸었다. 백두산은 중국과의 국경에 있는 화산으로 한국의 전통문화에서 전설적인 위치를 차지하는 산이다. 한민족의 발상지인 성지로 간주되어 고조선 개국 신화를 비롯해 역사적으로 많은 전설이 출현한 곳이다. 김정일의 출생지를 백두산으로 바꾼 것은 이런 전설의 힘을 빌려 권력 세습을 정당화하려는 의도였다.

북한의 선전기관들은 여기서 그치지 않고 김정일이 오두막에서 태어날 때 백두산 상공에 광명성이라 부르는 별이 새로 나타나 밝게 비추었다는 이야기를 추가로 만들어냈다. 말구유를 등장시키고, 아이 어머니를 처녀로 만들지 않은 게 그나마 다행이었다. 대신 쌍무지개를 백두산에 등장시켰다. 신성한 '백두혈통'의 신화는 이렇게 탄생됐다.

김정일은 백두혈통의 대를 잇는 일에 매우 열심히 매달렸다. 여러 명의 아내와 혼외 여성을 통해 많은 자녀를 두었다. 김일성은 혁명가의 자녀 가운데서 신부감을 골라 1966년 아들 김정일을 결혼시켰다. 1968년 이들 사이에 딸이 태어났으나 결혼생활은 오래 가지 못하고 이듬해 두 사람은 이혼했다. 첫 번째 아내였던 이 여인은 이후 15년 동안 최고인민회의 대의원을 지내고, 유명한 김형직사범대학 학장을 20년 가까이 맡으며 김씨 정권에서 많은 역할을 했다.

김정일은 유명한 배우였던 성혜림을 두 번째 부인으로 맞았다. 영화를 제작하면서 그의 눈에 띄었는데 김정일보다 연상이고, 당시 다른 남자와 결혼해서 자녀도 한 명 있는 여성이었다. 김정일이 남편과 강제로 이혼시킨 뒤 평양에 있는 자기 저택에서 함께 살았다. 1971년에 아들 김정남을 출산했고, 이때 김정일이 무척 좋아했다. 유교 전통이 강한 한국에서는 아들을 선호하는 경향이 심하다. 아들은 가문의 성을 이어받고 족보에 오르지만 딸은 여러 차별대우를 받는다. 성혜림과의 관계는 아버지 김일성으로부터 끝내 인정을 받지 못했고, 아들 김정남의 존재도 1975년까지 김일성에게 비밀로 한 것으로 보인다.

김정남이 세 살 때 위대한 지도자께서 김정일을 불러 재혼할 것을 지시했다. 김정일은 아버지 앞에서 동거녀 성혜림과 아들의 존재를 밝히지 못하고, 아버지의 뜻에 따라 결혼했다. 김일성의 허락을 받아 결혼식을 올린 이 공식 부인과의 사이에 딸 둘이 있다.

그리고 얼마 지나지 않아 재일교포 출신의 무용수 고용희가 등장한다. 두 사람은 1981년과 1984년 정철, 정은 형제를 낳고, 1988년 여정을 낳아 모두 세 명의 자녀를 두었다.

김정은이 실제로 태어난 해가 언제인지를 두고 약간의 논란이 있었다. 원래는 1983년인데, 1912년생인 할아버지와 끝자리 수를 맞추기 위해 공식 태어난 해를 1982년으로 바꾸었다는 설이 있었다. 아버지 김정일도 김일성과 맞추기 위해 태어난 해를 1942년으로 바꾸었다.

하지만 김정은의 이모 고용숙은 김정은의 생일을 묻는 질문에 원래 태어난 해가 1984년이라고 웃으면서 이야기해 주었다. 북한정권에서 도망쳐 나와 망명한 지 20년이 지났지만 그녀는 김정은이 태어나던 때를 생생하게 기억하고 있었다. 1984년 김정은이 태어났는데, 그녀도

한 달 전에 아들을 낳았기 때문에 아이 둘의 기저귀를 자기 손으로 다 갈았다고 했다.

고용숙은 언니 고용희가 후계자 수업을 받는 김정일의 뒷바라지를 해야 하는 탓에 두 아이를 모두 자기가 키웠다고 했다. 고용숙은 남편과 함께 큰 주택단지 안에서 살았는데, 단지 안에는 이들이 사는 집과 김정일이 사는 집을 비롯해 여러 채의 주택이 있었다. 단지 외곽은 삼엄한 경비가 펼쳐졌고, 단지 안 김정일이 사는 집 바깥에는 별도로 경비가 또 있었다. 김정일이 사는 대형 저택에는 홈 씨어터가 만들어져 있고, 아이들이 노는 큰 놀이방도 따로 있었다.

화려한 환경에도 불구하고 아이들은 평양에서 비교적 고립된 삶을 살았다. 이종사촌들끼리 모여 놀기도 하고, 아버지가 집에 있을 때는 같이 놀아주었다.

주위에 같이 놀 다른 아이들은 없었다. 매우 독선적인 성격의 김정일은 이복형제들이 서로 어울리지 못하도록 했다. 그래서 아이들은 이복형제 누가 있는지도 모르고 자랐다. 스위스로 유학 보낼 때도 김정남은 제네바로 보내고, 고용희한테서 난 배다른 자녀 3명은 베른으로 보냈다.

공식 전기에 보면 김정일은 선전선동부를 이끌며 영화를 제작하고, 오페라도 6편이나 작곡했다. 아버지 김일성을 따라 현지 지도를 다니며 영농기술과 군사전략 등 모든 분야에서 주옥같은 지혜를 선보였다고 한다.

1994년 7월 8일, 마침내 그 날이 왔다. 그 날에 대비해 모든 준비가 진행돼 온 운명의 그 날, 영원한 주석 김일성이 심근경색으로 사망했다. 그의 사망 소식은 권력 승계 문제를 명확히 매듭짓느라 사망 34시간 만에 발표됐다.[10]

북한 라디오 방송은 "위대한 심장이 박동을 멈추었다."고 애도했다.

조선중앙통신은 일곱 쪽에 걸친 사망 발표를 하면서 김일성이 '무에서 유를 창조한 지도자' '조국을 낙후되고 가난한 후진국에서 강력한 사회주의 국가, 독립적이고 주체적인 국가로 탈바꿈시킨 지도자'로 기억될 것이라고 했다.[11]

북한정권은 4반세기 동안 이 순간에 대비해 왔다. 그래도 김일성의 죽음은 그들에게 지축을 뒤흔드는 충격적인 사건이었다. 개인숭배를 중심으로 유지되는 정권인데 그 구심점이 되는 인물이 사라진 것이다. 그리고 다른 공산주의 정권은 하지 않는 힘든 과제를 앞두고 있었다. 바로 국가 권력을 아버지로부터 아들에게로 세습시키는 일이었다.

김정일은 3년의 애도기간을 선포했다. 그토록 오래 애도해야 할 정도로 슬픔이 커서가 아니라 파탄이 난 경제를 물려받았는데 그 비난을 혼자 감당할 자신이 없었기 때문이다.

끔찍한 기근이 북한 전역을 휩쓸기 시작했다. 수십 년에 걸친 김씨 정권의 실패한 통치가 낳은 결과였다. 냉전 기간 중에는 주민들에게 척박한 땅에서 식량생산을 늘리라고 굳이 독려할 필요가 없었다. 소련과 중국이 거의 공짜로 식량원조를 해주었기 때문이다. 이제 그 원조는 끊어졌고, 북한 스스로 살아나갈 방도를 찾아야 했다. 하지만 경작할 토지는 많지 않고, 전력 부족으로 비료 생산도 충분히 하지 못했다.

정치적인 재앙에 자연재해까지 연이어 밀어닥쳤다. 계속되는 홍수와 가뭄은 얼마 되지 않는 빈약한 식량수확까지 쓸어가 버렸다. 그 기간 동안 얼마나 많은 사람이 죽었는지 아무도 모른다. 사망자가 50만 명에 이른다는 전문가가 있는가 하면 200만 명이 죽었다는 말도 있다.

이 기간 동안 부모가 죽거나 부모로부터 버려져서 떠도는 아이들의 수가 폭발적으로 늘었다. '꽃제비'라는 이름으로 불리는 이 아이들은 꿀을 찾아 떠도는 벌떼처럼 거리를 배회했다. 먹을 것을 구하려고 맨홀 뚜껑에서부터 전선에 이르기까지 돈이 될 만한 물건은 닥치는 대로 훔쳐다 팔았다.

꽃제비들은 해골 같은 몰골로 소여물통에 떨어진 옥수수 낱알을 주워 먹고, 쥐도 잡아먹었다. '고난의 행군'이라고 부르는 이 기간 동안 북한에서는 굶어죽지 않으려고 인육까지 먹는 기상천외한 일들이 벌어졌다. 고난의 행군은 김일성이 만주에서 항일투쟁을 하던 시절에 쓰던 말인데, 항일투쟁을 하면서 김일성을 지켜낸 당시처럼 어려움에 처한 조국을 구하자는 뜻으로 다시 쓰기 시작한 것이다.

극심한 기아 때문에 주민에 대한 당국의 통제는 어쩔 수 없이 느슨해졌다. 식량배급도 중단되고, 주민들 스스로 먹을 것을 해결해야 하는 처지가 되었다. 공산국가 주민들이 어쩔 수 없이 개인 장사꾼으로 나섰고, 당국은 이를 용인해 줄 수밖에 없었다. 국가에서 해줄 수 있는 게 아무 것도 없다는 현실을 잘 알기 때문이었다.

원산 북쪽 함흥에 살던 청년 박현영은 고난의 행군 때 남동생이 굶어죽는 것을 보았다. 그리고 나서 누나의 아이들, 그리고 여동생이 차례로 굶어죽었다. 다음 차례는 자기가 될 것이라는 생각이 들자 그는 '옥수수쌀'로 국수를 만들기 시작했다. 옥수수쌀은 말린 옥수수 낟알을 갈아서 만든 대용식인데, 조금만 먹고 나머지는 모두 내다 팔았다. 겨우 몇 푼 남기면 그걸로 다시 옥수수쌀을 사서 이튿날 팔 국수를 조금 더 만들었다.

"보위부 요원들이 찾아와 국수를 팔지 말라고 설득했습니다. 자본주의에 굴복하지 말고 기다리면 경애하는 지도자 동지께서 식량 부족을 해결해 주실 거라는 식으로 우리를 달래려고 했습니다." 그는 북한을 탈출한 뒤 숨어 살던 중국 북부 도시 옌지延吉에서 나와 만나 이렇게 말했다.[12] 하지만 경애하는 지도자 동지는 아무런 도움도 주지 않았다.

고용희 입김으로 김정남 밀려나

북한에 기근이 닥친 시기는 김정일이 권력을 승계한 시기와 정확히 일치한다. 그래서 그의 시대는 고난의 시기라는 이미지와 뗄 수 없게 되고 말았다. 지금도 북한에서 탈출해 나온 사람들은 김일성 시기를 북한이 강하고 번영했던 시기라고 좋게 생각한다. 북한 기준으로 볼 때 그렇다는 말이 아니고 실제로 그때는 좋았다는 말을 한다. 하지만 김정일 시대에 대해서는 그런 애정이 없다. 경애하는 지도자가 우리를 그토록 끔찍이 생각한다면 왜 우리를 굶기겠는가?

기아 상태가 지나가고 형편이 조금 나아져서 주민들이 굶어 죽지 않을 정도가 되자 김정일은 모든 에너지를 군대에 쏟기 시작했다. 선군先軍 정책을 시작해 군을 정권 서열의 최고 정점에 두었다. 북한정권의 정치적 기둥인 조선노동당은 '군대가 곧 당이고, 인민이며 국가'라는 구호를 만들었다.[13]

극심한 재정난을 겪는 정권이 무력을 강화하는 일에 나섰고, 효과 면에서 핵무기만한 게 없었다. 김정일은 2006년 첫 핵실험을 실시함으로써 선군 정치의 목표가 바로 핵무기 개발이었음을 보여주었다.

64세의 김정일은 그때부터 건강이 나빠지기 시작했다. 한때 통통하던 몸집이 수척해지고 피부는 창백해졌다. 2008년 8월 김정일은 뇌졸중으로 쓰러졌다. 회복이 되었지만 다시 공개석상에 나타났을 때는 눈에 띄게 쇠약해진 모습이었다. 체구는 왜소해지고 야위어 보였다. 몸 왼쪽 편에 약간의 마비증상도 있어서 한쪽 다리와 왼팔을 움직이는 데 문제가 있었다.

경애하는 동지에게 문제가 생기면 누가 대를 이을지 추측이 나돌기 시작했다. 한국적인 서열 규칙에 따르면 장남인 김정남이 권력을 이어받는 것이 마땅했다. 하지만 김정남의 어머니 성혜림은 김정일과 결혼할 때 이미 다른 남자와 결혼한 몸이었고 애까지 한 명 딸려 있었다. 그래서 김정남은 정실 부인이 낳은 적자嫡子 대접을 받지 못했다.

김정남은 2001년 마지막 결정타를 맞았다. 위조여권을 가지고 일본에 몰래 들어가려다 공항에서 적발돼 추방당한 것이다. 당시 그는 팡슝Pang Xiong이라는 이름으로 도미니카 여권을 소지하고 있었고, 아내, 어린 아들과 동행했다. 일본 당국에 가족에게 도쿄 디즈니 구경을 시켜

주기 위해 왔다고 밝혔다. 이후 그는 마카오에서 사실상 망명 상태에 들어갔고, 사망할 때까지 그곳을 본거지로 움직였다. 그의 망명생활이 자발적으로 이루어진 것인지 강제로 쫓겨난 것인지는 그동안 정확히 알려지지 않았다.

많은 사람들이 이 난처한 사고로 김정남의 권력 승계 가능성은 완전히 무산되었다고 생각한다. 하지만 사실 여러 해 전부터 그는 후계 구도에서 밀려나 있었다. 승계 문제는 후보에 오른 본인의 자질보다는 그를 낳아 준 생모의 처지와 훨씬 더 깊은 관계가 있다.

김정남의 어머니 성혜림은 1974년부터 줄곧 모스크바에 살다시피 했다. 편두통 탓인지 어쩌다 평양에 와도 내내 신경질을 부리고 변덕이 심해 온 집안 분위기를 어둡게 했다. 원래 그녀는 전통적인 가정주부가 아니라 영화배우로서 성공하고 싶은 욕심이 강한 여성이었다. 고분고분하게 집안일이나 하는 것은 결코 받아들일 수 없는 성격이었다.

반면에 김정은의 생모 고용희는 김정일의 평생 반려자 역할을 했다. 김정일이 총애하는 배우자로서 그녀는 막후에서 소리 없이 변화의 씨앗을 심었다. 도처에 그녀의 입김이 가해졌다. 예를 들면 '도널드 덕' Donald Duck, '톰과 제리'Tom and Jerry 같은 미국 만화영화가 갑자기 그녀의 아이들이 텔레비전을 볼 시간에 맞춰 한글자막과 함께 방영되기 시작했다.[14]

같은 시기 당시 20살 전후이던 김정남이 평양 시내에서 술을 마시는 것을 김정일이 알고 불같이 화를 낸 일이 있었다. 김정일은 자신의 지시를 어긴 죄를 물어 김정남과 함께 사는 식구들 모두를 한 달 동안 가택연금 시켰다. 식품 공급도 중단하고 청소도 직접 하라고 지시했다. 정치범 강제노동수용소로 보내 탄광 일을 하도록 만들어 버리겠다는 겁까지 주었다.

김정남과 같은 집에서 살았던 이종사촌 누나는 이런 소동에 '다른 여성'의 지문이 묻어 있었다고 했다. 김정은의 생모 고용희가 이런 상황을 함정으로 만들어 놓고, 김정일에게 김정남이 자유롭게 놀도록 해주라고 부추겼다고 했다. 그리고 김정남이 실제로 그 자유를 누리면 김정일에게 곧바로 일러바쳤다는 것이다.[15]

야심 많고 머리 회전이 빠른 김정은의 생모가 김정남이 위조여권을 가지고 일본을 방문한다는 사실을 일본 당국에 밀고했다는 추측이 한국 내에서 나오기도 했다. 장남 김정남에 대한 김정일의 신임을 떨어트리려는 의도에서 그랬다는 것이다. 한국에는 늘 북한과 관련된 이런 다양한 추측과 설이 나돈다.[16]

고용희는 그런 식으로라도 자기가 낳은 아이들을 후계자 자리에 앉히려고 했다. 하지만 그녀도 몇 가지 약점을 가지고 있었다. 우선 김정일과 정식 혼인한 사이가 아니었다. 따라서 두 사람 사이에 태어난 아이들도 적자가 아니었다. 뿐만 아니라 그녀는 '제국주의 침략국가' 일본에서 태어난 재일교포 출신이었다. 그리고 여동생이 조국을 배신하고 서방으로 망명했다는 결정적인 흠이 있었다.

고용희가 낳은 첫 아들 김정철은 스위스 유학 시절 급우들의 말에 따르면 조용하고 내성적인 성격이었다. 여러 해 동안 김씨 일가를 위해 초밥을 만든 일본인 스시 요리사 후지모토 겐지의 말에 따르면 김정철은 아무런 야심이 없는 아이였다. 호르몬 불균형도 있는 것 같았다. 김정일은 '계집애 같은' 정철은 지도자감이 아니라고 아예 제쳐두었다.[17]

후지모토 겐지는 김정일이 셋째 아들 김정은을 일찌감치 후계자로 낙점해 놓았다고 했는데, 결과적으로 그의 말이 맞았다.

2장
스시 요리사 친구

어릴 때 김일성 동지는 이웃 아이들을 모아놓고 이렇게 말했다.
'일본놈들은 조선을 빼앗은 악당이다. 그 앞잡이들도 마찬가지로 나쁜 놈들이다.
이런 놈들은 같이 놀다가고 여차하면 때려눕혀야 한다.' [1]

「김형직 전기」 1968년

여섯 살의 김정은은 평양시 남쪽에 있는 김씨 일가의 별장 신천초대
소 놀이방에 있는 당구대 옆에 서 있었다. 형 정철과 함께 아버지가 고
모부 장성택을 비롯한 고위관리들과 회의를 마치고 나오기를 기다리고
있었다.

아이들은 각자 몸에 맞는 군복을 맞춰 입고 있었다. 황갈색 군복은
금단추와 빨간색 테두리 장식이 둘러져 있고, 달처럼 둥그런 모자에다
어깨에는 금별을 달고 있었다. 어린 장군들이었다.

아버지가 방으로 들어오자 아이들은 군인처럼 부동자세를 취하고 거
수경례를 했다. 통통한 어린 얼굴에 진지한 표정이 역력했다. 김정일은

흐뭇한 표정을 지으며 식당인 옆방으로 가기 전에 아들들을 간부와 초대소 직원들에게 소개하겠다고 했다. 방에 모인 사람들은 일렬로 서서 어린 왕자들과 인사를 나누었다.

김씨 일가에게 초밥을 만들어 주기 위해 일본에서 북한으로 건너온 후지모토 겐지는 줄 맨 끝에 서 있었다. 왕자들이 가까이 오자 그는 몹시 긴장되었다. 한발 한발 다가오자 심장은 점점 더 빨리 뛰었다.

정철과 먼저 인사를 나누었다. 후지모토가 손을 내밀자 8살짜리 소년은 손을 맞잡고 악수를 나누었다. 그런데 그가 동생 정은에게 손을 내밀었을 때 정은은 고분고분하지 않은 태도를 보였다.

그는 손을 마주 내미는 대신 험악한 눈길로 후지모토를 노려보았다. '이 놈은 증오스러운 일본놈이다.'라고 생각하는 듯한 눈빛이었다. 후지모토는 어린 아이가 마흔 살 먹은 어른에게 그런 눈빛을 하는 것이 대단히 놀랍고 당황스러웠다. 몇 초 정도 어색한 시간이 흘렀지만 후지모토에게는 그보다 훨씬 더 길게 느껴졌다. 김정일이 끼어들어 "후지모토씨야."라며 재촉한 뒤에야 정은 왕자는 마지못해 악수를 나누다. 후지모토는 아이들이 자기 이름을 아는 게 아닌가 하는 생각이 들었다. 이전에도 김씨 일가를 위해 스시를 만들어 보낸 적이 있고, 그때 아이들이 '일본 사람 후지모토가 만들어 보낸 스시'라는 말을 들었을 것이기 때문이었다.

후지모토는 아이의 그런 반응을 보며 북한인들 정서에서 핵심적인 부분을 차지하는 '반제국주의' 사고가 어린아이에게 벌써 자리하고 있는 게 아닌가 하는 생각이 들었다. 아니면 단순히 후지모토의 기이한 외모 때문에 그런 것일 수도 있었을 것이다. 그의 외모는 좋게 말해서 특이한 편이기 때문이다.

1982년 결혼생활도 순탄치 않고 여러 가지 불운한 일이 겹친 후지모토는 북한에서 일할 스시 요리사를 모집한다는 광고를 보고 북한행을 결심했다. 당시 일본이 경제 호황기를 맞고 있었다는 점을 감안하면 다소 특이한 결정이었다. 은행원들이 람보르기니를 타고, 몇 백 달러짜리 생선회 저녁을 아무렇지 않게 먹던 시절이었다. 북한은 당시에도 그렇고 그런 나라였다.

후지모토는 그 일자리 제안을 받아들여 북한으로 갔다. 그리고 김정일의 전속 스시 요리사로 15년을 일했고, 김정은이 어린 시절과 십대 시절을 거치는 동안 수시로 그와 어울렸다.

2010년 김정은이 북한의 다음 지도자가 될 것이라는 말이 나돌자 의외의 인물인 후지모토가 북한 지도부에 관한 정보 소스로 떠올랐다. 피어싱과 문신을 한 미국의 악동 농구선수가 등장하기 전까지는 아마도 후지모토가 가장 의외의 정보 소스였을 것이다.

후지모토는 김정은이 태어나기 전인 1982년부터 1년간 북한에 살았다. 그리고 나서 1987년 다시 북한으로 와서 2001년까지 김정일 관저와 노동당 사무실이 있는 초대소에서 지냈다. 김정일의 식사는 요리사들이 팀을 이뤄 꿩고기 구이, 상어 지느러미 수프, 러시아식 양고기 구이, 자라찜, 돼지고기, 닭고기 구이, 스위스식 라클렛 치즈를 녹여 감자에 얹은 요리 등 풍성하게 준비했다. 그리고 김씨 일가는 북한의 특정 지역에서 생산된 쌀로 지은 밥만 먹었다. 여성들이 일일이 살펴 흠이 없고 같

은 크기의 낱알만 선별해서 바쳤다.[2]

스시는 일주일에 한번 식탁에 올랐다. 후지모토는 랍스터 사시미와 와사비 간장 소스, 참치 스시 초밥, 방어, 장어, 캐비어 등을 준비했다. 김정일은 농어의 일종인 쏘가리를 제일 좋아했다.

김씨 가족들에게 특별한 역할을 했기 때문에 후지모토는 원산 해안을 비롯해 전국 곳곳에 있는 다른 초대소에도 자주 갔다. 중국과의 국경 부근 서해안에서 김정일과 제트스키, 모터 바이크를 함께 타기도 했다. 엔진이 강한 혼다는 김정일이 타고, 엔진이 그보다 약한 혼다는 후지모토가 탔다. 야외로 오리사냥도 함께 갔다. 김정일의 호화 열차에도 같이 탔고, 메르세데스 벤츠 호송대열에 합류하기도 했다.

후지모토는 김정일의 아이들과도 많은 시간을 보냈다. 김정은은 평양의 숙소에 갇혀 살았고, 교육도 집에서 받고 여름에는 원산 해변에서 혼자 지냈기 때문에 외로운 어린 시절을 보냈다. 정은과 정철 형제는 친구가 없었다. 이복형인 정남도 완전히 따로 떨어져 살았기 때문에 그와 놀 기회도 없었다. 나이가 한참 아래인 여동생 여정은 놀이 친구를 하기에는 너무 어렸다. 그러다 보니 정은과 후지모토 두 사람은 자연스레 바깥놀이를 함께 할 기회가 많았다.

김정은의 어린 시절 이야기를 듣기 위해 나는 도쿄에서 탄환열차를 타고 사쿠다이라에서 내렸다. 후지모토는 일본 알프스로 불리는 이곳에 자리한 작은 마을에 살고 있었다. 신변안전을 위해 가명을 쓰고 있었다.

"김정은은 어렸을 적에 조금 외로웠어요." 후지모토는 한적한 마을에서 점심을 함께 하며 이렇게 말했다. "내가 그의 놀이상대가 되어 준 것입니다. 둘이 친구처럼 지냈어요."

후지모토의 옛날 사진들을 보니 지금은 자신의 신분을 감추려고 약간 변장을 했다는 것을 알 수 있었다. 하지만 역에서 나오자 유별난 차림새로 바깥에서 기다리고 있는 그를 한눈에 알아볼 수 있었다. 흰색 해골 디자인이 그려진 검정 반다나 스카프를 머리에 쓰고, 자줏빛 색안경에 손목에는 커다란 손목시계, 다이아몬드가 박힌 사각반지까지 꼈다. 증인보호에 도움이 될 평범한 차림이 아니라 딱 래퍼처럼 차려입었다.

첫 번째 그를 만나러 갔을 때, 우리는 중국 레스토랑 2층에 있는 별실로 갔다. 거기서 후지모토는 자기 명함을 내게 주었다. 명함 한 쪽 면에는 김정은이 그와 포옹하는 사진이 들어 있고, 다른 한 면에는 '북한에 관해 듣고 싶으면 내게 전화 주십시오.'라고 쓰여 있었다. 그는 자신의 최근 북한 방문을 다룬 기사를 모은 스크랩북을 가지고 있었다. 그리고 A4 사이즈로 출력한 사진도 몇 장 가지고 있었다. 외부인이 김정은을 만난 경우가 극히 드물기 때문에 후지모토는 김정일 전문가처럼 알려져 있었다.

후지모토를 김씨 왕가의 집안에 머물게 한 것은 북한정권으로서는 하나의 모순이었다. 북한은 미국의 존재를 부정하고, 민주적인 세계질서를 추구하는 미국의 이념을 부정하는 데 국가의 존립 기반을 두고 있다. 그와 함께 일본에 대한 증오심도 북한정권을 유지시켜 주는 존립 기반 가운데 하나이다.

한국은 20세기 초 일본의 식민지배로부터 큰 고통을 받았다. 당시 일본은 수십 년에 걸쳐 아시아에서 침략적인 세력 확장 정책을 펼쳤다. 청나라와 러시아 군대를 물리치고 한반도 전역을 수중에 넣었다. 일본은 1905년 보호조약을 체결하고 1910년 한국을 정식으로 합병시켰고, 이후 35년에 걸쳐 식민통치를 했다. 이 기간 동안 일본은 잔혹한 식민통치 행위를 계속했다.

식민통치 말기에 한국인들은 일본식으로 이름을 바꾸고 학교와 직장에서는 일본말을 하도록 강요받았다. 2차세계대전이 시작되자 남자들은 일본의 공장과 광산으로 끌려가 전쟁물자를 생산하는 데 동원되었고, 강제징용을 당해 일본제국 군대에도 끌려갔다. 어린 여성을 포함해 수만 명의 한국 여성들은 강제동원 당해 일본군대의 '위안소'에서 성적인 노예생활을 했다.

1945년 2차세계대전이 끝나고 일본이 패망하자, 한반도에서도 일본이 물러나고 승전국들이 들어왔다. 당시의 아픈 기억은 지금까지도 한반도의 남과 북 모두에 깊은 상처로 남아 있다. 김씨 일가는 김일성의 항일투쟁 공적을 내세워 북한정권을 수립했다. 1948년에 출간된 김일성 전기는 이런 사실을 뒷받침하듯이 '일본제국주의자들이 3,000만 명의 조선인들 가운데서 제일 미워한 사람이 바로 김일성 장군이었다.'고 쓰고 있다.[3]

일본이 패망하고 난 뒤 수십 년 동안 북한정권은 일본 제국주의자들에 대한 증오심을 한층 더 강하게 타오르도록 하는 게 체제 유지에 도움이 된다고 생각했다. 도발적인 보복행위까지 했다. 1970년대 말부터 1980년대에 걸쳐서 북한 스파이들이 일본 전역에서 수십 명의 일본인을 납치했다. 일본 서쪽 해안의 해변과 공원 등지에서 시민들을 강제로 끌고 가 배에 실어 북한으로 데려간 것이다.

일단 북한으로 끌고 간 다음에는 특수요원들이 피랍자들을 정신적으로 완전히 분열시킨 다음 세뇌시켜서 간첩교육을 하거나 일본어 교사로 활용했다.[4]

일본 정부는 17명의 일본 국민이 북한으로 납치돼 갔다고 공식 발표했고, 그 가운데 13명에 대해서는 북한도 납치 사실을 인정했다. 피랍자 가운데 가장 유명해진 사람은 1977년 13살 때 학교가 끝나고 집으로 돌아오던 길에 납치된 요코타 메구미橫田めぐみ이다. 북한은 2002년 피랍자 가운데 5명을 일본으로 돌려보냈다. 그러면서 요코타 메구미를 비롯한 나머지 피랍자들은 모두 북한에서 사망했다고 주장했다.

북한은 지금도 수시로 일본을 악의 세력으로 묘사하고 '일본 반동주의자들'이라고 비난하고, 핵무기로 일본 영토 전체를 '핵 불바다'로 만들겠다고 위협한다.

북한 관영 매체들이 한 번도 보도하지 않는 중요한 사실이 하나 있다. 김정은이 개인적으로 일본과 밀접하게 관련돼 있는데, 그것은 바로 그의 어머니가 일본에서 태어났다는 사실이다. 한반도가 일제 식민 치하에 있던 1929년, 26살의 고경택이라는 청년이 제주도에서 일본 오사카로 건너갔다. 그의 아버지는 어부였다. 당시 오사카에는 한국인들이 많이 모여들었고, 그는 오사카 중심부에 있는 이쿠노生野구에 정착했다. 지금도 이곳에는 재일 한국인들이 많이 모여 산다. 고경택은 그곳에 있는 히로타廣田재봉소에서 일했는데, 그동안 해오던 작업복 생산을 중단하고 대신 군복과 텐트를 만들던 곳이었다.

전쟁이 끝나고 일본은 재건 작업을 통해 급속히 현대 민주국가로 변모해 갔고, 고경택도 결혼해 가정을 꾸렸다. 먼저 아들을 낳았고, 이어서 1952년 6월 26일 딸을 낳아 이름을 용희라고 지었다.

오사카 공립학교에 다닐 당시 용희의 일본 이름은 다카다 히메高田姬였다. 용희는 무용을 좋아했고, 일요일이면 교회합창단에서 활동했다. 4년 뒤 여동생이 태어났고, 이름은 용숙으로 지었다. 전쟁이 끝난 뒤 고경택은 경찰에 쫓기는 신세가 되었다. 오사카와 제주를 오가는 밀입국 사업을 하다 적발돼 강제추방 당할 처지에 놓였다.

고경택이 여자를 좋아해 여러 여자들 사이에 낳은 자식이 여러 명이라는 소문도 있었다. 골치 아픈 여자관계도 정리하고 어려운 처지도 벗어나자는 생각에 고경택은 일본에서 달아나기로 결심했다.[5]

마침 1950년대 말부터 북한은 재일교포들에게 일본을 떠나 고향으로 돌아오라고 부추기고 있었다. 재일 한국인들 대부분이 남한 출신들이었지만 개의치 않았다. 일본 정부 역시 이들의 북한행을 반겼다. 그런 식으로라도 재일 한국인들을 내보내 숫자를 줄이자는 계산에서였다.

북송 희망자들을 모집하며 북한은 그곳을 사회주의 지상낙원이라고 선전했다. 주택과 교육, 병원치료를 모두 공짜로 제공하고 일자리도 보장해 준다고 했다. 재일교포라고 일본에서 당한 갖은 편견과 괄시가 북한에 도착하는 순간 모두 사라질 것이라고 선전했다.

당시 북한의 경제사정은 남쪽보다 나았다. 북한 당국은 철저한 반공주의자인 이승만이 이끄는 남쪽 정부를 합법 정부가 아닌 미국의 꼭두각시라고 비난했다.

1959년부터 1965년 사이 9만 3,000명이 넘는 재일 한국인이 김일성 정권의 선전에 속아 북송선을 탔다.

고경택 가족도 이 물결에 합류했다. 고용희가 10살 때 이들은 99번째 북송선에 올라 900킬로미터 떨어진 북한 땅에 도착했다. 내린 곳은 동해안 청진항이었다. 귀향이라고 했지만 제주도에 있는 고경택의 고향에서 한반도의 제일 멀리 떨어진 곳으로 온 것이었다. 전쟁이 끝난 뒤 급속히 경제 선진국으로 변모해 가는 일본을 떠나온 재일교포들은 돌아온 '고향'을 보고 크게 실망했다. 속았다는 사실을 알고 도착 직후 자살을 택한 사람들도 있었다.

북한 화보집 '조선화보'는 1972년 12월호에 '행복이 충만한 우리 가족'이란 제목으로 고경택 일가의 북한 생활을 소개했다.[6] 사진 속에서 이들은 테이블 주위에 둘러앉은 행복한 가족의 모습을 보여주고 있다. 고경택은 한쪽에 서서 행복하게 웃고 있는 아내와 두 딸을 바라보고 있다. 할머니는 어린 손자를 안고 있다. 모두 잘 차려입고 웃는 모습이다. 방에는 가구가 잘 갖추어져 있고 당시로서는 귀중품이 틀림없을 큰 피아노까지 놓여 있다. 사진과 함께 실린 기사에서 고경택은 1929년 일본으로 갔을 때 너무 힘들고 차별을 심하게 받았다고 했다. 하지만 북한으로 오고 나서 그런 힘든 일은 모두 끝났다고 했다. 기사에서 그는 "지금보다 더 행복한 시절은 없었다."고 했다.

기사는 맏딸인 만수대예술단의 고용희가 김일성 훈장을 수여받았다고 썼다. 이듬해인 1973년 고용희는 페리를 타고 일본을 방문했다. 만수대예술단의 다른 무용수 35명과 함께 2개월간 자신의 출생지인 오사카를 비롯해 도쿄, 나고야, 히로시마, 후쿠오카를 돌며 60회의 순회공연을 하기 위해서였다.

하지만 고용희의 존재는 그때 이미 감추어지기 시작했다. 일본 공연 기간 중 친북한 단체인 조총련 기관지 조선신보는 그녀를 '류일숙'이란 이름으로 소개했다. '조국의 진달래' 공연 때 주 무용수였다. 조선신보 기자는 그녀가 만수대예술단의 스타라고 소개하고, 다른 단원들이 그녀에게 접근하지 못하도록 철저히 막는 바람에 인터뷰를 할 수 없었다고 했다.

만수대예술단원들은 북한으로 돌아온 뒤 수시로 김정일이 측근들과 벌이는 술자리에 참석해 공연하라는 지시를 받았다. 예술단의 다른 무용수가 나중에 회고한 바에 따르면 김정일은 고용희에게 홀딱 반해서 연회가 열리면 그녀를 옆자리에 앉혔다. "김정일이 고용희를 얼마나 끔찍이 생각하는지 수시로 연습실에 들러 그녀가 연습하는 것을 지켜보고 갔어요." 이 무용수는 북한을 탈출한 뒤 쓴 회고록에서 이렇게 밝혔다. [7]

김정일이 반한 북송 교포 무용수

고용희가 연습에 빠지는 횟수가 잦아지면서 무용수들 사이에 그녀가 김정일과 동거에 들어갔다는 소문이 돌기 시작했다. 나중에는 김정일의 아이를 낳았다는 소문까지 돌았다.

1975년 고용희는 김정일과 '결혼'했다. 정식으로 결혼한 것인지 여부는 분명치 않다. 딸이 김정일과 결혼하면서 고경택씨 집안의 신분은 급격히 상승했다. 아버지 고경택은 갑자기 평양에 있는 만경대선물공장 지배인이 되었고, 이후 1999년 86세로 사망할 때까지 줄곧 평양에서 살았다. 고용희를 직접 만나 본 후지모토는 요시나가 사유리吉永小百合나하라 세츠코原節子를 많이 닮았다고 했다. 일본 여배우들 중에서 가장 아름답다는 말을 듣는 여성들이다.

김정일에게 고용희는 단순한 장식용 여자가 아니었다. 그녀는 밤늦게까지 김정일과 함께 서류를 보면서 나름대로 의견을 내놓았다. 한번은 술 취한 경호원이 총을 꺼내들고 김정일에게 겨눈 일이 있었다. 그때 고용희가 몸을 던지다시피 하며 김정일을 가로막고 나섰다. 비록 재일교포 출신이지만 진정한 애국자임을 증명해 보인 것이다. 물론 그것은 북한에 대한 충성이 아니라 자신의 새로운 삶에 충성을 바친 것이었다. 목숨을 건 행동이었다.

후지모토가 정철, 정은 형제와 두 번째 만났을 때 기분 좋은 일이 일어났다. 아이들이 계속 신천초대소에 살고 있을 때였다. 후지모토가 아이들에게 연을 날려 주었는데 아이들이 너무 좋아했다. "야, 후지모토씨 덕분에 연이 나는구나." 고용희는 아이들을 보며 이렇게 말했다.

그 일이 아이들과 가까워지는 데 어느 정도 도움이 되었던 것 같다. 그로부터 한 달쯤 뒤 아이들의 '놀이친구'가 돼 달라는 부탁을 받았다고 후지모토는 말했다. 그는 그 말을 듣고 매우 놀랐다. 자기는 다 큰 어른인데 어떻게 아이들의 놀이친구를 해달라고 부탁하는지 이해가 되지 않았다. 하지만 거절할 수는 없었다. 자기가 외국인이기 때문에 아이들 눈에는 조금 신기하게 보일지 모른다고 생각했다. 아이들은 그가 신은 나이키 에어 맥스 운동화를 보고 부러워했다. 1990년대 초 최고 인기 운동화였다. 김정일은 진짜 나이키냐고 물었다. 가짜에 많이 속은 사람 같았다. 후지모토는 자기는 가짜 운동화를 안 신는다고 자신 있게 말해 주었다.

후지모토는 웃기려고 그런 말을 했던 것 같다. 어차피 궁궐에 고립된 삶을 살고 있는 아이들로서는 가짜냐 진짜냐를 가릴 처지가 아니었기 때문이다. 후지모토는 수시로 고용희, 두 '왕자'와 함께 김정일의 개인 보트를 타고 쏘가리 낚시를 나갔다. 후지모토가 고기를 잡으면 당시 초등학생 나이인 김정은은 낚싯대를 한번 잡아보자고 부탁하고서는 "내가 잡았다!"라고 소리쳤다.

아이들은 1991년 엄마를 따라 일본에 가보고 나서부터 일본을 좋아했다. 고용희는 브라질 가짜 여권을 가지고 아이들과 함께 도쿄 여행을 갔다. 일본은 북한의 공인된 적이지만, 그곳에는 북한에 충성을 맹세한 조총련계 재일교포들이 많이 살고 있다. 이들이 책임지고 실질적인 퍼스트레이디를 안전하게 돌봐주었을 것이다.

고용희는 도쿄 중심지에 있는 고급 쇼핑가 긴자로 쇼핑을 하러 갔다. 당시에는 호화 사치품 쇼핑으로 전 세계적으로 유명한 곳이었다. 북한에서 '제국주의 침략자'로 욕하는 사람들 손에 머리손질도 맡겼다. 하지만 무슨 짓을 하든 로열패밀리에게는 아무런 문제가 되지 않았다.

그녀는 아이들을 도쿄 디즈니랜드로 데려갔다. 아이들은 의자에 앉아 움직이면서 보는 3D 어트랙션attraction에 푹 빠져들었다. 아이들이 너무 좋아해서 고용희는 함께 간 스태프에게 어트랙션의 가격이 얼마나 하는지 알아보라고 했다. 후지모토의 말에 따르면 고용희는 아이들을 위해 어트랙션 하나를 북한으로 가져가고 싶어 했다. 하지만 아무리 북한의 로열패밀리라 해도 가격이 어마어마했다. 그들은 이후 몇 년 동안이나 디즈니랜드 놀러 간 이야기를 하며, 어떤 것이 제일 재미있었는지 등에 대해 이야기했다. 디즈니랜드는 이후 몇 년 동안 그들의 마음속에 정말 특별한 추억으로 남아 있었다.

아이들이 일본어를 조금씩 배우는 것 같았다. 김정은은 후지모토에게 한국말은 한 가지 인사로 아무 때나 가리지 않고 쓰는데, 일본말은 아침, 점심, 저녁인사가 따로 있는 게 신기하다고 했다.

김정은은 또 하루는 후지모토에게 '파도'를 일본어로 써달라고 했다. 한자도 배우고 있었는데, 같은 한자어가 한글과 일본어에도 남아 있는지 보고 싶었던 것이다. 후지모토는 누가 아이들에게 일본어를 가르치는지 궁금했다.

한 번은 로열패밀리 식구들이 바닷가에 있는 원산초대소에 갔는데, 김정은이 그 집에 있는 두 명의 젊은 여성에게 후지모토가 있는 자리에서 특정한 일본 노래 두 곡을 불러 달라고 했다. 그리움을 소재로 한 유명한 일본 노래였다. 한 곡은 요코하마시에서 외국인들의 손에 끌려간 소녀에 대한 노래이고, 다른 한 곡은 새끼를 기다리며 우는 어미 까마귀에 대한 노래였다.

후지모토는 나중에 원산에서 슬픈 일본 노래를 부르던 두 명의 여성이 납치 피해자들이 아닌가 하는 생각이 들었다. 그렇다면 김씨 왕가의 아이들이 요코다 메구미한테서 일본어를 배운 게 아닐까 하는 궁금증도 생겼다. 메구미는 학교를 마치고 집으로 돌아오는 길에 납치된 일본의 십대 소녀이다. 그 일본 여성들이 부르던 슬픈 노래는 납치당해 집을 떠나온 사람들이 부를 만한 노래였다.

한 번은 김정은이 주체탑 그림을 그리고 있었다. 주체탑은 평양 중심부에 있는 거대한 오벨리스크로 꼭대기에 햇불 모양의 붉은 봉화탑이 있다. 주체탑은 북한의 독특한 철학인 주체사상을 기리기 위해 세워진 기념탑이다. 김정은은 그림을 그리면서 후지모토에게 도쿄타워에 대해 물었다. 도쿄타워는 1950년대에 에펠탑을 모방한 적백赤白 구조물로 세워졌는데, 곧바로 일본의 전후 재건을 상징하는 대표적인 건축물이 되었다.

김정은은 후지모토에게 도쿄타워를 그려달라고 해서 그려 주자 좋다고 했다. 그는 그 그림을 자기가 그린 그림을 모아놓는 통 안에 조심스럽게 넣어두었다. 그걸 보고 후지모토는 기분이 뿌듯했다. 김정은과 점점 더 가까워졌고, 아이가 자신을 좋아한다는 사실 덕분에 김씨 왕가 내에서 그의 위상도 올라갔다.

김정은은 어울리지 않는 친구 후지모토를 좋아하면서 눈에 띄게 친근하게 대하기 시작했다. 김정은은 농구에 미친 듯이 빠져들었는데, 한 번은 후지모토가 일본에서 가져온 포장용 듀티 테이프로 농구코트 표시를 해주었다. 김정은은 북한의 유명한 농구선수 리명훈의 사진을 후지모토에게 보여주기도 했다. 리명훈은 키가 무려 213센티미터가 넘는 장신으로 북한 국가대표팀 센터였다. 1990년대에 리명훈이 미국프로농구 NBA에서 뛰고 싶어 해 캐나다로 건너가 여러 팀으로부터 스카우트 제의를 받기도 했다. 당시 리명훈은 마이클 조던Michael Jordan의 열렬한 팬이어서 마이클 리Michael Ri라는 별명을 얻기도 했다. 하지만 거기까지였다. 리명훈이 NBA에서 뛰는 것은 미국의 적성국교역법Trading with the Enemy Act 위반에 해당돼 그의 스카우트는 불발에 그치고 말았다.

어린 김정은의 눈에 리명훈은 어마어마한 거인이었다. 2011년 김정일 장례식 사진을 보면 리명훈은 탑처럼 높이 솟아 다른 조문객들을 내려다보았다. 그로부터 몇 년 뒤 데니스 로드먼이라는 자가 농구외교를 한답시고 북한에 왔을 때도 리명훈의 모습이 보였다.

후지모토가 김씨 일가에서 안정된 자리를 확보하고 나서도 김정은은 그에게 요리사라는 분수를 지키도록 만들었다. 형 정철은 그를 부를 때 이름 뒤에 '미스터'에 해당하는 한국말 경칭을 붙였지만, 동생 정은은 계속 경칭 없이 '후지모토' 하고 이름만 불렀다.

만약 김정은이 다른 보통 부잣집 아이였다면 이런 에피소드는 그냥 버릇없는 아이 정도로 받아들여졌을 것이다. 하지만 그에 관해 다른 정보가 극히 부족한 상황에서 이런 일들이 갖는 의미는 그 중요성이 커질 수밖에 없다. 분석가와 전문가들은 이런 일들을 김정은의 성격적인 결함을 보여주는 증거로 받아들이고, 어떤 식으로든 그의 인격형성에 영향을 미쳤을 것으로 생각한다.

한번은 그의 어머니가 정은에게 다른 사람이 식사를 마칠 때까지 식탁에 앉아 있으라고 했다. 하지만 후지모토의 말에 따르면 그는 엄마가 시키는 말을 듣지 않고 '형, 나가자.'라고 정철에게 말하고는 밖으로 뛰어나가 버렸다. 이모 고용숙이 김정은이 10살 쯤 되었을 무렵 그에게 '동생'이 어쩌고 하는 식으로 말을 했더니 엄청나게 화를 내더라는 일화도 있다.

"나를 애 취급하지 말아요!"라고 소리를 지르더라는 것이었다. 후지모토가 '대장동지'라고 불러 주었더니 그렇게 좋아하더라고 했다. "그때부터 모두 그를 대장동지라고 불렀습니다." 후지모토는 웃으면서 이렇게 말했다. "내가 김정은의 대부 비슷한 역할을 한 것입니다."

후지모토는 몰랐겠지만 대장동지라고 불린 게 김정은이 처음은 아니다. 김정일의 장남 김정남은 그보다 10년쯤 전에 대장동지로 불렸다. 하지만 그 이후 바람의 방향이 바뀌어 이제 셋째아들 정은이 후계자 감으로 부상하게 된 것이었다.

특별한 생일파티

김정은은 어릴 때부터 자신이 특별한 존재라고 생각했던 것 같다. 후지모토는 '정은 대장동지'의 여덟 번째 생일날, 원산초대소에서 생일축하 파티가 열렸다고 했다. 생일파티에는 어린이 친구들이 아니라 고위 간부들도 참석했다.

정은은 까만 양복에 나비넥타이를 맨 차림으로 축하 꽃다발을 받았다. 양복이 불편한 듯해 보였다. 테이블 위에 메뉴판과 함께 인쇄물이 한 장 놓여 있었다. '발걸음'이라는 제목의 노래 가사였다.

생일 축하 건배와 축하인사가 있은 뒤 당시 북한에서 제일 유명한 악단인 보천보전자악단의 연주가 시작됐다. 정권 찬양곡을 경쾌하게 연주하는 것으로 특히 유명한 악단이었다. 쉽고 경쾌한 리듬이라 참석자들은 모두 악보를 보며 따라 불렀다.

척척 척척척 발걸음
우리 김대장 발걸음
2월의 정기 뿌리며 앞으로 척척척
발걸음 발걸음 힘차게 구르면
온나라 강산이 반기며 척척척
온나라 인민이 따라서 척척척
찬란한 미래를 앞당겨 척척척

김정일의 생일은 2월 16일로, 매년 이날이 되면 성대한 축하 행사가 진행됐다. '발걸음'의 가사가 전하는 메시지는 명백했다. 김정일의 후계자인 또 다른 김대장이 우리를 미래로 인도해 줄 것이라는 메시지였다.

이모와 이모부의 말에 따르면 그날 이후 아무리 지위가 높은 고위관리라고 해도 김정은을 보면 깍듯이 인사를 하고 경의를 표했다. 주위에 있는 사람들이 그렇게 대우하면 정상적인 아이로 자라기가 어렵다고 이모 부부는 말했다. 그렇게 해서 김정은은 점차 명령을 내리는 데 익숙해져 갔다.

어린 시절 김정은은 기계류, 특히 모형 비행기와 장난감 배를 좋아했다. 비행기가 어떻게 나는지, 배가 어떻게 물에 뜨는지 알고 싶어 했다. 평양에 있던 8~9살 때도 밤새 자지 않고 기계를 만지작거렸다. 그리고 궁금한 게 있으면 꼭두새벽에 전문가에게 물어보겠다고 우겼다. 이모의 말에 의하면 김정은은 궁금한 게 있거나 기계가 제대로 작동되지 않으면 한밤중에도 선박 기술자에게 전화를 걸어 집으로 와서 설명해 달라고 했다.

이런 일들은 그의 성격에 양면성이 자리하고 있음을 보여준다. 한편으로 믿기 힘들 정도의 집중력을 가지고 있고, 다른 한편으로는 어떤 생각에 사로잡히면 끝까지 밀고나가는 경향이 있음을 보여준다. 이모는 '편집증'이라는 단어를 쓰지 않았지만, 그녀가 말하고자 한 이야기는 바로 이 편집증이었다.

그로부터 몇 년 뒤 본인의 권력 승계가 확실해지면서 김정은 스스로 이 편집증이 사실이라고 말했다. 2010년 어느 날 군 간부로부터 새로 개발한 대포 모델에 대해 고견을 들려달라는 부탁을 받고 "나는 어릴 적부터 비행기와 군함에 강한 애착을 갖고 있었다."는 말을 했다. 집 뒷마당에 활주로를 만들어 놓고 거기서 장난감 비행기를 날렸다고도 했다. 그 군 간부는 이 말을 김정은이 누구보다도 뛰어난 지도자 자질을 갖고 있는 것으로 받아들였다.[8]

김정은은 대기근 시기에 청소년기를 보냈다. 하지만 그는 아무 부족함이 없이 자랐고, 배고픔에 시달리는 사람들을 직접 본 적도 없었다. 대신 모든 일이 자신을 중심으로 돌아가는 세계에서 자랐다. 후지모토 같은 사람을 친구로 두었을 뿐 아니라, 가정교사와 코치, 요리사, 경호워, 운전기사도 따로 있었다. 세상에서 가장 특별한 아이 대접을 받으며 자란 것이다. 자력갱생을 주장하는 사람이 되지만 정작 본인의 자립은 그를 에워싼 심부름꾼과 조력자들에게 의존하는 자립이었다.

여러 명의 여성들에게 딸린 김정일의 식솔들은 모두 4.5미터 높이의 담으로 둘러싸이고 높은 철 대문이 달린 저택에서 살았다. 아이들은 학교에 가는 대신 가정교사에게서 공부를 배웠다. 원산초대소 별장에서 지내는 경우도 있었다. 왕실 저택에서의 삶은 호화의 극치를 이루었다. 집집마다 소니 텔레비전과 컴퓨터가 갖춰져 있고, 아이들은 비디오 게임기로 슈퍼 마리오 게임을 즐겼다. 핀볼 머신pinball machines과 야마하, 스타인웨이 등 그랜드 피아노도 여러 대 있었다.

집안에 엄청난 크기의 놀이방이 있어서 아이들은 유럽의 웬만한 장난감 가게보다 더 많은 장난감을 갖고 놀았다. 레고와 플레이모빌은 산더미처럼 많고, 퍼즐조각은 사람이 지나다니기 힘들 만큼 많이 쌓여 있었다. 놀라울 정도로 진짜와 비슷하게 플라스틱 탄환을 넣어 쏘는 플라스틱 권총도 많았다. 그리고 상상할 수 있는 거의 모든 종류의 장난감 차량이 다 있었다.

김정은은 진짜 자동차와 진짜 권총도 가지고 있었다. 어린 아이가 운전할 수 있도록 특별히 개조한 자동차였다. 11살 때 김정은은 콜트 45구경 권총을 허리에 차고 다녔다. 집에는 방음장치가 된 대형 영화관도 만들어져 있었다. 음향효과를 좋게 하기 위해 나무 패널을 대고, 검정 벨벳 커튼을 달아 불이 꺼지면 커튼이 열리도록 해놓았다. 아이들은 푹신한 팔걸이의자에 앉아 '벤허' '드라큘라' '제임스 본드 시리즈'를 봤다.

부엌에는 케이크와 프렌치 패스트리, 훈제연어, 파테pâté, 열대과일 망고와 멜론이 차려져 있었다. 아이들은 샘소나이트 옷가방에 담아 무더기로 실어온 영국산 옷감으로 특별히 맞춰 지은 옷을 입었다. 칫솔질은 수입 콜게이트 치약으로 했다.

인공호수에 인공폭포까지 만들어 놓은 정원은 너무 커서 공원이라고 불렀다. 식구들은 정원에 나가면 골프 카트나 전동 자전거 모페드moped를 타고 돌아다녔다. 우리 안에는 곰과 원숭이들이 놀고 있고, 대형 수영장이 있는 집, 인도어, 아웃도어 사격장이 있는 집도 있었다.

김정은은 후지모토의 워크맨으로 휘트니 휴스턴 CD를 들으며 시간을 보냈고, 가끔 초대소 마당에서 다른 아이들과 농구경기를 했다. 왕자와 농구를 시키기 위해 특별히 데려오는 아이들이었다.

후지모토의 말에 따르면 김정은은 경기 내용을 지나칠 정도로 꼼꼼하게 분석했다. 다른 아이들의 장점과 단점을 찾아내서 잘하는 아이들은 칭찬하고, 못하는 아이들은 놀려주었다.

"그는 철저한 분석을 통해 합당한 판단을 내리는 능력이 있었어요. 어떤 때 칭찬해 주고, 어떤 때 비판할 것인지 알았습니다." 후지모토는 이렇게 당시를 회고했다. 김정은이 다른 선수를 얼마나 호되게 비판했는지 이야기하면서 미소를 지어보이기도 했다. 마치 지휘술을 연마하는 듯했다는 것이다. 자신이 가지고 있는 절대적인 권위가 사람들에게 주는 공포를 즐기는 것 같았다.

김정일은 막내아들이 지휘에 소질이 있다는 사실을 인정하고 칭찬해주었다. 타고난 지도자 재목이라고 생각했다.

3장
스위스 유학

나는 어릴 적부터 비행기와 군함에 강한 애착을 갖고 있었다.

김정은, 「김정은 일화집」

1996년 여름 스위스 수도 베른으로 떠날 때 김정은은 아직 어린이였다. 베른에는 먼저 간 친형 정철이 학교에 다니고 있었다. 12살의 김정은은 푸딩 보올pudding bowl 머리 스타일을 했고, 자라면서 그의 트레이트 마크가 된 이중턱의 조짐이 나타나고 있었다.

그가 도착한 곳은 장난감 상자에 나오는 그림 같은 마을이었다. 국제적인 수도라기보다는 아기자기한 소도시 분위기였다. 베른에는 치트글로게Zytglogge라는 유명한 시계탑이 있는데, 90여 년 전 알베르트 아인슈타인이라는 이름의 특허국 청년 직원이 상대성이론을 발견한 장소이기도 하다. 아인슈타인은 1905년 어느 날 저녁, 전철을 타고 퇴근하던 길에 이 시계탑을 쳐다보았다. 점점 멀어져 가는 시계를 보면서 문득 자기가 빛의 속도로 가고 있다면 어떤 일이 일어날까 하는 생각이 떠올랐다. 그러면서 여러 해 동안 씨름해 온 '공간과 시간 개념'의 미스터리가 풀리게 되었다고 한다.

김정은도 기아에 찌든 북한을 떠나 유럽 최고 부국 가운데 한 곳인 스위스로 오면서 새로운 세계에 눈을 뜨는 계몽여행을 했다. 그해 8월 미션 임파서블Mission Impossible이 영화관에서 상영됐고, 트레인스포팅 Trainspotting이 개봉을 앞두고 있었다. 플로피 디스크를 사용하는 최신 퍼스널 컴퓨터가 MS 도스에서 운용되고 있었다. 국영 스위스텔레콤이 '인터넷'이라는 놀라운 발명품을 선전하고 있었다. 인터넷은 알타비스타 AltaVista라는 사이트를 통해 연결되었다. '세계를 향해 문을 열자. 아무리 먼 거리도 몇 초면 연결된다.' 광고문구는 인터넷의 놀라운 기능을 이렇게 선전했다.

애틀랜타 하계올림픽이 끝나고 빌 클린턴 미국 대통령이 재선 선거 운동에 피치를 올리고 있었다. 미국 작가 조지 R.R. 마틴George R.R. Martin 이 그 달에 판타지 소설 『왕좌의 게임』A Game of Thrones을 출간했다.

어린 왕자는 북한이라는 작은 우주를 벗어나 새로운 세계로 들어왔다. 이전에도 유럽과 일본으로 여행을 가본 적은 있지만 북한 왕실 테두리를 벗어나 살아본 적은 한 번도 없었다. 김정은은 베른 교외의 한적한 변두리 마을 리베펠트Liebefeld에 있는 친형과 합류했다. 이들은 2년 동안 이모 고용숙, 이모부 리강과 함께 살았다.

"우리는 평범한 집에 살며 평범한 가족처럼 행동했어요. 나는 아이들 엄마 행세를 했습니다." 그로부터 거의 20년이 지나 미국에서 고용숙을 찾아냈을 때 그녀는 이렇게 말했다. "아이들 학교 친구들이 찾아오면 간식도 만들어 주었어요. 생일파티를 하고 선물도 주고받는 아주 평범한 어린 시절이었습니다. 스위스 아이들이 집으로 놀러오기도 했어요."

집에서는 한국말을 하고 한국음식을 먹었다. 정철과 정은은 그녀를 이모라고 불렀으나 다행히 스위스 친구들은 '이모'가 무슨 말인지 몰랐다. 이들은 아쉬울 것 없이 풍족하게 유럽 생활을 즐겼다. 가족 앨범에는 미래의 북한 지도자가 프랑스 리비에라 해안의 지중해에서 수영하는 사진, 이탈리아 야외 식사 사진, 파리 유로 디즈니에서 노는 사진 등이 들어 있다. 김정은은 유럽이 처음이 아니고, 몇 년 전 어머니와 함께 스위스 알프스에서 스키를 탔다. 당시 이들은 베른 외곽에 있는 호화 리조트 타운 인터라켄에 있는 초일류 호텔에서 묵었다. 그곳은 융프라우로 향하는 초입으로 유명한 놀이공원이 있다.

김정은은 제네바 호숫가에 있는 스위스 도시 로잔에 있는 올림픽박물관에도 두 번 가 보았다. 로잔에는 국제올림픽위원회IOC 본부가 있다. 올림픽박물관에 있는 한 전시실에서 이 기계광은 완전히 넋을 잃고 빠져들었다. 방문객이 특정 선수와 스포츠 이벤트에 관한 비디오를 보고 싶다고 하면 로봇이 지하층 방에서 해당 비디오를 찾아 와서 보여주는 것이었다. 디지털 저장digital storage 이전 시대였고, 침대에 앉아 밤을 새며 모형 비행기와 배를 만지작거리던 어린 기계광에게 로봇 기계는 매우 강렬한 인상을 주었다. 그로부터 20년 뒤 국제올림픽위원회 위원장이 평양을 방문했을 때 김정은은 그 전시실이 아직도 있느냐고 물었다.

전시실은 남아 있지 않았다. ¹

김씨 일가는 스위스에서 자신들의 정체를 감추기 위해 모두 가짜 신분을 썼다. 이모부 리강은 북한대사관 외교관으로 등록하고 박남철_{Pak Nam Chol}이란 가짜 이름을 썼다. 한국에서 박씨는 김씨 다음으로 흔한 성이다. 이모 고용숙은 결혼 후에도 여성은 남편의 성을 따라가지 않는 한국 관습에 맞게 정용혜_{Chong Yong Hye}라는 이름으로 가짜 서류를 만들었다.

서류상 이름을 김정철은 '박철'_{Pak Chol}, 김정은은 '박은'_{Pak Un}이라고 했다. 하지만 그때 처음 만든 가명은 아니다. 이들 모두 1991년부터 제네바에 있는 북한 유엔대표부 직원으로 등록돼 있었다. 이 외교관 신분증만 있으면 유럽을 얼마든지 자유롭게 여행할 수 있었다.

스위스 당국에 제출된 신분증 사진을 보면 더부룩한 머리에 두 볼이 통통한 어린아이의 모습이 나오는데, 아버지 김정일과 생긴 모습이 별반 다르지 않다. 네이비 블루 벨루어 재킷_{velour jacket} 차림에 흰색 터틀넥 위로 지퍼를 단단히 채웠다. 70년대 유행하던 패션인데, 이때는 1990년대였다.

'박은'은 북한 사람이라는 신분을 들키지 않고 유럽 여행 때 쓸 수 있는 다른 가짜 여권도 가지고 있었다. 1996년에 발행된 브라질 여권인데, 김정은이 북한 사람이라는 신분을 들키지 않고 여행을 다닐 수 있도록 하기 위해 특별히 만든 여권이었다. 김정은은 이 여권에 Josef Pwag _{주제프 박}으로 기재돼 있다. 박을 포르투갈 식으로 표기해 놓았다.

여권에는 더부룩한 머리에 호감이 가지 않는 얼굴을 한 사신의 주인공이 1983년 2월 1일 사웅파울루에서 태어난 것으로 되어 있다. 어렸을 적 김정은임을 한 눈에 알아볼 수 있다. 아이의 부모는 리카르도Ricardo 와 마르셀라 박Marcela Pwag 부부로 되어 있었다.[2]

리카르도 박은 수시로, 그것도 호화판으로 유럽 곳곳을 돌아다니는 북한 사람이었다. 스위스 에어 항공의 퍼스트 클래스를 이용하고, 베른 과 제네바, 취리히에서는 특급호텔에 묵었다. 그는 북한 지도부를 위해 건물 매입 임무를 띠고 다니는 사람 같았다. 이 사람이 누구였는지는 지 금도 확실히 알지 못한다. 한 소식통은 그가 김정일의 매제였다고 했다. 리카르도 박이 실제로는 김정은의 고모부 장성택이었다는 말이다.

외교관 여권을 소지한 북한 사람은 여러 나라를 여행할 수 있지만 사 람들 눈에 띄지 않게 다녔다. 지금과 마찬가지로 그때도 북한은 핵무장 야욕을 가진 불량국가였다. 게다가 북한인들은 드물었고, 다른 사람들 이 보면 신기해하는 대상이기도 했다. 하지만 평범한 아시아계 브라질 인 가족은 유럽으로 휴가를 즐기러 다니더라도 사람들의 주목을 받지 않는다. 브라질은 남미에서 한국계 이민자가 제일 많은 나라이다.

김정은은 베른 외곽에 위치한 한적한 소도시 리베펠트에 정착했다. 70년대식 콘크리트 블록 건축물이 많아 알프스 마을이라기보다는 일사 불란한 평양의 도시 스타일과 크게 다르지 않은 곳이었다.

산업지대의 메인 도로 뒤편으로 돌아가면 수도원처럼 보이는 큰 와 인 판매회사 바로 옆집이 키르히슈트라쎄Kirchstrasse 10번지로 김정은이 살았던 곳이다. 밝은 오렌지색 사암으로 지은 3층 건물로 수국이 집 주 위를 둘러싸고 있다. 북한은 건물이 완공된 직후인 1989년 400만 프랑을 주고 이 건물에 있는 아파트 6채를 구입했다. 당시 환율로 미화 400만 달러가 조금 넘는 금액이었다. 구입 용도는 스위스 수도에 사는 북한 고위급 인사 몇 명이 가족과 함께 살 집이었다. 이들은 외교관 번호판을 달고 밖에서 보이지 않도록 차창 유리를 검게 선팅한 자동차 세 대를 건물 지하 주차장에 세워두었다.

김정은은 친형 정철이 다니는 베른 국제학교에 들어갔다. 영어로 수업을 진행하는 사립학교로 스위스 수도에서 근무하는 외교관을 비롯해 외국인 자녀들이 다니는 학교였다. 수업료는 연간 2만 달러가 넘었다.

학교는 북한대사관에서 자동차로 5분 거리에 있었다. 북한대사관은 지금도 도시 중앙에서 강을 건너 주택가 포르탈슈트라쎄Pourtalèsstrasse에 있는 큰 건물에 그대로 위치하고 있다. 스웨덴, 레바논, 칠레 같은 나라의 대사관저가 줄지어 들어서 있는 부촌이다.

김정은은 기사가 운전하는 자동차를 타고 등교했지만 그걸 보고 눈살을 찌푸리거나 하는 사람은 없었다. 많은 외교관 자녀들도 그렇게 하기 때문이었다. 김정은은 가끔 스위스 국기와 베른주의 상징인 곰이 새겨진 학교 티셔츠를 입고 다녔다.

학생들의 국적은 40개국 정도 되었는데, 학교 측은 이런 점을 들어 '중립국 스위스의 장점에 완벽하게 들어맞는 학교'라고 자랑했다. 스위스는 은행거래와 독재자 자녀들의 학교 입학 등 모든 관련 정보를 함부로 공개하지 않는 것으로 유명하기 때문에 신분 노출을 꺼리는 북한 사람들이 숨어 살기에 최적의 나라였다.

김정은이 김정일의 후계자가 될 것이라는 뉴스가 처음 나왔을 때 그에 관한 정보들이 대거 쏟아져 나와 혼란스러웠다. 그 가운데는 그의 형 정철에 관한 정보들이 많았다. 클래스메이트들이 나와서 그 북한학생은 내성적이고 영어는 제법 유창했다는 식으로 이야기했다. 하지만 그것은 '박은'이 아니라 '박철'에 대한 기억이었다.

형제 둘에게 모두 들어맞는 정보가 하나 있었는데, 그것은 바로 두 명 다 벨기에 액션스타 장 클로드 반담을 좋아한다는 사실이었다. 둘 다 반담이 나오는 영화를 무척 좋아했다. 반담은 할리우드 영화 '더블 팀' Double Team에 데니스 로드먼이라는 농구선수와 함께 출연했으니 아이러 니다.

김정은이 스위스에 있던 1997년에 나온 이 영화는 실패작이었다. 반 담과 로드먼은 그해 최악의 스크린 커플로 골든 라즈베리Golden Raspberry 상을 수상했다. 하지만 총격과 폭력이 난무하는 장면이 많아 북한에서 온 지 얼마 되지 않은 두 십대 소년이 푹 빠질 만한 그런 영화였다.

김정철은 숙제할 때 반담의 이름을 끌어들이기도 했다. "내가 꿈꾸는 세상에서는 핵폭탄은 물론 어떤 무기도 용납하지 않겠다." 그는 베른 시 절 학교 숙제를 하며 이렇게 썼다. "장 클로드 반담과 함께 테러리스트 들을 모조리 무찔러 버리겠다. 그러면 더 이상 전쟁도 없고, 죽음도 없 고, 아무도 울지 않는 세상이 오고, 모두가 행복할 것이다."

착한 북한 사회주의자라고 해야 할지, 아니면 그냥 단순한 십대 이상 주의자라고 하는 게 좋을지 모르겠으나 시인 소질이 있는 김정철은 모 두가 똑같은 액수의 돈을 가지도록 해야 한다는 말도 하며 이렇게 숙제 를 마쳤다. "내가 꿈꾸는 이런 세상이 와야지만 사람들이 자유를 누리고, 매우 행복하게 지낼 수 있을 것이다."[3]

키르히슈트라쎄의 아파트는 김정은이 북한에서 살던 집만큼 좋지는 않았다. 하지만 그는 그곳에서 비교적 정상적인 아이로 지냈다. 무엇보다도 좋아하는 농구를 실컷 했다. 농구에 처음 맛을 들이도록 한 것은 그의 어머니였다. 그때나 지금이나 남과 북을 막론하고 한국의 어머니들은 농구를 하면 키가 큰다는 말을 아이들에게 한다.

김정은은 어렸을 적에 다른 아이들보다 키가 작은 편이었다. 아버지 김정일도 161센티미터 정도로 큰 키는 아니었다. 그래서 조금이라도 크게 보이기 위해 예의 그 키 높이 구두를 신은 것은 널리 알려진 사실이다. 고용희는 농구를 하면 키가 큰다고 아들을 부추겼다. 키가 173센티미터 정도로 자랐으니, 어느 정도는 효과가 있었던 모양이다.

고용희는 아들이 농구 하는 것을 보고 무척 좋아했다. 농구가 아이의 정신을 맑게 해주고, 모형 비행기와 엔진에 빠져 지내는 아들의 관심을 다른 곳으로 돌리는 데도 도움이 될 것이라고 생각했다. 하지만 비행기에 대한 아들의 관심을 줄여 보겠다는 계획은 두 가지 이유로 성공하지 못했다. 김정은은 베른에 오자 수시로 이모 부부에게 장난감 가게에 가서 모형 비행기를 사달라고 하고, 매니아들이 모여서 모형 비행기를 날리는 공원으로 데려다 달라고 졸랐다. 비행기에 대한 집착은 성인이 될 때까지 계속됐다. 김정은은 비행기를 조종할 줄 알고, 직접 비행기를 조종해 북한 상공을 난다. 자기 손으로 비행기를 조종해 가기 위해 원산초대소 가까이에 활주로를 새로 만들기도 했다.

요즘은 북한의 미사일 발사 징후를 찾아내기 위해 정보 분석가들이 위성사진을 샅샅이 뒤진다. 이때 김정은이 타는 개인 전용 비행기가 가까운 활주로에 세워져 있는지 여부도 살핀다.

얼마 지나지 않아 김정은은 농구에 빠져들기 시작했다. 잘 때도 침대에서 농구공을 끌어안고 잤다. 학교 공부는 뒷전이었다. 고용희는 수시로 베른을 방문했는데, 그때마다 공부는 않고 놀기만 한다고 아이를 야단쳤다.

고용희는 1987년부터 제네바 유엔 북한대표부에 파견된 손정일이라는 외교관 신분으로 여행했다. 하지만 스위스 당국은 그녀가 누구인지 정확히 알고 있었다. 고용희는 북한 국영항공사인 고려항공Air Koryo 마크를 단 러시아제 일류신 62편기를 타고 스위스에 왔다. 꼬리 쪽에 새겨진 테일 넘버 P882는 VIP 전용기였다. 기내에 풀 베드룸까지 갖춰져 있었다. 갖가지 가방과 물품이 내리고 실리고 했으며, 스위스 당국은 이를 면밀히 주시했다.

스위스 당국은 고용희의 동선을 철저히 추적했다. 세계적인 고급품 쇼핑가인 취리히 반호프슈트라쎄Bahnhofstrasse에서의 원정 쇼핑에서부터 제네바 호숫가에 있는 호화판 민간병원에서 지출한 진료비 명세에 이르기까지 일일이 기록했다.

스위스 당국은 고용희의 자녀들이 누구인지도 정확히 알고 있었다. 김정철은 '키 크고 마른 아이'로, 김정은은 '작고 뚱뚱한 아이'로 불렀다. 그런데 카를라 델 폰테Carla Del Ponte가 법무장관이 되면서 스위스 당국이 김정은 형제에 대한 감시를 더 이상 못하도록 금지시켰다. 스위스 정부의 중립적인 입장에 입각해 아무리 악명 높은 독재자의 자녀라도 아이들은 그냥 아이로 두라는 취지에서 취한 조치였다. 카를라 델 폰테는 그 뒤 유고슬라비아와 르완다 내전 국제전범재판 수석검사로 활동했다.

고용희는 베른에 올 때 손글씨로 쓴 천자문을 가지고 왔다. 손으로 직접 쓴 다음 여러 권으로 복사해서 가져온 것이다. 아이들의 한자 실력을 유지하도록 하려는 것이었다. 그녀는 아이들에게 천자문을 하루에 대여섯 페이지씩 외우라고 시켰다. 고용희는 요즘 식으로 말하면 호랑이 엄마였다. 자녀 교육에 매우 열성적으로 매달렸는데, 아무리 늦게 귀가하더라도 아이들 일기와 숙제는 꼭 챙겨서 보았다.

하지만 김정은의 관심은 딴 데 가 있었다. 여덟 살에 아버지의 후계자로 낙점되었기 때문에 자신이 다른 사람들보다 높은 존재라고 생각했다. 그렇다고 부모의 말을 안 들을 수 없다는 사실도 알고 있었다. 그래서 화가 나면 엄마가 하는 말에 반발하는 대신 씩씩거리며 밖으로 뛰쳐나가거나 불만의 표시로 밥을 안 먹었다. 성질이 급하고 참을성이 부족했다. 이모는 이렇게 말했다. "고집이 셌어요. 자기가 하고 싶은 일은 꼭 하고 말겠다는 성질이었습니다."

생모 고용희의 죽음

김정은은 여름방학이 다가오면 무척 좋아했다. 학기가 끝나면 평양으로 돌아가기 때문이었다. 평양에 돌아가면 공부를 하지 않아도 되고, 농구도 실컷 하고 해변에서 여유롭게 지낼 수 있었다.

1998년 김정은의 삶은 완전히 뒤집히고 말았다. 어머니 고용희가 진행성 유방암 진단을 받고, 프랑스에서 집중치료를 받기 시작하면서부터였다. 예후가 별로 좋지 않았다.

고용희의 발병은 김정은을 돌봐주는 사람들에게도 치명적인 일이었다. 북한정권과의 연결고리, 그들을 특혜 받는 위치로 끌어올려 준 관계가 하루가 다르게 약화되기 시작했다. 이들은 부여받은 임무를 버리고 서둘러 자유를 찾아 떠나기로 했다.

그렇게 해서 일요일이던 5월 17일 해가 지고 어둠이 내리자 김정은의 이모와 이모부는 자신들의 자녀 3명을 택시에 태우고 미국대사관으로 갔다. 아이들 중에서 무슨 일이 진행되고 있는지 짐작한 것은 14살이던 장남뿐이었다. 미국대사관에 도착하자 이들은 자신들이 북한 사람이며, 고용숙은 북한 지도자의 처제이고, 미국으로 망명하고 싶다고 했다. 당시 미국정부는 김정은의 존재에 대해 모르고 있었고, 그래서 리강은 김정은과 관련된 이야기는 하지 않았다. 미국 정부는 이튿날 아침 곧바로 스위스 정보 당국에 이 놀라운 탈출 사실을 알렸고, 함께 다음 단계 계획을 세웠다. 만약 북한대사관에서 스위스 당국을 찾아와 사라진 가족에 대해 물으면 모른다고 주장하기로 했다.

베른의 북한인들은 월요일 하루 종일 이들을 찾아내려고 동분서주했을 것이다. 미국대사관으로 피신한 가족은 심문에 응했다. 이튿날 이들은 미니밴에 태워져 4시간을 달려 국경을 넘어 독일로 간 다음 북부 람스타인Ramstein에 있는 미국 공군기지로 갔다. 이들은 독일에 2개월가량 머무는 동안 자신들이 맡은 임부에 대해 털어놓았고, 정보 당국은 이들이 말한 정보를 면밀히 체크했다.

심문 요원들은 이들이 아는 모든 기밀사항을 알아내고 싶어 했다. 하지만 리강은 자기들은 북한의 군사기밀은 하나도 아는 것이 없고, 아는 것이라고는 김씨 일가와 관련된 내용밖에 없다고 설명했다. "우리가 하는 일은 그저 아이들을 돌봐주고 공부하는 것을 도와주는 것뿐이었으니까요." 리강은 내게 이렇게 말했다. 이들은 망명이 받아들여져 미국 중부에 정착했다. 그리고 많은 한국 이민자들이 하는 것처럼 세탁소를 시작했다. 아이들이 새로운 환경에서 잘 커나가도록 키웠다.

나는 이 부부를 찾아내 주말을 함께 보내며 한때 자기들의 아들로 등록시켰던 이질, 다시 말해 언니 아들에 대한 이야기를 들었다. 세탁소 뒤쪽에 있는 집으로 갔더니 잔디밭은 말끔하게 손질이 되어 있고, 진입로에는 자동차 두 대가 세워져 있었다.

푹신한 검정색 소파에 함께 앉아 있는데 텔레비전에서 한국 방송의 뉴스가 흘러나왔다. 자기들이 돌봐주던 사람이 관계자들과 함께 미사일 발사 성공을 축하하며 웃고 있었다. 뉴스를 내보내는 기자는 젊은 북한 지도자에 대해 불길한 경고를 내보냈다.

"저 사람들은 김정은에 대해 절대로 좋게 말하는 법이 없습니다." 리강은 이렇게 혼잣말처럼 투덜거렸다. 나는 부부에게 왜 탈출했는지 이유를 물어보았다. 그들은 김정은의 어머니 치료를 받게 하고 싶어서였다고 대답했다. 미국의 의료기술이 세계 최고라고 들었는데, 언니가 미국에서 치료받을 수 있다면 무슨 짓이든 할 생각이었다고 고용숙은 내게 말했다.

리강은 미국 정부가 고용희에게 입국비자를 내주었더라면 미국과 북한 관계도 더 좋아질 수 있었을 것이라고 했다. 닉슨 대통령이 핑퐁외교로 적대 관계에 있던 중국과 새로운 시대를 열었던 것처럼 자신들이 미국과 북한의 관계 개선에 역할을 할 수 있었을 것이라는 말이었다.

당시는 미국과 북한 관계가 훈풍을 타고 있었다. 클린턴 행정부는 북한과 제네바합의를 이끌어냈고, 윌리엄 페리William Perry 전 국방장관을 평양으로 보내 김정일에게 친서를 전달했다.

이런 분위기에 힘입어 두 나라 사이에 일련의 만남이 이어져 북한 국방위원회 제1부위원장이 김정일 국방위원장의 특사 자격으로 워싱턴을 방문했다. 인민군 총정치국장을 겸하고 있는 조명록 특사는 가슴에 훈장이 주렁주렁 달린 군복 차림으로 달처럼 둥근 특이한 군모를 쓰고 백악관 오벌 오피스를 찾아가 클린턴 대통령과 기념촬영을 했다.

따라서 '적국' 지도부의 일원이 미국에 와서 치료를 받는 것을 그렇게 터무니없는 일이라고 할 분위기는 아니었다. 하지만 고용희가 치료를 위해 제출한 미국 입국비자 신청은 거부당했다. 두 나라 사이의 해빙은 그렇게 단시간에 끝나고 마는 듯했다.

하지만 나는 이것이 두 사람이 망명하게 된 배경의 풀 스토리는 아닐 것이라고 생각했다. 리강과 고용숙이 북한정권의 핵심에서 누리던 지위는 전적으로 김정은의 어머니 고용희와의 혈연관계 덕분이었다. 그런데 고용희는 암으로 죽어가고 있고, 부부가 돌봐주던 고용희의 아들 형제는 더 이상 이들의 보호가 필요 없을 정도로 자랐다. 그들의 지위가 흔들릴 수밖에 없는 처지가 된 것이다.

여러 해 동안 유럽에서 살며 여행도 많이 다닌 부부는 북한이 그곳 사람들이 말하는 사회주의 지상낙원이 아니라는 사실을 깨달았을 것이다. 지난 수십 년 동안 외부 세계를 조금이라도 맛본 북한 사람들 수천 명이 이들 부부와 같은 생각을 했다.

한국 언론에서 보도한 내용들을 종합하면 이들이 망명을 택한 이유는 고용희가 사망하고, 나아가 김정일이 죽은 다음 자신들의 신변에 어떤 일이 일어날지에 대한 걱정 때문이었다. 물론 한국 언론의 보도 내용이 진실에 반드시 부합된다고 말할 수는 없다.

이후 김정은의 어머니 고용희는 6년을 더 살고 2004년 파리의 한 병원에서 숨을 거두었다. 김정일도 뇌졸중과 여러 합병증에도 불구하고 2011년까지 살고 죽었다. 고용숙과 리강 부부는 1998년 미국으로 명명할 때 김정은의 부모가 그렇게 오래 버틸 줄은 몰랐을 것이다.

김정은은 1998년 여름이 지나고 베른으로 돌아와 강 건너에 있는 사립 국제학교로 돌아가지 않았다. 정확한 이유는 지금까지 알려지지 않고 있지만, 대신 가까이 있는 공립학교인 슐레 리베펠트슈타인횔츨리 Schule, LiebefeldSteinhölzli로 옮겼다. 김정은 가족이 살던 아파트에서 400미터도 채 안 떨어진 콘트리트 계단을 내려가 슈퍼마켓과 상점 몇 곳, 로터리 하나만 지나면 학교가 나온다. 걸어서 5분 거리였다.

김정은이 다닌 1990년대 말 전교 학생 수는 9개 학급에 불과 200명밖에 되지 않았다. 매일 먼 길을 걸어 학교에 다니는 학생이 없도록 하자는 스위스 교육부의 정책에 따라 작은 규모 학교가 많이 늘어난 때문이었다.

학교는 매일 아침 7:30에 시작하고 정오부터 두 시간 점심시간이었다. 아이들은 집으로 가서 점심을 먹고 다시 학교로 왔다. 1990년대였지만 그때만 해도 엄마들이 집에서 아이를 기다렸다 점심을 챙겨주던 시절이었다. 스위스는 경제 부국이면서도 성평등 면에서는 매우 뒤처진 나라였다. 여성이 투표권을 갖게 된 게 1971년이 되어서였다.

아이들은 오후 2시에 다시 학교로 돌아가 수업을 세 시간 더 했다. 수요일에는 오후 수업이 없어서 그 시간을 이용해 병원이나 치과 치료를 받으러 가고, 김정은의 경우는 농구장에서 놀았다.

학교는 기능적으로 설계된 2층 건물과 3층 건물로 이루어져 있었다. 정문 앞쪽에 농장이 있고, 학생들이 그곳에 옥수수, 깍지콩, 오이 같은 채소를 키웠다. 학교 도서관에는 독일어로 피카소와 표트르 대제 같은 위인전이 있고 영어책도 있었다. 목공예실에는 다양한 연장과 장치들이 가지런하게 진열돼 있고, 현관 복도와 게시판에는 학생들이 만든 작품들이 장식돼 있었다. 전형적인 일반학교였다.

내가 찾아갔을 때는 학교 건물 바로 옆에 붙은 인조 잔디 구장에서 여러 인종의 이민자 아이들이 함께 축구를 하고 있었다. 한쪽에서는 아랍어를 쓰는 남자아이 둘이서 리모트 컨트롤 자동차를 가지고 놀았다. 한 대가 도망치고, 그 뒤를 다른 한 대가 뒤쫓고 있었다.

2009년 김정은이 김정일의 뒤를 이을 후계자가 될 것이란 보도가 나오자 미래 독재자의 어린 시절 흔적을 찾아 기자들이 이 학교로 몰려들었다. 이들은 김정은을 가르친 교사들을 찾아 인터뷰하기 위해 학교 안을 헤집고 다녔다.

어떤 일본 기자가 현관 복도에 전시돼 있는 김정은이 학급 친구들과 함께 있는 사진을 카메라로 찍어서 2009년 7월에 보도했다. 이후 학교 측은 이 사진을 떼어내 다른 곳으로 옮기고, 기자들의 학교 출입을 금지시켰다.

이 사진은 지금도 인터넷에서 검색이 된다. 학교 운동장에 있는 큰 나무 아래 모여서 찍은 사진이다. 검정색과 회색이 섞인 체육복 차림의 김정은은 뒷줄 가운데 서 있다. 옷에는 빨간 테두리 장식이 돼 있고, 팔에 나이키NIKE로고가 새겨져 있다. 급우들은 모두 실용적인 샴브레이 chambray 셔츠와 오버 사이즈 체육복 등 1990년대 패션으로 치장했다. 김정은은 무표정한 얼굴로 카메라를 응시하고 있다.

이 시기에 찍은 다른 사진에서 김정은은 검정 티셔츠에 은목걸이를 하고 환하게 웃는 전형적인 십대 얼굴을 하고 있다. 또 다른 사진에서는 코밑에 솜털이 약간 보이고 한쪽 뺨에 보조개가 있다.

학교에서 기자들의 출입을 금지시키기는 했지만 워낙 관심이 높자 스위스 당국은 교실에서 기자회견을 한 번 열었다. 리베펠트교를 관할하는 우엘리 스튜더Ueli Studer 쾨니츠시 교육감은 북한에서 온 남학생이 1998년 8월부터 2000년 가을까지 이 학교에 재학했다고 공식 확인해 주었다. 그는 학생이 북한대사관 직원의 아들로 등록했으며, 다른 나라 외교관들도 자녀를 이 학교에 보냈기 때문에 특별한 경우는 아니었다고 설명했다.

"해당 학생은 학교생활에 원만하게 잘 적응했으며 성실하고 야심이 있었으며 취미는 농구였다."고 우엘리 스튜더 교육감은 말했다. 보도자료 하단에는 굵은 글씨로 이번이 마지막 코멘트라고 써놓았다. 학교 측은 그날 이후 지금까지 더 이상 공식 설명을 내놓지 않았다.

교사들은 이 학생의 부모를 한 번도 만난 적이 없었다. 당시 교장이었던 페테르 부리Peter Burri 선생은 다른 북한 학생의 부모들은 학부모의 밤에 참석해 자신들이 독일어를 할 줄 몰라 미안해하더라고 했다.[4]

김정은은 리베펠트로 옮기고 나서 처음에는 독일어를 모르는 학생들을 가르치는 반에 들어가 몇 달 동안 독일어 공부를 했다. 이 반에서는 기초적인 내용을 가르쳤으며, 수업진도도 천천히 나갔다.

김정은이 입학할 당시에는 전교생의 4분의 1 정도가 외국 국적이었기 때문에 학교 당국은 현지 언어를 모르는 아이들을 가르치는 일에 적응이 되어 있었다. 김정은은 학교 밖에서 독일어 개인지도도 받았다. 김정은이 리베펠트에서 학교생활을 어떻게 했는지에 대해 좀 더 자세히 알아보기 위해 쾨니츠행 버스를 타고 시청으로 가보았다. 교육 당국에선 학생들을 나이가 아니라 학습능력에 따라 평가한다고 했다. 쾨니츠 시청의 마리사 비피안Marisa Vifian씨는 아이들이 쉽게 적응할 수 있도록 가능하면 한 단계 낮은 학년에 배치하는 원칙을 갖고 있다고 말했다.

김정은은 학습준비 과정을 마친 다음 정규 6학년 학급에 배치되었다. 당시 14살이던 포르투갈 이민자의 아들 조아오 미카엘로João Micaelo는 체육복을 입고 나이키 운동화를 신은 아시아계 소년이 학생 22명이 있던 6학년 A반으로 처음 걸어 들어오던 날을 선명하게 기억했다. 그 소년은 앉아 있는 학생들에게 이름은 박은Pak Un이며 북한 외교관 아들이라고 자신을 소개됐다. 미카엘로의 옆자리가 비어 있어서 그리로 와서 앉았다. 그날부터 아이는 학급에서 '은'이라는 이름으로 통했다. 두 아이는 금방 친해졌다. 자리가 붙어 있다 보니 그렇게 되었고, 또한 둘 다 공부에 별로 흥미가 없다는 점에서 서로 통하는 바가 있었다.

쾨니츠시청에서 마리사 비피안씨는 1990년대 이후 학교 커리큘럼을 모아둔 커다란 흰색 바인더를 끄집어냈다. 학교에서 가르치는 일반적인 과목들이었다. 독일어, 수학, 과학, 보건, 외국어, 음악, 미술, 체육, 그리고 세계의 종교와 문화 등등. 6학년은 우열반으로 나누어지는데, 김정은과 조아오 미카엘로는 성적이 좋지 않은 아이들이 가는 열등반으로 보내졌다.[5]

김정은은 수업시간에 다른 학생들 앞에서 질문을 받으면 당황스러워했다. 답을 제대로 몰라서라기보다는 아는 답을 제대로 말로 표현하지 못해서였다. 그래서 미카엘로는 김정은의 독일어 숙제를 도와주고, 김정은은 미카엘로의 수학 숙제를 도와주었다.

미카엘로는 김정은이 말수가 적지만 결단력이 뛰어나고, 할 말을 분명하게 하는 장점을 가지고 있었다고 했다. "야심만만하지만 공격적인 아이는 아니었어요."라고 미카엘로는 말했다. [6]

하지만 다른 학생들은 김정은이 의사소통의 어려움 때문에 거친 행동을 했다고 말했다. 고급 독일어 수업 때는 스위스 사람들이 공식적인 장소에서 쓰는 다양한 표현방법을 배웠다. 하지만 집안에서 가족끼리 하거나 친구들끼리 말할 때는 사람들이 스위스식 독일어를 쓴다. 기술적으로는 방언을 쓰는 것이지만, 이방인에게는 전혀 다른 언어를 쓰는 것처럼 들린다. 김정은은 이런 때는 사람들이 무슨 말을 하는지 도저히 못 알아듣겠다며 힘들어했다. 급우였던 한 친구는 이렇게 말했다. "우리 정강이를 걷어차거나 심지어 침을 뱉기도 했어요."[7]

의사소통의 문제만 있는 게 아니었다. 다른 학생들은 김정은을 기이한 이방인으로 생각했다. 늘 체육복만 입고 다녀서 그런 게 아니었다. 김정은은 절대로 청바지를 입지 않았는데, 당시 청바지는 전 세계적으로 십대들의 표준 의상이었다. 하지만 북한에서는 청바지를 퇴폐적인 자본주의의 상징으로 간주했다.

또 다른 클래스메이트는 김정은이 옆에 줄 세 개가 그어진 아디다스 운동복에 최신 나이키 에어 조던 운동화를 신고 학교에 다녔다고 했다. 방과 후 김정은과 농구를 자주 했던 니콜라 코바체비치Nikola Kovacevic는 다른 아이들은 꿈에서나 입어볼 수 있는 복장과 신발이었다고 했다. 당시 스위스에서 한 켤레 값이 200달러가 넘는 신발이었다.[8]

리베펠트에서 상급학년으로 올라가면서 김정은의 독일어 실력도 향상되어서 수업시간도 무난히 넘길 정도가 되었다. 김정은이 정강이를 걷어차고 침까지 뱉은 여학생도 그가 시간이 가면서 많이 누그러지고 붙임성도 좋아졌다고 했다.

하지만 여전히 내성적이었다. 복잡한 생각을 말로 표현하기에는 독일어 실력이 너무 짧았다. 생각을 말로 표현할 수 없으니 마음속에 담아두는 경향이 있었다고 미카엘로는 말했다.[9]

김정은은 7학년, 8학년을 거쳐 9학년 때까지 그 학교에 다닌 것으로 쾨니츠시 교육 당국이 확인해 주었다. 성적은 좋은 적이 없었다. 결석이 잦은 것도 성적에 좋지 않은 영향을 분명히 미쳤을 것이다. 첫해에 75일

결석하고, 이듬해에는 105일 결석한 것으로 나와 있었다.[10]

커리큘럼 가운데 일부는 사회적인 문제를 다루었는데, 아마도 김정은이 북한에서 보고 배운 것과는 많이 다른 세계관을 가르쳤을 것이다. "일반적으로 서로 존중하라고 학교에서 배웁니다." 쾨니츠시 교육 당국에서 일하는 고디 후버Godi Huber씨는 내가 커리큘럼 폴더를 넘기는 것을 옆에서 지켜보며 이렇게 말했다.

"갈등을 평화적으로 해결하는 방법에 대해 배우고, 어떻게 하면 사람들끼리 서로 조화롭게 지낼지에 대해서도 배웁니다. 우리는 이런 가치들을 지키며 삽니다." 김정은이 배운 수업 가운데는 인권과 여성의 권리, 민주주의 발전과정도 들어 있다. '행복, 그리고 삶과 죽음'이라는 제목이 붙은 수업도 있었다. 학생들은 미국의 인권 지도자 마틴 루터 킹 주니어 목사, 남아프리카공화국의 인종차별정책에 반대한 안티 아파르트헤이드anti-apartheid 운동가인 넬슨 만델라, 인도 독립운동 지도자로 비폭력 시민저항운동을 주창한 마하트마 간디에 대해서도 배웠다.

'문화간 교육'도 중점을 둔 교과목이었다고 고디 후버씨는 말했다.

문화간 다양성과 종교, 민족, 사회적 집단끼리의 관용, 그리고 인간의 권리, 사회적 약자들과의 연대에 대해서도 배웠다고 했다. 이런 수업을 들으며 김정은이 어떤 생각을 했는지는 알기 힘들다. 북한에는 스위스에서 가르치는 그런 권리가 없다. 그렇다고 이런 가르침이 김정은의 생각과 크게 불협화음을 내지는 않았을 것이다. 왜냐하면 그가 만나는 북한 사람은 극소수에 불과하고, 그나마 철저한 기획에 따라 그를 향해 만족스러운 미소를 보내는 사람들을 제외하고는 거의 만난 적이 없었기 때문이다. 북한 사람들에게는 그런 이상적인 생각들이 필요 없을 것이라고 생각했을 수도 있다. 아버지의 영도력 덕분에 주민들 모두 대단히 행복한 삶을 누린다고 생각했을 것이기 때문이다.

십대 때 김정은은 왜 프랑스혁명이 일어나 바스티유 감옥이 파괴되고, 왕과 왕비가 처형당했는지에 대해서도 배웠다. 스위스 학생들은 모두 사회변혁의 사례로 프랑스혁명에 대해 배운다. 김정은과 같은 반 학생들도 프랑스혁명이 시작된 주된 이유가 생활수준이 계속 나아지지 않고 멈춘 데 대한 국민들의 불만 때문이라고 배웠다. 지금도 정치학자들은 주민들의 높아진 기대치가 충족되지 않으면 불안정을 초래하는 요인이 된다는 사실에 주목한다.

위대한 계승자는 그때 학교에서 배운 내용들을 지금도 기억하고 있을까? 김정은이 권력을 승계한 2011년 이후 많은 북한 주민들의 삶이 나아졌다. 많은 이들이 개인 장사를 통해 돈을 벌고 있고, 번 돈으로 믹스 커피를 사마시고 롤러블레이드, 스마트폰을 구입한다.

그러다 보니 사회주의 지상낙원이라는 나라에서 주민들의 삶의 수준에 뚜렷한 차이가 나고 있다. 북한에도 상위 1퍼센트라는 개념이 생겨났다. 그러면 나머지 99퍼센트는 자신들과 엘리트 계층 사이의 격차에 대해 불만을 가지게 될까? 나아가 그 불만을 겉으로 드러내고 행동에 나설까? 그렇게 되면 북한판 부르주아지 계급과 농노 계급의 대결이 벌어지는 것이다.

겨우 조금 나아지기 시작한 삶의 수준이 더 이상 나아지지 않는다면 주민들이 분노를 밖으로 쏟아내기 시작할 것인가? 프랑스혁명의 교훈과 루이 16세가 겪은 운명은 김씨 왕조의 앞날에 좋은 징조가 아니다.

김정은은 틈만 나면 농구를 하러 나갔다. 오후 5시 수업 마치는 종이 울리면 걸어서 10분 거리에 있는 레버마트Lerbermatt 고등학교 농구장으로 곧장 달려갔다. 주로 친형 정철, 그리고 두 형제의 보디가드 역할을 하는 좀 더 나이 든 북한 아이와 함께 갔다. 당시 레버마트 고교 학생이었던 시몬 러츠토프Simon Lutstorf는 1998년부터 2001년까지 매주 몇 번씩 이들과 농구를 함께 했다. 밤 8시까지 할 때도 많았다.

농구에 빠져 지내다

당시 그는 함께 노는 아시아계 아이들이 학교 아주 가까이에 있는 태국 대사관 외교관 아이들일 것으로 생각했다. 김정은은 농구하러 올 때 늘 같은 옷을 입었는데, 마이클 조던의 백넘버 23번이 찍힌 진품 시카고 불스 유니폼 윗도리에 시카고 불스 반바지 차림이었다. 그리고 에어 조던 농구화를 신었다. 가지고 노는 농구공도 최상품 NBA 공식 마크가 찍힌 스폴딩Spalding이었다.

농구를 하면 남에게 지기 싫어하는 그의 성격이 그대로 드러났다. 상대를 거칠게 밀어붙이고, 상대를 기죽이는 거친 말을 내뱉었다.[11] 농구를 하는 동안은 웃거나 말을 하지 않고 진지하게 경기에 집중했다. 경기가 잘 안 풀리면 자책하며 욕설을 하고 벽에 머리를 쾅쾅 찧기도 했다.

함께 오는 동양 아이들 외에 어른 몇 명이 간혹 따라올 때도 있었다.

이들은 농구장 옆에 작은 캠핑 의자를 갖다 놓고 앉아서 작은 보드에 경기 스코어를 적었다. 그러다 김정은이 슛을 성공시키면 박수를 쳤다.

러츠토프는 그 이야기를 하며 정말 기이한 풍경이었다고 했다. "그것은 우리가 '김'이라고만 아는 이 아이가 분명히 특별한 신분임을 보여주는 장면이었어요." 그 사람들 세계에게는 항상 김이 주요 관심사였고, 모든 일이 그를 중심으로 돌아갔다.

김정은은 농구 경기를 마치고 집으로 오면 플레이스테이션으로 농구 게임을 했다. "그의 눈에는 농구 외에 아무 것도 보이지 않았어요. 항상 그랬습니다." 친구였던 미카엘로는 이렇게 말했다.[12]

NBA 시범경기를 보려고 파리로 가기도 했다. 시카고 불스의 토니 쿠코치Toni Kukoc 선수, 로스앤젤레스 레이커스의 코베 브라이언트Kobe Bryant 선수와 사진도 함께 찍었다.[13]

친하게 지내는 아이 몇 명은 그의 집에도 가보았다. 넓은 집인데 벽에 사진이 한 장도 붙어 있지 않았다고 했다. 지하 주차장에 농구 골대가 있어서 십대 친구들은 거기서 자주 농구를 했다. 소음 때문에 이웃사람들이 좋아하지 않았을 것이다. 미카엘로는 집안에서 김정은의 부모라는 사람들과 친형 정철, 여동생 김여정과 인사했다. 김여정은 스위스에서 박미향Pak MiHyang이라는 이름을 썼다. 하지만 이들과 많은 이야기를 나누지는 못했다. 그 집의 북한 사람들은 독일어를 할 줄 모르고, 미카엘로는 영어를 못했기 때문이다.

미카엘로는 그 집에 가서 점심도 자주 먹었는데, 요리사가 닭고기에 달콤하고 신맛이 나는 이상한 소스를 넣어서 삶은 요리를 만들어 주었다고 했다. 포르투갈 소년이 좋아하는 맛은 아니었다.

가끔 차창을 짙게 선팅 처리한 그 집 미니밴을 타고 현지 수영장에 가서 종일 신나게 놀기도 했다. 마르코 임호프도 김정은의 아파트 집에 가끔 놀러 갔는데, 아이가 갑자기 분노를 폭발시키는 것을 보았다. 한번은 식은 스파게티가 나왔는데, 김정은이 집에서 일하는 요리사를 불러 '호통'을 치는 것이었다. 반 아이들은 그걸 보고 깜짝 놀랐다.[14]

김정은은 반 친구들이 꿈도 못 꿀 놀이기계들을 갖고 있었다. 미니 디스크 플레이어를 갖고 있었는데 아이팟iPods이 나오기 전까지 최첨단 음악 재생기였다. 그리고 소니 플레이스테이션과 당시 영화관에 출시되지 않은 영화 비디오도 많이 갖고 있었다. 아이들은 쿵후 스타 재키 찬이 출연한 영화와 제임스 본드 시리즈 최신작을 즐겨 보았다.

종종 탈선하는 십대 때였지만 김정은은 파티에 따라다니거나 플레이보이 짓을 따라하지도 않았다. 학교 캠프, 파티, 디스코에도 가지 않고, 술은 한 방울도 입에 대지 않았다. "여자아이들과의 접촉은 철저히 피했어요." 그와 같은 반이었던 여성은 이렇게 말했다. 자기도 김정은과는 제대로 대화를 나눠 본 적이 없다고 했다. "개인생활에 대해서는 다른 아이들에게 일체 말하지 않고 외톨이 같이 지냈어요. 어울리는 친구들이라고는 마르코 임호프와 조아오 미카엘로뿐이었습니다."[15]

이 친구들에게는 북한 이야기도 하고, 여름방학 때 거기서 어떻게 지냈는지에 대해 이야기해 주었다. 원산에서 찍은 사진을 보여주었는데 제트스키를 타는 사진도 들어 있었다. 하루는 김정은이 미카엘로와 거실에서 놀다가 자기 방으로 들어가더니 어떤 어른과 함께 찍은 사진을 한 장 들고 나왔다. 그리고는 지금 집에서 함께 사는 사람은 자기 진짜 아버지가 아니라는 사실을 털어놓았다. 사진 속의 어른이 진짜 아버지인데 북한의 지도자인 김정일이라고 했다.

미카엘로는 친구가 터무니없는 말을 한다고 생각하고 빈정대는 투로 대꾸했다. '오 그래, 네 아빠가 북한 대통령이시라 이 말이지.' 김정은은 그 말에 웃으면서 자기는 북한 지도자의 아들이 진짜 맞다고 했다. 두 아이는 그 문제를 가지고 더 이상 왈가왈부하지는 않았다.

그러던 중 2001년 부활절 무렵 어느 날이었다. 9학년을 마치기 불과 두어 달 전이었다. 김정은은 미카엘로에게 아버지가 들어오라고 해서 곧 북한으로 돌아가야 한다고 했다.[16] 왜 갑자기 돌아가게 되었는지에 대해서는 자세한 설명을 해주지 않았다.

다른 친구들에게는 일체 그런 말을 하지 않았고, 김정은은 그 뒤 어느 날부터 갑자기 학교에 나타나지 않았다. 선생님들도 아이에게 무슨 일이 생긴 것인지 몰랐다.

그렇게 해서 '박은'은 학교에서 사라졌다.

4장
독재자 수업

자나 깨나 군의 전투역량을 걱정하시는 장군님의 짐을
덜어드리기 위해 나도 믿음직한 사람이 되겠다.

김정은 2006년, 「김정은 일화집」

김정은은 김일성군사종합대학에 입학할 준비를 했다. 북한판 웨스트
포인트 육군사관학교 같은 곳이다. 그를 군사학교에 보내기로 한 것은
고용희의 결정이었다. 아들의 권력 승계 자격을 더 강화시키겠다는 생
각에서였다.

김정은과 함께 찍은 사진에서 고용희는 의자에 앉아 있는 아들을 선
채로 비스듬히 내려다보고 있다. '샛별대장'이라고 부르는 아들의 그림
그리는 모습을 지켜보는 중이다. 사진 속의 김정은은 여섯 살 쯤 되어
보이고, 장군 군복 차림에 어깨에 별 네 개를 달고 있다.

김정은은 2002년 주체사상에 입각한 군사 지도노선을 배우기 시작

했다. 국방에서의 자위를 강조하는 노선이다. 공허한 내용들이지만 북한으로서는 매우 중요한 이데올로기적 가르침을 담고 있다. 하지만 현실적으로 북한은 국가의 안정을 유지하는 일을 중국의 지원에 전적으로 의존하고 있다.

후계자가 될 사람이나 북한정권 모두에게 매우 중요한 한 해였다. 첫째, 북한과 미국의 관계가 더 악화되는 쪽으로 새로운 장이 시작되었다. 2002년 초 조지 W. 부시 대통령은 상하양원 합동연설에서 북한을 '악의 축'axis of evil 가운데 하나라고 불렀다. 부시 대통령은 북한이 이란, 이라크와 함께 "대량살상무기 개발을 추구해 세계 평화를 위협하고 있다."며 이렇게 덧붙였다. "미국은 국가안보를 위해 필요한 모든 일을 다 할 것이라는 사실을 모든 나라가 분명히 기억해야 할 것이다."

이 연설이 있고 불과 몇 주 뒤 김정일은 만 60세가 되었다. 매년 그의 생일에는 북한 전역에서 대대적인 축하행사가 벌어졌다. 한국 문화는 회갑인 60세를 인생에서 주요한 하나의 이정표로 생각한다. 음력으로 표시되는 60년 주기에서 자신이 태어난 해가 다시 돌아온 것을 기념하는 중요한 통과의례이다.

그해 김정일의 배우자였고 김정남의 생모인 성혜림이 모스크바에서 사망했다. 경애하는 지도자 김정일은 자신의 삶도 마지막을 준비할 때가 되었음을 절감하고 권력 이양 준비에 들어갔다. 이양 작업의 초기 징후들이 보이기 시작했다.

김정일의 생모는 '조선의 어머니'로 불려 왔는데, 고용희도 같은 반열에 올렸다. 북한 인민군은 그해 16쪽짜리 소책자를 발간했는데, 책자

제목이 '존경하는 어머님은 경애하는 최고사령관 동지께 끝없이 충직한 충신 중의 충신이시다.'였다. 이어서 '존경하는 어머님'을 떠받드는 노래들이 방송 전파를 타고 울려 퍼지기 시작했다.[1]

하지만 '존경하는 어머님'이 고용희라는 말은 어디에도 등장하지 않았다. 간부들은 행간을 통해 그게 고용희를 찬양하는 글과 노래임을 짐작했다. 그녀는 '조선의 어머니' 반열에 올랐고, 이는 그녀가 낳은 아들 중 한 명이 차기 국가 최고지도자가 될 것임을 보여주는 하나의 초기 징조였다. 따라서 김정은으로의 권력 승계 작업은 치명적인 실책이 되고만 김정남의 도쿄 디즈니 여행 이전에 이미 시작되었음을 알 수 있다. 물론 고용희는 김정남의 도쿄 디즈니 스캔들을 자기가 낳은 김정은을 후계자로 만드는 좋은 기회로 활용했다.

고용희는 자식들을 위해 자신이 쓸 수 있는 시간이 많지 않다는 것을 알았다. 유방암과의 싸움에서 자신이 지고 있다는 것을 알았던 것이다. 북한 공식자료에 따르면 김정은은 학업에 전념했다. 타고난 군사전략가여서 김일성군사종합대학에 다닐 때는 교관들로부터 배우는 게 아니라, 그가 교관들을 가르쳤다고 북한 관영 매체는 보도했다.

2004년 어느 날 밤, 군사학교 과정을 절반 정도 마친 20세의 김정은은 새벽 2시에 고위장교들에게 군사전략에 대해 '가르침'을 주고 있었다. 잠자리에 드시라는 장교들의 간청을 뿌리치고 그렇게 했다는 것이다. 그의 할아버지 김일성도 꼭두새벽에 자지 않고 일한 것으로 유명하다. 관영 매체가 보도한 이런 일화는 김정은이 자연스레 할아버지의 뒤를 이어 북한의 지도자가 될 것임을 시사하는 매우 강력한 시그널이었다.

김정은은 잠자는 대신 연필을 집어 들고 백두산 그림을 그린 다음 그 밑에 이렇게 썼다. '혁명의 성산. 김정일.' 김정은 우상화 작업의 일환으로 만든 책자에 따르면 그는 이 그림을 '항일혁명전쟁' 전술을 가르치는 군대 교본의 표지로 쓰라고 지시했다. 극소량의 진실이 들어 있겠지만, 대부분은 역사 집필자들이 과도하게 부풀린 이야기들이다. 김정은 앞에 서 있던 장교들은 "그가 백두혈통을 가장 순수한 형태로 이어갈 것임을 알고 깊은 감동으로 충만했다."[2]

한국 문화에서 순수 혈통은 너무도 중요하다. '백두혈통'의 후손임을 주장함으로써 김씨 일가는 순수 혈통에 대한 문화적 신념에 접목된다. 그 순수 혈통은 구체적으로 김씨 왕조 3대에 구현된다고 선전한다. 자신의 선조가 메이플라워Mayflower호를 타고 신대륙으로 건너온 사람들이라는 것과 흡사하지만 북한 버전은 그보다 훨씬 더 전체주의적인 분위기에서 몰아간다.

김정은의 어머니 고용희는 2004년 5월 결국 암을 이기지 못하고 파리의 한 병원에서 사망했다. 그녀의 시신은 평양으로 운구된 다음 비밀리에 장례를 치르고 묻혔다.

하지만 공개적으로 그녀를 '조선의 어머니'로 우상화하는 작업은 계속되었다. 우상화 작업은 그녀의 두 아들 김정철과 김정은 가운데 한 명을 후계자로 만드는 준비작업의 일환이었다. 김정은이 8살 때 후계자로 낙점되었다고는 하나 김정일은 두 아들 모두에게 가능성을 열어두고 있었던 것 같다.

김정은이 김일성군사종합대학에 다니는 동안 김정철은 북한 내 최고의 권력기관으로 통하는 노동당 조직지도부에 들어갔다. 조직지도부는 북한 노동당과 내각, 국방위원회를 총괄하는 조직이다. 김정일도 1964년 여기서 후계자 수업을 시작했다.

그런데 2005년에서 2006년으로 해가 바뀌는 시점에 김정철이 자신이 지도자 재목임을 보여주는 데 실패했다는 뉴스가 한국 언론에 보도되었다. 자기한테 더 이상 기회가 없음을 보여주듯 김정철은 자신의 기타 우상인 에릭 클랩튼Eric Clapton의 독일 4개 도시 순회공연을 따라다니는 것이 목격됐다. 어렸을 적부터 기타를 치기 시작한 그는 일렉트릭 기타와 앰프까지 갖추고 있었다.

에릭 클랩튼의 프랑크푸르트, 슈투트가르트, 베를린, 라이프치히 공연장에 나타난 그의 모습이 일본 텔레비전 카메라에 포착됐다. 그는 경호원들에 둘러싸인 채 자기 나이 또래의 젊은 여성 한 명과 함께 다녔다. 둥그스름한 얼굴에 더부룩한 헤어스타일로 주로 티셔츠 차림을 했고, 가죽재킷을 입고 나타나기도 했다. 언론의 집중 관심에도 크게 당황해하지 않는 표정이었다.

물론 북한 내부에서는 그의 이런 행보가 일체 알려지지 않았다. 그가 에릭 클랩튼의 히트곡 '원더풀 투나잇'Wonderful Tonight을 기타로 연주할 수 있다는 사실도 물론 몰랐다. 북한 주민 대부분은 경애하는 지도자에게 아들이 있다는 사실조차 모르고 있었다.

당연한 결과이지만 김정은은 22세 때 김일성군사종합대학을 수석졸업했다. 졸업식은 2006년 12월 24일에 열렸는데, 북한에서 대단히 중요한 의미를 가진 날이었다. 김정일이 인민군 최고사령관으로 추대된 지

15주년이었고, 김정일의 생모 김정숙의 89번째 생일이었다. 북한정권에서는 개인숭배를 강화하는 데 필요하다면 아무리 사소한 날이라도 의미를 부여해 기념한다.

김정은의 졸업논문은 GPS전지구위치파악시스템를 활용한 포 명중률 향상 시뮬레이션을 주제로 했다. 김정일은 이 기술 분야 논문을 보고 흡족해한 게 분명했다. 그는 이 논문이 자기와 부친 김일성이 함께 개발한 위대한 군사전략 이론을 반영하고 있다고 말했다.

실제로 본인이 논문을 썼는지는 모르지만 어쨌든 김정은은 수석 졸업자임을 인정하는 배지와 인증서를 받았다. 그는 아버지 김정일의 탁월한 영도력에 대해 이렇게 말했다. "총사령관의 주체 선군사상과 병법에 대해 배우면서 장군님이야말로 군사 귀신이라는 사실을 절실히 알게 되었습니다." 김정은은 당시 인민군 지휘관회의에 참석해 이렇게 말했다. 그는 아버지 김정일이 탁월한 군사전략가라고 말하고, "자나 깨나 군의 전투역량을 걱정하시는 장군님의 짐을 덜어드리기 위해 나도 믿음직한 사람이 되겠다."고 다짐했다. 후계자로 확정되기도 전에 이렇게 말한 것이다.

이는 모두 2017년 북한 당국이 발행한 영문 소책자 「김정은 일화집」 *Anecdotes of Kim Jong Un's Life*에 소개된 내용들이다. 서문에는 3대 지도자 김정은에 대한 국제적으로 엄청난 관심에 부응해 만든 책자라고 밝히고 있다.

책자에서는 10일 동안 김정은에 대해 소개한 영문 보도가 6,740만 건이나 된다고 주장하고 있다. 시간당 23만 건에 해당되는 수치라는 것이다. 언론 역사상 "그렇게 전 세계적인 관심을 받은 지도자는 없었다."고 책자는 주장했다. 책자에 등장하는 수치는 전형적인 북한식 과장법에 근거한 것이다. 그리고 김정은에 대한 언론의 관심이 젊은 지도자가 훌륭해서가 아니라 무모한 협박과 무차별적으로 저지르는 잔인한 행동 때문이라는 점은 밝히지 않았다.

김정일 시대 마감

2008년 여름이 되자 권력 승계 준비는 긴박하게 진행되었다. 김정일이 뇌졸중으로 혼수상태에 빠져 있었기 때문이다. '위중한' 상태였다. 프랑스 뇌신경 전문의 프랑수아 자비에 루François Xavier Roux 박사가 그를 치료하기 위해 평양에 왔다.

1993년 경애하는 지도자가 승마 도중 낙마해 머리 부상을 입었을 때 북한 관리들이 당시 파리 쌍테 안느Sainte Anne 병원의 신경외과 과장이던 루 박사에게 전화를 걸어 자문을 구했다. 루 박사는 북한 사람들이 왜 자신을 택했는지 몰랐다. 루 박사는 2008년에 다시 도와달라는 전화를 받고 베일에 가린 환자를 치료하기 위해 의료팀을 꾸려 극비리에 평양으로 향했다. 가서 보니 그 환자는 바로 김정일이었고 생명이 '위독한' 상태였다.[3]

북한 사람들이 외국 의사를 찾은 이유는 경애하는 지도자의 신변에 관해 어떤 결정을 내리는 일을 자기들 손으로 직접 하고 싶지 않기 때문이었다. 지도자의 목숨이 달린 일은 더 그랬다. '감정에 휘둘리지 않고' 치료를 맡아줄 의사가 필요했던 것이다. 병상을 지키는 사람은 막내아들 김정은이었다. 루 박사는 당시 의료진들은 그 아들이 어떤 인물인지 전혀 알 수 없었다고 했다. 왜냐하면 그가 의료팀과는 일체 말을 나누지 않았기 때문이다.[4]

루 박사는 그해 9월과 10월에 다시 평양을 방문해 환자의 회복상태를 살폈다. 뇌졸중 재발 가능성이 매우 높았고, 루 박사는 김정일에게 그렇다는 사실을 알려주었다. 남은 시간이 많지 않은 게 분명했다.

그로부터 5개월이 채 안 되어 김정일은 막내아들 김정은을 자신의 후계자로 임명한다고 군 수뇌부와 당정 최고위간부들에게 정식으로 통보했다. 김정일은 당 고위간부들이 후계 문제에 발언권을 행사한 것처럼 보이도록 꾸미기 위해 당대회까지 소집하는 번거로움을 피했다. 당대회는 김일성이 아들 김정일에게로 승계 작업을 마무리하기 위해 1980년에 개최한 이래 그동안 한 번도 열리지 않았다. 김정일은 김정은을 후계자로 임명한다고 간부들에게 통보하는 것으로 일을 마무리해 버렸다.

먼저 김정일은 2009년 1월 8일 노동당 고위간부들에게 막내아들 김정은을 후계자로 결정했다고 통보했다. 그날은 김정은의 25번째 생일이었다. 이러한 결정사항은 태영호 같은 관리들에게까지 하달되었다. 당시 태영호는 그 전 해 런던대사관 근무를 마치고 귀국해 외무성 유럽국에 근무하고 있었다. 외무성은 평양 중심부 김일성광장 옆에 있는 대형 건물에 자리하고 있다.

그가 소속된 당 세포도 상부의 지시에 따라 회의를 소집했다. 김씨 왕조는 당의 가장 기본이 되는 당 세포를 통해 70년 넘게 북한을 통치해 왔다. 회의를 통해 경애하는 지도자께서 아들인 '대장 동지'를 후계자로 임명했다는 통보를 받았다. 그리고 이것은 당의 지속성을 위해 내려진 결정이라고 했다. 세포 회의가 진행되는 동안 아무도 입을 열지 않았고, 지속성이라는 메시지만 되풀이해서 강조됐다.

"아무도 이러한 결정에 의심을 품지 않았어요." 태영호 공사는 그로부터 몇 년 뒤 서울에서 만나 이렇게 말했다. "북한에서 우리는 아주 어릴 때부터 혁명위업은 대를 이어 계속될 것이라고 배웠으니까요."

그 전까지는 태영호처럼 비교적 직위가 높은 관리들도 북한의 로열 패밀리에 관해서 거의 아는 게 없었다. 그는 유럽에서 근무할 때부터 김 정일의 자녀들이 스위스에서 유학하고 있다는 사실은 알았지만, 자녀가 몇 명이라거나 아이들의 이름이 무엇인지 등에 대해서는 일체 몰랐다.

후계자 통보는 매우 느리고 간접적으로 진행됐다. 모르는 사이에 서서히 스며드는 것처럼 일반 국민들에게 알려지도록 했다. 생활난이 심해서 정권에 대한 충성도가 매우 낮은 '적대적인' 북부 지방에는 특히 그런 식으로 후계 결정 소식이 전해졌다.

먼저 2009년에 '발걸음'이라는 노래가 보급되기 시작했다. 스시 요리사 후지모토 겐지가 10년도 더 전에 김씨 왕가의 초대소에 처음 들었던 바로 그 노래였다. 이제는 일반 주민들 귀에도 소련군가 스타일의 경쾌한 '척척척 발걸음'이란 가사가 들리기 시작한 것이다.

"함께 부르면 신나는 곡이었어요." 북부 국경도시 회령 출신의 탈북자인 민아씨는 서울 교외에 있는 집에서 나를 만나 이렇게 당시를 회고

했다. 이웃의 감시조끼리 만나 이 노래를 배우고, 3대 세습에 대해 공부했다. 감시조는 이 경찰국가에서 주민들을 감시하기 위해 각 단위별로 조직하는 풀뿌리 감시조직이다.

텔레비전과 라디오에서도 노래가 흘러나오기 시작했다. 그리고 이웃 감시조와 노동당 세포조직들이 따라 불렀다. 군인들이 들고 다니는 작은 노트에도 노래가사가 인쇄되어 나왔다. 외화벌이를 위해 해외에 파견되어 일하는 북한 노동자들도 매주 시행되는 사상교육 시간에 이 노래를 듣고 따라했다.

"가사를 외우라는 지시가 내려왔고, 지도자 동지가 얼마나 위대한 분인지에 대해 배웠습니다." 역시 회령 출신의 탈북자인 강 선생은 이렇게 말했다. 그는 김정은의 굴레에서 탈출하기 전 마약거래상을 했다.

"그가 김정일의 뒤를 이어 새 지도자가 될 것이라는 사실은 알았지만 어떤 사람인지, 어떻게 생긴 사람인지, 나이가 몇인지 등등 아무 것도 몰랐습니다. 대단히 훌륭한 사람이라는 것만 먼저 배운 거지요."

한국에서도 이 노래가 어떤 의미를 가지는지에 대해 주목하기 시작했다. 당시 한국 정보기관의 어느 분석관은 서울 외곽에 있는 사무실에서 북한 국영 조선중앙텔레비전을 모니터링 하고 있었다. 김정일이 지방에서 열린 어느 콘서트에서 측근 고위간부들에 둘러싸인 채 공연을 감상하는 장면이 나왔다. 여동생 김경희와 막강한 권력을 휘두르던 그녀의 남편 장성택, 그리고 선전선동부장도 배석했다.

무대 전면에 '발걸음'이라는 글자가 나타나고 합창단이 노래를 부르기 시작했다. 그 분석가의 머리에 뭔가 번뜩 스쳐지나갔다. 북한의 후계

자 문제가 해결되었구나 하는 생각이었다. [5]

한국 정보기관도 김정은에 대해서는 아는 게 거의 없었다. 2009년이 다 지나가도록 그들은 김정은의 이름을 정운으로 틀리게 쓸 정도로 아는 게 없었고, 정확한 나이도 모르고 추측하는 정도였다. "김정은과 관련된 정보가 베일에 가려져 있다. 사진도 없고, 생년월일과 직책 등 그에 관해 하나도 알려진 게 없다." 당시 한국의 어느 신문은 이렇게 쓰고 있다.

김정은의 나이도 문제가 될 것 같았다. 남북한 모두 아직도 사람들의 정치적, 사회적 관계가 유교전통과 밀접하게 연관돼 있다. 그래서 서열을 매길 때 나이를 매우 중시한다. 그의 할아버지와 같이 활동하던 80대 원로 동지들이 아직도 권력 지도부에 자리를 차지하고 있는 정치 환경에서 불과 25살의 김정은은 어린아이에 불과했다.

미리 조작해 놓은 신화도 없었다. 김일성의 경우는 공적을 부풀려서 일본군을 상대로 많은 승리를 거둔 전설적인 항일투사로 만들었다. 김정일이 출생할 때는 백두산 위에 밝은 별이 뜨고 쌍무지개가 모습을 드러냈다는 전설이 만들어져 있었다.

김일성은 권력을 다지는 데 4반세기를 보냈다. 공식적으로 절대 권력을 장악하게 된 것은 1972년 헌법 개정을 통해 '국가주석' 중심 체제를 만들면서부터였다. 이후 20년은 아들 김정일에게 권력을 물려주기 위해 길을 닦는 기간이었다.

김정일은 1970년대 들어서며 당내 서열이 계속 높아지다가 1974년에 후계자로 부상되었고, 1980년 노동당 6차 당대회에서 후계사로 공식 확정되었다. 따라서 1994년 김일성 사망 때 북한정권은 이미 52세로 나이가 들 만큼 든 아들 김정일이 백두혈통을 계속 이어가게 될 것이라는 점을 당연시하고 있었다.

하지만 김정일은 아들에게 왕조를 물려줄 준비작업을 시작도 하지 않고 있었다. 김정은은 아직 너무 어렸다. 25세이면 북한의 다른 집안 아이들은 군대 의무복무를 하고 있을 나이였다. 갑작스런 뇌졸중이 미래 대비에 관한 일정을 바꿔 측근들에게 승계작업을 서두르라고 독려하게 되었다.

2009년을 시작으로 김정은은 군과 정부 내 요직을 두루 거치며 급속히 서열이 올라갔다. 막강한 권력을 가진 선전선동부에서는 그에 대한 우상화 작업에 착수했다.

'대장 동지' '우리 당은 역사적 전환기에 처해 있다.'와 같은 표현이 나오기 시작했다. 그러다 김정은의 이름이 슬며시 등장했다. 북한 곳곳에 '우리 민족의 영광, 백두혈통을 이은 김정은 동지'라는 문구가 적힌 포스터가 나붙었다.[6]

국영 매체들은 그를 '영특한 동지', '청년장군', '온 나라를 비추는 아침 해'라고 불렀다. 북한정권은 「청년대장 김정은 동지에 대한 위대성 자료」라는 제목의 소책자를 만들어 조선인민군 모든 단위 부대에 배포했는데, 기상천외한 내용들이 들어 있다. 김정은은 세 살 때 총을 쏘아 100미터 떨어진 곳에 있는 전구를 맞췄다. 1초 간격으로 총을 쏘아 10초 동안 10개의 과녁을 모두 명중시켰다. 8살 때는 시속 120킬로미터로 트럭을 몰았고, 육군, 공군, 해군 가리지 않고 모르는 군사지식이 하나도 없었다고 했다. 북한 사람들도 수긍하기 힘든 내용들이었다.

북한은 2009년 개정헌법을 통해 국가 최고지도자의 권한을 한층 더 강화하고, 군이 혁명의 핵심 주체를 뒤따른다고 명시했다. 혁명의 핵심 주체는 물론 김씨 일가를 가리킨다.

김정은은 중앙군사위원회 부위원장에 임명되었고, 이때부터 인민군은 '김정일 군대'가 아니라 '김정은 군대'로 불려지게 되었다.[7] 학생 시절 별 주목도 받지 못하던 아이가 '천재 중의 천재'로 불리게 되었고, 김정은이 장군들 앞에서 혁명과업을 완수하겠다는 다짐을 했다는 이야기가 소책자로 만들어져 인민군 단위 부대에 모두 배포되었다.

김정은의 생모 고용희도 우상화의 대상이 되었다. '위대한 선군 조선의 어머님'이라는 제목의 85분짜리 기록영화가 제작되었다. 영화는 1994년 김일성 사망 이후 추모기간 중 고용희가 북한정권을 위해 헌신적으로 활동하는 사진과 영상을 담고 있다. 1990년대 김정일과 함께 군과 기업소에 대한 현지 지도에 나서고, 문화행사 등 공개행사에 참석하는 고용희의 모습이 소개되었다. 그동안 '퍼스트레이디'가 공개석상에 모습을 드러낸 적은 한 번도 없었기 때문에 이 영상들은 최초로 공개되는 것이 분명했다.[8]

고용희가 자신의 50번째 생일 축하모임에 참석해 직접 축사를 읽는 장면도 등장한다. 그녀는 축사에서 이렇게 말했다. "장군님께서 저에게 '당신이 다른 사람들한테 말해 보라. 내가 얼마나 힘든 7년 세월을 보내왔는가.'라고 말했습니다." 김일성 사망 이후 나라 전체가 기근으로 초토화되다시피 한 고난의 행군 시기를 가리키는 말이었다. "그 누구도 견줄 수 없는 장군님의 어려운 7년 세월을 저는 보아 왔고 함께했습니다." 이렇게 말하며 고용희는 멋쩍게 웃었다.

사실은 그렇게 힘든 시기를 보내지 않았다. 김정일은 북한 주민들이 굶주릴 때 캐비어와 랍스터를 먹었다. 북한에서 기근이 한창이던 2년 동안 그는 전 세계에서 헤네시 파라디Hennessy Paradis 코냑의 최대 구매 고객이었다. 연간 코냑 수입액이 거의 100만 달러에 달했다.

하지만 선전 일꾼들은 김정은에게 후계자로서의 정당성을 부여해 주기 위해 역사를 고쳐 썼다. 기록영화를 제작한 목적은 명확했다. 고용희로 하여금 김일성, 김정일 어머니들의 뒤를 이어 '위대한 어머니'의 계보를 잇게 하려는 것이었다. 이는 김정은이 백두혈통을 계승하는 위대한 영도자임을 선전하기 위해 반드시 필요한 작업이었다.[9]

전 국민이 매주 열리는 학습시간에 청년 천재 지도자가 해냈다는 엄청난 일들에 대해 습득했다. 청년장군은 세 살 때 총을 쏠 줄 알았고, 보통 아이들이 글자를 배우기 시작할 때 벌써 말을 타고 자동차를 운전할 줄 알았다는 등의 이야기였다.

"사람들은 이런 선전을 믿지 않았습니다. 모두 웃었습니다. 아이들은 믿을지 몰라도 어른들은 전혀 안 믿지요." 마약 거래상을 했다는 강 선생은 이렇게 말했다. "하지만 그런 이야기에 의문을 제기하면 바로 총살입니다."

새 지도자를 과대포장하려는 이런 노력들은 신뢰성을 잃을 정도로 선을 넘는 경우가 많았다. 「경애하는 지도자 김정은 동지의 어린 시절」이라는 제목의 공식 자서전에는 김정은이 6살에 야생마를 타고 달렸고,

9살 때는 유럽의 파워보트 레이싱 챔피언과 시합을 벌여 두 번이나 이 겼다고 쓰고 있다. 시속 200킬로미터로 달렸다고 하는데, 너무 황당한 이야기라 지도자 동지의 어린 시절을 '엉터리로 과장했다.'는 소문이 나 돌자 책을 회수 조치한 뒤 좀 더 믿을 만한 이야기로 고쳐서 다시 내놓 았다.[10]

재앙으로 끝난 화폐개혁

그러던 중에 북한정권은 전례를 찾아보기 힘든 엄청난 실책을 저지 르게 되었다. 스스로 저지른 실책이었고, 체제를 근본에서 뒤흔든 큰 사 건이었다.

일요일인 2009년 11월 30일, 북한정권은 기습적으로 화폐개혁을 단 행했다. 화폐의 액면가치를 평가절하하는 조치였다. 화폐개혁 발표는 노동당 조직을 통해 전달되었다. 평양의 고위간부들이 제일 먼저 소식 을 접했고, 산간벽지의 일반 주민들은 제일 마지막에 알게 되었다.

장롱 속에 감춰두었던 돈이 일시에 휴지조각이나 마찬가지가 되고 말았다. 일주일이라는 시한 안에 가구당 10만원만 새 화폐로 교환해 준 다고 했다. 미화로 30달러, 45킬로그램짜리 쌀 한 포대 값에 해당하는 액수였다. 구권 100원을 신권 1원으로 교환해 주었다. 뒷자리 0 두 개가 떨어져 나간 것이다.[11]

전국적으로 엄청난 혼란과 공포가 몰아닥쳤다. 소식을 먼저 접한 평양의 엘리트들은 서둘러 외화로 바꾸거나 화폐교환이 시작되기 전에 구권으로 식량, 의복 등 생필품을 닥치는 대로 사 모았다.

하지만 일반 주민 대부분은 너무 늦게 소식을 접했다. 조금이라도 잘 살아 보겠다고 허리띠를 졸라매고 땀흘려 평생 모은 돈이 하루아침에 흔적도 없이 날아가 버리게 된 것이다.

홍 선생은 별 볼 일 없는 국가 일자리를 이용해 근근이 생계를 이어 가고 있었다. 그는 혜산시에서 국경경비원으로 근무했는데, 가외로 국경 양쪽의 아는 사람들을 이용해 몰래 돈을 환전해 주는 일을 했다. 이렇게 바꾼 외화들은 은밀히 북한 국내로 들어갔다.

북한 체제를 뒤흔들 수 있는 이런 불법거래는 국경지역에서 공공연히 행해졌다. 북한을 탈출해 한국으로 가거나 중국에 머물고 있는 탈북자들이 북한 내 가족과 친지들에게 돈을 보내려고 하기 때문이다. 홍 선생은 이렇게 열심히 벌어 모은 돈으로 가족들을 먹여 살릴 정도는 되었다. 그렇게 해서 북한 돈으로 3만원을 모을 수 있었다. 1만원이면 괜찮은 집을 한 채 살 수 있기 때문에 상당히 큰돈을 모은 것이다.

아내와 초등학교 다닐 나이의 딸에게 고기와 생선도 매일 사 먹일 수 있게 되었다. 어떤 날은 하루에 한 번 이상 고기를 먹기도 했다. 김일성은 '모든 인민이 이밥에 고깃국을 먹으며 기와집에서 비단옷 입고 사는 것'을 부유한 생활의 기준으로 제시했다. 홍 선생 가족은 그 부유한 조건이 충족된 삶을 살았다. 김일성은 사회주의 지상낙원 건설을 통해 그 목표를 이룬다고 했고, 홍 선생은 외화 밀거래를 통해 목표를 이루었다는 점이 다를 뿐이었다.

하지만 화폐개혁이 단행되어 홍 선생이 모은 돈은 흔적도 없이 사라져 버렸고, 가족의 안락한 삶까지 단번에 날아가 버렸다. 은밀히 자본주의 거래 방식으로 재산을 모은 수많은 북한 주민들이 모두 치명적인 타격을 입었다. 그 일을 계기로 홍 선생을 비롯한 그의 주변 사람들은 국가 지도자에 대한 생각을 바꾸게 되었다. 체제가 자신들을 속이고 있다는 사실을 처음으로 깨닫게 된 것이다.

그는 화폐개혁이 자기가 사는 지역에 초래한 혼란과 그로 인해 자신이 어떤 타격을 입었는지에 대해 자세히 들려주었다. "나는 그때까지 김정일이 정말 인민을 위해 일한다고 생각했습니다. 하지만 화폐개혁이 단행되면서 그동안 내가 모은 모든 재산이 다 날아가 버렸습니다. 이건 아니라는 생각이 들었습니다." 홍 선생은 2015년 말 북한을 탈출한 이래 살고 있는 서울 외곽의 소규모 주거 타운에서 만나 이렇게 말했다.

암시장에서 북한 돈의 가치는 폭락했다. 당국은 외화 유통을 전면 금지시키고, 시장 개장 시간과 파는 물품 목록까지 엄격히 통제했다. 하지만 규제조치는 효과가 없었고 인플레이션이 극에 달했다. 식량 부족 사태는 더 악화됐다. 전국에서 사람이 죽었다. 재산을 모두 잃은 허탈감에 심장마비를 일으켜 죽은 사람, 스스로 목숨을 끊은 사람도 많았다.[12]

당국은 잠재적인 불안요소, 나아가 소요 가능성까지 있다는 사실을 깨닫고 새 화폐로 교환할 수 있는 한도를 가구당 10만원에서 30만원으로, 며칠 뒤에는 50만원으로 올렸다. 일부 작업장에서는 근로자들의 봉급을 올려주고, 과거 수준에 맞춰 임금을 지불해 주겠다는 제안을 내놓기도 했다.[13]

화폐개혁 아이디어는 장마당을 통한 자본주의의 확대를 막으려는 목적에서 나왔다. 대기근 이후 장마당은 북한 전역에 자리를 잡았고, 돈주라 부르는 거물 상인들이 국가 경제에 미치는 영향력이 크게 확대되었다. 화폐개혁 조치는 이들이 모은 돈을 모두 허공에 날려 버리게 만들었다. 번 돈을 외화로 바꿔서 가지고 있는 진짜 큰 손들만 살아남았다.

북한 내부에서는 이 조치가 김정은의 이름으로 시행되었다는 이야기가 나돌았다. 이를 통해 그의 이름을 자연스럽게 정치 무대에 등장시켜 후계구도를 공고히 하려는 복안이 있었다는 것이다. 그게 사실이었다고 하더라도 김정은은 재앙을 초래한 정책의 책임을 일체 지지 않았다. 당 경제정책비서인 77세의 박남기에게 모든 책임을 뒤집어씌웠다. 박남기는 2010년 1월 직위해제되었고, 그해 3월 '당과 국가, 인민 경제에 막대한 피해'를 주었다는 죄목으로 평양의 한 사격장에서 총살당했다.[14] 정책 실패의 책임을 누군가는 져야 했던 것이다.

북한 당국은 모든 책임을 김정은으로부터 다른 데로 돌리려고 했을 뿐만 아니라, 그에게 좋은 사람 '굿 가이'good guy 역할을 하도록 맡겼다. 이에 따라 북한 노동당 중앙위원회는 2009년 말 새 화폐를 가구당 500원씩 나누어 주었다. 당중앙위원회는 "김 대장의 배려금 명목으로 세대주 1인당 500원을 일률적으로 지급한다."고 밝혔다.

주민들의 환심을 사기 위한 이런 노력에도 불구하고 권력세습에 대한 시선은 그렇게 호의적이지 않았다. 하지만 김정일의 건강이 계속 악화되고 있었기 때문에 북한정권으로서는 달리 선택의 여지가 없었다.

국가 경제는 혼란에 빠지고 주민들의 불만은 극에 달했다. 김정은은 권력 세습을 위한 다음 과제로 군사적 결단력을 과시해 보이기로 했다. 전 세계 많은 독재자들이 국내 실정으로 인한 불만을 돌리는 방법으로 외부의 적을 상대로 수단과 방법을 가리지 않고 군사적 승리를 거두는 것 만한 게 없다는 사실을 잘 알고 있었다.

군부 신임 얻으려고 천안함 폭침 총지휘

2010년 3월 말 한국 해군 초계함인 천안함 폭침을 배후에서 총지휘한 사람이 바로 김정은인 것으로 알려져 있다. 1,200톤급 천안함은 남북한 해상 경계인 북방한계선 남쪽 지역에서 통상적인 경계작전 임무를 수행하던 중 어뢰 공격을 받고 침몰됐다. 이전에도 남북한 간에 소규모 충돌이 벌어진 지역이었다. 이 공격으로 대한민국 해군 용사 46명이 전사했다. 1953년 휴전 이래 양측 사이에 일어난 최악의 유혈충돌 가운데 하나였다.

국제조사단의 조사결과 북한의 소행임을 보여주는 증거들이 발견되었다. 조사단은 천안함이 북한군 잠수함에서 발사된 어뢰 공격으로 침몰했다는 조사결과를 공식 발표했다. 한국 분석가들 사이에 김정은이 공격의 배후에 있을 것이라는 의혹이 제기됐다. 군 고위간부들에게 신임을 얻기 위해 사건을 총지휘했을 것이라는 분석이었다.[15]

김일성군사종합대학을 졸업했다고는 하지만 그는 현장 근무 경험이 전무하다. 아버지 김정일이 군을 우선시하는 선군정치를 내세웠던 나라를 이끌 지도자로 인정받으려면 내세울 만한 실적이 시급히 필요했다.

또 하나의 중요한 통과의례는 그해 8월에 치루었다. 아버지를 따라 중국 방문길에 나선 것이었다. 김정일이 역사적으로 북한정권의 후원자 역할을 해온 중국 지도자들에게 아들을 공식 소개하는 자리임이 분명했다. 중국 방문 때 두 사람은 김일성이 항일투사로 경력을 쌓은 중국 동북부 지방까지 둘러본 것으로 알려졌다.

중국 동지들에게 공식적인 소개가 끝나고, 천안함 폭침에 이어 '백두혈통'이란 신화까지 적극적으로 선전함으로써 김정은으로 권력을 넘겨주는 데 필요한 모든 조건이 다 충족된 것이 명확해졌다. 2010년 9월 27일, 김정은은 인민군 대장 칭호를 받았다. 김정일은 아들의 진급을 직접 발표하면서 "조선인민군은 막강한 백두산 혁명군으로서 전 세계에 그 힘을 과시한다."고 선언했다.[16]

그 날은 월요일이었다. 그리고 바로 그 다음 날 44년 만에 제3차 노동당 대표자회의가 소집되었다. 당 간부들에게 노동당 대표자회의 개최를 환영하자고 촉구하는 내용의 포스터가 평양 시내 곳곳에 나붙었다. '우리 당과 국가에 길이 빛날 상서로운 사건인 노동당 대표자회의를 환영하자!' 노동당 기관지 노동신문은 대표자회의가 '성스러운 노동당 역사에 괄목할 만한 사건으로 빛날 것'이라고 보도했다.

이 회의에서 김정은은 중앙군사위원회 부위원장에 임명되고, 노동당 정치국 위원으로 선임됐다. 북한정권을 떠받치는 두 개의 핵심 조직을 장악함으로써 후계구도를 굳히게 된 것이다. 26살의 김정으로서는 나쁜 출발이 아니었다.

금요일에 김정은의 공식 사진이 최초로 노동신문 전면에 풀 컬러로 게재되었다. 앞줄에는 김정일이 트레이드마크인 황록색 점프수트 차림으로 앉고, 양옆으로 가슴에 훈장을 주렁주렁 단 군 고위간부들이 자리했다. 그리고 김정은이 앉았다. 유일하게 검정색 인민복 차림인데 헤어스타일이 특이하게 일명 지바고 스타일을 했다. 어떤 효과를 노리는지 뻔히 보였다. 바로 젊은 시절의 김일성을 빼닮은 것이었다.

그 사진으로 외부 세계에는 분명한 메시지가 전달되었다. 베일에 가려져 있던 일이 갑자기 수면 위로 분명하게 드러났다. 위대한 계승자가 온전하게 모습을 드러낸 것이다. 그것으로 부족했던지 그로부터 2주가 채 되기 전에 추가 확증이 나왔다. 성대하게 거행된 노동당 창건 65주년 기념식에 아버지 김정일과 나란히 자리를 함께 한 것이다.

두 사람은 평양 시내 한복판 김일성광장이 내려다보이는 인민대학습당 주석단에 함께 서 있었다. 김정은은 아버지와 함께 열병식을 지켜보며 무표정한 표정으로 어색한 듯 이따금 박수를 쳤다. 군복 차림의 군 고위장성과 고위간부들보다는 아버지에게 더 가까웠지만 황송한 듯 일정한 거리를 유지한 채 서 있었다. 기념식의 주인공은 여전히 아버지 김정일이었다.

단상에 있던 사람들 가운데 몇 명은 이후 오래 자리를 지키지 못하고 모습을 감추게 된다. 김정일은 부쩍 쇠약해진 모습이었다. 걸을 때 절름거리고 왼손을 제대로 쓰지 못해 박수치는 것도 여의치 않았다. 그로부터 1년 만에 김정일은 사망했다.

북한 인민군 총참모장이던 리영호 차수는 이날 북한 체제를 찬양하는 연설을 했지만 그로부터 2년이 안 돼 그 체제로부터 버림받아 숙청되었다.

그 다음 검정 양복에 선글라스를 낀 김정은의 고모부 장성택도 잔혹한 방법으로 버려졌다. 3대 세습을 공고히 하는 데 정권의 모든 역량이 집중되면서 세습에 조금이라도 의문을 갖거나 새 지도자에 맞설 가능성이 있는 사람은 가차없이 제거되었다.

수십 년 동안 광장을 내려다보고 있던 마르크스와 레닌의 초상화도 얼마 지나지 않아 떼어냈다. 노동당 창건 65주년을 자축하는 요란한 기념식은 공산주의 일체성을 대내외에 과시했다. 인민군 수천 명이 광장을 행진하며 북한 체제를 찬양하는 구호를 외쳤다. 그날 이후 김정일 옆에는 항상 김정은이 자리를 지켰다.

김정일이 평양 시내 아파트 건설 공사장을 순시할 때도 김정은이 아버지의 뒤를 따라다녔다. 주민들의 아코디언 연주에 웃으면서 박수를 치고, 그들에게 축하주로 막걸리를 따라주었다. 아버지가 발전소 건설 공사장으로 현지 지도를 나갈 때도 옆을 지켰다. 2011년 초에는 김정일을 따라 공군사령부 협주단 전자악단의 공연을 관람했다. '어디에 계십니까 그리운 장군님', '하늘의 방패 우리가 되리'와 같은 경쾌한 곡들이 연주됐다.

한편 지구 반 바퀴 떨어진 곳에서는 자칫하면 김씨 왕조의 근간을 뒤흔들 수도 있는 사건들이 일어나고 있었다. 2010년을 얼마 남기지 않은 시점에 중동에서는 민주화를 외치는 반정부 시위로 세습 독재자들이 줄줄이 나가떨어지고 있었다.

아랍의 봄

튀니지에서는 경제적 불평등에 불만을 품은 시위대가 거리로 몰려나와 2011년 1월 독재정부를 무너뜨렸다. 시위는 전염병처럼 확산돼 나갔다. 카이로의 타흐리르 광장Tahrir Square에는 수많은 사람들이 모여 호스니 무바라크 대통령의 퇴진을 요구했다. 철권통치를 해온 무바라크는 아들 가말Gamal에게 후계자 자리를 물려줄 준비를 하고 있었다.

바로 다음 달 무바라크는 대통령직에서 물러났다. 아랍의 봄은 이어서 리비아로 번져 나갔다. 그곳에서는 40년 넘게 공포정치를 해온 무아마르 알 가다피가 차남 사이프 알 이슬람Saif al Islam을 후계자로 정해놓고 있었다.

다음 달인 3월에는 또 다른 독재정권의 존립이 위태로워졌다. 이번에는 시리아 차례였다. 시위대가 부친으로부터 권력을 물려받은 바샤르 알 아사드Bashar al Assad 대통령에게 정치범들을 풀어달라고 요구한 것이 발단이 되어 수년에 걸친 참혹한 내전이 시작되었다.

이런 사태들을 지켜보면서 북한정권이 얼마나 무서운 공포감을 느꼈을지는 상상하기 어려울 정도였다. 북한의 일반 주민들은 아랍에서 어떤 일이 벌어지고 있는지 거의 모른다. 많은 북한 주민들이 당국에서 외국 언론을 보지 못하게 막아놓은 차단장치를 뚫고 들어가지만, 그래도 국제뉴스를 보는 사람은 드물다. 현실도피적인 불법 액션영화나 드라마를 더 선호하기 때문이다.

북한정권은 아랍 독재자들의 운명을 보면서 크게 불안감을 느꼈을 것이다. 권력 승계 준비에 더 박차가 가해지기 시작했다. 국영 언론은 김정은에 대한 보도를 더 자주 내보냈고, 그의 이름 앞에 '경애하는 장군 동지'라는 새로운 칭호를 붙였다. 당국에서는 새로 태어나는 아이들에게 '정은'이라는 이름을 붙이지 말라는 지시를 주민들에게 내렸고, 정은이라는 이름을 가진 사람들에게는 이름을 바꾸라는 지시가 떨어졌다고 한다. 그런데 정은正恩은 한자어로 '바르다' '은혜롭다'는 뜻으로 북한에서 매우 흔한 이름이다.

북한 전역의 학교에서 김정은에 대해 수업시간에 가르치기 시작했다. 이념교육 시간에는 김정은이 김일성의 손자라는 사실을 강조해서 가르쳤다.

당시 중국과의 국경지대에 있는 혜산시에서 16살의 고등학생이었던 현 선생은 김정은이 어린 시절에 특출한 재능을 발휘한 내용들을 학교에서 배웠다고 했다. 김정은이 세 살 때 자동차를 몰았다는 웃기지도 않는 이야기를 들었고, 그의 혁명적인 업적들을 특별 학습장에 받아 적었다고 했다. 물론 '발걸음' 노래도 배웠다.

정부 관리들이 와서 학교 강당이나 운동장에 아이들을 모아놓고 김정은에 대해 강연했다. 수시로 만세를 따라 부르고, 김씨 일가의 영웅적인 행적을 적은 문장을 단체로 암송했다.

혜산시 주민들은 이런 황당한 이야기도 들었다. 김일성이 손자 손녀들에게 사과를 따오라는 과제를 내자 김정은이 사과나무를 뿌리째 뽑아 왔고, 김일성이 이를 보고 대장부라고 칭찬했다는 이야기였다. 특별한 노력을 들이지 않고도 위대한 지도자를 만날 수 있도록 해주는 평범한 영웅담들이었다.

당시 십대 청소년이었던 현 선생은 비밀경찰 조직인 국가보위부가 그런 소문을 퍼뜨렸을 것이라 생각했다. 사람들의 입을 통해 소문이 퍼져나가도록 만들었다는 말이다. 이런 종류의 메시지는 신문 1면에 싣는 것보다 이런 식으로 퍼트리는 것이 훨씬 더 효과적이다. 북한식 입소문 선전기법이다.

그렇게 해서 김정은이 권력을 물려받았을 때 북한 사람들은 그 소식을 자연스럽고 불가피한 것으로 받아들였다.

THE
GREAT SUCCESSOR

PART 02
권력 다지기

5장
3대 세습의 주인공

전군은 김정은 동지를 전적으로 믿고 따르며,
총과 폭탄이 되어 김정은 동지를 결사적으로 지킬 것이다.
노동신문 2012년 1월 1일

젊은 김정은은 너무도 엄숙한 순간을 맞이하고 있었다. 아버지 김정일이 사망하기 11일 전 그는 이미 자신이 이 비정상적인 전체주의 국가의 지도자가 되었다는 사실을 실감했다. 가문이 세운 나라였다. 이제 자신의 생애에서 가장 중요한 한 해를 앞두고 있었다. 자기 가족이 이 나라에 대한 통제력을 계속 지켜낼 수 있을지, 아니면 이 시대착오적인 독재체제가 마침내 해체의 길을 가게 될지 방향이 드러나게 될 것이었다.

우선 자기 나이보다 더 오래 국가를 위해 일한 사람들에게 권위를 보여줄 필요가 있었다. 수십 년 동안 외부 세계와 단절된 채 살아 온 북한 주민들은 계속 그렇게 살도록 억눌러야 했다. 그리고 자신이 그 자리를 지켜내지 못할 것으로 기대하고 바라는 국제사회의 예상을 꺾어놓을 필요가 있었다.

첫 번째 할 일은 개인숭배를 최대한 가동시키는 것이었다. 김정일은 기차를 이용해 북부 지방으로 현지 지도를 가는 도중 '정신적 육체적 과로로 인한' 급성 심근경색과 심장쇼크로 사망했다. 베테랑 아나운서 리춘희는 조선중앙텔레비전의 특별방송을 통해 울먹이는 목소리로 김정일의 사망 소식을 전했다. 1994년 김일성의 사망 소식도 리춘희가 보도했다. 그때처럼 이번에도 그녀는 시청자들에게 지도자의 사망에도 불구하고 아무 걱정할 필요 없다며 북한 주민들은 안심시키는 역할을 했다. '혁명정신의 위대한 계승자'인 김정은 동지가 있기 때문에 걱정할 필요가 없다고 했다.

27세의 김정은이 이제 당과 군대, 인민의 지도자라고 선언하고, 이 젊은 계승자가 할아버지 김일성이 거의 70년 전에 세운 혁명 위업을 '대를 이어 빛나게' 계승, 완성해 나갈 것이라고 했다.

김정일 사망 소식은 전 세계적으로 큰 반향을 불러일으켰다. 북한은 예측불허의 새로운 국면으로 접어들고 있었다. 3대 세습이라는 전례 없는 체제 실험을 감행한 것이었다. 대단히 전체주의적인 사회주의 체제를 고수하면서 전혀 검증되지 않은 젊은 지도자에게 권력을 넘기는 일이었다.

한국은 전군 비상경계 태세에 들어갔고, 일본은 긴급 안전보장회의를 소집했다. 백악관은 사태 진전을 예의주시하며 한국과 일본 등 북한과 지척에 있는 두 동맹국과 긴밀하게 접촉했다.

북한에서는 선전물이 준비가 끝났고, 고위간부들은 모두 대기 태세를 갖추었다. 다소 서두르기는 했지만 김정은이 아버지의 뒤를 이어 새로운 지도자가 되는 데 필요한 모든 준비가 끝나 있었다.

이제 김정은이 앞에 나서서 자신의 역할을 할 때였다. 첫 번째로 할 일, 그리고 가장 중요한 일은 자신을 '홀로 남은 상속자'로 보이도록 하는 것이었다. 무엇보다도 자신이 지난 60년 넘게 이 나라를 통치해 온 위대한 지도자들의 연장선상에 있는 사람이라는 사실을 북한 주민들이 자연스럽게 받아들이도록 만들었다.

아버지 김정일 사망 발표 이튿날 김정은은 빈소가 마련된 금수산기념궁전으로 갔다. 평양 북동쪽에 위치한 이곳은 건축면적이 3만 4,910평방미터에 달하는 5층 석조건물로 할아버지 김일성의 시신이 17년째 안치돼 있었다. 김일성이 생활하던 관저를 그가 죽은 뒤 9억 달러의 거금을 들여서 시신을 영구 보존할 추모시설로 개조했다. 개조할 당시는 북한 전역이 최악의 기근에 시달리고 있었다. 그럼에도 북한정권은 굶주리는 주민들을 살리는 일보다 거대한 추모시설을 만드는 데 더 힘을 쏟았다. 추모의 대상은 바로 국가 경영을 잘못해 주민들을 굶어죽게 만든 장본인이었다.

방부 처리된 김일성의 시신은 유리관 속에 안치돼 사후에도 위압적인 존재감을 과시한다. 매일 말끔한 옷차림을 한 수많은 북한 주민들이 공항에나 있을 법한 긴 무빙워크를 이용해 대형 건물 안으로 밀려들어온다. 외국인 방문객들의 방문도 꾸준히 이어진다. 온 세계인이 탁월한 영도자를 존경한다는 거짓말을 주민들이 계속 믿도록 만들기 위해서는 외국인들이 독재자의 시신에 참배하는 게 중요하다.

나는 무빙워크를 타고 궁전 안으로 들어갈 때마다 반대 방향에서 나오는 북한 사람들을 보며 놀랍다는 생각이 들었다. 내 옆을 스쳐 지나가는 그들을 보면서 나는 이 사람들이 이곳을 둘러보며 어떤 생각을 할지 궁금했다. 시신에 이렇게 많은 자원을 낭비하는 것을 보고 언짢은 생각을 할까? 아니면 반신반인半神半人이라고 들은 사람의 누운 모습을 실제로 보고 큰 감동을 받았을까? 많은 이들이 그곳에 오면 울음을 터트렸다. 어쨌든 그날은 외출복을 차려입고 판에 박힌 일상에서 벗어나 하루를 쉬는 날이었다.

김정일도 그곳에 안치됐다. 김정은과 여동생 김여정은 검은 상복 차림의 간부들과 함께 궁전 안으로 들어가 아버지의 시신 앞에 고개를 숙였다. 두 사람 모두 눈물을 훔쳤다. 김정일의 시신은 평소에 입던 인민복 차림으로 안치대 위에 놓여 있었다. 머리를 둥근 베개로 받치고, 시신은 붉은 천으로 덮었다. 시신 주위는 김정일화로 불리는 붉은 베고니아꽃이 둘러싸고 있었다. 김정일의 생일에 맞춰 만개한다는 꽃이다. 북한에서는 대자연의 법칙도 김씨 왕조의 영광을 위해 움직인다.

작별의 시간이 왔다. 김정은은 아버지의 마지막 가는 길을 지켜보았다. 흰 눈이 펑펑 내리는 가운데 검은색의 긴 장례행렬이 눈 덮인 도로를 따라 서서히 움직여 평양 시내 40킬로미터를 돌았다. 북한 방송의 아나운서는 하늘도 슬퍼서 눈이 내리는 것이라고 했다.

장례행렬에는 미국산 링컨 콘티넨탈 차량 두 대가 들어 있었다. 한대는 차체보다 폭이 넓은 대형 영정을 싣고, 다른 한 대는 망치와 낫, 붓이 그려진 조선노동당기로 감싼 관을 운구했다.

운구차가 김일성 광장을 서서히 통과할 때 8명이 좌우를 호위하며 걸었다. 오른쪽 맨 앞에는 김정은이 슬픔에 겨운 표정으로 사이드 미러를 잡고 걸었다. 가능한 한 죽은 아버지를 끝까지 부여잡겠다는 심정에서 그런 자세를 취한 것인지도 모른다. 표정은 입고 있는 코트색 만큼 어두웠다. 하지만 김정일이 낳은 다른 자녀들의 모습은 보이지 않았다. 장남인 이복형 김정남과 친형 정철도 없었다.

운구차 호위 8인 가운데는 김정은의 고모부 장성택이 포함돼 있었다. 무던한 성격의 장성택은 북한과 중국의 경제관계를 이끌어가는 데 중요한 역할을 했다. 그는 김정일의 여동생 김경희와 결혼함으로써 김씨 왕가의 일원이 된 사람이다. 그 전 해 김정은의 후계구도를 공식화한 노동당 대표자회의에서 부부가 함께 정치국 후보위원으로 선출되었다.

거리에 몰려나온 주민들은 가슴을 치며 울부짖었다. 눈물범벅이 된 채 온몸을 부들부들 떨고, 땅바닥에 주저앉아 우는 사람들의 모습은 이방인의 눈에 지극히 과장된 행동들로 보였다. 그런 신파극 같은 장면들은 한국의 멜로드라마와 남미의 멜로드라마 텔레노벨라telenovela를 합해 놓은 것처럼 기이하기 짝이 없어 보였다.

북한 주민들에게는 지도자의 죽음을 이런 식으로 슬퍼하라고 굳이 지시할 필요도 없다. 주민들 스스로 어떻게 해야 하는지 잘 알기 때문이다. 크게 슬퍼하지 않는 모습으로 카메라에 포착되어도 좋다고 생각할 북한 주민은 없을 것이다. 물론 그 가운데는 진심으로 슬퍼하는 사람들도 있을 것이다. 대부분의 북한 주민들이 그렇게 교육받으며 살아 왔다.

김씨 일가를 신처럼 떠받들어 왔고, 그 가운데는 진심으로 그렇게 믿는 사람들도 있다.

김정일 사망 이후 며칠 동안 국영 미디어는 주민들이 집단으로 슬퍼하는 장면을 내보내며 지도자 동지가 생전에 인민들을 얼마나 아꼈는지 보여주는 증거라고 선전했다. '운구 행렬을 지켜보며 울부짖는 사람들로 천지가 뒤흔들리는 것 같았다.'고 조선중앙통신은 보도했다.

이런 울부짖음은 북한 전역에서 계속되었다. 군인, 학생, 관료 할 것 없이 전국적으로 설치된 분향소에 조문하러 온 사람들은 주체할 수 없는 슬픔을 참지 못해 울먹였다. 입고 있는 상복을 쥐어뜯으며 눈 쌓인 길바닥에 길게 드러누워 울부짖는 이들도 있었다. 국영 언론은 김정은이 눈 내리는 거리로 몰려나온 주민들에게 따뜻한 물을 마시고 진료를 받도록 해주라는 지시를 내렸다고 보도했다.

장례식이 끝나자 김정은은 금수산기념궁전 앞 광장에서 열병식을 참관했다. 그 자리에서 북한 인민군은 새로운 지도자에게 충성 맹세를 했다. 총과 폭탄이 되어 김정은을 결사적으로 지키겠다고 다짐했다. '만약에 적들이 우리 조국의 하늘과 땅, 바다를 0.001밀리미터라도 침범한다면, 하나도 남기지 않고 씨도 없이 멸족시키겠다.'고 결의를 다졌다.

김정은은 3년간의 애도 기간을 선포했다. 이 기간 동안 그는 자신의 권력을 다지고, 기아 문제를 해결하기 위해 필요한 조치들을 취하려고 했다. 위대한 계승자에게는 조금의 여유 시간도 없었다. 리춘희 아나운서는 경애하는 지도자 동지는 주민들이 슬픔을 딛고 일어나 힘을 차리도록 해주기 위해 바쁘다고 보도했다. 그때부터 김정은은 모든 시간과 에너지를 자신의 권력을 지키는 일에 쏟았다. 무엇보다도 시급한 것은 이제부터 아버지가 아니라 자신에게 충성을 바칠 권력 기반을 다지는 일이었다.[1]

할아버지 따라하기

얼마 지나지 않아 김정은은 사람들의 웃음거리가 되었다. 그를 소재로 한 우스갯소리들이 대거 등장했다. 우선 우스꽝스런 외모가 소재였다. 특이하게 밀어올린 헤어스타일, 어마어마하게 튀어나온 배, 공산주의 잔재가 남아 있는 나라 사람들이나 입는 의상에 대한 취향 등이 모두 입방아에 올랐다.

마치 양파껍질을 벗기는 것처럼 때와 장소를 가리지 않고 바쁜 독재자의 사진이 국영 미디어에 등장했다. 탱크 안에서 머리를 쏙 내밀기도 했다. 검정 고무 헬멧 안에 구겨넣은 것처럼 들어간 살찐 둥근 얼굴이 함박미소를 머금고 있었다. 쾌활한 표정의 독재자가 윤활유 공장을 시찰하는 사진도 보도됐다. 엔진 윤활유를 생산하는 공장이었다. 이 사진이 나가자 그를 조롱하는 패러디 사진이 무더기로 유포되어 사람들의 배꼽을 쥐게 만들었다.

김정은은 스스로 자신에게 다양한 직책을 부여했다. 그러면서 다양한 종류의 아부가 담긴 수많은 칭호가 따라붙었다. 그 가운데는 노동당 제1비서처럼 공산당 표준 직책도 들어 있다. 아버지 김정일을 사후에 '영원한 총비서'로 추대했다. 국방위원회 제1위원장, 중앙군사위원회 위원장을 비롯한 여러 직책들은 공산당 표준 직책이지만 그에게는 전혀 어울리지 않는 것들이었다.

지나치게 과장된 호칭들이 수두룩했다. 그는 백전백승의 장군이고, 정의의 수호자이며, 사랑의 실천자, 결단력 있고 도량이 넓은 지도자로 그려졌다. 태양과 결부시킨 호칭도 많다. 선전 기관들은 인민을 인도하는 태양, 혁명의 태양, 사회주의의 태양, 21세기의 밝은 태양, 인류의 태양 등 새 지도자에게 최상의 호칭을 있는 대로 다 끌어다 붙였다.

북한 언론은 수시로 황당한 내용을 보도했다. 위대한 계승자 동지가 눈 덮인 백두산 정상을 두 번이나 올랐다고 국영 언론들이 보도했다. 김정은은 김일성의 항일 빨치산 투쟁의 근거지라고 선전하는 백두산을 찾아 자신이 백두혈통의 적자임을 과시했다. 보도 내용과 함께 엄동설한에 거구에 긴 코트 차림의 김정은이 높이 2,700미터가 넘는 백두산 천지를 바라보는 사진이 공개됐다. 검정 구두까지 신었다. 평양에서 열병식 사열 때나 어울릴 법한 복장이었다. 위대한 지도자 동지는 등산 복장도 갖추지 않고 백두산을 오르신다.

김정은은 장관을 이룬 눈 덮인 백두산 정상에서 벅찬 감동을 받았다. 미사여구를 즐겨 구사하는 특유의 문체로 노동신문은 백두산의 장엄한 기상이 '위대한 천재 지도자의 두 눈'에 비쳤다고 썼다. 그리고 지도자는 그곳에서 '지상의 어떤 추악한 바람 앞에서도 흔들림 없이 충만한 열정으로 전진하는 강대한 사회주의 국가의 미래를 보셨다.'고 보도했다.

나라 밖에서는 김정은을 조롱하는 우스갯소리와 대중의 상상력을 자극하는 근거 없는 루머들이 나돌았다. 중국 네티즌들은 그를 '3대 돼지'를 뜻하는 '진싼팡'金三胖이라는 별명으로 불렀다. 중국 당국이 나서서 인터넷 검색을 차단하려고 했지만 때는 늦었다.

김정은에게 애인이 있다는 전혀 근거 없는 보도가 나오기도 했다. 북한에서 가장 유명한 여성 밴드의 리더가 동료들과 레즈비언 포르노 영상물을 만들어 판매한 죄목으로 처형됐다는 보도였다. 보도가 나간 이후 그녀는 살아 있는 정도가 아니라 김정은의 핵심 실세로 각종 문화 행사에 등장했다. '기쁨조' 여성들에게 섹시한 란제리를 입히는 데 350만 달러를 썼다는 소문도 있었지만, 자기 아버지와 달리 김정은이 처첩을 여럿 거느린다는 증거는 아직 없다.

2014년에 6주 동안 공개석상에 모습을 보이지 않다가 지팡이를 짚고 나타난 적이 있었다. 스위스 에멘탈 치즈를 너무 좋아해 무릎에 탈이 났다는 소문이 나돌았다. 관절염의 일종인 통풍을 앓고 있을 가능성이 더 높아 보였다. '황제병'으로 알려진 통풍은 방만한 생활습관이 원인인 것으로 알려져 있다. 공개석상에서 장기간 모습을 감춘 진짜 이유는 끝내 알려지지 않았다.

냉정한 보도로 정평이 난 시사주간 뉴요커New Yorker와 이코노미스트 Economist까지 김정은을 조롱하는 대열에 합류했다. 뉴요커는 표지그림에서 김정은을 장난감 미사일을 가지고 노는 어린이로 그렸고, 이코노미스트는 김정은의 머리 위에 핵폭발로 발생한 검은 버섯구름을 합성한 사진을 표지에 실었다.

사실은 불안한 출발을 보였다. 무력을 과시하려던 첫 번째 시도가 참담한 실패로 끝나면서 그의 리더십이 실패할 것이라는 전망에 힘이 실렸다. 권력을 물려받고 4개월이 지난 시점이었다. 북한정권은 '영원한 주석' 김일성의 탄생 100주년이 되는 2012년 4월 15일을 축하하기 위한 준비에 박차를 가하고 있었다. 죽은 지 18년이 지났지만 김일성의 생일은 북한에서 '태양절'로 불리며 연중 가장 성스러운 날로 기념하고 있다. 열병식과 불꽃놀이, 그리고 김일성 동상을 비롯해 여러 유적들에 대한 참배가 이어진다.

김일성 주석 탄생 100주년 기념식은 단순히 주석의 생일을 축하하는 자리가 아니라, 젊은 독재자가 신성한 백두혈통의 계승자라는 사실을 강조하고, 새 지도자가 될 신성한 권리를 타고났음을 분명하게 밝히는 기회였다. 2주 동안 화려한 축하쇼를 벌일 계획이었다.

멋진 출발이 기획됐다. 4월 13일, 조선 우주공간기술위원회는 새로운 지구관측위성 광명성 3호를 쏘아 올렸다. 김정일이 태어나던 날 백두산 상공에 나타났다는 별이 바로 광명성이다. 북한 사람 모두가 상서롭게 생각하는 별이다.

우주공간기술위원회는 그 전 달 위성 발사 계획을 발표했다. 2월 29일 미국과 북한 사이에 합의한 '윤일閏日합의'Leap Day agreement의 잉크가 채 마르기도 전이었다. 이 고위급 합의에서 북한은 식량을 지원받는 대가로 장거리 미사일 발사 시험과 핵실험 중지를 약속했다. 미국을 비롯한 관련국들은 김정은 정권을 향해 미사일 발사를 강행하지 말라고 촉구했다. 지구관측위성이라고 북한은 주장하지만 장거리 미사일을 시험 발사하려는 것임은 쉽게 알 수 있는 일이었다.

북한 국영 미디어들은 누구나 우주공간을 평화적으로 이용할 수 있다는 주권국가로서의 권리를 행사하는 것이라고 우겼다. 외신기자들에게 발사장을 공개하기도 했다. 미사일은 아침 이른 시간에 발사된 뒤 90초 만에 상공에서 폭발해 잔해가 한반도와 일본 사이 해상에 떨어졌다. 북한 당국은 사전에 요란하게 선전을 해놓았고 외신기자들까지 초청해 참관시켰기 때문에 미사일 발사 실패 사실을 숨길 수가 없었다. 조선중앙통신은 '지구관측위성의 궤도진입은 성공하지 못했으며 과학자들이 문제를 조사하고 있다.'고 짤막하게 보도했다.

짧지만 실패를 분명하게 시인한 것은 과거와 다른 모습이었다. 김정일은 자신의 어떤 잘못도 인정하지 않았다. 하지만 김정은은 실패를 공개적으로 인정한 것이다. 아버지의 족적을 따라가겠지만 때로는 일을 다르게 처리하는 경우도 있을 것임을 시사하는 초기 징조였다. 그 뒤로도 그는 북한의 약점을 인정하고, 잘못된 점을 고치려면 어떤 조치가 필요한지에 대해 훨씬 더 솔직한 모습을 보여주었다.

김정은은 머지않아 환호했다. 과학자들이 문제를 고치는 데는 오랜 시간이 걸리지 않았고, 그해 연말 인공위성을 우주궤도에 진입시키는 데 성공했다. 조잡한 위성이지만 어쨌든 궤도 진입에 성공한 것은 사실이었다.

김정은은 초기에 한번 비틀거렸다고 가만히 주저앉아 있는 사람이 아니었다. 치욕적인 미사일 발사 실패 이틀 뒤에 그는 할아버지의 이름을 딴 평양의 김일성광장 발코니에 다시 나타났다. 주석단이라고 불리는 발코니는 불과 18개월 전 아버지 김정일을 따라 올라와서 대규모 열병식을 내려다보며 자신의 공식 데뷔를 전 세계 사람들에게 알린 바로 그 장소였다.

그는 주석단에 올라서서 연설했다. 연설 내용의 대부분은 전형적인 북한식 엄포였다. 막강한 군사력으로 제국주의자들에게 '최후의 승리'를 거둘 것이라는 선언이었다. 하지만 연설 자체가 하나의 사건이었다. 김정일은 17년을 권좌에 있으며 대중을 상대로 한 번 연설했는데 그나마 딱 한 문장이었다. 1992년 인민군 창건 60돌을 기념하는 열병식에서 '영웅적인 조선인민군 장병들에게 영광 있으라!'고 외친 게 전부였다.

하지만 권좌에 오른 지 불과 4개월밖에 되지 않는 젊은 지도자는 수많은 사람들이 지켜보는 가운데 마이크가 7개나 놓인 단상에서 20분 간 장광설을 늘어놓았다. 지도자 자리에 오르고 처음으로 하는 대중 연설임에도 긴장하는 기색이 전혀 없이 느긋한 표정이었다. 주석단에 있는 고위간부들에게 농담을 건네고 웃기도 했다.

아버지와는 전혀 다른 모습이었다. 그런데 어딘가 아주 낯익은 구석이 있었다. 이 모습을 지켜보던 많은 북한 주민들이 '영원한 주석' 김일성을 떠올렸다. 할아버지처럼 걸걸한 목소리를 구사했고, 할아버지의 트레이드마크였던 인민복을 입고, 가슴에는 할아버지 배지를 달았다.

장군들과 인민복 차림의 여러 간부들을 좌우에 거느린 채 김정은은 수만 명의 병사들이 행진해 지나가는 광장을 내려다보았다. 행진하는 병사들 가운데는 할아버지와 아버지의 대형 초상화가 들려 있었다. 병사들이 일제히 김정은! 김정은!을 연호하자 그는 전임 지도자들의 초상화가 보이는 쪽을 향해 거수경례를 했다. 이제 주인공은 그였다.

김정은은 코미디언과 만화가들에게 좋은 소재거리가 되었다. 하지만 조롱거리가 되면서도 예상과 달리 권력을 유지하고 있는 것은 운이 좋아서이거나 우연히 그렇게 된 게 아니다. 권력을 물려받은 첫날부터 그가 한 행동은 모두 자신의 목표를 달성하기 위해 철저히 계산된 것이었다. 그 목표는 바로 백전백승의 지도자, 불굴의 의지를 지닌 북한의 최고지도자 자리를 지키는 것이었다.

통제 강화로 권력 다지기

외부세계에서는 김정은의 실제 권력을 과소평가하는 분위기가 있었다. 그는 상징적인 지도자에 불과하며, 국가를 실제로 끌고 가는 것은 원로들이라는 말도 있었다. 권력을 물려받은 초기 몇 개월, 그리고 몇 년까지는 그 말이 사실인 것 같기도 했다.

그를 보좌하는 사람들 중에서 가장 중요한 인물은 고모 김경희였다. 그녀는 오빠 김정일이 총애한 인물이고, 김정일 정권에서 줄곧 핵심적인 역할을 했다. 그리고 조카 김정은이 후계자 수업을 제대로 받도록 지도했고, 권력을 승계한 이후에도 필요한 후원을 계속했다. 김씨 왕조의 금고를 안전하게 지키는 책임도 맡아서 수행했다.

그녀의 남편 장성택은 김정일 장례식 때 운구차를 호위한 사람 중 한 명으로 정권의 컨트롤 타워 역할을 하며 모든 일을 직접 챙겼다. 김정은에게 올라가는 보고 내용을 자기 손으로 선별하고, 업무의 우선순위도

자신이 정했다.[2]

핵심 보좌 3인방의 마지막 세 번째 인물은 최룡해였다. 당시 직책은 인민군 총정치국장으로 군의 정치교육을 총책임지는 자리였다. 그는 이 자리를 통해 군과 당 모두를 관장하는 핵심적인 역할을 수행했다.

이들 3인이 승계 초기 김정은의 지도력을 지원하고 지도했다. 물론 이런 가운데서도 김정은은 절대적인 권한을 행사했다. 북한정권은 최고 지도자를 중심으로 움직이는 체제이다. 모든 권력과 정통성은 최고지도 자 한 사람으로부터 나온다. 이런 사실은 얼마 안 가 이들 핵심 실세 3 인방의 엇갈리는 운명을 통해 극명하게 드러났다.[3]

최고지도자로서의 업무를 시작한 뒤 김정은은 철저히 국내에 틀어박 혔다. 아버지와 할아버지가 조공을 바치듯이 당연시했던 모스크바와 베 이징 방문은 뒤로 미루었다. 아무도 북한을 떠나지 못하도록 막았다. 국 경 폐쇄 조치를 발동해 주민들의 탈출사태가 일어나지 못하도록 막았 다. 철의 장막 못지않다는 생각이 들 정도로 주민 통제를 강화했다. 정 보 흐름을 차단하고 남쪽 드라마를 보거나 중국 대중가요를 몰래 듣는 사람들을 첨단 기술로 적발해 처벌했다.

끊임없이 공포 속에 살아온 사람들에게 다시 새로운 공포감을 심어 주었다. 주민들은 새로운 차원의 억압을 맛보게 되었고, 정권에서 많은 권력을 휘둘러 온 엘리트들은 언제 변방으로 쫓겨날지, 아니면 그보다 더 험한 일을 당할지 몰라 전전긍긍했다.

김정은이 권력을 유지하는 게 본인들에게도 이득이 되는 사람들로 후원자 집단을 만들어 가까이 둘 필요가 있었다. 누구를 살리고 누구를 제거할지 선별 작업에 들어갔다. 최고지도자 자리에 도전할 만한 잠재적 경쟁자들을 제거했다. 먼저 고모부와 이복형을 잔인한 방법으로 해치웠다. 최고지도자의 야심에는 끝이 없다는 것을 사람들에게 분명하게 보여주기 위해서였다.

그러는 한편 사람들이 경제적 자유는 좀 더 많이 누릴 수 있도록 해주었다. 자본주의 시장이 도처에 많이 생겨나 주민들의 생활에 중심적인 역할을 하기 시작했다. 그러면서 대부분의 사람들이 사는 형편이 나아졌다는 생각을 하게 되었다.

이제부터는 정권의 모든 자원을 미사일과 핵무기 개발에 마음껏 쏟을 수 있게 되었다. 북한의 '철천지 원수' 미국을 향해 확실한 위협을 보여주도록 놀라운 속도로 성과를 내라고 핵 개발을 밀어붙였다.

우스꽝스러운 외모는 일부러 그렇게 꾸민 것이었다. 다른 독재자들은 자신이 나이 들고 죽을 날이 머지않다는 사실을 가급적 숨기려고 했다. 사담 후세인과 무아마르 가다피도 젊게 보이려고 머리 염색을 했다. 김정은은 그 반대로 행동했다. 젊은 독재자는 자신이 할아버지 김일성이 환생한 것처럼 보이도록 꾸몄다.

헤어스타일은 1940년대 소련식이고 걸을 때 약간 절름거린다. 할아버지 김일성처럼 낮고 굵으면서 약간 쉰 목소리를 내는데, 하루 담배 두 갑을 피우는 사람의 목소리다. 가장 두드러진 특징은 사람들 앞에 나타날 때마다 체중이 계속 불어난다는 점이었다.

여름에는 할아버지가 즐겨 입던 소련식 흰 짧은 소매 셔츠를 입고, 겨울에는 할아버지가 쓰던 커다란 털모자를 썼다. 할아버지처럼 구식 사각 뿔테 안경까지 썼다. 전반적으로 풍기는 분위기가 빈티지 김일성이라고 하면 될 정도였다. 할아버지를 연상시키는 외모를 통해 사람들에게 그 좋았던 옛날에 대한 향수를 불러일으키려는 의도였다.

할아버지 따라하기는 효과가 있었다. 혜산 출신의 현 선생은 고등학생 때 거대한 배를 인민복으로 감싸고, 옆과 뒤를 짧게 깎아 올린 독특한 헤어스타일을 한 김정은을 처음 보고 곧바로 역사 시간에 배운 김일성이 떠올랐다고 했다. 가족들에게서 들은 좋았던 김일성 시절 이야기도 생각났다. 현 선생은 내게 이렇게 말했다. "김일성의 모습이 떠올랐고, 지금보다는 한결 더 좋았다는 그 시절 생각이 났습니다. 많은 북한 주민들이 나와 같은 생각을 했을 것입니다."

현 선생은 김정은이 정식으로 권력을 승계하기 전까지 그의 사진을 한 번도 본 적이 없다고 했다. 처음 김정은 사진을 보고 제일 먼저 머리에 떠오른 생각은 너무 젊다는 것에 앞서 김일성을 놀랄 만큼 닮았다는 것이었다. 현 선생은 "남쪽 사람들이 박정희를 기억하는 것처럼 북쪽 사람들은 김일성 사진을 보면 남쪽보다 더 잘 살았다는 그 시절을 떠올리는 것이지요."라고 설명했다.

김일성 따라하기는 외모에 그치지 않고 계속됐다. 김일성은 통이 큰 사람이었고, 그런 개성을 활용해 정권도 카리스마 넘치는 방식으로 이끌었다. 모든 일이 자기 한 사람을 중심으로 움직이도록 만들었다.

김정은은 원래 이런 개성을 타고나지 않았다. 내향적이고 사람을 보면 서먹서먹해 했다. 한마디로 사람과의 접촉을 싫어하는 성격이었다. 그러면서 할아버지의 손자다운 면을 많이 타고나기도 했다.

북한판 풀뿌리 선거운동, 다시 말해 밖으로 나가 유권자들과 만나는 것을 즐기는 면에서 두 사람은 서로 통하는 점이 있다. 물론 김일성은 주민들의 표가 아니라 그들의 열광적인 환호를 원했다. 북한의 최고지도자는 최고인민회의 대의원으로 선출되었고, 선거 때마다 투표율 거의 100퍼센트에 찬성률 100퍼센트를 기록했다. 주민들의 열광적인 환호를 받는 사진들이 김일성의 신화적인 면을 계속 이어나가는 데 기여한다.

김정은도 신문과 텔레비전을 통해 자신이 인민들과 함께 하는 사람임을 보여주고 싶어 한다. 그래서 학교, 고아원, 병원 등 가는 곳마다 사람들과 어울리고, 만면에 미소를 띠고, 어린이, 노인 가리지 않고 포옹을 한다. 농장에 현지 지도를 나가 새끼 염소의 머리를 쓰다듬어 주기까지 했다.

국영 언론에서는 전국에 있는 사람들을 대상으로 새 지도자를 어떻게 생각하는지에 대해 무작위로 인터뷰를 해서 내보냈다. 식품가공 공장에서부터 의약품 제조공장에 이르기까지 인터뷰에 응한 주민들은 '인민들의 흔들림 없는 정신적 지주'인 새 지도자에게 '영원히 충성을 다할 것'이라고 다짐했다.

어떤 여성은 김정은에 대한 존경심을 억누르기 힘들다는 듯 감격에 찬 목소리로 이렇게 말했다. "그분은 우리 운명의 주인이라고 나는 확신합니다. 그분이 우리와 함께 하는 한 그 어떤 것도 두렵지 않습니다."

국영 미디어는 김정은의 등장을 열렬히 환영하는 보도를 내보내느라 여념이 없었다. 처음에는 많은 주민들에게 격려 포상이 돌아갔다. 지도부 세습을 기념해 진귀한 음식들이 돌아갔다. 위대한 지도자가 인민들에게 하사하는 선물이었다. 잘 될 것이라는 낙관론이 번져 갔다.

　민아씨는 새 지도자보다 두어 살 밑인데, 2012년 당시에는 살기가 그런대로 괜찮았다. 그녀도 북한의 지방도시 기준으로는 비교적 부유한 축에 속했다. 중국과의 국경에 있는 번잡한 무역도시 회령에 살았는데, 남편은 트럭 운전기사로 일했다. 부업으로 돈벌이가 좋은 밀수 일을 할 수 있기 때문에 좋은 직업에 속했다. 부부는 작은 밭이 딸린 집도 한 채 있고 아이도 있었다. 딸이 유치원에 다니면서부터는 아이를 잘 봐 달라고 유치원 선생님에게 돈을 건넬 정도로 여유가 있었다.

　그녀는 자신과 같은 밀레니얼 세대인 새 지도자가 나왔으니 북한에도 새로운 시대가 열리지 않을까 하는 기대를 가졌다. 중국을 비롯한 외부 세계와의 관계도 더 좋아지지 않을까 하고 생각했다. 당시 중국은 북한이 하는 일을 참고 봐주기는 했지만 잘한다고 격려하지는 않았다. 경제적으로는 살기가 나아지고 있었다. 주민들은 남쪽 텔레비전 드라마에서 본 부유함과 자유로움을 맛보기 시작했다. 밤늦게 몰래 남쪽 드라마를 보았다.

　하지만 시간이 지나면서 보니 실제로 나아진 것은 하나도 없고, 어떤 면에서는 살기가 더 나빠졌다. 국경 감시가 심해져 강 건너 물건을 몰래 사고팔기가 더 어렵게 되었다. 그러니 물건 값은 더 비싸졌다. 세탁용 세제 값이 두 배로 오르더니 조금 더 지나자 세 배로 뛰었다.

　주민들 사이에 실망감이 자리하기 시작했다. 민아씨 남편은 가까운 친구들과 새로 등장한 반인반신을 조롱했다. 김정은 같은 자가 최고지도자를 한다면 나도 하겠다는 식으로 비꼬며 함께 웃었다. 북한 같은 경찰국가에서는 그런 이야기를 하다 적발되면 불온적인 선동죄로 처벌을 받는다. 친구들 가운데 누가 배신해서 자기들끼리 한 말을 당국에 밀고하면 끔찍한 처벌을 받게 된다. 정치범수용소로 끌려갈 것이 거의 확실하다.

"김정일과 김정은 둘 다 거짓말쟁이라는 것은 모두 압니다. 뉴스에서 말하는 내용이 모두 거짓말이라는 것도 다 압니다. 하지만 워낙 감시가 심하기 때문에 속에 있는 생각을 밖으로 말하면 절대로 안 됩니다." 민 아씨는 남편, 어린 두 딸과 함께 한국으로 탈출하고 몇 년 뒤 나와 만나 이렇게 말했다. "누군가가 술에 취해 김정은은 나쁜 놈이라고 욕을 했다면, 사람들은 그를 두 번 다시 못 보게 될 것입니다."

김정은은 권력을 물려받는 데는 성공했지만, 자신이 물려받은 낡은 도둑정치kleptocracy를 성공적으로 이끌어갈 수 있는 능력은 아직 보여주지 못하고 있었다.

6장
통제의 끈을 늦추다

우리 인민이 다시는 허리띠를 조이지 않게 하며,
사회주의 부귀영화를 마음껏 누리게 하자는 것이 우리 당의 확고한 결심이다.

김정은, 2012년 4월 15일, 김일성 생일 100주년

김정일은 52세에 권력을 이어받았다. 당시 북한은 체제 존립 자체가 매우 위태로웠다. 소련이 붕괴한 뒤였고, 극심한 기근으로 민심은 폭발 직전에 와 있었다. 이미 극도로 황폐한 지경에 이른 경제상황은 계속 악화되고 있었다.

2대 지도자 김정일은 이런 불안정한 상황에 더 이상의 불확실성을 더하는 모험은 할 수 없었다. 선전선동과 전방위적인 감시활동에 집중하며 위기가 지나가기를 기다렸다. 우려했던 것과 달리 김정일은 권력을 유지하면서 17년 동안 가업을 지켜냈다. 그 기간을 잘 버텨낸 게 그의 가장 큰 업적이었다.

김정은의 앞에 놓인 옵션 가운데는 버텨내기만 하면 된다는 항목이 아예 없다. 국가권력을 물려받았을 때 그는 불과 27세밖에 되지 않았다. 계산상으로는 앞으로 몇 십 년 동안 나라를 이끌고 가야 한다. 따라서 나라를 통치할 만한 자격이 있음을 입증하기 위해 자기 아버지보다는 훨씬 더 많은 것을 보여주어야 한다. 3대 세습이 만들어낸 지극히 불공정한 사회가 주민들로부터 계속 지지를 받으려면 살림살이가 실제로 더 나아졌다는 생각이 확실히 들도록 해줄 필요가 있었다.

그는 눈에 띄는 경제성장을 이루기 위해 중국의 개혁이나 소련식 페레스트로이카 같은 본격적이고 일관된 정책을 도입하는 대신 주민을 억압하는 통제의 끈을 살짝 늦추는 방식을 택했다. 소규모 개인 사업인 장마당 단속이 갑자기 중단됐다.

장마당을 인정하는 것은 아니지만 비공식적으로 용인해 준 것이다. 떡을 만들어 팔고 작은 미용실을 운영하고, 중국에서 몰래 들여온 DVD 플레이어를 팔아 생계에 도움을 받으려는 사람들에 대한 단속이 사라졌다. 북한 대외무역의 90퍼센트는 중국을 상대로 이루어지고 있다. 농민들은 수확한 농작물 가운데 일부를 남겨서 장마당에 내다팔 수 있게 되었다. 대대적인 화폐개혁을 포기하는 대신 온건한 시장의 힘으로 주민들이 만족해할 수준의 성장을 기대하는 쪽으로 방향이 바뀌었다.

위대한 계승자는 할아버지 김일성이 태어난 100주년 기념식에서 한 첫 공개 연설에서 "우리 인민이 다시는 허리띠를 조이지 않게 하며, 사회주의 부귀영화를 마음껏 누리게 하자는 것이 우리 당의 확고한 결심"이라고 말했다. 북한이 처한 끔찍한 경제상황을 감안할 때 그것은 주민들을 상대로 한 대담하고 위험한 약속이었다.

　아시아의 다른 나라들이 80년대, 90년대를 거치며 경제발전을 이루는 사이 북한 경제는 빅토리아 시대와 스탈린 시대의 중간 어디쯤을 방불케 하는 최악의 상황에 머물러 있었다. 중국이 WTO세계무역기구에 가입하고 공산주의 베트남도 '도이모이' 개혁정책을 통해 민간기업의 활동을 장려했다. 그리고 대한민국은 세계 최고 부자 나라 모임에 이름을 올렸다.

　북한에서는 소로 쟁기를 끌어 논밭을 갈고, 휘발유가 없어 장작을 태워 트럭을 움직였다. 전기와 원자재가 없어 공장들은 멈춰 섰다. 2005년 북한의 개인당 GDP는 550달러 정도로 대한민국의 36분의 1에 불과했다. 유엔 세계경제지표에서 북한은 말리와 우즈베키스탄 사이에 있고, 대한민국은 포르투갈, 바레인과 같은 수준에 올라 있다.

　북한의 경제난은 한반도가 분단되던 1945년으로 거슬러 올라간다. 분단으로 남과 북은 근본적인 경제적 불균형을 안게 되었다. 산악지대인 북쪽은 석탄 같은 광물자원이 풍부했다. 그래서 일제 식민지 시절에는 산업 중심지로 개발되었다. 반면에 남쪽은 곡창지대로 한반도 전역과 일본 본토에까지 쌀을 공급했다. 분단되면서 남쪽은 산업화를 시작하고, 북쪽은 현상유지를 택했다. 그래서 한국은 삼성, 현대 같은 대기업을 지원하는 정부 정책이 뒷받침되면서 놀라운 속도로 빠르게 산업화 과정을 시작했다. 반면 북한은 김일성이 소련과 중국에 크게 의존하는 체제를 고수하면서 겉으로 주체사상을 강조해 궁핍함이 계속 심화되었다.

　한국이 자본주의를 향해 달려가는 동안 북한은 공산주의 중앙통제

계획경제를 추구했다. 이론상으로 주민들은 국영농장, 국영공장에서 일하고, 국가가 식량과 주택, 의복, 교육, 의료까지 무상 제공해 준다는 것이었다. 교육 받은 사람들은 국가기관에서 일하도록 했다.

북한의 이런 시스템은 1960년대와 1970년대까지는 어느 정도 통했다. 중국과 소련을 상대로 석탄을 식량, 공산품과 맞바꾸는 것이 가능했기 때문이다. 그런데 중국이 자본주의 거대 기업처럼 탈바꿈을 시작하고 소련은 붕괴되었다. 북한 경제의 하락세는 가파르게 진행되었고, 기근이 닥치며 역대 최악의 체제 붕괴 위기상황에 내몰리게 되었다.

중앙통제식 사회주의 경제가 마침내 흔들거리기 시작했다. 식량배급을 제대로 못해 주게 되자 당국도 주민들에게 생계를 위해 식량을 사고파는 것을 허용해 주지 않을 수 없게 된 것이다. 김정은 체제 아래서 북한정권은 이미 일어난 자발적인 변화를 소급해서 인정해 주는 식으로 변화를 용인했다. 전문가들은 이를 '아래로부터의 시장화'marketization from below라고 불렀다.[1]

북한 당국은 기근 때 생겨난 즉석 시장을 용인해 주었다. 판매대 없이 물건을 파는 '메뚜기'라 불리는 장사꾼들이 대거 늘어났다. 이들은 여기 저기 장소를 옮겨 다니며 물건을 팔았다. 국경에서는 국경수비대 병사들이 뇌물을 받고 밀거래를 눈감아 주는 식의 부패가 기승을 부렸다.

국가경제가 멈춰서다시피 하며 사적私的 경제 영역이 증가하기 시작했다. 기근 탓에 통제받지 않은 무차별적인 자본주의가 만들어진 것이다. 단속도 쉽지 않았다. 김정은 체제 아래서 이들은 급속히 늘어났다. 위대한 계승자는 주민들에게 제한된 형태의 자본주의를 허용해 주면 각자 자기 힘으로 돈을 벌어 더 나은 삶을 살게 되는 것이라고 생각했다. 국가에 부담될 것은 하나도 없었다.

2012년 첫 공개 연설 이후 김정은은 주민들의 삶의 수준을 끌어올리는 게 대단히 중요하다고 거듭 강조했다. 그로부터 1년 뒤, 그는 더 과감한 입장을 내놓았다. 헌법을 개정해 전문에 핵보유국임을 명시해 놓은 다음 할아버지가 주장했던 병진노선을 다시 꺼내들었다. 김일성은 1962년 당중앙위원회 전원회의에서 경제발전과 국방 건설을 동시에 추진하는 병진노선을 채택했다. 당시 김일성은 '한 손에는 총을 다른 한 손에는 낫과 망치를!'이라는 혁명구호를 내세웠다.

그로부터 50년이 지나서 김정은이 핵무기와 경제발전을 동시에 추진한다는 취지로 병진노선을 다시 들고 나왔다. 총과 버터를 모두 갖겠다는 자신감을 보인 것이었다. 북부 중국과의 국경 지역에서 외화 밀거래를 하는 홍 선생은 새 지도자가 하는 약속을 믿을 수가 없었다. 그는 2009년 화폐개혁 때 그동안 모은 돈을 한순간에 휴지조각으로 날려 버린 쓰라린 경험이 있었다.

김정은이 정말 주민들의 삶을 신경 쓴다면 왜 변방 오지에 사는 사람들이 아직 쌀이 없어 옥수수를 삶아 먹고, 살기 괜찮다는 사람들도 욕실 용품이 없어 쩔쩔 매야 한단 말인가? "김정은이 부강한 나라를 만들겠다고 하는데 그 말을 믿는 사람은 아무도 없었습니다." 홍 선생은 내게 못 믿겠다는 투로 이렇게 말했다. "화장실 휴지도 없는 처지에 무슨 수로 부강한 나라를 만든다는 말입니까?"

하지만 위대한 계승자의 입장에서는 권력을 유지하려면 이 노선을 택하는 수밖에 없었다. 북한 주민들의 기대치가 높아졌다는 사실을 잘 알고 있었다. 주민들은 자본주의의 맛을 보았고, 낡은 공산주의 경제체제 안에서도 부자가 나올 수 있다는 사실을 알게 되었다. 게다가 북한 주민 대다수가 중국은 자기들보다 더 잘 살며, 남한은 자기들보다 몇 배나 더 잘 산다는 사실을 알고 있었다.

김정은은 독재의 고삐를 계속 틀어쥐고, 앞으로 생길지도 모르는 반체제 분자의 싹을 자르기 위해서는 일반 주민들의 높아진 기대치를 어느 정도 만족시켜 줄 필요가 있다는 사실을 잘 알았다.

하지만 중국식 개혁과 개방은 김정은의 선택지에 들어 있지 않았다. 경제적인 통제를 느슨하게 해주는 동시에 정보의 유통까지 허용해 주는 건 곤란했다. 주민들에게 진실을 접할 수 있게 해주면 위대한 계승자가 그렇게 위대하지 않다는 사실을 금방 알 것이기 때문이었다. 하지만 사소한 경제 개선 조치들은 별다른 위협이 되지 않을 것이었다. 북한 당국은 개혁이라고 하지 않고 개선이라고 한다. 개혁이라는 말 속에는 현재의 체제에 무슨 문제가 있다는 뜻이 포함돼 있다고 보기 때문이다.

그렇게 해서 '장마당'이라고 부르는 시장은 지금까지 북한이 경험해 본 최대의 경제 주체가 되었다. 장마당으로 인해 북한에서도 중산층이 생겨났다. 김정은이 약속한 대로 북한 전역에 걸쳐 많은 주민들의 생활 수준이 향상되었다. 홍 선생의 경우처럼 사람들이 크게 만족스러워하는 것은 아니지만, 그래도 긍정적인 방향으로 나아가고는 있었다.

아주 작은 마을에서부터 큰 도시에 이르기까지 사람들로 붐비는 시장이 최소한 한 군데씩 생겨났다. 북한 전역에서 시장이 사람들이 모이는 삶의 중심 역할을 하기 시작했다. 주로 국가가 지정하는 일자리에서 일할 의무에서 벗어난 기혼 주부들이 모여들었다. 남편이 탄광이나 의약품도 없는 병원으로 일하러 나간 사이 주부들은 시장으로 나와 쏠쏠하게 돈을 벌었다.

중국 여행허가증이 있는 사람, 여행허가증을 돈 주고 살 형편이 되는 사람들은 두만강을 건너가 전기밥솥, 하이힐 구두, 태양광 패널, 구충제, 컬러 셔츠, 핸드폰 케이스, 스크루드라이버 같은 물건을 조금씩 사들여 왔다.

물건을 사러 중국으로 나갈 수 없는 사람들은 미장원이나 자전거 수리점, 식당을 열고, 아니면 집에서 떡을 만들어 팔았다. 제법 기업 형태를 갖춘 경우에는 한국으로 전화를 걸려는 사람들에게 핸드폰을 빌려주고, 프라이버시가 보장되는 공간이 필요한 남녀에게 아파트를 빌려주고 돈을 벌었다.

현재 북한 전역에서 당국의 승인을 받아 운영되는 시장은 400곳이 넘는다. 김정은이 권력을 승계할 당시에 비해 두 배로 많아진 수치이다.[2] 청진시에만 20곳의 시장이 있다. 중국 국경에 인접한 도시인 신의주와 일명 '밀수꾼 마을'로 불리는 혜산, 그리고 항구도시 해주에는 최근 몇 년 사이 시장 수가 급속히 늘어났다.[3]

위성사진을 보면 북한 전역에서 새로운 시장이 속속 생겨나는 것을 알 수 있다. 기존에 있던 시장들은 규모가 더 커지며 새로 지은 건물로 옮겨가고 있다. 시장 한 곳에 매대 수가 평균 1,500개 정도 되자 서로

목 좋은 요지를 차지하려는 경쟁이 치열하게 벌어지고 있다.

혜산 시장에서 요지에 매대를 마련하려면 2015년 기준으로 700달러는 들여야 하는데 이는 북한에서 천문학적인 액수이다. 이런 비싼 매대도 하겠다는 사람이 많다 보니 매물이 나오기가 무섭게 팔린다.[4]

시장에서 돈을 벌고 싶어 하는 사람은 줄을 서서 대기하고 있다. 그렇다 보니 국경 경비를 담당하는 당국은 강을 건너 중국으로 가고 싶어 하는 사람들로부터 눈을 감아 주는 조건으로 뇌물을 받는다. 공산주의 법질서를 집행하는 당국이 자본주의 세금 개념이라 할 수 있는 뇌물에 맛을 들인 것이다.

요새는 시장에서 매대를 운영하면 판매대금의 10퍼센트를 시장관리소에 낸다. 한국 전문가들은 북한 당국이 상인들로부터 '장세'라고 부르는 매대 사용료로 거둬들이는 돈이 하루 1,500만 달러에 이른다고 추산한다. 국가가 매대 소유자들에게 세금 명목으로 부과하는 돈이 하루에 거의 25만 달러에 이를 것이라는 조사결과도 있다.[5]

시장 관리는 관리원이 책임지고 하는데, 관리원은 반드시 남성이고, 현지 당국과 좋은 연줄을 가진 사람이 맡는다. 관리원은 대단한 위세를 행사하기 때문에 많은 돈을 모을 기회를 갖게 되고, 번 돈의 일부는 당연히 자신을 그 자리에 앉혀 준 간부들에게 상납한다.

국가경제는 실패하고, 전력난과 원자재 부족으로 산업 전체가 멈춰 설 지경에서 시장이 북한 사회의 생명줄 역할을 하고 있는 셈이다. 한국 정보기관은 북한 주민의 40퍼센트 정도가 개인적인 장사로 돈을 버는 것으로 추산한다. 소련 연방이 붕괴되기 전 헝가리, 폴란드 같은 공산권

국가들에서 나타난 시장화 비율과 비슷한 수준이다.

한국 정보기관은 북한의 붕괴가 임박했다는 징후를 찾아내려는 경향을 갖고 있었는데, 그런데도 이들이 제시하는 시장화 수치는 예상보다 너무 낮은 감이 있다. 북한 인구의 80퍼센트 이상이 시장 활동을 통해 생계를 이어간다는 조사결과들도 있다.[6] 한때 국가에 전적으로 의존해 살아가던 사람들이 이제 막 싹을 틔우는 북한 기업가 계층의 한 부분을 형성해 가고 있는 것이다.

시장에서 먹을 것을 구하는 주민의 수는 이보다 더 높게 나타난다. 북한에서는 아직도 영양결핍이 큰 문제이고, 많은 수의 주민들이 다양한 먹을거리를 찾아 헤맨다. 유엔 기구들은 전체 주민의 40퍼센트가 영양결핍 상태에 놓여 있는 것으로 추산하고, 발육부진과 빈혈이 심각한 문제라고 밝히고 있다. 시장 활동이 폭발적으로 증가한다는 것은 이제 더 이상 굶어죽는 사람은 발생하지 않는다는 의미로 볼 수 있다.

북한 경제는 현재 비교적 안정되고 있어 동구권 붕괴 때 같은 국가부도 상태와는 거리가 멀다. 북한 당국은 믿을 만한 통계를 내놓지 않고 있지만 외부 전문기관들은 경제가 일단 성장하고 있는 것으로 추산한다. 통계수치 면에서 항상 보수적인 입장을 취하는 한국은행은 김정은 체제에서 북한 경제가 연 1퍼센트 정도 성장한 것으로 추산한다. 현대경제연구원은 북한 경제가 7퍼센트 성장률을 기록할 것이라는 예측을 내놓았다. 한국은행은 김정은 체제 출범 이후 북한의 연간생산량이 두 배로 증가한 것으로 추산했다.

고난의 행군 때 태어나고 자란 밀레니얼 세대들은 시장이 삶의 일부가 된 사람들이다. 김정은과 같은 세대이거나 그보다 더 어린 세대가 여기에 해당된다. '타고난 자본주의자들'로 불리는 장마당 세대들이다.

장마당이 최대 경제 주체로

혜산에서 고등학교를 다닌 현 선생은 타고난 자본주의자이고, 야심 많은 장마당 세대의 일원이었다. 그는 김정은이 열 살 때인 1994년 중국 국경 부근에서 태어났다. 대학에 갈 생각은 아예 해본 적도 없고, 의무적으로 해야 하는 군복무도 걱정하지 않았다. 정치적 성분이 좋은 집안 출신이어서 할아버지의 경찰 연줄을 이용해 가짜 서류를 만들어 군입대를 면제받았다. 그는 돈을 벌고 싶고 자유를 얻고 싶었다. 그리고 그 두 가지를 길 위에서 모두 갖게 되었다.

중국에서 들여오는 물건은 모두 운송수단을 필요로 한다. 국경의 강을 건너올 때도 그렇고, 북한 전역에 산재한 수백 군데 시장으로 물건을 보낼 때도 그렇다. 그렇다 보니 물류업이 시장을 뒷받침하는 분야로 성장했다. 전통적으로 북한 국내 여행은 엄격히 통제돼 왔다. 자기가 사는 시, 도 바깥으로 벗어날 때는 여행허가서가 있어야 했다. 그런 방법을 통해 주민을 통제하고 정보의 흐름을 막았던 것이다. 이제는 규정이 느슨해지고, 뇌물을 쓰기도 수월해졌다.

현 선생은 할아버지의 정치적 연줄 덕분에 쉽게 여행증명서를 발급받아 북한 전역을 자유롭게 여행할 수 있었다. 그리고 어머니가 북한을 탈출해 중국에 가 있었기 때문에 해외 자금도 쓸 수 있게 되었다. 그는 어머니가 보내 준 1,500달러를 밑천으로 해서 트럭을 한 대 빌려 친구 두 명과 함께 물류장사를 시작했다. 그 1,500달러도 어머니가 국경을 넘나드는 장사로 번 돈이었다.

북한에서는 개인의 차량 소유가 인정되지 않는다는 점도 신경 쓸 필요가 없었다. 돈만 벌면 규정은 얼마든지 바꿀 수 있기 때문이다. 규정상 차량은 국가 기관 소유이다. 그런데 국가 기업의 관리인이나 군부대 책임자가 소속 구성원들에게 기관 소유 차량으로 돈벌이 하는 것을 허용해 주도록 되어 있다. 차량을 빌려주는 대신 사용료와 수익금의 일부를 받는 것이다.

그렇게 해서 공식적으로 공장 소속인 택시나 미니버스가 어느 날 갑자기 '서비차'가 된다. 영어의 서비스service와 한국어로 자동차를 뜻하는 '차'를 합친 말이다. 서비차는 돈을 받고 승객들을 원하는 장소로 태워다 주는데, 국내의 다른 지방으로 가고 국경도 넘어 다닌다.

농장에 배속된 트럭도 그런 식으로 쉽게 도매상들의 운송수단이 되어 수입해 들여온 소비재나 국내에서 키운 농작물을 싣고 곳곳이 파인 도로를 터덜거리며 다닌다. 기차도 한때는 주요 물류 수단으로 쓰였으나 속도가 너무 느린데다 전력 부족과 노후 인프라 때문에 언제 멈출지 믿을 수 없게 되었다. 그래서 지금은 사람들이 트럭을 더 선호한다.

이런 식으로 쓰이는 서비차와 트럭은 공식적으로 국가 차량으로 등록돼 있기 때문에 특정 지역 내에서만 돌아다닐 수 있다는 규정을 적용받지 않는다. 이들 차량이 검문소에 도착하면 경비병들이 운전자에게

'숙제는 다했느냐?'고 묻는다. '숙제'를 마치지 않은 운전자는 남아서 숙제를 마쳐야 한다. 그렇지 않으면 트럭에 실린 물품을 압수당하게 된다. '숙제'는 검문소에서 쓰는 암호이다.[7]

이처럼 시스템이 굴러가는 데 관련된 모든 이들이 각자 인센티브를 챙긴다. 국가안전보위부처럼 막강한 권력을 가진 기관에 등록된 차량은 임대해서 장거리 돈벌이에 이용할 경우 특히 수익성이 좋다. 이런 차량은 검문소에서 가로막거나 시비를 걸지 않기 때문에 아무 걱정 없이 돌아다닐 수 있기 때문이다.

이 새로운 운송 서비스는 국제 물류사업에 대단히 중요한 역할을 하는 또 다른 수단으로부터 큰 도움을 받고 있다. 그 또 다른 수단은 바로 '손전화'라고 부르는 휴대폰이다. 불과 얼마 전까지도 북한에서 사용이 금지됐던 통신수단이다.

한때 시장은 매대 상인들이 주류를 이루었다. 허름한 판매대를 확보해 놓고 팔 물건을 갖고 나와 고객에게 직접 물건을 판매하는 사람들이었다. 하지만 이제는 휴대폰만 있으면 가만히 앉아서 쉽게 돈을 벌 수있게 되었다. 집에 가만히 앉아서 도매상과 소매상에게 전화해서 팔고 살 물건의 값과 물량을 조정하고, 흥정이 맞으면 전화로 트럭이나 버스 운전자에게 연락해 물건을 배달해 달라고 부탁만 하면 되는 것이다.[8]

휴대폰은 가격 안정화에도 도움이 되고 있다. 예를 들어 현재 국내 쌀 재고량이 줄어들어서 쌀값이 비싸다고 치자. 그러면 사람들은 휴대폰을 통해 국경 너머에서 새로 쌀이 들어오는지 알아보고, 쌀이 곧 들어온다는 정보를 들으면 그 쌀이 도착해 가격이 내려갈 때까지 기다리는 것이다.

현 선생은 이런 상황에서 평양을 비롯해 자동차로 전국 도시들을 돌며 물건을 실어날랐다. 지방 도시로 가면 그곳에 사는 친척들 집에 머물렀다. 또한 군 장교와 결혼해 평양에 사는 고모가 하는 물품 공급체인 사업의 관리인 일도 맡아서 했다. 한때 북한에서 군 장교는 근사한 직업이었지만 이제 돈을 벌어 집안을 먹여 살리는 쪽은 고모이다. "고모부는 장교 신분을 이용해 고모가 하는 사업에 바람막이 역할을 해줍니다. 돈을 제대로 버는 사람은 고모입니다." 현 선생은 내게 이렇게 말했다.

그는 고모를 대신해 중간상인을 통해 지방에서 물건을 사 모은 다음 이를 높은 값으로 평양 시장에서 되팔았다. 중간상인을 통해 많은 물량의 콩을 사 모은 뒤 당국의 의심을 사지 않도록 이를 조금씩 나누어 운반하는 수법을 썼다. "내 손으로 콩을 몇 톤씩 사 모을 수는 없습니다. 시중에 콩이 부족하기 때문에 누가 혼자서 많은 양을 사면 반드시 의심을 받게 돼 있습니다." 현 선생은 큰 키에 운동선수처럼 체격이 좋아 어린 시절 영양결핍을 앓은 사람 같아 보이지 않았다. 그는 요란한 레게음악이 흘러나오는 서울 강남의 멋진 카페에 나와 마주앉아서 이렇게 설명했다. 서울에서 대학에 다닌다고 했는데, 흰 운동화와 멋진 헤어스타일로 학생 티를 한껏 내고 있었다.

식량은 비교적 안전하게 뛰어들 수 있는 장사였다. 그에 비해 DVD 플레이어는 수익성이 매우 높지만 아주 민감한 품목이다. 중국에서 들여오는 USB 드라이버가 딸린 DVD 플레이어는 북한에서 20달러 정도 가격에 팔렸는데 아주 인기 품목이었다. 연줄이 탄탄한 사람들은 열차한 량에 DVD 플레이어를 가득 채워서 들여오기도 했다. 그런 식으로 한번에 4,000개 정도 들여와 팔면 큰돈을 벌 수 있다. "DVD 플레이어를 파는 것은 불법이기 때문에 그 장사를 하려면 정말 센 연줄이 있어야 합니다."라고 현 선생은 말했다.

콩을 팔든 DVD 플레이어를 팔든 거래의 매 단계마다 비즈니스 마인드를 가진 사람들이 발을 들여놓고 있었다. 현 선생은 주문한 콩을 사람들을 보내 자루에 나눠 담도록 시켰다. 그런 다음 짐꾼을 고용해 자루를 기차역으로 운반한다. 기차역 경비병들에게는 뇌물을 먹여서 하물 싣는 걸 눈감아 달라고 부탁했다. 보통 콩 1톤 싣는 데 쌀 4킬로그램의 뇌물이 들어갔다. 나누어 싣기 때문에 어떤 때는 모두 실어 보내는 데 한 달 넘게 걸리기도 했다. 그렇게 하면 정확히 얼마나 실어 보내는지 쉽게 드러나지 않는다. 평양에 물건이 도착하면 콩을 하역해서 고모에게 실어 나를 사람을 또 고용한다.

"일이 매끄럽게 진행되도록 하려면 당연히 돈이 들어가야 합니다." 그는 사업을 어떤 식으로 운영했는지에 대해 설명하며 이렇게 말했다. "돈만 들인다고 다 해결되는 게 아니고 연줄도 있어야 합니다. 평양에서 물건을 차질 없이 내릴 수 있도록 하기 위해서는 아주 힘센 자리에 있는 고위관리들에게 뇌물을 먹여야 합니다."

그렇게 하고 나면 고모가 다시 돈을 보내 다음 주문을 지시하고, 그는 구매에서 하역까지 같은 과정을 반복했다. 현 선생은 시장화 과정에서 생긴 기회를 잡기 위해 온 몸을 던진 사람이다. 많은 북한 사람들이 그처럼 어려운 현실에서 벗어나기 위해 새로운 환경에 적응해 나갔다.

현 선생처럼 국경 도시에 살았던 정아씨는 김정은이 권력을 물려받았을 때 겨우 열한 살이었다. 그녀는 시장화가 차츰 진행되는 환경에서 태어났다. 정아씨의 아버지는 그녀가 열두 살 때 가족을 버리고 북한을 탈출했다. 그녀의 엄마는 어린 딸을 데리고 살기 위해 시장에 나가지 않을 수 없었다.

그녀의 어머니 조씨는 김정은이 새로운 지도자가 되자 기대를 가졌다고 했다. "젊은 지도자이니까 무언가 나아지겠지, 사는 게 조금은 편해지겠지라고 생각했습니다." 그녀는 북한을 탈출해 서울에 정착한 뒤 만난 나에게 이렇게 말했다. 하지만 위대한 계승자는 그들에게 아무 것도 해주지 않았다. "나 혼자 힘으로 모든 일을 해결해 나가야 했습니다." 김정은의 북한에서 살아남기 위해 정아씨는 학업을 도중에 그만두어야 했다. 초등학교는 근근이 마쳤지만 중학교 진학은 포기했다. 대신 어머니를 따라 회령 시내에 있는 집에서 산자락에 있는 작은 밭떼기까지 서너 시간을 걸어 다니며 옥수수를 키웠다. 파종기와 수확기에는 한 주일에 서너 번씩 집과 밭을 오갔고, 평소에도 잡초를 제거하고 밭을 돌보기 위해 수시로 드나들었다.

보통 아침을 거르고 새벽 4시에 집을 나서면 7시 전후로 넓이가 1.3 평방킬로미터 정도 되는 밭에 도착했다. 서류상으로 국영 돼지농장 소유의 땅이었지만, 농장 관리인이 작은 규모로 쪼개 조씨 같은 사람들에게 제법 비싼 값에 임대해 주었다. 자그마한 체구에 얼굴에 어두운 그늘이 진 조씨는 수확하는 옥수수 중에서 연간 200킬로그램을 관리인에게 주기로 약속하고 밭을 빌렸다. 물론 관리인은 그렇게 받는 곡물을 국고로 보내 김정은이 '사회주의 지상낙원'을 건설하는 데 쓰도록 하는 대신 시장에 내다 팔아서 챙겼다. 다른 관리인들도 모두 그렇게 했다.

조씨와 정아씨 모녀는 오전 일을 마치면 점심을 먹는 둥 마는 둥 했다. 보통 콩가루 국물에 옥수수 국수를 말아 먹었다. 불을 지피는 데 드는 돈과 시간을 아끼려고 찬 국물에 면을 그냥 말아 먹었다. 여름에는 시금치나 오이 같은 제철 채소로 반찬을 만들었다. 그러고 나면 다시 일을 시작했다. 가끔 저녁식사 때 쌀밥을 지어먹는 호사를 누리기도 했지만 보통은 또 찬 국수를 먹었다. 그런 다음 오후 8시가 되면 집을 향해 길을 나섰다.

추수철에는 사람을 한 명 고용해 농장 관리인에게 사용료로 내는 옥수수를 수레에 실어 보내고 나머지는 시내로 실어날랐다. 조씨는 그렇게 수확한 옥수수를 시장에 내다 팔았다. 많은 이들이 옥수수를 삶아 먹고, 옥수수 국수, 옥수수를 넣어 지은 밥, 옥수수 껍질을 삶아 죽까지 끓여 먹었다. 쌀이 귀하다 보니 값이 싼 옥수수로 끼니를 대신 때우는 것이었다.

조씨는 옥수수를 내다 판 돈으로 콩을 사서 다시 밭에 심었다. 콩을 키우는 데는 일손이 더 많이 갔다. 수확한 콩으로 집에서 두부를 만들었다. 콩 4킬로그램을 시장에 내다 팔면 북한 돈 1만 8,000원을 받는데, 그걸로 두부를 만들어서 팔면 3만원을 벌었다.

집으로 찾아오는 손님에게 두부를 파는 일은 정아씨의 몫이었다. "친구들과 놀지도 못했어요. 학교도 수시로 빠졌습니다." 모녀가 함께 사는 서울 외곽의 작은 아파트로 찾아갔을 때 정아씨는 이렇게 말했다. "종일 집에 있는 게 너무 따분했고, 학교 간 친구들이 점심시간에 책가방을 메고 밥 먹으러 집에 오는 것을 보면 너무 부러웠습니다."

조씨는 돈을 버는 데 도움을 받기 위해 딸 정아씨를 집에 앉혀 놓았지만 거기에는 다른 이유도 있었다. 학교 보내는 데 드는 돈을 아끼기 위해서였다. 북한은 명색이 사회주의 국가이다. 이론상으로는 주택, 교육, 보건이 모두 무상으로 제공된다. 하지만 현실에서는 돈이 들어가지 않는 게 하나도 없었다.

교사들은 학생들에게 가르쳐주는 값을 내라고 요구했다. 가르치는 값은 보통 현금 대신 물건으로 달라고 한다. 콩, 토끼털 같은 것을 받는데, 교사들은 이렇게 받은 물건을 시장에서 돈으로 바꿔 챙겼다.

배우는 값을 내지 않는다고 학교에 다니지 못하게 막는 것은 아니지만, 그런 학생은 학교에 가더라도 제대로 배우지 못한다. 운이 좋으면 학급 제일 뒷자리에 앉혀놓고 교사가 일체 관심을 주지 않는다. 이렇게 '수업료'를 낼 형편이 안 되는 학생들은 결국 따돌림을 견디지 못해 학교를 그만두게 된다.

조씨는 딸이 혼자 집에 틀어박혀 있는 게 보기 안쓰러워서 텔레비전을 한 대 사서 낮에 딸이 보도록 했다. 그래도 어린 정아씨에게는 서글픈 나날들이었다. 장사가 잘 된 날은 두부를 판 돈으로 땔감과 식량을 사고 5,000원 정도 남았는데, 쌀 1킬로그램을 살 수 있는 돈이었다. 준비해 간 두부를 완판 매진한 날은 간단한 요리도 사먹었다. 두부값이 오르락내리락 하고, 찾는 사람이 적어 장사가 안 되는 날은 남는 돈이 하나도 없었다.

피땀 흘려 일해 봐야 손에 들어오는 건 한줌도 되지 않았다. 조씨는 얼마 안 가 등에 통증이 심해져서 얼마 벌지도 못하는 돈벌이도 점점 더 딸의 손에 의지하게 되었다. 남쪽은 거지떼가 득실거리고, 사람들이 늘 고문에 시달린다는 말을 숱하게 들었다. 그럼에도 불구하고 어느 날 마침내 모녀는 남쪽으로 도망가기로 했다.

그렇게 해서 모녀는 북한을 탈출했고, 서울에 있는 아파트에서 나와 이야기를 나눌 수 있게 되었던 것이다. 조씨는 한국 중년여성들의 상징인 퍼머 머리를 하고, 거실 바닥에 앉아 이야기를 나누면서도 등허리 아래쪽을 주먹으로 쿵쿵 두드리며 얼굴을 찌푸렸다. 정아씨는 옆에 깔아놓은 요에 누워서 잠을 자고 있었다. 18살인 그녀는 고교 졸업 인증 검정고시를 치르기 위해 밤새워 공부한다. 학벌사회인 대한민국에서 경쟁력을 가지고 살아가기 위해서이다.

조씨는 한국에 와서도 북한의 삶이 좀 더 나아졌으면 하고 바란다. "그 사람은 외국에서 학교도 다녔으니 바깥세상으로 문을 열 것이라고 생각했어요." 그녀는 김정은에 대해 이렇게 희망 섞인 말을 했다.

하지만 고향에서 들려오는 소식을 보면 자기 같은 사람들의 사는 형편은 예전보다 나아진 게 하나도 없는 것 같다고 했다.

마약으로 시름을 달래는 사람들

집에서 두부를 만들어 팔고 전국에서 콩을 사다 나르는 장사는 북한에서 일종의 회색지대에 속했다. 조씨나 현 선생 같은 사람은 운 나쁘게 검문소 병사에게 잘못 걸리거나 뇌물을 제대로 바치지 않으면 언제든지 불법행위를 한 죄로 처벌받을 위험이 뒤따랐다.

하지만 강 선생이 하는 일은 회색지대에서 이루어지는 게 아니었다. 그가 하는 사업은 어느 모로 봐도 확실한 불법이었다. 그는 중국에서 강 건너 맞은편에 있는 회령을 근거지로 한 마약조직의 중심인물이었다. 회령은 북한 도시 가운데 평양에서 제일 멀리 떨어진 곳에 있다. 지난 수십 년 동안 북한 기준으로도 낙후된 지역이었다. 정치적으로 문제가 있는 사람들은 운이 좋으면 이곳으로 쫓겨나고, 운이 나쁘면 강제노동 수용소로 끌려갔다.

국경 지역에 사는 다른 많은 사람들과 마찬가지로 강 선생은 번창하는 중국 영토의 끝자락에 인접해 있다는 지리적 이점을 이용해 돈을 벌었다. 그는 중국산 휴대폰으로 중국 송신탑의 신호를 잡아서 썼다. 북한 사람들을 한국을 비롯한 외부 세계 사람들과 연결시켜 주는 사업으로 돈을 벌었는데, 북한에 있는 가족들을 강 건너에서 기다리는 가족과 상봉시켜 주는 일을 주선했다. 강 건너에서 기다리는 가족은 한국에서 온 사람들이다.

그리고 그는 외화 밀반입 사업에 뛰어든 많은 사람들 가운데 한 명이었다. 외부 세계에 사는 친척들이 보내는 돈을 많은 수수료를 받고 북한 국내의 지정 수취인에게 전달하는 일이었다. 외화 전달 수수료는 보통 30퍼센트에 이른다.

강 선생이 하는 장사 중에서 가장 위험하고 가장 돈벌이가 잘 되는 품목은 바로 각성제 메타암페타민methamphetamine의 일종인 아이스ice였다. 강 건너 중국에서뿐만 아니라 북한에서도 많이 팔렸으며, 특히 식욕억제 효과가 강해 찾는 사람이 많았다. 북한의 창업형 과학자들이 한때 사회주의 국가 건설의 핵심 역할을 담당했던 함흥의 화학공장들을 민간 메타암페타민 연구소로 바꾸었다. 미국 드라마 '브레이킹 배드'Breaking Bad의 북한 버전이라고 할 수 있다.

마약 밀거래도 위험한 사업이지만 처벌은 골동품 밀거래에 비하면 상당히 약한 편이다. 골동품 밀거래는 문화적 유산을 되돌릴 수 없게 손상시키는 것으로 간주돼 중벌을 받는다. 사람의 정신을 마비시키는 약물을 파는 것과 역사를 배반하는 것은 차원이 다른 문제라는 식이다. 마약을 생산하거나 거래하다 적발되면 징역 2~3년에 처하도록 되어 있다. 물론 대규모 마약조직을 운영하다 적발된 사람들이 처형됐다는 보도도 있기는 하다.

하지만 일만 문제없이 잘 굴러간다면 마약 밀매는 남편은 매일 출근 도장을 찍으며 공장으로 출근해 따분하게 하루를 보내고, 아내는 집에서 두부나 떡을 만들어 시장에 내다 파는 것보다 돈벌이가 훨씬 더 좋은 사업이다. 강 선생의 아내는 교사 일을 그만두고 마약 거래 사업을 시작했다. 두 사람은 아이가 하나 있는데, 마약과 돈이 술술 들어오고 풍족하게 살았다. 집에는 일제 냉장고, 중국제 가죽 소파에 텔레비전이 두 대나 있었는데, 한 대는 일제였다. 가정부도 한 명 두었는데, 집안에서 요리와 청소를 시키고 하루 쌀 1킬로그램을 주었다.

딸이 학교에 들어가자 학교 선생님들이 아이를 끔찍이 예뻐했다. 아이에게 특별히 많은 관심을 쏟아 주면서, 자기들이 왜 그렇게 하는지 아이가 숨은 뜻을 알아채도록 했다. 딸은 고위간부 자녀들보다도 더 특별대우를 받았다. 그 이유가 무엇이었을까? 강 선생은 교사에게 매달 중국돈 100위안씩을 주고, 현지 식당에 초대해 푸짐하게 대접했다.

강 선생은 2010년 김정은 후계설을 처음 들었다. 그도 처음에는 젊은 지도자가 북한을 외부 세계로 개방시켜 나가 줄 것이라는 기대를 가졌다. 하지만 현실은 그 반대로 나타났다. 3대 세습을 앞두고 국경 일대의 경비가 강화되고, 사회 전 분야에 걸쳐 단속이 강화됐다.

중국이 마약 복용을 단속하고, 북한이 승계 작업 준비에 본격 착수하면서 강 선생의 수출 사업은 점점 더 힘들어졌다. 그래서 그는 루트를 변경하기로 했다. 한때 중국으로 들여보내던 마약 사업을 북한 국내 소비에 국한시킨 것이다.

"김정은이 권력을 물려받은 뒤 단속을 강화하더라도 북한 국내에서 마약 복용을 완전히 근절시키는 것은 불가능합니다." 강 선생은 서울 근교에 있는 자기 집 부근 식당에서 만나 이렇게 말했다. 우리는 고기와 김치를 얹어 굽는 불판을 가운데 놓고 마주 앉았다. "뇌물만 쥐어 주면 빠져나갈 구멍은 언제든지 생깁니다."

강 선생은 42살 때인 2014년 북한을 탈출해 한국으로 왔다. 그는 한국의 보통 중년 남자처럼 보였다. 빨간 등산 파카에 검정 등산 바지 차림이었다. 등산을 다니지는 않는다고 했다. 퍼머를 해서 머리숱이 좀 더 풍성하게 보였다. 돼지고기를 먹으면서 소주 한 병을 시켰다. 보통 소주가 아니라 알코올 도수가 높은 빨간 뚜껑이었다.

김정은은 불법 마약 거래를 단속하려고 했으나 성공하지 못했다. 강 선생은 자기가 북한을 떠날 당시 회령시 성인 인구의 80퍼센트 정도가 아이스를 복용하고, 이들이 하루에 소비하는 효과 강한 마약이 1킬로그램에 육박했다고 한다.

"내 고객들도 보통 사람들이었습니다." 그는 이렇게 말했다. "경찰관, 보안요원, 당원, 교사, 의사 등이었어요. 생일잔치 때나 고등학교 졸업 축하용으로 아이스는 정말 좋은 선물이었습니다." 10대들도 아이스를 복용했다. 76세인 강 선생의 어머니도 저혈압에 좋다며 이 약을 썼다.

많은 북한 사람들이 메타암페타민을 생활필수품처럼 썼다. 끝없이 계속되는 따분한 일상과 궁핍한 삶을 견딜 수 있게 해주는 하나의 방편으로 이 약을 먹었다. 그렇기 때문에 북한에서 마약은 절대로 근절시킬 수 없을 것이라고 그는 단언했다.

"솔직히 말해 약을 먹으면 기분이 좋아집니다. 기분이 울적할 때 약을 먹으면 곧바로 기분이 좋아집니다. 출발이 좋지 않은 날은 하루 종일 기분이 엉망입니다. 그런 때 약을 먹으면 스트레스가 풀립니다. 남녀 관계를 원만하게 만드는 데는 정말 좋은 약이지요." 그는 웃지도 않고 이렇게 덧붙였다.

엄밀히 말하면 불법적인 일이지만 당시 강 선생은 마약 밀매 사업을 드러내 놓고 했다. 이웃사람들도 알고 경찰도 알았다. 하지만 과도한 관심을 피하는 게 좋다는 생각에 돈이 많다는 자랑은 하지 않았다. 평양에서는 돈을 많이 써도 눈에 띄지 않지만 회령은 달랐다. 그곳에서는 처신을 신중하게 하는 게 좋았다.

경찰도 새로운 기회를 잡았다. 부자가 되는 기회가 아니라 기분이 황홀해지는 기회를 말한다. 이들은 마약 밀매를 비호해 주는 대가로 수시로 아이스를 복용했다. "점심시간을 이용해 집으로 찾아오면 약을 공짜로 주었습니다." 강 선생은 웃으며 말했다. "이웃에 사는 비밀경찰 우두머리는 거의 우리 집에 눌러 살다시피 했습니다. 매일 찾아왔지요."

강 선생은 북한 아이스 밀매업의 개척자 가운데 한 명이다. 국경 보안이 강화되고 있음에도 그는 이 불법 사업으로 매달 3,000달러 내지 5,000달러를 벌었다. 북한은 말할 것도 없고 중국에서도 엄청난 돈이다. 돈을 많이 벌수록 영향력도 더 커졌다.

"북한에서는 돈이 권력을 만듭니다. 노동당원이 되려면 정치적 성분이 좋아야 합니다." 그는 이렇게 말했다. "하지만 돈만 있으면 얼마든지 위로 올라갈 수 있습니다."

7장
공포 정치

유일한 지도자이신 김정은 동지의 지시에 감히 복종하지 않는 자는
우리 군과 인민이 나서서 결코 용서치 않을 것이다.

조선중앙통신 2013년 12월 13일

김정은은 사람들에게 시장경제 체제 안에서 열심히 일하고, 그렇게 해서 조금 살기 나아지도록 허용해 주는 것만으로는 부족하다는 사실을 알고 있었다. 자기에게 대들다가는 그야말로 모든 것을 잃게 된다는 경고도 해줄 필요가 있었다.

그래서 5세기 전 이탈리아 정치인 니콜로 마키아벨리Niccolo Machiavelli 가 저서 『군주론』*The Prince*에서 제시한 가르침을 실천해 보이기로 했다. 그 가르침은 바로 '사랑받는 군주가 아니라 사람들이 두려워하는 군주가 되라.'였다.

권력을 물려받은 초기 몇 년간 김정은은 이미 세계에서 가장 고립적

인 나라를 더 꽁꽁 걸어 닫았다. 중국 국경의 경비는 더 삼엄해지고 순찰이 강화됐다. 국경을 넘으려는 사람들에 대한 단속은 아버지 때보다 더 엄해졌다. 위대한 계승자는 정보든 사람이든 국경을 넘나드는 것을 절대로 용납하지 않겠다는 의지를 보였다. 첫발을 내디딘 자신의 통치 체제에 도전하는 행위는 철저히 단속했다.

김씨 왕조는 70년 넘게 모든 주민을 나라 안에 가둬놓고 끊임없이 세뇌시켰다. 자신들은 사회주의 지상낙원에 살고 있으며, 세상에서 제일 행복한 사람들이라는 환상을 유치원 때부터 심어 놓았다. 이런 말도 안 되는 이야기는 김일성이 만들어냈다. 그는 이런 광대짓을 사람들이 순순히 받아들이지 않을 것임을 처음부터 알고 있었다. 그래서 주민 세뇌와 함께 경찰국가를 만들어 주민들의 삶을 구석구석 철저히 감시하고 통제했다.

주민들이 최고지도자의 동상 앞에서 인사할 때 허리를 얼마나 구부리는지, 사상교육 시간에 얼마나 열심히 듣는지, 새벽 도로 청소시간에 얼마나 자주 빠지는지 당국이 나서서 일일이 체크한다. 이런 경찰국가에서는 가까이 사는 누가 정보원인지 알 수 없다. 아내, 군 장교, 채소장수, 교사, 도로 청소부, 어린이 등등 누구든 정보원이 될 수 있다.

소련에서 개혁 개방 정책 글라스노스트가 시작되고 중국이 문호를 개방한 게 이미 오래 전의 일이지만 북한정권은 여전히 거의 전면적인 정보 봉쇄를 고수하고 있다. 주민들이 외부 세계와 접촉하지 못하도록 차단함으로써 김씨 왕조의 신비화 전략을 계속 이어가려고 한다. 최고지도자는 자신의 영도력에 의문을 제기하는 자를 모조리 처벌하는 데 그치지 않고, 악명 높은 스탈린식 강제수용소 굴락gulag 시스템까지 도입했다. 겨울철이면 끔찍한 추위가 몰아닥치는 오지에 거대한 규모의 강제수용소들이 들어서서 체제에 반기를 드는 자는 모두 잡아들였다. 가족까지 모두 가두는 경우도 흔했다.

북한정권은 모든 것을 관장하는 전지전능한 허구 덩어리가 되었다.

"종교나 마찬가지입니다." 국경도시 혜산 출신의 내과의사 닥터 윤은 이렇게 말했다. "태어나면서부터 김씨 일가는 신이고, 그들이 하는 말에는 절대 복종해야 한다고 배웁니다. 공포의 통치입니다. 김씨 일가는 공포정치를 통해 주민들이 계속 두려움에 떨도록 만듭니다."

모든 가정과 학교, 병원, 공공건물, 심지어 지하철 객실에도 김일성, 김정일의 사진을 의무적으로 액자에 넣어 걸어놓도록 했다. 그리고 특별한 통에 보관하는 특수 천으로 사진을 매일 깨끗이 닦아야 한다. 마을과 도시 곳곳에 김씨 왕조를 찬양하는 문구가 적힌 현수막과 옥외 광고판을 설치하고, 산에 있는 바윗돌에까지 찬양 문구를 새겨놓았다. 텔레비전 채널은 정권 홍보에만 열을 올리고 있고, 영화관에서는 62부작 '민족과 운명' 같이 안 봐도 뻔한 제목의 북한 영화만 보여준다. 집집마다 라디오가 벽에 붙어 있는데 마음대로 끄거나 채널을 돌리면 안 된다.

신문을 펼치면 온통 김정은이 얼마나 천재이고 인자한 지도자인지 선전하는 기사들뿐이다. 탁월한 지도자 동지는 세상에 모르는 것이 없다. 그는 메기 양식장, 축산 목장, 온실, 양묘장, 건설 공사장, 조선소 등 어디든 가서 현지 지도를 한다. 신발, 얼굴 크림, 된장 공장에 찾아가 생산라인을 살펴보고는 단계별로 도움이 되는 훌륭한 지침을 내려 준다. 음악과 건축, 스포츠에도 조예가 깊다. 그리고 지상과 해상에서 재래식 무기로 실시하는 군사훈련뿐만 아니라 핵무기와 미사일 프로그램 개발에도 지침을 내려주는 군사적인 천재이기도 하다.

다른 의견은 있을 수가 없다. 그리고 김정은의 분명한 허락을 얻은 극소수 고위간부들을 제외하고는 누구도 인터넷 접속을 하면 안 된다. 핸드폰은 외부 세계와 연결이 되지 않고 지하신문도 없다. 낙서도 없고, 전국을 통틀어 정권에 반대하는 반체제 인사로 알려진 사람은 단 한 명도 없다.

주민들에 대한 세뇌과정은 조기에 시작된다. 평양 여행 중 유아원에 간 적이 있는데, 입구에 '경애하는 김정은 장군님 고맙습니다.' 라고 크게 쓰여 있었다. 건물 안으로 들어가니 벽에 로켓 추진 수류탄 발사기를 든 너구리 병사와 자동소총을 든 오리 수병이 등장하는 만화가 그려져 있었다. 외신기자들이 사진을 찍으려고 하자 걸음마를 겨우 하는 아이들이 장난감 칼라슈니코프 소총을 들고 포즈를 취했다.

김정은이 후계자가 될 것이라는 말이 처음 나돌았을 때 민아씨의 네 살 난 딸은 유치원에 다니고 있었다. 유치원에서는 아이들에게 사탕과 함께 새 지도자의 사진을 보여주며 그가 얼마나 특별한 능력을 가진 지도자인지 설명해 주었다. 민아씨의 딸은 그 사진 속 인물이 지금도 뇌리에서 떠나지 않는다고 했다. "정말 돼지같이 살찐 얼굴이었어요." 그녀는 몇 년 뒤 서울에서 이렇게 당시 이야기를 했다.

김정은이 정식으로 최고지도자 자리에 오르자 교육성은 전국의 고등학교 교과목에 김정은을 선전하는 새로운 과목을 추가하라고 지시했다.

그렇게 해서 김정은의 아버지, 할아버지, 할머니에 대해 가르치는 교과목 외에 김정은을 가르치는 81시간짜리 수업이 새로 추가됐다.[1]

고등학교 역사 교과서는 한국전쟁 때 미군이 북한 어린이들을 총검으로 잔인하게 찔러 죽였다고 기술하고, 북한 경제가 주체사상 덕분에 어떻게 자립할 수 있게 되었는지에 대해 가르친다.

9살에서 15살 사이의 북한 아이들은 학과 수업 외에 의무적으로 참가하게 되어 있는 피오네르Pioneer 운동 조직인 조선소년단에서 이런 메시지를 주입받는다. 북한에서 피오네르 소년단 입단은 어린이들에게 가장 기억에 남는 날이다. 가입식은 정권 차원의 기념일인 김일성 생일이나 당 창건일 등에 맞춰 학교에서 열리는데 학부모들이 참석하고, 아이들은 포장지로 싼 선물을 받는다. 주로 펜이나 책가방 같은 것들이다. 북한 사람들은 최고지도자의 생일만 기념하지 자기 생일은 별도로 챙기지 않는다. 그리고 대부분의 아이들은 소년단 입단식 때 받는 선물이 평생 받는 유일한 선물이 된다.[2]

만복씨는 김정은이 후계자로 결정됐다는 말을 들었을 때 대학 2학년생이었다. 유치원에서부터 중고등 학교, 군대 생활, 그리고 대학에 입학해 전공과목인 과학 공부를 시작하고 나서까지 김일성, 김정일에 관한 학습을 하지 않은 적이 없었다. 대학생들은 90분짜리 이념학습을 매일 해야 한다. 이념학습 시간에는 김일성과 그의 부인 김정숙, 그리고 아들 김정일로 이어지는 영광스러운 혁명 역사를 반복해서 듣는다.

만복씨는 그 시간이 너무도 지겨웠다. 그는 소위 혁명 동지들에 관한 이야기가 아니라 과학 지식을 배우고 싶었다. 그런 이중사고를 해야 하는 삶에 싫증이 났다.

후계자에 대한 첫 번째 발표가 있고 나서 얼마 되지 않아 텔레비전에서 그 후계자를 보았다. 살이 통통하게 찐 자기 또래 아이가 나이 많은 장군들에게 둘러싸여 있었다. 장군들은 어린 그에게 극존칭을 써서 이야기하고 있었다. 만복씨는 정말 말도 안 되는 짓이라고 생각했다. "친한 친구들끼리는 그를 형편없는 놈이라고 불렀습니다." 그는 내게 이렇게 말했다. "사실 모두 그렇게 생각합니다. 하지만 그런 말은 아주 친한 친구나 부모한테나 털어놓을 수 있는 욕입니다. 그것도 나와 생각이 같다는 확신이 있을 때 그렇다는 말입니다."

농담으로 하는 말이 아니었다. 김정은이 후계자로 등장하는 것을 보고 만복씨는 북한 체제가 3대 세습을 한다는 사실을 알게 되었다. 김정은은 나이가 어리니 앞으로 아주 오래 권좌에 앉아 있을 것이었다. 군대와 공장, 광산, 내각 부처, 여성동맹, 주민감시 모임을 비롯한 북한 전역에서 '천재 중에 천재'라는 새 지도자에 대해 공부했다.

지도자로서의 입지를 강화하기 위해 김정은은 2013년 일명 '10계명'이라고 부르는 당의 통치 10대 원칙을 개정 공표했다. 김일성은 40여 년 전에 자신의 개인숭배를 위한 발판으로 삼기 위해 '당의 유일사상 체계 확립 10대 원칙'을 제정했는데 김정은이 이를 자신의 통치 시대에 맞춰 개정한 것이다.

10개 조 모두 지도자 김일성의 이름이 들어가고, 그의 절대적 가르침을 무조건 온몸으로 실천하자는 의지를 천명하고 있다. 예를 들어 2조는 이렇게 되어 있다. '위대한 수령 김일성 동지를 충성으로 높이 우러러 모셔야 한다.' 다음은 4조 내용이다. '위대한 수령 김일성 동지의 혁명사상을 신념으로 삼고 수령님의 교시를 신조화하여야 한다.'

김정은은 권력을 물려받은 뒤 10대 원칙의 내용을 개정할 필요가 있다고 판단했다. 김일성 뒤에 아버지 김정일의 이름을 추가하고, 북한 체제와 자신과의 밀접한 연관성을 부각시켰다. 개정 10대 원칙은 2조를 이렇게 바꾸었다. '김일성과 김정일을 우리 당과 인민의 영원한 수령으로, 주체의 태양으로 높이 받들어 모셔야 한다.'

하지만 10대 원칙에 자신의 이름까지 넣지는 않았다. 무리한 시도를 하는 대신 아버지의 위상을 김일성과 동급으로 올리는 데 집중했다. 그렇게 함으로써 이 영광스러운 계보의 계승자로서 자신의 정당성을 자연스레 부각시킨다는 의도였다. 북한 주민들은 이 10대 원칙을 누가 물으면 언제든지 암송할 수 있을 정도로 줄줄 외우고 있어야 한다.

주민들은 직장과 주민 소조 등에서 일주일에 두 번씩 열리는 이념 학습 시간에 이 개정 10대 원칙에 대해 집중적으로 교육을 받는다. 의무적으로 참석하는 이 학습 시간을 통해 주민들은 위대한 지도자의 활약상과 미제국주의가 얼마나 나쁜지 등에 대해 배운다. 학습에 참석한 주민들은 2009년부터 장군 동지 김정은이 얼마나 놀라운 재주를 가진 사람인지에 대해서도 처음으로 배우기 시작했다.

매주 토요일, 때로는 그보다 더 자주 주민들은 '생활총화'라고 부르는 자아비판 모임에 참석한다. 지난 한 주 동안 일하고 생활하면서 자신이 저지른 과오를 털어놓고, 때로는 다른 사람의 잘못도 비판한다. 사상적인 다짐을 하는 자리가 되기도 한다. '위대한 후계자 동지를 위해 손가락에 피가 나고, 정신을 잃을 정도로 더 열심히 일해야 하는데 그렇게 하지 못했다.'는 식의 자아비판을 하는 것이다. 물론 자아비판 시간이 경쟁자를 고발하고 욕하는 자리로 이용되기도 한다.

북한에서는 주민들의 헤어스타일도 엄격한 규제를 받는다. 결혼한 여성들의 퍼머는 보편화되어 있지만 머리 염색은 금지돼 있다. 김정은이 권좌에 오른 직후 남자들은 모두 일명 '패기머리'로 불리는 자기 머리 스타일을 따라야 한다는 지시를 내렸다는 소문이 나돌기도 했다. 근거 없는 소문이었지만 북한 남자들이 머리를 짧게 깎아야 하는 것은 사실이다. 북한의 이발소 벽에는 추천하는 머리 스타일 사진이 붙어 있는데, 그 가운데는 옆을 짧게 밀어올리고 위를 각지고 높게 남겨놓는 스타일도 들어 있다. 의무적으로 머리를 그렇게 깎아야 하는 것은 아니지만, 눈치 빠른 북한 사람들은 어떻게 하는 게 충성심을 겉으로 드러내는 길인지 너무도 잘 안다.

북한정권이 외화벌이를 위해 합법적으로 해외로 내보낸 사람들도 이러한 학습과 자아비판에서 예외가 아니다. 이들은 현실 세계를 어렴풋이나마 접할 수 있기 때문에 북한 당국은 이들이 사상적으로 오염되지 않도록 하기 위해 더 많은 시간을 들인다.

"김정은이 당과 조국, 인민을 위해 얼마나 열심히 일하는지에 대해 반복해서 들었습니다." 러시아에서 외화벌이 건설 노동자로 일한 송 선생은 김정일 사망 당시 어떤 일이 있었는지에 대해 이렇게 말했다. "이런 일을 했고, 저런 일을 했고 하는 식으로 김정은이 인민을 위해 얼마나 열심히 일하는지에 대해 반복해서 들었습니다. 말도 안 되는 소리였지요. 어린아이가 총을 쏘고 자동차를 몬다는 게 얼마나 웃기는 소리인지 군에서 복무해 본 사람은 다 압니다." 하지만 당시는 아무도 그런 말을 할 수 없었다.

북한 안에 이 어린 황제가 벌거숭이라는 말을 입 밖에 내고도 목숨을 부지할 수 있는 사람은 아무도 없다.

국경 통해 민감한 정보 유입

하지만 그렇다는 사실을 모르는 사람은 거의 없었다. 한때 '은둔의 왕국'으로 불린 나라이지만 북한도 이제 더 이상 은둔 상태에 있지 않기 때문이다. 당국에서 외부의 정보를 차단하려고 엄청난 노력을 하고 있음에도 불구하고 바깥세상과의 소통을 완전히 차단하는 것이 불가능하게 된 것이다.

고난의 행군 시기가 끝나며 중국 국경을 넘어 식량과 의복이 북한으로 들어오기 시작했다. 그러면서 정보도 함께 들어왔다. 국경을 몰래 넘어갔던 사람들이 돌아와서 그곳에서 보고 들은 일들을 이야기했다. 먹을 게 너무 많아 사람들이 밥상에 음식을 수두룩하게 남기더라고 했다. 그곳에 있는 개가 자기네 북한 사람들보다 더 나은 대접을 받는다는 말도 했다.

차츰 더 민감한 정보들도 들어오기 시작했다. 장사하는 사람들이 이제는 플래시 드라이브와 마이크로 스토리지 SD 카드 같은 것을 몰래 들여왔다. 쌀자루나 배터리 박스에 숨겨 들어와 장마당에서 몰래 팔았다. 이런 소형 스토리지 기기들은 몰래 팔기 쉽고, 친구들끼리 은밀히 돌려보기도 편했다.

한국의 북한 인권 단체들은 USB 드라이브를 대형 풍선에 넣어 띄워 보냈다. 바람의 방향이 맞으면 풍선들은 국경을 넘어 북으로 날아왔다. 병에도 담아 강물에 띄워 보내는데, 물의 흐름이 맞으면 북한 주민들 손에 들어왔다. 안에 담긴 내용물은 액션영화와 텔레비전 드라마가 대종을 이루었다. 서적과 백과사전, 경쾌한 리듬의 K팝, 그리고 포르노 필름도 가끔 들어 있었다.

정보에 목마른 북한 주민들은 이런 것들을 보내주는 대로 받아먹었다. 북부 도시 회령에 살다가 한국으로 온 주부 권씨는 장마당에 가서 장사하는 사람에게 '오늘 맛있는 거 있어요?' 혹은 '맛있는 맥주 있어요?'라고 물으면 된다고 했다. 있다고 대답하면 '좋아요. 한가득 채워 주세요.'라고 부탁하는데 그건 재미있는 영화를 자루에 가득 담아 달라는 말이라고 했다.

USB 드라이브가 달린 DVD 플레이어는 장마당에서 인기 품목이었다. 휴대용 소형 DVD 플레이어는 '노텔'notel이라고 부르는데 최고 인기 품목이다. 노텔은 노트북과 텔레비전을 합쳐서 부르는 말로 DVD 드라이브, USB, SD 카드 포트card ports와 내장 TV, 라디오 튜너까지 갖추고 있고, 자동차 배터리로 충전이 가능하기 때문에 특히 인기가 높다. 가격이 50달러 정도 하는데 도시 가구의 절반은 노텔을 갖고 있다고 한다.[3] 권씨는 쓰던 USB 스틱을 시장에 가지고 가서 다른 것으로 교환하고, 새

것을 사기도 했다. 16기가바이트 플래시 드라이버 하나 가격이 2달러 미만인데 그 안에는 바깥세상의 정보가 한가득 들어 있다.

"다른 세상 사람들이 어떤 집에 살고, 어떻게 사는지 모든 게 궁금하고 재미있었습니다." 그녀는 당시 일을 이렇게 말했다. 그녀는 특히 '내 이름은 김삼순'이 재미있었다고 했다. 뚱뚱한 외모를 가졌지만 솔직한 성격의 노처녀가 주인공으로 등장하는 드라마는 권씨에게 한 편의 판타지나 다름없었다. "나도 드라마에 등장하는 사람들처럼 살고 싶었어요. 드라마를 보면서 그런 삶을 꿈꾸게 되었고, 그래서 한국으로 오겠다는 생각을 했습니다." 물론 그녀가 한국에 와서 동화 속 주인공 같은 삶을 살고 있지는 않다. 그녀는 지금 서울 외곽 위성도시에 있는 작은 평수의 아파트에 살고 있다.

그녀를 바깥세상으로 내몬 불씨 역할을 한 것은 현실세계를 어렴풋이 보여준 한국의 드라마였다. 드라마에서 본 냉장고, 소파, TV 세트, 자동차를 비롯한 일상용품들이었다. 이런 물건들은 한국이 궁핍하고 사람이 살 수 없을 정도로 절박한 곳이며, 북쪽이 남쪽보다 훨씬 더 행복하다는 선전을 믿을 수 없게 만들었다. 북한 당국이 고수하는 가장 핵심적인 거짓 신화들에 대한 믿음이 흔들리기 시작한 것이다.

몰래 보는 영화와 드라마에 등장하는 사소한 일 하나하나가 정권이 보여주는 것 외에는 본 적이 없는 북한 주민들에게 엄청난 영향을 미쳤다. 작은 디테일이 거대한 거짓의 실체를 드러나게 만든 것이다. 남쪽 사회에서 보여주는 사회적 대화도 놀라움을 안겨 주었다. 특히 북쪽의 젊은 여성들은 남쪽 사람들이 서로 예의바른 말투로 대화 나누는 것을 보고 놀랐다. 젊은 사람과 여성에게 함부로 말하는 북한의 사회 분위기와 극명하게 대비되었다.

정아씨는 고등학교에 다닐 나이에 학교에 가는 대신 집에서 만든 두부를 팔았다. 그녀는 시장에서 산 플래시 드라이브에 들어 있는 영화 '닌자 어쌔신'Ninja Assassin을 보고 받은 충격이 생생하다고 했다. 유혈이 낭자한 하이 액션 미국 무술영화에 근육질의 한국 팝스타 '비'가 주연으로 출연했다. 그녀는 눈이 번쩍 뜨이는 기분이었다.

"북한에서 학교에 다닐 때 남쪽 사람들은 우리와 다르게 생겼다고 배웠어요." 그녀는 이렇게 말했다. "그런데 이 영화를 보고 남쪽 사람들도 우리와 똑같이 생겼고 우리와 같은 말을 한다는 사실을 처음으로 알게 되었어요."

그녀는 특히 K팝을 아주 좋아했다. "북한 노래는 모두 똑같고, 가사가 너무 딱딱하고 강해요. 김일성, 장군들, 애국심을 주제로 하는 노래들만 불렀습니다." 정아씨는 이렇게 말을 이었다. "그런데 어느 날 한국말 가사인데 전혀 다른 노래를 듣게 된 것입니다."

이런 종류의 정보들이 북한 사회 곳곳에 스며들며 그렇지 않았더라면 사람들이 3대 세습의 새 지도자에 대해 가졌을 믿음을 갉아먹었다고 닥터 윤은 말했다. 걸걸한 성격의 40대 남성인 닥터 윤은 그가 일하는 서울의 한 병원에서 환자 진료 도중 잠시 시간을 내어 나를 만나 이렇게 말했다.

"사람들은 새로 등장한 젊은 지도자에게 아무 것도 기대하는 게 없습니다. 나는 북한 주민 전체의 70퍼센트 이상이 김정은 정권에 불만을 갖

고 있다고 생각합니다. 김정은이 지도자 능력이 없다고 생각하는 것이
지요."

닥터 윤은 북한에 있을 때 명색이 지방의 대형병원에 근무하는 의사
였다. 하지만 병원에서 받는 월급이 월 3,500원이었는데 그 돈으로는
쌀 1킬로그램도 살 수 없었다. 그래서 대신 밀수를 본업으로 삼았다. 먼
저 산에서 채취한 약초를 중국에 몰래 내다 팔았다. 북한 의사들은 병원
에 치료약이 없다 보니 약초에 대한 지식이 많았다. 그리고 약초를 구하
러 다녀야 하니 '약초 휴가'를 자주 가고, 그렇게 채취한 약초를 중국에
파는 것이었다. 그리고 약초를 판 돈으로 전기밥솥, 휴대용 DVD 플레
이어, LCD 모니터 같은 가전제품을 사서 북한으로 들여왔다.

이런 일을 하다 보니 북한정권이 하는 선전의 실체를 알게 되었다.
"그들은 우리가 살기 힘든 이유가 외부의 제재조치 때문이라고 했습니
다." 그는 이렇게 말했다. "하지만 나는 국경 가까이 살면서 북한이 발
전하지 못하는 게 아무리 열심히 일해도 본인에게 돌아오는 게 없기 때
문이라는 사실을 알게 되었습니다. 열심히 일하든 말든 손에 쥐는 게 없
는 건 마찬가지입니다."

많은 북한 사람들이 외부 세계와 접하고 나서 북한정권이 자기들에
게 거짓말했다는 사실을 비로소 알게 되었다. 그런데도 이 체제가 유지
되는 이유가 무엇일까? 그것은 비할 데 없이 잔혹한 통치 때문이다. 사
소한 불만이라도 제기하는 사람에게는 가차없이 혹독한 처벌이 내려지
는 것이다.

김정은은 자신이 최고지도자 자리에 가장 적임자라는 거짓말을 뒷받

침하기 위해 북한판 정치적 신분제를 한층 더 강화시켰다. 자기에게 최고의 충성을 바치는 사람들은 후하게 보상해 주고, 반대로 자신의 지도력에 의문을 표시하는 자들은 무자비하게 처벌하는 것이다.

이러한 정치적 신분제는 할아버지 김일성이 남겨 준 유산 가운데 하나이다. 김일성은 자신의 이상에 따라 북한을 건국하면서 거의 1900년까지 이 나라를 통치한 조선왕조의 봉건적 관행에서 여러 아이디어를 따왔다.

우선 조선시대의 연좌제를 빌려왔다. 한 사람이 잘못을 저지르면 온 가족이 3대에 이르기까지 처벌을 받도록 하는 형벌제도이다. 평생 징역형에 처해지기도 한다.[4]

'성분제도'라는 조선시대의 차별적인 계급제도도 도용했다. 모든 주민을 출신성분에 따라 3대 계층 51개 성분으로 분류하는데 3대 계층은 '핵심 계층', '동요 계층', '적대 계층'이다.

김정은의 북한에서도 핵심 계층은 모든 특권을 다 누린다. 전체 인구의 10내지 15퍼센트를 차지하는 이들은 북한 체제를 정치적으로 가장 지지하는 사람들로 체제 존속으로 가장 많은 이득을 보는 계층이다. 이들은 평양에 거주하는 특권을 누리고, 김일성종합대학을 비롯해 좋은 대학에 입학해서 교육받을 권리를 갖는다. 이들에게는 좋은 일자리가 보장돼 있고, 남들보다 먼저 노동당 당원 자격이 주어진다. 핵심 계층은 남들보다 더 좋은 아파트에서 살고, 더 좋은 옷을 입고, 더 좋은 음식을 남들보다 더 많이 먹는다. 그리고 의약품을 갖추고 있는 제대로 된 병원에서 치료를 받을 확률도 남들보다 더 높다.

제일 밑바닥에 있는 사람들이 적대 계층이다. 일제 때 친일한 사람들, 종교인 가족 등 소위 불순, 반동분자로 낙인찍힌 사람들이 여기에 속한다. 이들은 전체 주민의 40퍼센트 정도를 차지하며, 주거에서 차별을 받아 대부분 사람이 살기 힘든 북부 산간지대로 쫓겨나가 산다. 겨울에는 견디기 힘들 정도로 춥고 먹을 것이 귀해 북한 기준으로도 매우 열악한 생활을 하게 된다. 이들은 직업, 계층 면에서 사회적 유동성이 없고 신분 상승의 희망도 없다. 집단농장과 공장을 전전하며 겨우 먹고 사는 데 만족해야 한다.

핵심 계층과 적대 계층 사이에 동요 계층이 있다. 두 계층 사이에 낀 중간 계층으로 주민의 절반 정도가 여기에 속하는데, 이들은 어중간한 상태에서 살아간다. 대학에 진학하거나 전문직에 종사할 가능성은 없지만 운이 좋으면 조금은 더 나은 삶을 살기도 한다. 예를 들어 군 복무 때 좋은 보직에서 근무하면 나중에 조금 더 나은 직장에서 일할 기회를 얻고, 그래서 살기가 약간 좋아지는 식이다.[5]

출신성분이 나쁜 사람은 사회적 신분 상승의 희망이 없다. 핵심 계층도 자칫 실수하면 순식간에 밑바닥으로 떨어진다.

김정은은 이러한 출신성분 제도와 주민들에게 언제 밑바닥으로 추락할지 모른다는 두려움을 끊임없이 심어주어 권력을 유지한다. 만약 당신이 핵심 계층으로 평양에 살고, 내각에 근무하며 뒷돈도 조금 만지고, 아이들을 대학에 보내고 하는 처지라고 치자. 그러면 새 지도자 동지가 다섯 살 때 자동차를 몰았다고 하는 데 대해, 그리고 수백만 달러의 예산을 병원이나 학교에 보내는 대신 핵무기 개발에 쓰기로 한 결정에 대해 공개적으로 의문을 제기하기 전에 한 번 더 생각하게 될 것이다. 항상 당신을 감시하는 누군가의 눈초리가 있고, 김씨 정권에 대한 충성심이 부족해 보이면 곧바로 상부에 보고된다.

행정조직의 최말단에는 이웃 감시 시스템이라 할 수 있는 '인민반'이 조직돼 있다. 인민반은 30~40가구로 구성되어 있고, 중년 여성이 반장을 맡아 구성원들을 감시 감독한다. 반장은 자기가 맡은 인민반에 어떤 사람들이 있는지 늘 주시한다. 인민반 반장은 어느 집에 숟가락 젓가락이 몇 개 있는지까지 다 안다.[6]

반장은 인민반에 밤새 어떤 방문자가 있었는지도 파악한다. 주민들은 친구나 친척집에 갈 때도 당국에 미리 신고해야 한다. 반장은 보안원과 함께 불순분자 손님이 없는지, 만복씨나 정아씨처럼 남한 영화나 외국 영화를 보는 사람은 없는지 한밤중에 불시점검도 한다. 반장은 주민들이 라디오 채널을 국가에서 고정해 놓은 채널 외 다른 곳으로 바꿨는지 여부를 점검하고, 당국의 승인을 받지 않은 음악이나 외국에서 들여온 사진을 저장하고 있지 않은지 주민들의 핸드폰도 검사한다.

인민반장은 주민들에게 잘못을 저지른 이웃이 있으면 고발하라고 당부한다. 그래서 어떤 집이 쌀밥에 고깃국을 자주 먹으면 어디서 저런 돈이 났지 하고 의심스런 눈초리를 받게 된다. 어떤 집에서 국영 텔레비전 방송시간 이후에 텔레비전 세트의 파란 불빛이 비치면 안에서 무엇을 보는지 의심을 받는다. 어떤 사람이 바람을 피워도 이웃사람이 고발한다. 특히 혼전 섹스나 혼외 섹스를 하는 여성은 아주 좋지 않게 보기 때문에 바람을 피우는 것도 큰 죄이다. 불륜으로 적발되면 각자의 직장에

통보해 가혹한 공개비판을 받게 된다.[7]

이처럼 일거수일투족이 감시당하고 위반사항은 모두 기록에 남는 체제이기 때문에 아무리 사소한 체제 일탈 행위도 처벌을 면할 수 없다. 감시의 눈초리가 없는 곳이 없기 때문에 주민들은 김씨 정권에 대해 눈썹 한번 찡그릴 생각을 못한다.

인민반장은 상부 기관에 잘 보이려면 주민들의 잘못을 보고해야 한다. 특히 주요 보안기관인 인민보안부와 국가안전보위부에 잘 보여야 한다. 인민보안부는 기본적인 경찰 기능을 수행한다. 폭력, 절도, 마약 밀매, 살인 같은 형사 범죄자들을 수감하는 강제노동수용소인 '노동교화소'를 인민보안부 직속으로 운영한다. 일반 범죄자들은 보통 특정 기간 동안 이 노동교화소로 보내진 뒤 풀려난다.

국가안전보위부는 정치범, 사상범을 다루는 기관이다. 국영 미디어 이외의 모든 정보 유통 경로를 통제하는 책임을 지고 있다. 모든 주민이 국가 선전에만 의존하도록 만드는 일을 하는 것이다. 정권에 반감을 품거나 통제에서 벗어나려고 하는 사람들을 색출해내 제거하고, 반체제적인 사상을 가지고 있거나 그런 범죄를 저지르는 사람들을 보내는 잔혹한 정치범수용소를 관리한다.

김정은은 외국의 불법 영상물이 국경을 넘어 들어온다는 사실을 알고 국가보위부 소속 '상무 109'에 이들을 단속하라는 새로운 임부를 부여했다. 이들은 핸드폰과 USB 드라이브에 저장되어 있는 해외 불법 영상물이 적발되면 압수한다. 압수한 디바이스의 이력을 면밀히 뒤져 파일이 공유된 흔적도 추적한다.

불법 콘텐츠를 소지하다 적발되면 구금된 뒤 심문을 받는다. 압수당한 물품 외에 돈이나 담배를 뇌물로 주고 풀려나는 경우도 있다. 북한 주민들은 보위부 요원들이 몇 푼 안 되는 봉급으로 살기 힘드니까 뒷돈을 챙기려고 일부러 불법 영상물을 찾아 사람들의 핸드폰을 뒤지고, 심야에 가정집을 급습하는 짓을 한다고 생각한다.

김정은은 권력을 물려받은 이듬해인 2012년 형법을 개정해 불법 해외 영상물을 단속하는 특별 조항을 신설했다. 처벌 수위를 국가전복과 같은 수준으로 해놓아 빠져나가기가 훨씬 힘들고 뒷돈도 많이 들도록 만들었다. 불법 영상물을 대량으로 유포한 경우에는 기소해서 노동교화형에 처하도록 했다.[8]

김정은 등장 이후 취해진 다른 조치들도 불법 영상물 단속 못지않게 엄격하다. 경제계획을 서투르게 세우거나 중요한 운동경기에 선수 선발을 제대로 못해도 정치적 과오를 범한 것으로 간주해 처벌받도록 했다. 노동당과 국가에서 허가하지 않은 집회는 사적인 집회를 포함해 일체 금지됐다. '반국가적 목적'으로 폭동이나 시위에 가담한 자는 사형 또는 무기 노동교화형에 처할 수 있도록 규정해 놓았다. 반국가 '선전 선동' 행위는 최고 사형에까지 처할 수 있다.[9]

이처럼 사상 오염을 막기 위한 조치를 강화하고 있음에도 불구하고 주민들이 외부 세계에 대한 정보를 접하는 것을 완전히 틀어막지는 못한다.

과학도인 만복씨는 북한에 있을 때 전쟁영화, 갱 영화, R등급 영화들을 몰래 보았다. 뉴스도 들었다. 그러면서 점차 당국이 하는 선전의 영향을 덜 받게 되었다. "당국은 우리를 세뇌시키려고 하지만, 우리 젊은 세대들은 진실이 무엇인지 알고 있습니다."

나치수용소를 능가하는 인권 유린

형법을 거론한다고 김정은의 북한에 법치가 존재하는 것으로 생각한 다면 오산이다. 외견상 사법절차가 진행되는 것처럼 보이는 경우도 간혹 있지만, 외부 세계에서 공정한 재판이라고 인정할 수 있는 경우는 없다. 변호사도 없고, 동등한 사람들로 구성된 배심원도 없다.

이런 제한적인 절차마저 지켜지지 않는 경우가 많다. 영문도 모른 채 가장 잔혹한 정치범수용소에 던져지는 사람들도 있다. 그런 큰 정치범 수용소가 네 군데 있는데, 모두 산세가 험한 북부 오지에 자리하고 있고 각각의 규모도 수백 평방킬로미터에 달한다. 주위는 높은 철책 울타리 가 둘러싸고 있고, 외곽 울타리는 자동소총을 든 무장 경비병들이 망루 에 올라 감시한다. 지뢰밭과 덫도 곳곳에 설치해 놓았다.

이곳에 갇힌 죄수들은 외부와 완전히 단절된 상태에 놓이게 되고, 법 의 보호권 밖에 있는 사람들로 간주된다. 법의 보호를 받을 자격이 없는 반혁명 분자들로 분류되기 때문이다. [10]

보위부에서 운영하는 정치범수용소는 가장 악독하고 비인간적인 가 혹행위가 자행되고 있어 수감자 대부분이 살아서 나오지 못한다. 일단 그곳에 갇히면 제대로 먹지를 못한다. 먹을 것이 없다 보니 수감자들은 개구리, 쥐를 잡아먹는다. 이들이 유일한 단백질 공급원이다. 풀을 뜯어서 물과 소금만 넣어 끓인 멀건 국물에 넣어서 먹는다.

그런 상태에서도 힘들고 위험한 노동을 해야 한다. 하루 18시간씩 일을 하기도 한다. 곡괭이와 삽만 가지고 탄광을 파들어 가고, 도끼와 톱만 들고 벌목에 동원된다. 농사일도 가장 기본적인 연장만 가지고 한다. 여성 수감자들은 가발과 가짜 속눈썹, 옷을 만드는데, 이곳에서 만든 제품들은 중국을 비롯한 외부 세계로 팔려 나간다. 목표 할당량을 채우지 못하는 수감자들은 배식량이 줄고 구타를 당한다.[11]

심한 구타와 고문이 일상사로 자행된다. 일명 '비둘기 고문'도 가해지는데 수감자의 양손을 뒤로 묶고, 묶인 손을 벽 높은 곳에 걸어놓는 고문이다. 그런 자세로 가슴을 앞으로 내민 채 몇 시간씩 걸어놓는데, 대부분 의식을 잃고 피를 토하기도 한다.

'비행기 날기'와 '오토바이 타기'도 수시로 행해지는 고문이다. 비행기 날기는 양 손을 옆으로 벌리거나 앞으로 나란히 한 자세로 몇 시간을 그대로 서 있게 하는 고문이다. 대부분은 끝까지 버티지 못하고 기절한다.

'땀통'이라 불리는 작은 나무통에 사람을 가두어서 옴짝달싹 못하게 하는 고문도 악명이 높다. 일어서지도 눕지도 못한다. 웅크린 자세로 오래 있으면 혈액순환 장애가 오고 엉덩이 끝이 멍이 들어 새까맣게 변한다. 그런 상태로 오래 내버려 두면 결국 죽는다.[12] 유엔 북한인권조사위원회 보고서Commission of Inquiry Report가 공개한 북한 정치범수용소의 고문 실태이다. 간수들은 수감자들을 잔혹하게 다루도록 훈련을 받는다. 조금이라도 동정심을 베풀었다가는 자신들이 처벌을 받는다.

성폭행도 처벌의 일종으로 행해지고 있다. 탈북해서 중국으로 갔다가 임신한 채 강제송환당해 수용소로 보내진 여성들은 강제 낙태를 당한다. 구타해서 낙태시키기도 하고, 신생아를 산모가 보는 앞에서 죽이기도 한다. 산모에게 아기를 자기 손으로 죽이고 자살하라고 강요하는 경우도 있다. 중국으로 탈북했다가 임신해서 돌아온 여성들은 중국인의 피가 섞여 아기가 '불순'하다고 이런 일을 당한다. [13]

유엔 북한인권조사위원회는 북한에서 자행되는 인권유린 사태는 '단순히 인권유린의 정도가 지나친 게 아니라, 독재체제의 본질적인 속성 때문에 벌어지고 있다.'고 분석했다. '북한에서 일어나는 인권유린은 심각성, 규모, 그리고 인권유린의 성격 면에서 세계 현대사에서 그 유례를 찾아볼 수 없다.' 북한인권조사위원회는 2014년 조사보고서에서 이렇게 결론을 내렸다. 조사보고서는 김정은을 반인도적 범죄 혐의로 국제형사재판소ICC에 회부할 것을 권고했다.

조사위원회에서 소개한 증언들은 수용소에서 살아남은 많은 수감자들로부터 직접 수집한 것이다. 이들은 김일성, 김정일 시대를 거치는 동안 수용소에 갇혀 있다가 용케 북한을 탈출한 사람들로 자신들이 수용소에서 겪은 일에 대해 직접 증언했다.

김정은이 자기 할아버지가 만들고 아버지가 지속시킨 억압적인 체제를 최대한 활용하고 있다는 사실은 의심의 여지가 없다. 김정은 시대에 들어와서도 집단수용소가 도시 외곽에 광범위하게 자리하고 있고, 산간지방의 대규모 정치범수용소들도 계속 유지되고 있다는 사실은 위성사진을 통해 분명하게 알 수 있다.

위성사진을 보면 평안남도에 있는 14호 정치범수용소 옆에 새로 지었거나 확장한 수용소가 있음을 알 수 있다. 20.4km 길이의 보안용 울타리에 둘러싸인 소규모 정치범수용소로 막사와 외곽 감시초소, 입구와 검문소가 사진을 통해 확인됐다. 4호 노동교화소는 평양 외곽의 석회암 채석장 옆에 바로 붙어 있고, 수감자들에게 파쇄작업을 시키기 위해 석회암을 교화소 내부로 나르는 컨베이어 벨트가 설치돼 있다.[14]

하지만 김정은 시대에 들어와서 이들 교화소와 집단수용소들의 사정이 어떤지에 대해서는 외부 세계에 알려진 게 별로 없다. 3대 세습 이후 북한을 취재하면서 나는 2011년 이후 수용소 생활을 한 사람을 만나기 위해 수소문했다. 탈북자 지원단체 사람들과 수용소에 갇혀 있었던 사람, 북한 수용소 전문가들에게 도움을 청해 봤지만 김정은이 권력을 물려받은 이후 수용소에서 나온 사람은 단 한 명도 만날 수가 없었다. 그런 사람을 안다는 사람도 없었다.

수용소에서 풀려난 사람이 없을 수 있고, 탈출을 시도했으나 성공한 사람이 아직 없을 수도 있을 것이다. 정확한 실상은 알지 못한다. 하지만 강제수용소라는 북한의 형벌 시스템이 계속 유지되고 있다는 사실은 분명하다.

국제변호사협회IBA가 2017년 저명한 인권 판사 3명에게 북한의 정치범수용소에 관한 청문회를 부탁했다. 판사 중 한 명은 북한 수용소의 상황이 홀로코스트를 자행한 나치수용소보다 더 끔찍하다고 증언했다. 아우슈비츠 생존자로 국제사법재판소IJC 판사를 지낸 토마스 버겐설Thomas Buergenthal 판사가 한 말이니 신빙성이 있을 것이다. 그는 어린 시절 폴란드 키엘체Kielce에서 지냈고, 작센하우젠Sachsenhausen 수용소에도 갇혀 있었다.

"나는 북한 수용소의 상황이 내가 어린 시절 경험했던 나치수용소들 만큼 나쁘고, 그보다 더 끔찍하다고 믿습니다. 오랜 세월 인권 분야에 종사해 온 내 경험에 비춰봐서도 그렇습니다." 그는 북한 정치범수용소 수감자와 교도관이었던 사람들의 증언을 듣고 이렇게 말했다.[15]

유엔 북한인권조사위원회와 마찬가지로 이들 판사들도 김정은이 반인도적 범죄를 저지른 혐의로 재판에 회부되어야 한다는 결론을 내렸다. 김정은이 주민을 통제하기 위한 수단으로 정치범들을 그처럼 가혹하게 다루고 있다는 것이다.

북한이 왜 소련처럼 붕괴되지 않고, 중국처럼 변화의 길을 가지도 않는지 많은 이들이 궁금해 한다. 여기에는 몇 가지 이유가 있다. 부분적인 이유는 많은 북한 주민들의 생활이 실제로 나아지고 있다는 사실이다. 생활이 나아진 것은 장마당을 통해 각자 재주껏 살아갈 방도를 찾기 때문이다.

일 년에 두 번 고기를 먹던 사람이 이제는 한 달에 두 번 고기를 먹게 되었다. 수확한 농산물을 시장에 내다 팔아 돈을 버는 농부는 이제 자기 딸을 교실 앞자리에 앉게 해달라고 교사에게 뒷돈을 쥐어 줄 형편이 되었다. 돈이 주민들에게 소소한 자유를 가져다주었고, 그것이 억압적인 체제의 변화에 대한 갈구를 능가하는 것이다.

간과하기 쉬운 또 한 가지 이유는 김씨 일가가 강력한 국가적 정체성을 구축해 놓고, 주민들로 하여금 국가에 대한 자부심을 갖도록 만들었다는 점이다. 그 자부심은 상당 부분 틀린 정보에 근거하고 있지만, 그렇지 않은 경우들도 있다. 심지어 탈북자들까지도 북한이 전 세계 깡패 국가들과 용감하게 맞서 싸웠다는 사실에 대해, 특히 핵무기를 만든 기술력에 대해 대단한 자부심을 갖고 있었다.

하지만 제일 큰 이유는 공포 때문이다. 워낙 가혹한 처벌이 기다리고 있다 보니 북한 체제에 반대하는 사람들은 안에서 변화를 주장하기보다 차라리 탈출을 택한다.

"안다고 다 말하면 안 됩니다. 입에 담았다가는 어떤 형벌이 기다리고 있을지 모르기 때문입니다." 중년의 여성인 오씨는 이렇게 말했다. "그러니 체제를 변화시키기 위한 노력을 시도해 보는 대신 그냥 떠나는 길을 택하는 것입니다."

하지만 떠나는 것도 대단히 의지가 강한 사람이라야 시도해 볼 수 있는 일이라고 그녀는 말했다. 혼자 탈북에 성공하더라도 북한에 남는 나머지 가족들이 처벌을 받는다는 사실을 알기 때문이다.

그래서 체제가 굴러간다.

8장
고모부 장성택

인간쓰레기 장성택은 개만도 못한 자로 만고역적인 반당,
반혁명 종파행위를 감행하고, 조국을 반역한 천하의 역적이다.

조선중앙통신 2013년 12월 13일

신참 독재자에게 가장 위험한 시기는 집권 초 2년이다. 그 2년 안에
누가 자신에게 충성스러운 사람인지, 누구를 소모품으로 쓰고 버려야
할지 가려내야 한다. 지도자 자리를 원했다가 뜻을 이루지 못한 사람은
그 시기 동안 그 자리를 다시 노릴 가능성이 매우 높다. 전임 지도자로
부터 지지 세력을 물려받는 경우 이럴 가능성은 특히 더 높아진다.

김정은은 권력을 물려받고 나서 아버지와 할아버지가 만들어놓은 통
치모델을 그대로 따랐다. 자신의 권력 승계에 힘이 되어 준 소수의 엘리
트들을 향해 자기가 권좌에 있는 동안 그들은 더 부유하고, 더 행복해질
것이라는 점을 분명히 해주었다.

선대 지도자들처럼 김정은도 소수의 측근 그룹을 통해 나라 전체를 통치하는 방식으로 독재자의 자리를 다져 나갔다. 마키아벨리가 추천한 통치방식이기도 하다. '일반 국민은 신경 쓰지 말라. 소수 엘리트 그룹만 확실하게 부자로 만들어 주면 된다.' 학자들이 '소수 동맹 지도자'small coalition leader라고 부르는 통치모델이다. 비교적 소수의 엘리트에게 보상을 후하게 해주고, 나머지 일반 국민은 방치함으로써 정권의 안정을 유지하는 지도자를 일컫는다.

김정은은 소수 동맹 지도자 가운데서도 정치학자 브루스 부에노 데 메스키다Bruce Bueno de Mesquita가 독재자로 성공한 정치가들을 주제로 쓴 책에서 '탐욕스런 도둑 정치가들'greedy kleptocrats이라고 부른 부분집합에 속한다. 필리핀의 페르디난드 마르코스Ferdinand Marcos, 콩고민주공화국으로 나라 이름이 바뀐 자이레의 모부투 세세 세코 등이 김정은과 함께 이 도둑 정치가 부분집합에 속한다.

이들은 국고에서 많은 돈을 빼내 흥청망청 쓰며 호화생활을 한다. 그리고 자신의 권력 유지를 가능하게 해주는 사람들도 부유하게 살도록 보장해 준다. 이들 특권 엘리트 집단은 국가 권력이 왕으로부터 그의 아들에게로 넘어가는 것이 왕가 일족이 아닌 사람에게로 넘어가는 것보다 자신들의 특권 유지에 더 도움이 된다는 사실을 알고 있다. 그래서 이들은 부자 세습을 지지한다.

김정은이 권력을 물려받고 나서 제일 먼저 착수한 일은 이 소수 엘리트 동맹 안에 그대로 둘 사람을 선별하는 작업이었다. 신참 독재자에게 자신의 잠재적 경쟁자나 비판 세력을 초기에 제거하는 것은 매우 중요한 일이다. 중국의 마오쩌둥毛澤東이 그렇게 했고, 김정일이 권력을 물려받고 나서 그렇게 했다. 김정은도 그 전통을 이어받았다.

일반적으로 독재자는 임기 초에 너무 많은 사람을 죽일 위험성이 있다. 사람을 많이 죽이면 나머지 사람들은 지도자가 분별력을 잃었다는 생각에 두려움에 떨게 된다. 독재자가 거리의 분노한 시위대의 손에 무너지는 경우는 일반적인 예상과 달리 많지 않다. 독재자들의 압도적인 다수는 정권 내부자의 손에 의해 제거된다. 독재자들이 가장 두려워할 일은 소수 특권층과 다수 국민 간의 싸움이 아니라 엘리트 집단 내부의 갈등이다.

"권위주의 리더십 역동성 면에서 보면 압도적인 다수의 독재자들이 권력 바깥의 일반 군중이 아니라 대통령궁 출입문 안쪽에 있는 인사들에게 권력을 잃는다." 정치학자인 밀란 스볼릭Milan Svolik 예일대 교수가 독재자 316명을 대상으로 조사한 결과 그 가운데 3분의 2 이상이 경쟁자의 손에 권력을 잃은 것으로 나타났다.[1]

1964년 소련의 니키타 흐루시초프부터 2017년 짐바브웨의 로버트 무가베에 이르기까지 많은 지도자들이 이런 식으로 권좌에서 밀려났다. 한때 동지였던 자들이 권력을 빼앗아간 것이다.

많은 경우 리더십에 대한 도전을 촉발시키는 요인은 돈이다. 브루스 부에노 데 메스키타의 말에 따르면, 탐욕스런 도둑 정치가들은 권력을 지탱해 주는 소수 엘리트들이 자신들의 특권이 오래 보장되지 않겠다는 생각을 하는 순간 권력을 잃는 경우가 많다. 이란 국왕이었던 레자 팔레비Reza Pahlavi는 권좌에서 물러난 뒤 복귀를 노렸으나 심복들이 수수방

관하자 병에 걸려 뜻을 이루지 못했다. 마르코스 정권의 기둥 역할을 한 군부는 노쇠한 지도자가 더 이상 자신들의 뒷배 역할을 해주지 못할 것이란 판단이 들자 등을 돌렸다.

하지만 이런 도전을 이겨내고 초기 2년을 버텨내기만 하면 대부분의 독재자들은 권력을 끝까지 누리고 침대에서 편안하게 죽음을 맞았다. 이런 점을 아는 듯 김정은은 권력을 물려받자 곧바로 우리 시대의 가장 마키아벨리적인 인물이 되었다. 과도기에 자신을 끝까지 지지해 준 사람을 포함해 누구도 안전하지 못했다.

제일 먼저 사라져야 할 인물은 인민군 차수인 리영호였다. 그는 김정일 장례식 때 운구차를 호위한 실세 8인 가운데 한 명이었다. 인민군 총참모장이고, 김씨 왕조가 2대에서 3대로 세습되는 과도기에 군부의 충성을 확고하게 유지시켜 준 후견 세력의 핵심 인물이었다. 하지만 그런 충성도 그를 지켜주지 못했다. 2012년 중반 리영호는 건강을 이유로 모든 직무에서 해임됐다. 한국 정보기관에 따르면 이후 그는 북부 지방으로 추방되었다고 한다. 처형당했다는 설도 있었다. 어쨌건 이후 그는 두 번 다시 모습을 나타내지 않았다. 그의 모습은 모든 사진에서 편집 처리되고, 그의 이름도 모든 기록물에서 삭제되었다. 어느 날 갑자기 존재 자체가 사라진 것이다.

그의 뒤를 이어 현영철도 같은 운명이 되었다. 리영호의 후임으로 차수와 총참모장 직책을 물려받은 현영철은 이후 강등되었다가 한국의 국방장관에 해당되는 인민무력부장에 오르는 등 우여곡절을 겪기도 했다. 하지만 2016년 초 갑자기 자취를 감추었고, 불경죄와 반역죄로 처형당한 것으로 알려졌다. 한국 정보기관에 따르면 회의에서 김정은이 발언하는 데 옆에서 졸았다는 것도 죄목에 들어 있었다고 한다. 그는 고사포로 공개 처형되어 공중분해되다시피 했다.[2] 이후 사람들은 김정은이 회의를 주재할 때 절대로 졸지 않으려고 정신을 바짝 차렸다.

사라졌던 사람이 몇 달 혹은 몇 년 뒤 꼬리를 바짝 내린 풀 죽은 모습으로 다시 나타나는 경우도 있다. 그동안 어떤 일을 겪었는지 모르지만 이후 이들은 젊은 군주에게 혼신을 다해 충성을 바쳤다. 최룡해는 '북한의 권력서열 2위'라고 알려져 있던 사람인데 어느 날 갑자기 노동당 내 요직에서 물러났다. 몇 달 동안 협동농장에 내려 보내져 혁명화 교육을 받았다는 보도가 있었다. 그러다 다시 신임을 회복해 2016년 이전보다 더 고위직으로 승진했다.

북한에 2인자가 있다는 건 틀린 말이다. 서열 1위가 있고, 그 다음은 멀리 떨어진 곳에 나머지 사람들이 있을 뿐이다. 2013년 말 가장 놀라운 숙청이 일어났다. 운구차를 호위했던 실세 가운데 또 한 명이 쫓겨난 것이다. 이번 일은 대단히 극적인 방식으로 진행되었다.

장성택은 김정은의 고모부이다. 그는 김정일의 여동생 김경희와 김일성종합대학에 다닐 때 만나 사랑에 빠졌다.[3] 위대한 수령 김일성은 건방져 보이는 이 젊은이가 마음에 들지 않았지만 딸은 온화한 성격의 장성택과 기어코 결혼하겠다고 우겼다.

두 사람은 김정일의 측근 보좌관 역할을 하면서 북한정권 내 파워 커플이 되었다. 장성택은 경제계획을 책임지고, 광산 개발에서부터 건설 분야에 이르기까지 경제와 관련된 모든 사업을 주도했다. 경제 관련 자원 구매와 김정일이 지시한 물품 등을 구입하기 위해 수시로 외국을 드나들었기 때문에 '외국에 나가는 김정일 대역'으로 불리기도 했다.⁴

장성택은 김정은의 권력 승계 과정에서도 핵심적인 역할을 수행했다. 김정일 장례식 때 그는 김정은 바로 뒤에서 운구차를 호위했다. 북한정권에서 차지하는 그의 위상을 보여주는 장면이었다. 그를 만나 본 사람들은 그가 카리스마가 넘치는 인물이었다고 말한다. 인물도 잘 생긴 편이고, 술과 놀음을 좋아하고, 가라오케 노래도 잘 불렀다. 그는 협상가로 알려져 있었는데, 협상에 재능이 있었다고 한다. 주위에 사람들이 모였다.

성인군자였다는 말은 아니다. 좋게 말하면 여자들이 따랐고, 직설적으로 말하면 포식자였다. 사실 여부는 확실치 않지만 추악한 김정일의 '기쁨조' 여성들을 선발할 때 장성택이 직접 면접을 보았다고 한다. 그는 기쁨조를 자기 노리갯감으로 생각했다.

그의 밑에서 일한 사람들의 말을 들으면 장성택 본인도 독재적인 성향을 갖고 있었다고 한다. 어쨌든 그도 폭압적인 정권의 핵심 일원이 분명했다. 하지만 북한정권의 고위인사들 가운데서 장성택은 그나마 개방적인 편에 속하는 인물이었다.

외향적인 성격과 개방에 대한 생각 때문에 어려움을 겪기도 했다. 1990년대 어느 날 만찬 자리에서 장성택은 주민들이 먹을 게 부족하니 국가 정책에 잘못된 점이 있을지 모른다는 투의 말을 했다. 그 말을 듣고 김정일은 격노해서 은 냅킨 고리를 그에게 던졌다. 아내 김경희가 나

서서 장성택이 사과하고 김정일에게 바치는 노래를 한 곡 부르는 것으로 상황을 수습했다.[5]

2004년에는 정부 관료들에게 요란한 파티를 열어 준 사실이 김정일 귀에 들어가 교화소에 보내지기도 했다. 격려 차원의 떠들썩한 파티를 베풀 권한은 최고지도자 동지에게만 있다.

문제는 그것뿐이 아니었다. 김경희가 극심한 알코올중독이라는 소문이 돌았고, 이들 부부의 딸 장금송이 2006년 파리에서 자살하는 일이 벌어졌다. 금송은 파리에서 유학중이었는데 부모가 사귀는 남자친구와의 결혼을 반대하자 수면제 과다복용으로 목숨을 끊은 것으로 알려졌다. 장성택 부부는 그 남자친구가 딸의 결혼상대로 적합치 않다고 생각했다. 금송의 시신은 거주하고 있는 빌라에서 가정부와 운전기사가 처음 발견했다.[6] 김일성도 처음에는 딸 김경희와 장성택의 결혼을 같은 이유로 반대했는데, 다음 대에서 이런 비극적인 일이 일어난 것은 아이러니이다.

장성택은 정치적으로 최선을 다하는 사람이었다. 김정일의 건강이 악화되면서 그에게 중요한 직책이 점점 더 많이 맡겨졌다. 2010년 서열 2위인 국방위원회 부위원장으로 승진함으로써 북한에서 김정일 다음으로 가장 중요한 인물 가운데 한 명이 되었다.

김정일이 죽으면 아직 어리고 경험이 없는 김정은에게 권력이 넘어가는 과도기에 장성택이 섭정정치를 하거나 대리 관리자 역할을 맡을 것이라는 시각이 널리 퍼져 있었다. 본인이 벽두혈통은 아니지만 김정일의 여동생과 결혼했기 때문에 지도자가 되는 데 혈통 면에서 큰 약점은 없어진 셈이다.

중요한 것은 북한의 이웃이고 최대 후원국인 중국과의 굵직한 경제 관계는 모두 장성택이 책임지고 있었다는 사실이다. 두 나라 관계는 한 때 입술을 잃으면 이가 시리다는 뜻의 '순망치한'脣亡齒寒에 비유될 정도로 가까웠다. 하지만 중국이 자본주의를 열성적으로 받아들이면서 두 나라 관계는 서먹서먹해져서 공통의 대화 소재를 찾기가 쉽지 않은 친척 비슷하게 되었다. 그럼에도 불구하고 소련 붕괴 이후 중국은 북한에게 남은 유일한 경제적 후원국이고 주요 정치적 동맹이다. 그리고 1,400킬로미터에 달하는 국경이 맞닿아 있어서 북한에게 중국은 외부 세계로 통하는 대문이다.

개혁 노선 때문에 견제 받아

장성택의 지시로 북한은 경제특구 창설을 시작했다. 수십 년 전 덩샤오핑鄧小平 주석이 중국에서 시작한 경제특구와 똑같은 구상이었다. 경제특구는 공산정권이 안전한 방법으로 자본주의로 통할 수 있게 해주는 창과 같은 역할을 한다. 엄격한 통제 아래서 투자와 교역을 허용해 주는 것이다. 특구가 성공적으로 운영되면 자본주의 효과가 확대되도록 허용하고, 정권의 마음에 들지 않는 방향으로 진행되면 특구를 봉쇄해 버리면 된다는 발상이다.

중국은 이 길을 따라오도록 여러 해에 걸쳐 북한을 떼밀었다. 김정일은 관심이 있는 듯해 보였고, 2006년 중국 남부 도시 선전深圳의 첨단기업들을 돌아보기도 했다. 하지만 경제특구와 관련해 별다른 진전이 이루어지지는 않았다.

김정은이 권력을 물려받은 뒤 북한은 10여 개가 넘는 경제특구 설립 계획을 발표했다. 특구 가운데 다수를 중국과의 국경지역에 만들어 외자를 유치하고 규제를 대폭 줄인다는 계획이었다. 그리고 이런 식의 경제 개방 실험이 북한의 정치적 규제 틀 안에서 제대로 작동될지 지켜본다는 방침이었다. [7]

장성택의 책임 아래 계획이 추진되었다. 그는 이런 일을 진행하면서 자기 몫으로 많은 돈을 챙겼다. 석탄 수출대금을 빼돌려 자기 주머니로 옮기는 식으로 나랏돈을 자기 맘대로 주물렀다. 하지만 북한의 상황에서 보면 장성택은 그나마 개방적인 관리였다고 할 수 있다. "장성택은 개혁적인 사람이었습니다. 그는 경제뿐만 아니라 정치적인 상황까지 바꾸고 싶어 했습니다." 건설 근로자들의 해외 파견 업무를 책임진 북한 고위관료였던 로희창씨는 이렇게 말했다.

로희창씨는 김정일과 김정은 양대에 걸쳐 외화벌이 업무를 책임지는 엘리트 그룹에 속해 있었다. 중동에 파견돼 쿠웨이트와 카타르 등지에서 축구장과 고층 아파트 건설 공사장에서 일하는 북한 근로자들을 관리했다. 그 뒤 잠시 평양에 돌아와 있었고, 김정은이 권력을 물려받을 당시에는 러시아 파견 근로자들의 관리 임무를 맡고 있었다.

그가 이런 알짜배기 일자리를 맡게 된 것은 집안의 배경이 좋았기 때문이다. 그의 삼촌이 경찰 총수인 사회안전부장이었다. 어렸을 적에 삼촌의 아파트로 놀러 가면 삼촌이 장성택과 아코디언을 켜며 노래하는 것을 종종 보았다. 장성택은 어린 로희창을 매우 예뻐한 나머지 자기도 삼촌으로 부르라고 했다.

로희창은 자기도 크면 이 '삼촌들'처럼 되고 싶었다고 했다. 삼촌들은 함께 노래를 부르고 탁구를 치며 너무도 유쾌하게 놀았다. 로희창은 나중에 업무회의를 주재하는 위치가 되면 자기도 장성택처럼 사교적인 성격으로 회의 분위기를 밝게 만들겠다는 생각을 했다.

로희창은 장성택이 1990년대 들어 북한 경제가 완전히 멈춰 서자 과감한 변화가 필요하다는 생각을 갖고 있었다고 말했다. 장성택은 북한도 중국이 택한 길을 따라가야 한다고 생각했다. 그렇게 하려면 우선 생각부터 바꾸어 먹어야 했다. 로희창을 비롯해 장성택을 따르는 사람들은 죽어가는 경제를 다시 살리기 위해서라면 무슨 짓이든 해야 한다고 생각했다.

장성택은 이웃 중국처럼 빠른 속도로 경제개발을 하고 싶어 했고, 중국의 협조와 자금지원이 있으면 가능하다고 생각했다. 그리고 외국 투자자들에게 법적인 보호장치를 마련해 주어야 한다고 생각했다. 외국자본을 유치하기 위해 그들이 북한에 들어와 수익을 내고, 그 수익금을 가져갈 수 있도록 보장해 주자는 것이었다. 그는 중국의 잠재적인 투자자들과 이야기하면서 투자금에 대해 최소한의 보호장치도 제시해 줄 수가 없어서 곤란을 겪었다. 분쟁 발생 시 어떤 법적 시스템이 적용되느냐는 등의 제도 마련이 전혀 되어 있지 않았다.

하지만 이런 식의 이야기를 통해 장성택은 당내 보수적인 세력들의 심기를 건드렸다. 이들은 김정은에게 장성택이 노동당의 존립을 위태롭게 만드는 생각을 하고 있다고 보고했다. 장성택에게 너무 많은 권한이 집중되고 있으며, 그가 북한의 미래에 너무 동떨어진 비전을 제시하고 있다는 말도 했다. 정권 내부에 있는 장성택의 경쟁세력들은 자신들이 느끼는 불안감을 김정은의 귀에 대고 이렇게 속삭였다. '장성택이 중국에 너무 가까이 가는 것 아닙니까?'[8]

이러한 우려는 2012년 8월 장성택의 중국 방문을 계기로 겉으로 터져 나왔다. 당시 장성택은 김정일 방문 때와 맞먹는 국가원수급 환대를 받았다. 선발대가 먼저 가서 준비를 하고, 평양 주재 중국대사가 베이징에서 장성택을 맞이했다.

장성택은 후진타오胡錦濤 당시 중국 국가주석을 예방했고, 중국 정부는 두 사람이 짙은 양복 차림으로 인민대회당에서 만나는 사진을 공개했다. 두 사람은 이 자리에서 양국 국경지대의 경제특구 건설 방안 등을 놓고 환담했다. 사진으로는 마치 두 나라 정상이 만나 환담하는 것 같았다. 하지만 장성택은 북한의 국가원수가 아니었다.

한편 한국 정부는 북한의 실질적인 권력자는 김정은이 아니라 장성택이라는 추측을 계속 내놓았다. 심리전의 일환일 수 있는 추측이었다. 심리전의 일환이라면 그 추측은 어느 정도 효과를 거두었다. 김정은의 북한에서 실질적인 권력자는 최고지도자 단 한 명뿐이다.

김정은과 장성택은 함께 나란히 앉아 열병식을 참관하고, 김정일 장례식 때 앞뒤로 서서 운구차를 호위하는 등 겉으로는 밀접한 관계를 과시했다. 하지만 김정은은 고모 부부에 대해 깊은 원한을 품고 있었다.

자라면서 할아버지 김일성을 한 번도 만나지 못하게 막은 것도 고모 부부라고 생각했다. 젊은 독재자는 할아버지와 함께 찍은 사진 한 장 없는 손자 신세가 된 것이 너무도 서운했다. 할아버지 무릎에 앉아 있거나, 할아버지와 함께 사격장에 서 있는 사진이 한 장이라도 있었으면 새 지도자로 대우받기가 훨씬 더 수월했을 것이다.[9]

어릴적 부터 고모부에 깊은 원한

김정은은 할아버지와 함께 찍은 사진이 없는 것이 두고두고 아쉬웠다. 게다가 고모부 장성택이 언제나 이복형인 장남 김정남이 권력을 이어받아야 한다고 말한 것에 대해 불만이 쌓였다. 장성택과 김정남은 중국에 대한 생각, 경제 개혁에 대한 생각도 같았다. 김정은은 이런 이유로 장성택을 못마땅하게 생각했다.

김정은이 권력을 물려받은 그해 말이 되자 장성택이란 별은 빛이 사그라지기 시작했다. 그는 국가체육지도위원회 위원장에 임명됐다. 북한을 체육 강국으로 만드는 일을 책임지는 중요한 직책이었다. 겉으로 보면 요직으로 승진한 것 같아 보이지만 실질적으로는 강등이었다. 국가안보 같은 분야에 비하면 스포츠는 국가의 주요 관심권 밖으로 밀려나 있는 분야였다. 그러다 2013년 초, 그때까지도 직책상으로는 국방위원회 부위원장이던 장성택은 국가안전보장회의NSC 격인 주요 안보회의 참석자 명단에서 제외되었다.[10]

2013년 말이 되자 장성택은 용도를 다한 것으로 보였다. 그동안 그는 경험 없는 지도자가 자신의 위치를 다지는 데 유용하게 쓰였다. 김정은의 소중한 멘토이고 보좌관이었다. 그리고 고층 아파트와 놀이공원 같은 전시성 사업을 벌이는 데 필요한 자재를 조달하고 계약을 체결하는 데 꼭 필요한 사람이었다. 김정은은 자신이 권력을 물려받은 이후 가시적인 성과물로 이런 건설 사업이 필요했다.

이제는 장성택을 보낼 시간이 되었다. 김정은의 아버지 김정일도 자기 삼촌에 대해 신경 썼다. 김정일은 1970년대 후계자로 성장해 나가면서 잠재적 경쟁자인 삼촌 김영주를 한직으로 내몰았다. 당시 김영주는 한직으로 밀려나는 데 그쳤다.

하지만 김정은은 장성택을 한직으로 몰아내는 데 그치지 않았다. 그는 고모부 장성택의 몰락을 통해 사람들에게 교훈을 주기로 했다. 그동안 여러 명의 고위관리를 조용히 쫓아냈지만 장성택 숙청을 통해서는 그동안 자신의 권력기반이 되어 준 관료조직에게 이런 메시지를 전달하기로 했다. '앞으로 조심하라. 내 가족을 포함해 북한에서 안전한 사람은 아무도 없다.'

권력을 물려받은 2주년을 며칠 앞둔 12월 8일 위대한 계승자 김정은은 노동당 중앙위원회 정치국 확대회의를 주재하고 있었다. 그는 단상 한가운데 앉아 있고 뒤쪽에는 아버지 김정일의 대형 초상화가 걸려 있었다.

짙은 인민복 차림에 색이 약간 들어간 안경을 쓴 장성택은 앞쪽 회의장 가운데 열의 두 번째 줄에 앉아 있었다. 회의 도중 관리 한 명이 장성택이 자신의 권력을 키우는 분파행위를 했다고 비판하는 내용의 결정문을 읽기 시작했다.

장성택이 나라의 귀중한 자원을 헐값으로 중국 기업들에 팔아넘기는 매국행위를 했다고 비난했다. 북한 신문은 그가 '앞에서는 당과 수령을 받드는 척하고 뒤에 돌아앉아서는 동상이몽, 양봉음위陽奉陰違하는 종파적 행위를 일삼았다.'고 비판했다. 그리고 그로 인해 당의 단일 지도체제를 손상시켰다고 했다. 김정은은 그런 행위에 무력하게 당하고 있을 사람이 아니었다.

정치국은 장성택이 '여러 여성들과 부당한 관계'를 맺은 천하의 바람둥이이며, '술놀이, 먹자판, 마약 쓰기, 외화 탕진, 도박장을 찾아다닌' 자본주의에 물든 파렴치범이라고 매도했다. 장성택은 모든 직무에서 해임되고 당으로부터 출당, 제명 조치되었다.

최대의 극적 효과를 노리기 위해 군복 차림의 보안원들이 그를 자리에서 끌어내 회의장 바깥으로 데려나갔다. 물론 이런 극적인 장면은 북한정권이 만든 각본에 따라 진행된 것으로 보였다. 장성택은 그보다 몇 달 전에 체포되어 특수 시설에 감금돼 있었고, 그의 측근 두 명도 그 전에 체포되어 처형되었다.

감금돼 있던 장성택은 측근이 처형되고 2주 뒤 도로 끌려나와 침울한 표정으로 정치국 확대회의장에 앉혀졌던 것이다. 회의에 참석한 간부들이 지켜보는 가운데 공개적으로 체포해서 끌고나가는 절차를 밟기 위해서였다. [11]

장성택이 정치국 회의에서 비판 받고 끌려 나가는 장면은 조선중앙

텔레비전을 통해 방영되었다. 북한정권이 고위관료 체포 장면을 영상으로 내보낸 것은 1970년대 이후 처음 있는 일이었다. 이튿날 노동당 기관지 노동신문은 1면을 모두 할애해 장성택의 죄목과 처벌 사실을 상세히 보도했다. 국영 조선중앙통신은 장성택에 대한 긴 결정문을 모두 보도했다. 웬만한 일은 무조건 입을 다무는 정권이 장성택 처리과정을 이렇게 공개한 것은 놀라운 일이었다. 북한은 그동안 고위관료의 실각은 철저히 비밀에 부쳐서 처리했다.

나흘 뒤 김정은은 고모부를 처형하라는 명령을 내림으로써 국내에 전하는 메시지 효과를 극대화했다. 국가안전보위부 특별군사재판소는 판결문을 통해 장성택이 최고영도자 김정은을 끌어내리려는 음모를 꾸몄다고 말하고, 그를 '만고의 역적'이라고 선언했다.

판결문은 장성택이 '개만도 못한 추악한 인간쓰레기'라고 매도하고, '흉악한 정치적 야심가, 음모가이며 만고역적인 반당, 반혁명 종파행위를 감행하고, 조국을 반역한 천하의 역적', '개만도 못한 자'라고 낙인찍었다.[12]

국영 선전매체들은 셰익스피어급의 언어 구사로 장성택을 비난하는 데 에너지를 모두 쏟아부었다. 판결문은 반역의 증거로 김정은이 노동당 중앙군사위원회 부위원장으로 선출되었을 때 온 장내가 열광적인 환호로 끓어 번지는데도 장성택은 '마지못해 자리에서 일어서서 건성건성 박수를 치면서 오만불손하게 행동했다.'고 적시했다.

북한 매체들은 장성택이 한 침대에서 같이 자며 서로 다른 꿈을 꾸는 '동상이몽'同床異夢을 했다고 비난했다. 김정은이 아니라 자신이 중심이 되어 경제 개혁을 밀고 나가는 꿈을 꾸었다는 것이다. 실제로 장성택은 북한정권에 몸담고 있었지만 다른 길을 가고 싶어 했는지도 모른다.

장성택을 처형한 것은 김정은의 권력 기반이 약하다는 사실을 드러내 준 반증이라는 분석가들도 있었다. 김정은이 얼마나 위협을 느끼는지가 고모부 처형을 통해 드러났다는 것이다. 이를 통해 젊은 지도자가 이끄는 정권 내부에 결집력이 부족하다는 사실이 드러났고, 올드 가드들의 일사불란한 지지를 끌어 모으는 데 어려움을 겪고 있음을 보여주었다는 분석이었다.

하지만 그보다 장성택 처형은 김정은이 권력을 완전히 장악하고 있음을 보여준 사건이었다. 고모부와 그의 패거리들을 단번에 쓸어내 버릴 정도로 확고하게 권력을 장악하고 있음을 모두에게 보여주었다.

김정은은 이 일을 통해 자신이 얼마나 야만적인 행동을 할 수 있는지를 의도적으로 보여주었다. 독자적인 생각을 갖거나 자기 파벌을 만들 소지가 있는 정권 내부의 다른 모든 사람들에게 분명한 경고 메시지를 전달한 것이다.

장성택 처형으로 모두에게 경고 메시지

김정은은 권력을 물려받고 정확하게 2년쯤 되는 시점까지 이런 일을 마무리지었다. 마치 『독재자의 핸드북』*The Dictator's Handbook*을 읽어보기라도 한 사람처럼 누가 진짜 충성을 바치는지, 누구를 쓰고 버릴 것인지를 가려낸 것이다. 그는 이렇게 두 눈을 부릅뜨고 집권 2년을 넘겼다.

장성택은 제거되고, 그의 아내 김경희는 이후 두 번 다시 공식석상에 모습을 드러내지 않았다. 그녀의 거취를 둘러싸고 온갖 소문이 나돌았다. 김정은이 고모를 가택연금 시켰을 것이라는 소문도 있고, 병이 들었다는 소문도 있었다. 매일 술로 지샌다는 말도 있고 죽었다는 소문도 돌았다.

장성택의 처형은 북한 기준에서 봐도 대단히 이례적인 사건이었다. 특히 그런 큰 사건이 그처럼 투명하게 공개 처리된 것은 북한정권 출범 이래 전례가 없었다. 하지만 북한이 장성택 처형과 관련된 뉴스를 내보내며 시도한 새로운 실험은 원래 의도한 대로 효과를 나타내지 않았다.

세계인들은 갈 데까지 간 야만적인 북한정권으로부터 기이한 사건들이 또 얼마나 더 터져 나올지 기대하게 되었다. 북한이 투명하게 공개했다는 장성택 처형 소식도 과장된 버전으로 퍼져 나갔다.

일관성 있고 신뢰도가 높은 메시지가 부족하기 때문에 전 세계 매체들은 김정은이 이끄는 이상한 나라에서 또 어떤 괴이한 일이 일어날지를 놓고 더 심한 추측성 기사들을 내놓기 시작했다. 장성택이 그처럼 눈 깜짝할 사이에 공개적으로 숙청되었다면, 다음에는 정권에 밉보인 다른 인사들에게 또 어떤 운명이 닥칠까 궁금해 하는 것이다. 이런 상상은 급기야 일부 언론의 비정상적인 흥분상태로 이어졌다.

가장 웃기는 루머는 형장에서 장성택이 알몸으로 끌려나와 굶겨 놓은 사냥개 120마리한테 물려 죽었고, 김정은이 이 과정을 직접 지켜보았다는 것이다. 이 소문은 맨 처음 중국어 풍자 웹사이트에 실렸는데,

이를 엉터리 기사를 많이 싣기로 유명한 홍콩의 타블로이드지 문회보文匯報가 그대로 받아서 보도했다. 이어서 그보다는 조금 더 진지한 신문인 싱가포르의 스트레이츠 타임스Straits Times가 이 내용을 받아서 영어로 보도했다.

어느 분석가는 만약 홍콩에서 발행되는 타블로이드가 그런 기사를 실었다면 북한과 중국 두 나라의 중개역할을 담당하던 사람을 북한이 처형한 데 대해 중국 당국이 극도로 불편한 심기를 드러낸 것이라고 했다. 홍콩도 중국 영토의 일부이기 때문이다. 센세이셔널한 기사를 싣는 타블로이드는 기사의 진위에 대해 별로 신경 쓰지 않는다는 사실을 간과한 분석이었다.

북한 관련 내용은 무조건 쓰고 보자는 이런 경향은 한동안 계속되었다. 천박한 타블로이드 언론에만 국한되지도 않았다. 북한은 윤활유 공장에 현지 지도 나가서 환하게 웃는 김정은의 영상을 공개했다. 그런 북한정권을 한심한 눈으로 보는 언론의 시각이 반영된 결과일 수가 있다. 한편으로는 희화화되고 다른 한편으로는 극도로 잔혹한 정권과 관련된 정보는 무엇이든 믿으려고 하는 일반의 생각이 반영된 탓일 수도 있을 것이다.

사냥개 이야기는 점점 더 많은 언론이 뒤따라 보도했다. 주류 언론들까지 사실 확인이 안 된다는 전제를 달아서 보도했다. 이후 장성택이 고사포병 사격대회 때 집중포격을 받고 죽었다는 보도가 나왔지만 진위 여부를 가리기 어려웠다. 제대로 된 보도와 사냥개식 보도 사이에 진실이 끼어들 자리를 찾기는 쉽지 않았다. 더구나 김정은의 홍보실에서는 오보를 바로잡아달라고 신문사에 전화를 걸어 부탁하는 경우도 없다.

어쨌든 장성택의 갑작스런 몰락은 중국과 북한 관계를 냉각시켰고, 소위 북한 경제계는 큰 타격을 입게 되었다. 장성택과 관련 있는 인사 수십 명, 많으면 수백 명이 동시에 자취를 감추었다. 이들 가운데 일부는 숙청되었고, 처형되었을 가능성이 높았다. 당시 북한 바깥에 있던 사람들은 도주해 행방을 감추었다.

로희창씨도 그 가운데 한 명이었다. 그는 러시아 출장 중에 '삼촌' 장성택의 처형 소식을 들었다. 북한 보안원으로부터 현재 있는 곳을 보고하라는 연락을 받고는 도주하기로 결심했다.

그는 북한을 탈출해 한국으로 왔고, 서울에 있는 허름한 지하실을 빌려 한약재 파는 사업을 시작했다. 사무실 한쪽 옆에는 한의원이 있고, 다른 한쪽 옆에는 가라오케 노래방이 자리하고 있어 K팝이 쿵쾅거리며 흘러나오고 있었다. 한때 유력한 관료였던 사람의 인생 2막으로는 어울리지 않아 보이지만 그는 살아 있다는 사실만으로도 감사할 뿐이다.

9장
평해튼 사람들

려명거리 건설은 사회주의 조선의 힘을 보여주었으며,
원수들의 정수리에 몇 백 발의
핵폭탄을 터뜨린 것보다 더 무서운 철퇴를 안긴 역사에 길이 빛날 대사변이다.

박봉주 내각총리, 2017년 4월 13일 평양 려명거리 준공식

리정호씨도 북한에서 배부른 자본가였다. 와인을 마시고 외식을 하고 수시로 여행도 다녔다. 그는 돈이 많았다. 그것도 아주 많았다. 그 가운데 일부는 김정은 정권에 바치고 나머지는 자기 맘대로 썼다.

그는 북한에서 상류층 생활을 즐겼다. "북한에서 부자라는 말을 듣게 되면 사람들이 싫어하지만, 아내는 아무리 들어도 싫은 티를 내지 않았어요. 나는 북한에서 부자였어요." 그는 아내와 함께 탈북해 미국에 정착하고 1년 뒤 나를 만나 이렇게 말했다.

그의 가족은 북한정권의 핵심에서 특혜 받은 자산가 계급이었다. 이들은 김정은 치하에서 놀라운 수준의 삶을 누렸다. 대부분의 주민이 태곳적 가난에 시달리며 사는 나라에서 이들은 대학을 졸업하고, 진짜 평양 주부를 아내로 둔 신흥 부자들이다. 김정은 시대에 이들은 과거 어떤 때보다도 더 풍요로운 삶을 누리고 있다.

"이제 돈을 버는 데는 별다른 규제가 없습니다." 워싱턴 외곽 출퇴근하는 부유층이 많이 이용하는 쇼핑몰 타이슨스 코너Tyson's Corner 부근에서 만난 리정호씨는 이렇게 말했다. "북한에는 법을 지키는 사람이 아무도 없습니다. 법을 안 지키기는 김정은도 마찬가지이지요. 모두가 그러니까 당국도 못 본 체해 주는 겁니다."

이는 김정은식 '소규모 동맹'의 대가로 받은 특혜이다. 젊은 지도자 김정은은 고모부 장성택을 처형한 것처럼 자신의 잠재적 경쟁세력을 모두 제거하는 데 성공했다. 하지만 그 과정에서 소수의 지원세력에 의지할 수밖에 없었고, 이들을 부유하게 만들어 주어 환심을 사야 했다.

'돈주'는 문자 그대로 북한에서 '돈의 주인'을 뜻한다. 구체적으로는 신흥 자본가 계층을 지칭하는데, 이들은 김정은 정권을 지지하고, 그 과정에서 상상을 초월하는 부를 축적하게 되었다. 북한판 러시아 올리가르히oligarchs들이라고 할 수 있다.

김정은의 고모부 장성택은 최고위직 돈주였다. 장성택을 안다는 리정호씨도 제법 알아주는 돈주였다. 돈주들은 주로 노동당이나 군에서 일하는 관리들이다. 이들은 국내외에서 국가사업을 하는데, 북한으로 투자를 유치하는 일도 이들이 한다. 보안기관 요원들도 돈주 노릇을 한다. 결혼해서 국가공무원 자리를 잃은 여성들도 돈주가 된다. 보통의 경우 여성들은 결혼하면 집에서 요리하고 아이 키우는 일이나 한다고 생각한다. 좋은 정치적 인맥을 이용해 국경무역을 하거나 좋은 인맥을 돈으로 사는 것도 돈주들이다.

이들은 장부조작을 통해 불과 얼마 전까지만 해도 상상도 할 수 없었던 거액을 벌어들일 수 있게 되었다. 수천 달러, 수만 달러를 순식간에 벌었다. 자원 개발 같은 수익성이 좋은 산업에 접근할 수 있는 고위관리들은 쉽게 백만장자가 될 수 있다. 이렇게 번 돈은 북한 전역으로 흘러간다. 이러한 돈을 감시하는 눈이 있기는 하지만 그 눈은 국가권력과는 완전히 별개로 움직인다.

1990년대 고난의 행군 때부터 나타나기 시작한 자본주 계급은 기근에서 살아남기 위해 발버둥치던 일반 주민들로부터 시작됐다. 하지만 얼마 안 가서 노동당과 군 간부들이 이 대열에 뛰어들었다. 이들은 자기들의 직위를 이용해 돈벌이를 시작했다.

김정은이 권력을 승계한 2011년 말부터 이들 자본주들의 수는 폭발적으로 늘었다. 현재 북한에서 김정은이 권력을 유지하는 게 자신들의 돈벌이에 유리하다고 생각하는 사람의 수는 수천 명에 이른다. 야심가들인 이들이 견고한 엘리트층을 차지하는 동시에 사회 중산층을 이루고 있다.

이들은 과시욕을 즐기는 위대한 지도자 김정은 동지를 롤 모델로 삼아 각자 분수에 맞는 호사를 누린다. 한국 정보기관에 따르면 김정은은 북한 전역에 최소 33채의 호화 전용 별장을 갖고 있으며, 이들 가운데 28채는 전용 철도역으로 연결돼 있다. 초대소라 부르는 별장 주위는 장벽으로 겹겹이 둘러싸여 있으며 이런 장면은 위성으로 선명하게 확인된다. 별장 단지 내 건물은 외부로부터 공격을 받을 경우 최고지도자와 가족이 대피할 수 있도록 지하터널을 통해 거대한 벙커로 연결된다.

위대한 지도자 동지는 호화롭게 산다. 평양시 북동쪽에 있는 중앙 관저는 면적이 거의 64평방킬로미터나 되고 15호 관저로 불린다. 김정은이 권좌에 오른 직후 대대적인 수리를 했으며, 올림픽 규격의 수영장과 어린 시절 김정은이 타고 놀았을 거대한 물 미끄럼틀도 있다. 거기다 대형 수영장을 또 새로 지었다.

수리비는 수천만 달러가 들었을 것으로 추정되었다. 김정은이 1억 7,500만 달러를 지출했을 것이라는 설이 있으나 확인은 불가능하다. 노동당 39호실이 최고지도자의 이런 호화생활에 필요한 자금 조달과 외화벌이를 담당한다. 리정호씨도 여기서 근무하다 탈북했다.

평양 외곽 강동 구역에 있는 호화 별장에는 볼링장, 사격장, 마굿간, 그리고 축구장과 경마장도 있다. 원산 해안에도 거대한 규모의 별장이 있다. 데니스 로드먼은 초대소라 부르는 이 별장을 보고 디즈니랜드와 개인 하와이 별장 중간쯤 되는 것 같다고 말했다.

김정은은 전용 비행기를 자주 타고 다닌다. 소련 시절에 제작된 일류신 IL-62로 크림색 나무 패널 내부 장식이 되어 있다. 미국 대통령 전용기 에어포스 원과 크게 달라 보이지 않는다. 전용기의 공식 이름은 '참매 1호'이다. 참매는 북한을 상징하는 국조國鳥이다. 외부 세계에서는 '에어포스 은'이란 우스갯말로 부르기도 한다. 그는 전용기 안에 있는 책상 앞 커다란 가죽 의자에 앉아 여러 대의 전화기 중 하나로 통화를 하고, 크리스털 재떨이에 담뱃재를 턴다. 책상에는 애플 맥북Macbook 한

대가 놓여 있다.

십대 때 모형 비행기를 갖고 논 그는 이제 전용 경비행기를 직접 몰고 여기 저기 돌아다닌다. 북한은 미국에서 제작한 세스나172 스카이호크와 매우 유사하게 생긴 경비행기를 자체 생산한다고 주장한다. 북한 텔레비전은 2015년 김정은이 제작공장을 시찰한 뒤 이곳에서 만든 경비행기를 직접 몰고 이착륙 시험비행을 했다고 보도했다. 공군 조종사들이 한무리 모여서 그걸 지켜보며 환호했다. 본인이 직접 몰았는지 여부는 확인이 되지 않는다. "우리 노동자들이 제작한 비행기는 최고의 성능을 발휘했다. 조종하기 편리하고 발동기 소리가 아주 좋다! 우리가 해냈다!" 그는 엔지니어들 앞에서 이렇게 평가했다.

공생관계 유지하는 김정은과 돈주

돈주들은 각자 사는 방식이 다르지만 김정은 등장 이후 하나같이 생활수준이 높아진 것은 사실이다. 김정은은 이들 새로운 사업가들의 성공을 북한 경제가 점점 나아지고 있다는 자신의 주장을 뒷받침해 주는 성공사례로 활용한다. 김정은과 돈주들은 철저히 공생관계를 이루고 있다. 이러한 공생 시스템 때문에 김정은에게는 '나누기'라는 별명이 붙었다. 인프라 건설 프로젝트의 부담을 아랫사람들과 나누고 수익도 나눈다는 의미이다.

돈주들은 이제 북한 경제의 모든 분야에 관여한다. 통조림, 신발 생산에서부터 국내 관광, 석탄 채굴에 이르기까지 이들이 참여하지 않는 분야가 없다.

이들의 거래관계가 가장 극명하게 드러나는 곳은 바로 평양의 스카이라인, 다시 말해 외부 방문객들이 '평해튼'Pyonghattan이라고 부르는 곳이다. 포템킨 빌리지Potemkin village에서 중요한 것은 겉으로 보이는 부분이다. 돈주들은 고층 아파트, 으리으리한 박물관, 놀이공원 등 김정은의 이름으로 진행되는 의욕적인 프로젝트들에 자금을 댄다.

새로 짓는 건물들은 1990년대 중국식 건축 양식이고, 건물 수준은 1980년대에 불과하다. 하지만 그 이전 투박한 소련식 건축물에 비하면 크게 발전된 것이다. 가장 유명한 려명거리는 2013년에 착공해 현재 고층아파트 44개 동에 3,000여 가구가 들어서 있다. 70층짜리도 한 동 있다. 건물색은 대부분 녹색과 흰색이 조화를 이루고 있는데 친환경을 상징한다. 북한 기준에서는 현대식 건물들이다. 김정은은 북한의 발전을 상징하는 곳이라며 려명거리 준공식을 성대하게 열었다. 중국의 중소 도시에서 진행 중인 신도시 건설 프로젝트를 연상시키기도 한다.

김정은이 '조선혁명의 새벽이 시작되는 곳'이라는 뜻으로 이름을 붙인 려명거리는 2017년 요란한 준공 기념식을 열었다. 수만 명의 주민이 단지 주변에 모였고, 군복 차림의 사람들도 많이 보였다. 김정은이 기다란 스트레치 메르세데스 리무진을 타고 등장하자 모두들 각양각색의 꽃술을 흔들며 일제히 환호했다. 북한 인공기와 노동당기가 4월의 햇살을 받으며 펄럭이고 있었다. 브라스 밴드가 지나가고, 밝은색 풍선이 하늘을 수놓았다. 물론 북한정권이 조직한 행사였다. 모든 것이 완벽하게 갖추어진 사회주의 지상낙원의 모습이 연출되었다.

위대한 계승자는 레드 카펫 위를 걸어 단상에 올라 최고위 경제관료가 훌륭한 아파트 단지를 조성한 업적을 찬양하는 축사 낭독 장면을 지켜보았다. "려명거리 건설은 특기할 만한 대사변이다." 최고위 경제관료인 박봉주 내각총리는 축사를 통해 이렇게 선언했다. "사회주의 조선의 힘을 보여주었으며, 원수들의 정수리에 몇 백 발의 핵폭탄을 터뜨린 것보다 더 무서운 철퇴를 안긴 역사에 길이 빛날 대사변이다."

위대한 계승자가 직접 빨간색 리본을 잘랐다. 이 아파트 단지는 겉으로는 핵무기와 미사일 프로그램 개발에 종사하는 과학자들에게 주는 보상책으로 조성됐다. 대동강을 내려다보는 자리에 들어선 단지는 멀리서 보면 꽤 인상적이다. "두바이 같지 않습니까." 유난히 화창한 어느 날 대동강 남쪽에서 강 건너 려명거리를 바라보며 당국에서 보낸 안내원이 이렇게 말했다. 두바이에 가 본 적이 있느냐고 물었더니 중국에도 못 가 보았다고 했다.

하지만 가까이 가서 보면 건물 벽면에 여러 군데 금이 가 있다. 평양판 파크 애비뉴Park Avenue라 할 수 있는 창전거리에는 지은 지 2년밖에 안된 새 아파트 타일이 떨어져 내린다. 북한 당국이 철저히 선전 목적으로 짜놓은 각본에 따라 미래과학자거리에 있는 아파트를 방문했을 때는 어떤 여성이 열쇠로 엘리베이터를 작동시켜서 타고 올라갔다.

세계 대부분의 도시에서 사람들은 높은 층에 있는 전망 좋은 아파트를 선호한다. 하지만 평양에서 사람들이 제일 좋아하는 로열층은 4층 이하이다. 엘리베이터가 운행되지 않아 매일 걸어서 오르내려야 하는

20층을 좋아하는 사람은 아무도 없다.

돈주들은 이런 대규모 건설 프로젝트에서 핵심적인 역할을 한다. 국가에서는 노동력을 제공한다. 1백만 대군의 병력이 있는데 달리 쓸 데도 없다. 대신 돈주들은 자기들이 가진 인맥과 자금력을 동원해 건설 자재를 공급한다. 그 대가로 이들은 나중에 완공되고 나서 배당받는 아파트를 팔아넘겨 큰돈을 번다. 많으면 10채까지 배당 받는데 이걸 팔면 한 채당 무려 3만 달러는 챙긴다.[1]

북한에서 개인의 재산 소유는 법적으로 아직 허용되지 않는다. 형식적으로는 그렇다. 하지만 그렇다고 주택시장의 활기가 위축되지는 않는다. 국가에서 배당받는 주거권을 임대하는 사람도 있고, 돈주들이 건설에 도움을 준 대가로 배당받은 아파트를 엄청난 이득을 남기고 팔아넘기기도 한다.

사정이 이렇다 보니 부동산 가격이 폭등해 평양의 아파트 가격은 10배로 뛰었다. 평양에 있는 방 두세 개짜리 그런대로 괜찮은 아파트 한 채 값은 8만 달러 정도 한다. 하지만 평양 중심부의 사람들이 선호하는 큰 단지에 있는 방 3개짜리 고급 아파트의 경우 18만 달러에 거래된다.

부동산 붐이 일어나는 또 한 가지 이유는 바로 은행제도가 전무하기 때문이다. 돈주들은 돈을 이자를 받고 저축하거나 투자 펀드에 안전하게 맡길 곳이 없다. 그래서 가진 돈을 모두 부동산에 투자하는 것이다.

리정호씨의 사업가적인 운은 80년대 중반 노동당 39호실에서 근무하면서 시작됐다. 그는 경애하는 지도자 김정일이 그 많은 코냑과 스시를 사 먹을 수 있도록 비자금 모으는 일을 했다. 그러다 보니 정권에 필요한 중요 인사가 되었고, 사는 것도 꽤 괜찮았다.

마지막 근무지는 중국의 다롄大連항으로, 북한과의 국경에서 머지않은 곳이다. 그곳에서 다롄 주재 대흥총회사 지사장을 지냈다. 대흥총회사는 해운과 석탄, 해산물을 수출하고 원유를 수입하는 일을 하는 무역회사이다. 그 전에는 선박무역회사 사장과 금강경제개발총회사 이사장을 지냈다. 금강경제개발회사는 영어 이름이 샘 파Sam Pa인 홍콩 사업가 쉬징화徐京華와 벤처회사를 만들어 이를 통해 평양에서 택시 운수사업을 시작했다. 리정호씨는 평양으로 향하는 샘 파의 자가용 비행기 안에서 그와 함께 찍은 사진을 내게 보여주었다.

대흥총회사의 다롄 지사장을 하면서 리정호씨는 수익금 중에서 수백만 달러를 미국 달러나 중국 인민폐로 바꾸어 평양으로 보냈다. 그는 2014년 초부터 그해 10월 탈출하기 전까지 9개월 동안 1,000만 달러를 북한정권에 송금했다고 털어놓았다. 강력한 제재조치에도 불구하고 북한 사업가들은 제일 환전하기 쉽고 송금하기 쉽다는 이유로 미국 달러를 선호한다.

엄격한 국제 제재조치가 시행되고 있다고 하나 큰 문제가 되지는 않았다. 그의 부하들이 돈가방을 들고 가서 다롄항에서 북한 남포항으로 출발하는 배의 선장에게 전해 주기만 하면 되었다. 혹은 기차로 국경을 넘어 북한으로 가는 어떤 사람에게 돈을 전달해 주었다.

하지만 2013년 말 '삼촌' 장성택의 몰락을 보고 리정호씨를 비롯한 많은 돈주들이 겁을 먹었다. 그는 가족을 데리고 다롄항을 떠나 한국으로 도망쳤고, 얼마 뒤 미국으로 망명했다.

그는 국가 일을 하면서 몰래 꽤 많은 돈을 빼돌려 모은 것이 분명했다. 그의 가족은 버지니아주 교외에 멋진 주택을 사고, 아주 비싼 것은 아니지만 새 차도 장만했다. 미국에서도 그는 나를 만나는 것을 상당히 조심스러워 했고, 자기가 하는 말에 대해 신경을 많이 썼다. "이밖에도 할 말이 너무 많지만 다 말해 줄 수가 없습니다. 이해하시지요?"

그는 가끔 북한정권에 관해 공개 강연을 하고 있고, 미국 정부를 상대로 개인적으로 조언도 많이 하고 있다. 자녀들은 영어공부를 하면서 미국 대학에 진학할 준비를 하고 있다. 아이비리그를 목표로 공부하고 있는데 뜻대로 안 되면 조지타운대학에 진학할 생각이라고 했다.

장성택 처형 보고 망명 결심

북한 문제를 취재해서 보도하는 동안 돈주들의 존재는 쉽게 눈에 들어왔다. 내게 돈주의 존재를 가장 알기 쉽게 드러내 보여준 사람은 평양 중심부에 자리한 평양 3·26 전선공장 관리인이었다.

2005년 처음 이 공장을 찾았을 때 그 관리인은 인민복 하복 차림의 깡마른 사나이였다. 마른 체구에 검정 바지를 헐렁하게 걸쳐 입고 입었다. 그는 깨끗이 정돈된 공장을 안내하면서 실험적으로 새로 도입한 분권화 정책에 대해 설명해 주었다. 그를 포함한 일부 공장 관리인들에게 직원 채용과 사업 결정 과정에 더 많은 권한을 부여해 주는 정책이었다. 당국에서 외국 사람들 눈에 북한 경제가 계속 나아지고 있다는 것을 보여주려고 도입한 시도들 가운데 하나였다. 그는 열심히 일하는 직원들에게 인센티브를 주려고 '이달의 종업원'도 선정해 공장 벽에 이름을 써 붙인다고 했다. 그 말을 들으면서도 크게 신뢰는 가지 않았다.

2016년에 그 공장을 다시 찾아갔는데, 그 관리인이 공장 책임자로 그대로 있었다. 그런데 체구가 처음 보았을 때에 비해 거의 두 배는 되어 보였다. 그리고 두 줄 단추가 달린 멋쟁이 양복을 자랑스럽게 입고, 잘 먹고 잘 마시는 사람 특유의 혈색 좋은 얼굴을 하고 있었다. 공장 안에 캐나다제 화학물질이 담긴 커다란 통이 쌓여 있었는데, 제재조치 때문에 북한 영토에 들여올 수 없는 물품이었다. 그가 공식적으로 맡은 일 외에 다른 사업을 벌이고 있다는 짐작이 들었다. 그는 북한이라는 수수께끼를 눈앞에 보여주는 좋은 예였다. 북한 체제 안에서 부유한 삶을 누린다는 것이 그대로 드러나 보였다. 하지만 그가 무슨 사업을 어떻게 하고 있는지는 계속 미스터리로 남았다.

중국의 접경도시 단둥丹東에서 또 한 명의 돈주를 만났다. 단둥은 중국에서 북한으로 들어가는 상업적인 관문 역할을 하는 곳이다. 박 선생은 중국에서 몇 군데 공장 관리인으로 일하고 있었는데, 북한 노동자 수백 명을 고용해 부품을 생산한다고 했다. 그는 어떤 식으로든 신분이 드러나면 심각한 어려움에 처할 것이라는 두려움 때문에 아는 내용을 분명하게 말하지 않으려고 했다. 그러면서도 몇 가지 사실을 털어놓았는데, 그곳에서 만드는 부품이 한국 제품과 중국 제품에 들어간다고 했다. 그런 식으로 북한 노동자들의 손을 빌려서 만든 제품이 글로벌 시장에 나가서 팔리는 것이었다.

그는 공장 운영을 맡고 나서 직원들의 생산성을 높여 수익을 늘리기 위해 여러 변화를 도입했다. 북한 노동자들은 점심시간을 두 시간 가지는데, 점심식사는 보통 만두 몇 알로 때웠다. 그러다 보니 오후가 되면 생산능률이 확 떨어졌다. 배가 너무 고파 일을 제대로 못하는 것이었다.

"그래서 직원 식당을 열고 먹고 싶은 만큼 마음껏 공짜로 먹게 했어요. 그래도 점심시간은 20분이면 끝났습니다." 그는 식당에서 중국 요리를 계속 권하며 이렇게 말했다. "직원들은 좋아했습니다. 그렇게 먹게 하고도 작업능률은 훨씬 더 높아지고, 일하는 시간도 1시간 40분이나 더 늘어났습니다."

북한에서 온 노동자들도 중국에서 몇 달 지나면 잘 먹어 얼굴빛이 눈에 띄게 불그레하게 변했다. 북한에서도 이제 굶어죽는 걱정은 하지 않게 되었지만, 영양결핍은 여전히 문제가 되고 있다. 사람들이 이제는 골고루 제대로 먹을 걱정을 한다. 박 선생은 이렇게 말했다. "지금은 직원들에게 하루 세끼 모두 다 먹입니다만 거기에 드는 비용은 생산성이 높아지고 공장 수익이 느는 것에 비하면 아무 것도 아닙니다."

박 선생은 공장에서 내는 수익금은 모두 평양으로 보냈다고 했다. 말하면서 손을 들자 손목에 찬 티쏘Tissot 시계가 번쩍거렸다. 자기 몫을 따로 챙기는 것 같아 보이지는 않았지만, 따로 챙긴다고 해도 사실대로 말해 주지는 않았을 것이다. 나중에 그는 세계적인 베스트셀러 제품인 삼성 갤럭시 스마트폰으로 찍어놓은 사진들을 보여주었다.

그 사람이 중국에서 하는 사업에 대해 솔직히 다 말하지 않고, 그 가운데 일부분만 나한테 말해 주고 있다는 것은 우리 두 사람 모두 알고 있었다. 하지만 그 관리인은 김정은이 권력을 물려받고 나서 북한에서 경제적 자유가 커지고 있음을 상징적으로 보여주는 인물이었다. 국가에서 운영하는 공장들도 점차 시장경제 원리에 따라 움직이고 있었다. 관리인들에게 직원을 채용하고 해고할 권한이 주어지고, 관리인이 가장 효율적이라고 생각하는 방식으로 공장을 운영하고 있는 것이다. 이전에는 공산국가 북한에서 상상도 못할 일이었다.

박 선생은 자기가 자본주의자가 되거나 자기 몫으로 돈을 챙기는 일은 절대로 없다고 부인하면서도 자기가 맡고 있는 사업체가 모범적인 롤 모델 역할을 하는 데 대해서는 신이 나서 이야기했다. 그는 빌 게이츠 이야기를 하고 삼성, 현대 같은 한국 재벌회사의 창업주들에 대해 존경심을 나타내 보였다. 이들은 1960대와 1970년대 한국의 초고속 경제성장을 견인한 주역들이다. "끈기와 다양화가 무엇보다 중요합니다." 그는 이들이 어떻게 기업을 이끌었는지에 대해 많이 공부했다고 말했다. "우리는 지금 계속 새로운 제품이 나오는 세상에 살고 있습니다. 노키아가 망할 것이라고 누가 생각이나 했겠습니까. 한 가지 제품만 고집하다가 그렇게 된 것입니다."

하지만 북한에서는 필요한 지침이 오직 위대한 계승자로부터만 나왔다. "2년 전에 김정은 최고지도자 동지는 번영을 약속했습니다. 인민 모두가 잘 살 수 있도록 해주겠다고 했습니다." 박 선생은 자기가 하는 말이 왕조 메시지의 틀에서 벗어나지 않도록 조심하면서 말을 이었다. "이제 3년이 지났고, 그 결실이 나오고 있는 것입니다. 경제가 나아지고 있습니다."

그가 하는 말의 대부분이 희망적인 생각에서 나오는 것이지만, 한국 은행 통계가 보여주듯이 완전히 틀린 말은 아니다.

한 자리 수의 성장률은 다른 개발도상국들과 비교해 볼 때 대단한 수 치는 아니다. 중국은 한창때 두 자리 수의 성장률을 지속했다. 북한이 한 자리 수 성장률을 보인 것은 주민들의 삶이 나아지고 있다는 정부의 주장에 '진실의 반지'a ring of truth 하나를 끼워 줄 정도는 된다. 북한 경 제는 점차 자본주의화되면서 과거보다 훨씬 더 다양화되고 자율성이 많 아지고 있다.

북한의 기업집단은 형식적으로는 국가 소유이지만 실제로는 돈주들 이 이끌고 간다. 그리고 다양한 기업군으로 바뀌고 있어 어느 의미에서 는 한국의 재벌을 연상시킨다. 삼성그룹은 과일과 건어물을 수출하는 무역회사로 출발했으나 몇 십년 만에 세계 최대의 스마트폰, 텔레비전, 컴퓨터 반도체 생산 기업이 되었다.

북한의 국적 항공사인 고려항공Air Koryo은 현재 택시회사, 주유소, 여 행사, 그리고 자체 브랜드의 담배 제조, 고등어와 꿩 통조림 제조 등 다 양한 분야에 진출하고 있다. 마식령 그룹은 김정은이 의욕적으로 추진 한 원산 인근의 스키 리조트 외에 버스 노선을 운영하고 생수도 만들어 판다.

'내고향' 담배공장은 고급담배 '7·27'을 만들고 있다. 7월 27일은 한국 전쟁 휴전협정이 체결된 날인데, 북한은 이날을 미국과의 전쟁에서 승 리한 날이라며 전승절로 정해놓고 있다. 검정 메르세데스 세단을 타고 다니는 고위관료들은 자동차 번호판에 7·27이란 숫사가 들어가 있다.

7·27 담배는 말보로, 로스만스Rothmans 같은 수입담배보다 더 많이 팔리고, 김정은도 이 담배를 즐겨 피운다.

'내고향'은 담배 외에 소주와 농구공, 축구공, 축구화 같은 스포츠 용품, 그리고 아디다스와 퓨마를 본딴 스포츠 의류도 생산한다. 평창올림픽에 참가한 북한 여성 응원단은 내고향 합작회사가 만든 종이가방을 들고 왔다. 북한 전역의 식료품 가게에는 북한산 생선과 복숭아로 만든 통조림이 가득 진열돼 있다. 김정은의 국내 산업 육성정책에 힘입은 점도 있고, 소위 '수입 질병'이라고 부르는 수입제품에 대항하기 위해서 그렇게 하는 점도 있다.

김정은은 북한산 제품이 수입품보다 더 우수하다고 주장하고 싶고, 한편으로는 국제적인 제재조치와 맞서 싸워야 하는 입장이다. 제재조치로 인해 미사일 부품에서부터 찻주전자에 이르기까지 모든 제품이 구하기 힘들어졌다. 그는 또한 민간교역의 비중을 줄임으로써 경제 부문에 대한 통제력을 다시 회복하겠다는 생각도 갖고 있다. 국영기업에서 수입품보다 더 값싼 제품을 생산해서 이를 국영 점포에서 팔면 시장에서 경쟁을 몰아내는 좋은 방안이 될 것이라고 생각한다.

김정은은 중국과의 접경지대에 있는 신의주의 화장품 공장에 현지지도를 나가서 북한 화장품이 프랑스 브랜드만큼 품질이 우수하고, '더 예뻐지고 싶어 하는 여성들의 꿈'이 이루어지도록 도와주고 있다는 말까지 했다.

돈주들은 광산을 운영하며 석탄을 비롯해 철광석 같은 광물자원을 정부를 대신해 중국에 팔고, 그 과정에 자기들 몫을 두둑하게 챙긴다.

탈북한 돈주들의 말에 따르면 많게는 판매대금의 3분의 1까지 챙긴다고 한다.

불과 몇 년 전까지만 해도 주민들이 허가증 없이는 도 경계도 넘을 수 없던 나라에서 지금은 운수산업이 호황을 이루고 있다. 택시에 관광버스, 택배회사, 민간 화물운송회사까지 생겼다.

전에는 사람들이 휴가를 갈 돈도 시간도 없던 나라에 이제는 국내 관광회사까지 생겨났다. 서쪽 접경도시 신의주에서 동해안의 원산과 금강산에 이르기까지 멋진 카메라를 손에 든 북한 주민들이 관광을 다니며 호텔 식당에서 점심을 먹는다.

이런 사업들은 돈주들이 국가 재산으로 돈벌이를 해서 수익금의 일부를 국가에 납부하고, 또 일부는 자기들이 챙기는 일종의 민관합작 형태로 진행된다. 예를 들어 어떤 사업가가 신발을 생산하는 국영 공장 내부에 자그마한 공간을 빌린다. 공장 관리인과 공장을 관할하는 지역 노동당위원회 위원장은 임대료를 받고, 용돈 조로 몇 푼 더 받아서 챙긴다. 뇌물을 받는 것이다. 사업가는 그 공간을 이용해 사업을 벌이는데, 직원도 별도로 채용하고 재료도 별도로 구입해서 국영 공장보다 훨씬 더 품질이 우수한 신발을 생산해 수익을 남긴다. 특별히 수완이 좋은 사람이라면 국영 공장 간부들과 친하게 지내며 국영 공장 소속 차량을 비롯해 여러 특전을 돈벌이에 이용할 수도 있다. [2]

돈주가 중앙정부로부터 광산과 광물자원 이용권을 사서 전력이나 장비 부족으로 버려진 폐광을 인수해 직접 운영하는 수도 있다. 인수한 광산을 손질하고 작업 광부들도 직접 채용해서 재가동에 들어간다. 국가

광산에서 일하는 인부들과 달리 이들은 급여도 꽤 괜찮은 편이다. 돈주는 그 과정에 내각의 관할 부처 관료들에게 돈을 주고, 지방 당간부와 보위부 요원들에게도 비호를 받기 위해 돈을 바친다. 그렇게 해서 돈을 번 다음 수익금의 30퍼센트 정도를 '충성자금'으로 국가에 낸다.[3]

경제권력과 정치권력은 긴밀히 연결돼 있지만 완전히 겹치는 것은 아니다. 정치적, 사회적으로 좋은 연줄을 갖고 있는 사람들 가운데 다수는 이를 이용해 많은 돈을 번다. 정치권력을 가진 사람들은 그 권력을 이용해 사업가들을 비호해 주는 대가로 수익금 일부를 뇌물로 받아 챙긴다. 그리고 정치적 영향력이 없는 사업가들은 돈으로 영향력을 산다.

북한에서는 고위간부와 돈주들의 관계를 흔히 '쌈'을 비유로 들어 설명한다. 쌈은 상추나 깻잎 같은 잎채소에 구운 돼지고기 조각 같은 것을 얹어 싸먹는 음식이다. 하지만 고기 외에 고추, 마늘, 양파, 밥, 양념 등 어떤 것을 더 얹을지는 각자 개인 취향에 달렸다. 입맛대로 골고루 넣어서 쌈을 싼 다음 한입에 씹어서 꿀꺽 넘기면 되는 것이다.

마찬가지로 고위간부들은 자기들이 먹을 쌈에 어떤 것을 얹어 먹을지 입맛대로 고른다. 자신과 원하는 바가 같고, 보위부, 검찰 등 보안기관과 좋은 인맥을 갖고 있는 정치적 파트너를 고른다. 그렇게 완벽한 조화를 만든 다음 쌈을 싸서 한꺼번에 삼키는 것이다.

모두가 더 많은 경제 권력을 움켜쥐기 위해 정권에 충성 경쟁을 벌이는 체제에서 이런 방식은 돈주들에게 위험하다. 어떤 간부가 자신의 경쟁자가 이런 식으로 돈을 끌어 모으는 것을 보고 샘이 나서 그 경쟁자를 부정부패와 경제 범죄자로 고발할 수 있기 때문이다. 이럴 때 돈과 연줄이 정말로 필요하다. 이럴 때를 대비해 보안기관 인맥을 평소에 관리해 두어야 한다. 많은 사업가들이 그런 문제가 생길 경우에 대비해 현지 보안원들에게 미리 뇌물로 보험을 든다. 하지만 아무리 뇌물을 바치고 인맥을 쌓아도 구해낼 수 없는 경우들도 있다. '삼촌' 장성택의 운명이 바로 그런 경우에 해당한다.

사업 성패는 뇌물이 좌우

리정호씨 같은 사람들은 정권 최상층부에서 부를 쌓았다. 그와 달리 좀 더 독자적으로 움직이며 풀뿌리처럼 바닥에서 돈을 모으고, 그렇게 모은 부를 널리 나눔으로써 체제 안정에 기여하는 돈주들도 많다.

"게, 새우, 버섯을 중국과 러시아에 팔았습니다." 이런 자립형 돈주인 오윤아씨는 탈북해서 한국에 정착한 뒤 나를 만나 이렇게 말했다. 그녀는 사람들이 많이 찾는 해산물을 1톤짜리 컨테이너에 가득 채워서 팔았는데, 한 번에 컨테이너 5개를 실어 보낼 때도 있었다. "그렇게 해서 돈을 많이 벌었습니다."

북한산 게는 중국에서 1파운드 당 20달러 가까이에 팔렸는데, 컨테이너 하나에 수만 파운드가 들어간다. 오윤아씨는 사업 본거지를 라선에 두고 있었다. 라선은 북한과 중국, 러시아의 3국 국경지대에 위치하고 있으며, 부동항인 라진과 선봉을 묶어서 라진선봉 경제특구가 만들어졌다. 북한에서는 가장 자유로운 분위기를 느낄 수 있는 곳 가운데 하나이다.

라선 경제특구는 김정일이 1990년대에 시작했으나 본격화되지 않다가 김정은 시대에 와서 개발 속도가 빨라졌다. 격리된 특구의 속성 덕분에 북한 사업가들은 보다 창의적인 접근을 할 수 있게 되었고, 인접하고 있는 중국과 러시아라는 2대 주요 무역 상대국이 수요를 만들어 주었다. 북한정권 입장에서는 다른 지역으로부터 상대적으로 고립돼 있기 때문에 자본주의의 확산을 쉽게 차단할 수 있다는 이점이 있는 곳이다.

오윤아씨는 무역으로 물품을 들여온 다음 단속 요원들에게 뇌물을 주고 시장에 내다팔 수 있는 허가권을 얻어냈다. 이런 식으로 돈주가 되었고 많은 돈을 벌었다. 요소요소에 냄새를 잘 맡아서 돈을 버는 오래된 방식이다.

"사업수완이 좀 있었던 편입니다." 그녀는 서울 외곽에 있는 자기 집 근처 이탈리안 레스토랑에서 함께 점심을 먹으며 이렇게 말했다. "나는 품질 좋은 게와 새우를 통에 가득 채웠습니다. 어떤 사람들은 품질이 떨어지는 해산물을 채워 넣은 다음 그 위에 좋은 품질을 살짝 덮는 식으로 했지만 나는 절대로 그런 짓을 하지 않았습니다. "

그녀는 오랜 세월 북한에서 벗어나 본 적이 없는 사람이지만 차림새는 구석구석 부유한 멋쟁이 한국 여성이었다. 유행하는 찢어진 청바지에 비싸 보이는 모피 코트 차림을 하고, 손톱에는 새까만 매니큐어에 보석장식을 발라 놓았다. 한국으로 탈북한 뒤 그녀는 넓은 아파트를 구입하고 메르세데스 벤츠를 사서 타고 다닌다. 그리고 어린 딸의 성화에 못 이겨 프랑스 브랜드 옷을 입고 다닌다.

그녀는 북한에 있을 때 무역을 하던 어머니가 물려준 돈으로 어선 3척을 샀다. 이 3척의 배로 고기를 잡아 60퍼센트는 자기가 하고, 나머지는 당국에 바쳤다. 그리고 지방 당국에 뻔질나게 들락거리며 맥주도 사주고 최상품 게도 갖다 바쳤다. 중국 인민폐를 다발로 들고 다니며 국경 보안원과 세관원들의 손에 쥐어주었다. 그래야 화물을 국경 너머 중국으로 들여보낼 수 있었다. 손해 보는 사람은 아무도 없이 모두가 승자인 게임이었다.

북한에서 사업으로 성공하려면 뇌물을 요령껏 주는 게 비결이라는 사실을 잘 알았다. 뇌물도 조금이 아니라 많이 주어야 했다. "이런 사업을 하려면 모두에게 뇌물을 갖다 바쳐야 합니다." 그녀는 이렇게 말했다. 대화 도중에 그녀는 딸이 엄마는 재미있게 놀 줄도 모르고 일만 하고, 종일 사업차 걸려오는 전화만 받는다며 불만이라고 했다. 그녀는 한국에 와서 공장 3곳을 운영하며 계속 계약을 맺고, 문제가 생기면 해결하느라 뛰어다닌다.

하지만 북한에 있을 때는 다른 종류의 일들로 머리가 아팠다. 그곳에서는 당 간부와 보안부서 요원들 가운데서도 힘 있는 자에게 제대로 줄을 대야 사업을 수월하게 진행할 수 있었다. 계속 뇌물을 갖다 바쳤지만 결국 당국의 단속에 걸리고 말았다. 1년을 감옥에서 지냈고, 그곳에서 구타를 당하고 성폭행까지 당했다. 임신하자 낙태를 강요받았다. 현지 보안기관 책임자들에게 오토바이를 한 대씩 사주겠다고 약속하고 1년 만에 풀려날 수 있었다. 그렇게 해서 다시 사업에 복귀했고, 이번에는 누구에게 뇌물을 주어야 할지 철저히 가려서 효과적으로 주었다.

"돈을 모두에게 다 줄 수는 없습니다. 보안기관과 친하다는 것을 겉으로 드러내 보여주어서 아무도 나를 건드리지 못하게 하는 게 중요합니다." 그녀는 이렇게 말했다. "한번은 아는 점쟁이가 나보고 말하기를 우리 엄마가 아주 재주가 많았는데 나는 엄마보다 사업수완이 더 좋다고 했습니다."

돈은 많이 벌었지만 북한 체제에 염증이 났다. 늘 감시 대상이었다. 북한정권이 하는 말은 모조리 거짓말이라는 사실을 그녀는 알고 있었다. 자기 딸은 자기처럼 살게 하고 싶지 않았다. 그래서 낙태를 거부하고 낳은 딸은 북한에서 키우지 않겠다고 다짐했다.

"북한을 사회주의 국가라고 하지요. 하지만 아이를 낳을 때 고무장갑, 링거, 주사기에서부터 먹을 것까지 의사와 의료진들이 필요하다는 것을 전부 내 돈으로 사다 주어야 했습니다." 오윤아씨는 이렇게 말했다. "그곳은 사회주의 국가가 아닙니다. 모든 사람이 김씨 왕조를 위해서 일하는 곳일 뿐입니다."

10장
평양의 밀레니얼 세대와 리설주

수도 평양이 문화 융성의 본보기가 되도록 하라.

미래과학자거리 방문한 김정은, 2015년 10월 21일

자신의 권력을 유지시켜 주는 엘리트들 중에서도 김정은이 특히 애지중지하는 소집합이 하나 있다. 바로 밀레니얼 세대이다. 김정은과 같은 세대들인데, 이들은 그가 권좌에 있는 동안 살기만 좋아진다면 앞으로 몇 십년 더 집권해도 이를 용납해 줄 가능성이 있다.

그래서 영민한 김정은 동지는 이들이 지낼 수 있도록 특별한 공간을 마련해 주었다. 자신이 여러 해 동안 유럽에서 지낸 그런 공간이었다. 오늘날 북한에는 이탈리안 레스토랑과 스시 바, 수제 맥주와 프렌치 프라이를 파는 술집들이 등장했고, 롤러코스터를 비롯해 여러 가지 탈 것을 갖춘 놀이공원이 있고, 강변에는 배구장, 테니스코트, 롤러블레이드

링크가 만들어져 있다. 기본요금이 1달러인 택시도 돌아다닌다. 1달러면 근로자 평균 한 달치 월급이다.

특권층 엘리트들은 스위스 시설을 본떠 만든 승마클럽에서 승마도 할 수 있다. 트랙 주위에는 모형 나무 펜스가 설치돼 있고, 조각상들이 들어선 장미정원도 가꾸어져 있다. 평양 동쪽에 있는 마식령 스키장에서 스키도 즐길 수 있다. 이곳에는 김정은의 지시로 대규모 스키 리조트가 건설되었는데, 슬로프 10개와 오스트리아제 스키 리프트가 설치돼 있고 이탈리아제 스키를 대여해 준다. 호텔도 있는데 내부 장식을 보면 좋게 말해서 스위스 샬레Swiss chalet와 조잡한 북한 미술품을 합해 놓은 분위기이다. 실내 수영장과 사우나도 있고, 얼음동굴에 만든 바도 있다.

김정은을 따르는 일당은 당구를 치고 가라오케에서 노래도 부른다. 요가교실에 가고 거품에 귀여운 동물 머리를 그려놓은 카푸치노를 마신다. 스마트폰으로 문자를 보내고, 크리스찬 디오르나 구치 지갑을 자랑스레 들고 다닌다.

"진품도 있고 모조품도 있습니다." 김정은보다 불과 몇 살 아래인 이소현씨는 한때 이들 북한의 상위 1퍼센트에 속해 있었다. 소현씨와 남동생 현성씨는 평양의 엘리트 집안 출신이다. 남매의 아버지 리정호씨는 30년 넘게 김씨 왕조를 위해 돈을 벌었다. 리정호씨는 탈북한 뒤에도 성을 북한식 표기인 '리'씨로 그대로 쓰는 반면 아이들은 한국식 표기인 '이'씨로 바꿔서 쓴다.

리정호씨 가족은 김정은의 평해튼에서 안락한 삶을 누렸다. 평해튼은 수도 속의 수도라고 할 수 있는 코스모폴리탄이다.

시장화로 많은 북한 주민들의 삶이 조금은 개선되었을지 모른다. 하지만 김정은을 둘러싼 최측근 일당들이 누리는 삶은 상상할 수 없을 정도로 좋아졌다. 일종의 전략적 뇌물이다. 김정은 정권은 평양 악동들의 환심을 사려고 한다. 돈주의 자녀인 이 악동들은 북한 바깥의 삶이 훨씬 더 좋다는 사실을 안다. 최소한 이들이 북한을 떠날 필요가 없도록 만들어 주겠다는 게 김정은의 생각이다.

2005년 평양을 처음 방문했을 때는 여성들이 매우 보수적인 복장을 하고 있었다. 공산주의스런 미적 감각이라고 해야 할 것 같았다. 갈색, 회색, 검정색이 주류를 이룬 긴치마에 몸매가 드러나지 않는 상의, 그리고 편한 기능성 신발을 신고 있었다.

2018년에 보니 압도적으로 많은 사람들이 완전히 다른 패션을 하고 있었다. 적어도 평양에서는 그랬다. 김정은보다 불과 몇 살 어린 북한 사람들은 H&M, 자라Zara, 유니클로Uniqlo 같은 매장에서 파는 옷을 입고 있었다. 여성들은 색상이 다양하고 몸에 더 달라붙는 옷을 입었다. 번쩍이는 장신구를 하고 사람들의 눈길을 끄는 하이힐을 신었다. 과시적 소비는 이제 더 이상 반反사회주의적인 범죄행위가 아니었다.

해외여행을 할 처지가 되는 북한 젊은이들은 나가서 헬스복 사는 것을 특히 좋아한다. 자기들이 원하는 헬스복은 평양에서 구하기가 쉽지 않기 때문이다. 북한의 밀레니얼 세대들이 운동광이어서가 아니다. 이들이 헬스복을 좋아하는 것은 몸매를 과시할 데가 헬스장밖에 없기 때문이다.

"북한 사람들은 옷을 얌전하게 입습니다. 그래서 젊은이들은 헬스장에 가면 몸매를 드러내고 싶어 합니다. 속살을 드러내는 것이지요." 소현은 여성들이 헬스장에서 왜 레깅스와 타이트한 탑을 즐겨 입는지에 대해 이렇게 설명했다.

해외에 나가는 젊은이들은 평양에서 친구들이 적어주는 쇼핑 리스트를 들고 간다. 스포츠 브랜드 엘르Elle는 여성들에게 인기가 높고, 남성들은 아디다스와 나이키를 좋아한다. "해외에 나갔다 오는 사람들은 모두 이런 브랜드 상품을 사가지고 옵니다." 소현의 남동생 현성도 이렇게 말했다.

버지니아의 소현, 현성 남매가 사는 집에서 멀지 않은 고급 쇼핑몰에서 이들을 처음 만났다. 우리는 이탈리안 레스토랑에 가서 파스타와 스테이크 알 프레스코를 먹었다. 남매는 미국에 와서도 귀하게 자란 냄새를 물씬 풍겼고 당당했다. 두 사람 모두 옷을 너무도 깔끔하게 잘 갖춰 입고 있어서 놀랐다. 아주 단정하고 예의를 차리면서도 사려 깊은 차림새였다. 화려한 구석이라고는 없었다. 남매가 모두 놀라울 정도로 야무지고, 언론에 어떻게 비치는 게 좋은지 요령을 터득하고 있었다. 자기 가족의 평판에 유리한 말만 입에 올리고, 좋은 대학에 들어가는 데 도움이 될 내용만 이야기했다. 흥미진진한 삶에 적응이 된 게 분명했다.

가족이 북한에 있을 때도 아이들은 중국 다롄과 평해튼 사이를 오가며 살았다. 아버지가 다롄에서 김정은 정권을 위해 돈을 벌어 모으는 동안 아이들은 그곳 학교에 다녔다.

북한에 오면 이들 가족은 평양 중심부에 있는 금릉유원지에 자주 놀러갔는데 평양 기준으로 보면 상당히 현대적인 장소였다. 스쿼시 면이

3개 있고, 헬스장에 있는 트레드밀에는 디즈니 만화를 틀어주고 있었다. 요가복 차림의 여성들이 요가 수업시간이 끝나고도 한참 동안 여기저기 돌아다녔다.

같은 이유로 실내수영장도 인기 장소이다. "모두들 패션에 신경쓰느라 난리예요."라고 소현은 말했다. 보수적인 분위기의 북한이지만 비키니를 입는 여성들도 더러 있었다. 물론 배꼽 아래쪽은 스커트로 가리는 얌전한 비키니 차림이다.

성형수술도 시작됐다. 쌍까풀 수술은 비교적 간단한 방법으로 동양인의 눈에 서구식 분위기가 나도록 만들어 준다. 한국 젊은 여성들 사이에는 메이크업 정도로 보편화된 쌍까풀 수술이 이제는 북한 특권층 엘리트들 사이에도 필수품처럼 되었다. 수술비는 의사의 수준에 따라 50달러에서 200달러까지 다양하다.

"예쁘고 멋있으면 그만큼 경쟁력이 더 높아지는 것으로 생각합니다." 소현씨는 이렇게 말했다. 20세 전후의 당당한 한국 여성과 하나도 다를 바 없다.

밀레니얼 세대들이 선망하는 리설주

이런 정서를 대변하는 최종 결정체가 바로 리설주이다. 예쁘고 재능이 풍부한 가수인 그녀는 엘리트 집안 출신으로 다양한 악단 멤버로 정권 선전 일을 했다. 그러다 정권 최상부의 눈에 들어 불려 올라갔다. 김정은의 아내가 된 것이다.

매력적인 외모로 사람들에게 인기가 많은 그녀는 단번에 북한 밀레니얼 세대들이 선망하는 인물이 되었다. 그녀는 북한정권에 현대적인 분위기를 입혀 주고, 지도자 김정은에게서 인간적인 냄새가 나도록 해 준다. 리설주는 북한판 케이트 미들턴Kate Middleton이다. 미들턴이 윌리엄 왕세손과 결혼해 영국 왕실의 분위기를 바꿔놓은 것처럼 리설주는 북한 왕조의 분위기를 보다 젊고 밝게 보이도록 만들어 주었다.

리설주의 등장은 북한이라는 나라가 이제 새로운 시대로 접어들었음을 보여주는 효과를 발휘했다. 젊은이들이 즐길 수 있고, 장래 희망을 가질 수 있는 나라로 비춰지게 만든 것이다. 적어도 엘리트 그룹에 있는 다수의 젊은이들 사이에는 그런 나라가 되었다. 리설주는 2012년 환하게 웃는 모습으로 김정은과 함께 처음으로 공식석상에 모습을 나타냈다. 평양의 한 공연장 관람석에 나타난 것인데, 두 사람은 분홍색 VIP 팔걸이의자에 앉아 있었다. 의자 등받이 상단에는 흰색 장식용 덮개를 씌워 놓았다. 김정은은 검정 인민복 차림이고 리설주는 어울리는 짧은 헤어스타일에 몸매가 드러나는 검정 스커트 정장 차림이었다. 흰색 스티치가 보이는 정장이었고, 두 사람 모두 가슴에 빨간 김일성, 김정일 부자 배지를 달았다.

두 사람은 전원 여성으로 구성된 모란봉악단 공연에 기립박수를 보냈다. 헐렁한 드레스나 황록색 군복 차림의 여성들이 등장하는 공연에 익숙한 관객들 앞에 갑자기 몸에 딱 붙는 생기 넘치는 옷차림을 한 매력적인 여성이 나타났다. 국영 언론은 그날 밤 김정은 옆에 함께 자리한 젊은 여성이 누구인지 밝히지 않았다. 한국 언론은 추측성 기사를 쏟아 내느라 정신이 없었다. 김정은의 여동생인가? 보천보전자악단 가수 현송월인가? 현송월은 최대 히트곡 '준마처녀'로 잘 알려진 가수였다. 다수의 한국 언론들은 사진의 주인공이 현송월이고, 현재 임신 중이라고 보도했다. 흔히 있는 일이지만 전부 사실과 동떨어진 오보들이었다. 현송월이 처형당했다는 보도도 나중에 오보로 밝혀졌다.

얼마 지나지 않아 진실이 드러났다. 그로부터 몇 주 뒤 북한 국영 언론은 모든 연령의 인민을 '아끼는 마음'을 보여주라는 김정은의 지시에 따라 건설되었다는 능라인민유원지 준공식을 보도했다. 대동강 한가운데 섬에 새로 건설된 유원지에는 놀이공원과 수영장, 워터 슬라이드, 돌고래공연장, 미니 골프코스 등이 들어섰다.

김정은은 준공식에 부인 리설주 동지라고 소개된 여성과 함께 나타났다. 국영통신은 모든 사람들이 "열렬히 두 사람을 환영하며 만세를 외쳤다."고 보도했다.[1]

김정은과 리설주는 준공식에 초대된 외교사절단을 악수로 맞이했다. 영국 외교관 바나비 존스Barnaby Jones는 김정은과 함께 놀이기구를 타기도 했다. 위대한 후계자 바로 앞자리에 꼼짝 없이 붙들어 매인 것이다.

그때까지는 김정은이 결혼했다는 사실도 알려진 적이 없고, 리설주가 부인이라는 사실도 공식적으로 확인된 적이 없었다. 하지만 이제 부인 리설주가 김정은의 팔짱을 끼고 당당하게 사람들 앞에 등장한 것이다. 북한에서 지도자의 부인이 공식적으로 사람들 앞에 나타난 것은 전례가 없는 일이었다. 김일성의 첫째 부인 김정숙은 북한의 혁명 영웅이고, 1949년 사망한 뒤에는 우상화 대상이 되었다. 김일성의 두 번째 부인은 정치적인 직위를 가졌기 때문에 공개된 인물이었다. 김정일의 주위에는 여러 명의 배우자가 거쳐갔지만 한 번도 공식석상에 동반한 적은 없었다.

리설주는 처음으로 공식석상에 등장한 지도자의 배우자라는 점뿐만 아니라 태도와 사고방식 등이 과거의 여성들과는 확실하게 차이를 보였다. 그녀는 다른 북한 여성들, 심지어 평양에 사는 20세 전후의 다른 여성들과도 판이하게 다른 면모를 보였다. 몸에 꼭 맞는 녹색, 검정 색상의 드레스에 짧은 소매, 치맛단이 무릎 위에 오는 스커트를 입었다. 다른 나라에서야 하등 새로울 게 없지만 퍼스트레이디가 공개석상에 소개된 적도 없는 북한에서는 매우 파격적인 노출이었다.

고위간부들의 부인들도 칙칙한 분위기의 헐렁한 사회주의 의상을 입는 나라에서 리설주는 눈에 띄게 현대적인 인물이다. 그녀는 맵시 나는 다양한 색상의 정장을 바꿔 입고, 빨간색 물방울 무늬 재킷까지 입었다. 북한 사람 누구든 의무적으로 달아야 하는 김씨 부자 배지 대신 진주 브로치를 달고 나오기도 했다. 발가락이 드러나는 플랫폼 펌프스 힐을 신기도 하고, 샤넬이나 디오르 스타일 클러치 지갑을 자주 끼고 나타났다. 헤어스타일도 자주 바뀌는데, 어떤 때는 짧게, 어떤 때는 길게 웨이브를 주고 나타났다.

하지만 의상보다 더 놀라운 것은 그녀의 행동이었다. 능라유원지 준공식 때 그녀는 김정일과 나란히 걸으며 함께 웃고 팔짱을 끼기도 했다. 이후 몇 년 동안 공개석상에서 계속 다정하게 김정일의 팔짱을 꼈다. 놀라운 애정표현이고, 부부가 평등한 관계라는 것을 공개적으로 과시하는 제스처였다. 북한에서는 부부 사이라도 거리에서 이런 식으로 팔짱을 끼고 다니는 것은 상당히 쑥스러운 일이다.[2]

퍼스트레이디로서 리설주는 김정은에게 최고 존엄이 허용하는 범위 내에서 분위기를 누그러뜨리는 역할을 하는 것으로 보였다. 이들이 유원지에 가서 놀이기구를 탔을 때, 김정은과 영국 외교관이 함께 탄 놀이기구 하나가 갑자기 멈춰섰다. 긴장한 작업인부들이 놀이기구를 고치느라 허겁지겁 하는 동안 최고지도자 동지는 화가 잔뜩 나 있었다.

인부들은 공포에 질려 연신 잘못했다고 빌었다. 지켜보는 외교관들은 걱정하는 표정들이었다. 그때 리설주가 김정일에게 가까이 가서 조용히 귓속말로 몇 마디 하더니 금방 그를 진정시키는 것이었다. 리설주의 말이 효과가 있었다. 김정은은 화를 풀었고, 주위에 있던 모두가 안도했다.

리설주는 평범한 북한 사람과는 다르다. 결혼 전에 그녀는 유명 예술단인 은하수관현악단의 핵심 가수였다. 김정은의 어머니 고용희도 무용수였다. 김씨 왕조를 지지하는 엘리트 집안 출신으로 리설주의 아버지는 공군 장성 출신이다. 공군사령관을 지내고, 김정은의 측근으로 미사일 발사 때 항상 그의 곁을 지키는 리병철이 리설주의 5촌 당숙일 가능성이 있다.

리설주는 김정은보다 다섯 살 아래로 10대 때 일본 여행을 하며 제시한 여권 정보에 따르면 생일은 1989년 9월 28일이 맞는 것 같다.[3] 어렸을 적 평양에 있는 만경대학생소년궁전에 다녔다. 전시효과를 노린 예체능 분야 어린이 영재교육기관으로 외국인들이 방문하면 화장을 짙게 한 어린이들이 로봇처럼 절도 있게 체제 선전 노래를 공연한다.

이후 예술전문학교인 금성학원에 입학했고, 졸업 후 중국에 잠시 유학했다. 금성학원 시절 사진을 보면 리설주가 분명해 보이는 학생이 급우들과 함께 서 있는데, 연분홍과 노란색 한복을 입고 있다. 공산국가인 중국은 북한 학생들이 공부하러 가기에 제일 가깝고, 또한 북한 유학생들에게 가장 우호적인 나라였다. 물론 유학 비용이 가장 적게 드는 나라이기도 했다.

해외여행도 다녔는데, 해외여행은 제일 최상층 엘리트들에게만 허용되는 특권이었다. 12살 때인 2002년 유네스코가 주최하는 동아시아 어린이 예술축제에 참석하기 위해 후쿠오카에 다녀왔다.

그리고 2005년 인천 아시아육상선수권대회 때 응원단으로 왔다. 당시 이들은 흰색 저고리에 검정치마를 입고 한반도기가 그려진 기를 흔들며 응원했다. 당시 사진을 보면 리설주는 단발머리에 10대답게 두 뺨이 오동통한 모습이다. 사진을 찍기 위해 몰려든 한국 사진기자들에게 웃으며 손을 흔들어 주고 있다. 한국 언론들은 북한 응원단을 '미녀 군단'이라고 불렀다.

당시 이들은 6일 간 머물며 북한 선수들을 응원하고 '내 나라의 푸른 하늘' 같은 북한 가요를 불렀다. 당시 한국 정보기관은 대회에 참석한 북한 사람들을 면밀히 지켜보았을 것이다. 북한 당국 역시 탈출해 망명을 기도하는 사람이 없도록 선수와 응원단을 철저히 감시했을 것이 분명하다. 당시 한국 첩보기관이 미래 북한 지도자의 아내가 될 사람이 그 안에 있는지 알았을 리는 만무하다. 그녀 역시 미녀 응원단원들 중 한 명이었을 뿐이다.

금성학원 졸업 후 리설주는 은하수관현악단 가수가 되었다. 서구 스타일의 음악을 하는 악단으로 소속 가수들은 북한 음악계의 중추적인 인물들이다. 여성 단원들은 공연 때 치마저고리 차림을 하고, 남성 단원들은 턱시도 차림으로 '우리의 총창 위에 평화가 있다.'와 같은 곡들을 부른다.

리설주는 이 악단의 스타 가수 중 한 명이었다. 보통 몸매가 드러나지 않는 밝은색 치마저고리 차림으로 풍성한 머리에 인조 속눈썹을 붙이고 공연했다. 2010년 신년 축하 공연에서 리설주는 혁명가요 '타오르라 우등불아'를 솔로로 불렀다. 김정은이 지도자 자리에 오른 이듬해에는 반짝이는 하늘색 한복을 입고 무대에 올라 '병사위 발자국'을 솔로로 불렀다. 이 두 공연 중간 시기에 리설주는 웃는 모습을 예쁘게 하려고 비싼 치아교정을 했다.

그녀가 김정은의 아내로 일반에 소개되었을 때 많은 북한 주민들은 그녀가 선전 공연에 등장했던 바로 그 미모의 여성이라는 것을 알아보았다. 리설주는 무용수, 영화배우와 결혼한 전력이 있는 김정일의 눈에 띈 것으로 보인다. 그는 리설주를 막내아들 김정은과 결혼시켜서 왕조를 계승하도록 확실하게 길을 닦아주고 싶었다. "아버지가 저를 보시더니 저 여자와 결혼하라고 해서 믿었습니다." 김정은은 몇 년 뒤 한국의 문재인 대통령과 가진 첫 번째 정상회담에서 이런 말을 했다.[4]

김정일의 건강이 악화되자 김정은과 리설주는 결혼했다. 승계 구도에서 두 사람의 결혼은 중요한 요소로 작용했다. 현재 두 사람 사이에는 두세 명의 자녀가 있는 것으로 보이며, 김정은은 이 아이들도 지도자 감으로 키울 것이 분명하다. 젊은 독재자와 그의 매력적인 아내. 처음부터 김정은과 리설주는 북한정권이 의도한 현대적인 부부의 완벽한 조합이었다.

지도자 자리에 오르고 맞은 첫 번째 9월에 김정은은 부인 리설주와 함께 유명한 창전거리를 방문했다. 엘리트들이 사는 고급 아파트 단지로 밤이 되면 둥글게 모여 있는 건물들이 형형색색으로 조명을 환하게 밝혀 수도 평양의 스카이라인을 만들어낸다.

두 사람은 평양시 미화 담당 부서에 근무하는 박성일이라는 사람의 집을 방문했다. 박성일 가족은 2층에 있는 방 5개짜리 아파트에 살았다. 북한 국영 방송의 보도는 사실과 거짓의 구분이 잘 안 되는 경우가 많기는 하다. 어쨌든 그 집에서 김정은과 리설주는 친척집에 온 것처럼 편하게 행동했다. 김정은은 박성일의 아들을 무릎에 앉히고 볼을 토닥여 주고, 리설주는 손수 만들어 왔다는 음식도 내놓았다.

김정은이 술을 따라주면 사람들은 공손히 두 손으로 받아 마셨다. 북한은 자신들만의 독특한 이데올로기를 신봉하고 있지만 바탕에는 수세기 전 중국에서 유래한 유교의 위계질서 전통이 강하게 남아 있는 나라이다. 유교 전통에서는 아랫사람이 윗사람을 공경하라고 가르치는데, 북한에서 김정은보다 더 윗사람은 없다. 하지만 리설주를 대동한 김정은은 과거의 지도자와는 사뭇 다른 모습을 보였다. 적어도 철저히 연출된 그 방문 시간 동안 그는 주민들에게 친근하고, 세심하고 부드러운 이미지를 가진 지도자였다.

세대교체의 분위기는 다른 곳에서도 나타났다. 리설주는 김정은과 함께 평양에 있는 만수대예술극장에서 모란봉악단의 공연을 관람했는데, 처음에는 전통적인 공연의 분위기였다. 만수대예술극장은 북한정권의 주요 행사장으로 이용되는 곳 가운데 하나이다. 김정은이 극장 안으로 들어오자 황갈색 군복 차림의 고위장교와 한복 차림의 여성들이 모두 일어서서 박수로 맞이했다. 그는 사람들과 악수를 나눈 다음 맨 앞자리 귀빈석에 앉았지만 표정은 굳어 있었다.

막이 오르고 무대 전면에서 폭죽이 터지더니 밝고 노출이 심한 이브닝드레스 차림의 여성들이 무리를 지어 나와서 전자 바이올린과 전자기타를 연주하기 시작했다. 첫 번째 연주곡은 전통민요 아리랑이었다. 그리움을 노래하는 민요로 오늘날까지 남과 북 모두에게 정서적으로 가장 친근한 곡 가운데 하나이다. 무대 뒤 배경에는 백두산과 공산당 로고가 새겨져 있었다.

공연은 북한 주민들이 지금까지 보아 온 것과 사뭇 달랐다. 우선 템포가 빠르고 경쾌했다. 정통 사회주의 가요와는 분명히 거리가 있었다. 가수들은 짧고 화려한 드레스 차림에 하이힐을 신고 선전 가요를 불렀다. 이어서 짧은 검정 드레스 차림의 바이올리니스트들이 나와 미국 영화 '록키'Rocky 의 테마를 연주했다. 그리고 웨딩드레스처럼 차려 입고 분홍 전자기타를 메고 나온 솔로 가수가 등장해 무대를 장식했다.

그러다가 갑자기 무대가 초현실적인 분위기로 바뀌었다. 합창단이

'잇츠 어 스몰 월드'It's a Small World를 한국어 가사로 바꿔 부르기 시작하고, 무대 위로 인형 분장을 한 사람들이 몰려나왔다. '곰돌이 푸', '미키 마우스', '백설공주와 일곱 난쟁이', 그리고 초록 용이 등장했다. 배경에서 '톰과 제리' 만화가 보여지는 가운데 난쟁이 하나가 우스꽝스럽게 히프를 돌려댔다. 미키는 악단 지휘를 하는 흉내를 내 사람들이 웃음을 자아내도록 만들었다. 악단은 '곰돌이 푸' 테마곡Tubby little cubby all stuffed with fluff을 연주했다. 그리고 마지막 무대는 프랭크 시나트라의 히트곡 '마이 웨이'My Way로 장식했다.

그럴듯한 무대였다. 김정은의 통치가 이런 식으로 이루어질 것이라는 느낌을 갖게 하는 공연이었다.

싹트기 시작한 소비문화

한 번은 특권층들이 사는 별천지 평해튼 생활을 직접 체험해 보려고 나섰다. 그곳은 김정은과 리설주를 가까이서 따르는 부류들이 사는 세상이다. 제일 먼저 들른 곳은 이탈리안 레스토랑이었다. 미래과학자거리 주택단지에 있는데 간판부터 눈길을 끈다. 로비에 있는 가게들에는 손님이 한 명도 없었다. 술, 건전지 등 잡화를 파는 가게에는 사람이 아무도 없고, 근사하게 꾸며놓고 비싼 휘핑크림을 얹은 모카커피를 파는 카페도 있었는데 그곳에도 사람이 아무도 없었다.

그나마 레스토랑에는 손님이 몇 명 앉아 있었다. 우리 일행은 피자를 먹기 위해 자리를 잡고 앉았다. 피자는 장작불을 때는 오븐에서 전문 요리사가 구웠다. 기다리는 동안 옆자리의 북한 주민과 이야기를 나누었다. 그 사람은 경애하는 지도자 동지께서 평양 사람들이 전 세계 음식을 다 맛볼 수 있도록 해주셨다고 했다.

나는 장난기가 발동해서 아마도 지도자 동지께서 10대 때 유럽에 계시면서 피자맛을 들이신 모양이라고 말해 주었다. 그 남자는 주위를 한 번 둘러보고 나서 미심쩍은 눈초리로 나를 쳐다보았다. "스위스에서 학교 다닌 거 모르세요?" "스위스에 있는 동안 이탈리아 여행도 했는데, 그때 피자도 먹어 봤을 거예요." 그 사람은 내가 무슨 말을 하는 건지 한참 가늠해 보는 눈치였다. 그러더니 아주 낮은 목소리로 이렇게 물었다. "우리 지도자 동지에 대해 어떻게 나보다 더 많이 아는 것이오?"

하루는 저녁에 북한인 조수와 함께 대동강 남쪽 강변에 있는 주체탑 부근의 독일식 맥주홀에 갔다. 대동강은 평양을 남북으로 이등분하며 가로지른다. 홀 내부는 벽돌로 벽을 장식해 놓았고, 짙은 색 나무 테이블 여러 개가 놓여 있고, 바 뒤편으로 북한 맥주 7가지가 나란히 진열돼 있었다. 그리고 미국의 스포츠 바처럼 한쪽 벽에 대형 텔레비전 스크린을 설치해 놓았는데, 아이스 스케이팅을 보여주고 있었다.

메뉴를 보니 구운 감자와 함께 나오는 프라임 스테이크가 48달러였다. 유엔대표부에 나와 있는 북한 외교관들이 자주 가는 뉴욕의 스테이크 레스토랑에서 파는 안심 스테이크 필레 미뇽과 같은 값이다. 바이너 슈니첼Weiner schnitzel은 7달러로 한결 괜찮은 가격이다. 홀 안에 앉아 있는 북한 손님들은 대부분 현지 음식을 시켜먹는 것 같았다. 비빔밥 한 그릇이 7달러이니 서울과 같은 가격이다. 밥에 야채와 고기를 조금 넣어서 비벼 먹는 값 치고는 싸다고 하기 힘들다.

"작은 배지를 달고 있지 않으면 남쪽에서 온 사람들일 가능성이 높습니다." 우리 일행이 식사를 하고 있는데 평양에 사는 외국인 한 분이 오더니 이렇게 말해주었다. "그런 사람들은 한 끼 식사에 10 내지 15유로는 내야 합니다."

그날 저녁 탁 트인 홀 안은 북한 손님들로 꽉 들어찼다. 2005년 이곳에 왔을 때와는 분위기가 딴판이었다. 그때는 테이블마다 칸막이가 설치돼 있었고, 내가 들어오는 것을 보고는 홀 안이 모두 조용해졌다. 당시에는 남자들이 호박씨 안주를 놓고 북한 맥주를 마셨는데, 호박씨 껍질을 바닥에 아무렇게나 뱉었다.

그때와 달리 이번에는 나를 보고 놀라는 사람이 아무도 없었다. 서양 여자가 들어오는데도 아랑곳하지 않고 하던 대로 웃고 마시며 떠들었다. 물론 달라지지 않은 옛 평양의 모습도 남아 있었다. 전기가 나가면 다시 들어올 때까지 한참 동안 암흑 속에 앉아서 기다려야 하는 점은 그대로였다.

하루는 저녁에 우리 안내원들과 함께 평해튼의 려명거리에 있는 숯불구이 레스토랑으로 갔다. 새로 지은 건물이었다. 문을 연 지 얼마 되지 않은 집이라 우리 일행을 태운 미니밴 운전기사는 위치가 어딘지 찾느라 한참 돌아다녔고, 우리 안내원들도 레스토랑 입구를 못 찾아 애를 먹었다.

레스토랑은 맥주홀보다 손님이 한결 적었다. 그래도 군데군데 북한 손님들이 테이블 앞에 모여 앉아서 고기를 구워 먹고 있었다. 이곳 손님들은 좀 더 전통적인 북한식 조심스러움을 보여주었다. 어떤 남녀 한 쌍은 우리가 들어오는 소리를 듣고는 테이블 앞에 있는 대나무 커튼을 당겨서 닫았다.

여종업원은 한 덩어리에 50달러 하는 소고기를 권했다. 메뉴 중에서 제일 비싼 것이었다. 손님에게 가급적 비싼 물건을 팔라는 자본주의식 영업 방식을 교육받은 것이 분명했다. 우리는 조금 값이 싼 모듬 요리를 주문하고, 맥주와 소주를 함께 시켜서 마셨다.

북한을 돌아보면서 알게 된 것 중 하나는 안내원들이 절대로 술을 마다하지 않는다는 사실이다. 나는 북한 사람들이 소주잔을 단 번에 들이키는 것을 여러 해 동안 지켜보았다. 북한 땅에 사는 북한 사람들, 외국에 나가 일하는 북한 사람들, 한국에 사는 북한 사람들 등등 하나같이 다 그랬다. 일종의 대응기제對應機制, coping mechanism일 것이다. 견디고 살아야 하는 어려움을 잊게 만드는 하나의 수단인 것이다.

평해튼에 사는 특권층이나 해외에 나가 있는 북한인들도 생고기를 보면 사양하지 않고 덤벼든다. 생고기는 상위 1퍼센트들에게도 비싸고 귀한 음식이다.

숯불구이 레스토랑 앞 로비 건너편 려명거리에는 으리으리한 슈퍼마켓이 하나 있는데, 노르웨이 연어, 프랑스 치즈, 스위스 뮤즐리muesli 등 입이 벌어질 정도로 값비싼 수입 식품들이 잔뜩 진열돼 있다. 토요일 저녁 8시에 갔는데 손님은 한 명도 없었다. 현지 주민들 말로는 물건 사러 오는 사람은 아주 가끔씩 보인다고 했다. 물건을 팔기 위해서라기보다는 선전용으로 문을 열어놓은 슈퍼마켓 같아 보였다.

하지만 광복거리에 있는 슈퍼마켓은 내가 갔을 때 사람들로 붐비고 있었다. 주민들이 북한산보다 훨씬 더 비싼 수입 우크라이나 과자와 일본 마요네즈 같은 물건을 바구니에 담고 있었다. 북한산 제품들도 함께 진열돼 있는데, 5리터 들이 소주 한 병 값이 2.6달러밖에 하지 않는다. 평양에 있는 장마당에 가면 커다란 평면 텔레비전, 유럽산 최신 진공청소기 같은 것을 파는데, 그런 물건을 사려면 몇 천 달러는 손에 들고 가야 한다.

커피 소비가 많은 나라가 아니지만 초창기 카페 문화도 보이기 시작했다. 아직은 카페인 섭취보다 세련된 분위기 때문에, 다시 말해 멋있게 보이려고 간다는 게 더 정확한 표현일 것이다.

금릉스포츠센터에 가보면 트레드밀과 요가교실 외에 세련된 카페도 한 곳 있다. 인테리어와 분위기가 서울이나 베이징에 갖다 놓아도 빠지지 않을 만하다. 수석 바리스타는 중국에서 교육을 받았다고 했다. 아이스 모카커피 한 잔 값이 9달러이다. 북한이 지구상 최빈국 가운데 하나라는 점은 차지하고, 전 세계 어디 내놔도 터무니없이 비싼 값이다. 에스프레소가 4달러인데 이것 역시 말도 안 되게 비싼 값이다. 인구 가운데 상당수가 영양결핍인 나라에서 어처구니없는 일이다.

싱가포르에 본부를 둔 NGO 단체인 조선 익스체인지Chosun Exchange 는 북한에서 금융교육을 실시하고 있는데, 교육을 책임지고 있는 안드레이 아브라하미안Andray Abrahamian 대표는 커피숍이 돈을 많이 벌지는 못하고 있다고 한다. 그처럼 비싼 값을 지불하고 커피를 사먹을 만한 고객층이 아직 없기 때문이다. 그는 내게 이렇게 말했다. "그저 커피 잔을 앞에 놓고 세련된 코스모폴리탄이 된 듯한 기분을 한 번 내 보는 것이지요." 아브라하미안씨는 영국인인데 한국말을 유창하게 구사하고 북한을 30번 가까이 방문했다. 북한에서 많은 사업가를 양성했는데, 금릉 커피숍을 운영하는 여성도 그에게서 교육을 받았다.

소비자 층이 싹트기 시작했다는 징조는 이밖에도 더러 있다. 북한 주민 10퍼센트 이상이 핸드폰을 가지고 있고, 거리에는 기본요금이 1달러인 택시가 많이 돌아다닌다. 애완견을 키우는 사람들도 있는데, 불과 몇년 전까지만 해도 사람들이 먹을 게 없어서 어려움을 겪던 나라에서 애완견은 상상도 하기 힘든 사치품이다.

북한 전역에서 다양한 수준으로 소비자 시대를 경험할 수 있게 되었지만 가장 큰 혜택을 누리는 사람들은 역시 수도 평양 시민들이다. "좋은 직장이 없어도 평양에 사는 것은 큰 특혜입니다." 소현은 내게 이렇게 말했다. "그러니 우리를 부러워하는 사람들이 많았을 거예요."

강나라씨는 수도 평양에 살지 않았다. 하지만 3대 도시인 청진에서도 크게 어렵게 살지는 않았다. 중국, 러시아와의 국경에 인접한 덕분에 북한 기준으로는 경제사정이 좋은 편이었다. 필요한 물건은 다 구할 수 있었다고 나라씨는 말했다.

그녀의 아버지는 건설업에서 돈을 버는 돈주였다. 당시 건설 분야는 호황이어서 돈을 무더기로 끌어모으다시피 했다. 그녀는 예술전문학교에 진학해 음악과 연기에 대한 재능을 계속 키워나갈 수 있었다. 별도로 가수 개인레슨도 받았다. "학교에는 형편이 어려운 아이들도 많이 있었는데, 그런 아이들과는 어울리지 않았습니다." 그녀는 당시 학교생활에 대해 이렇게 말했다.

그녀는 청진 시내 한가운데에 있는 큰 단독주택에 살았는데, 세 자매가 모두 자기 방이 따로 있었다. 북한에는 아직 아궁이에 불을 때서 요리하는 사람들이 많지만, 나라씨 집에는 가스레인지와 마이크로웨이브 오븐이 갖춰져 있었다. 냉장고와 전기세탁기도 있었다. 다른 주민들처럼 빨랫감을 들고 강에 나갈 필요가 없었다.

그녀는 아버지로부터 매달 용돈으로 400달러 정도를 받았다. 국가 공장 노동자나 정부 관리들이 받는 평균 임금의 100배쯤 되는 돈이다. 상당히 유복한 10대 소녀의 삶을 산 것이다.

용돈은 중국에서 들여온 옷과 진주 립 글로스, 프랑스 향수, 휴대폰 케이스와 장식용 스티커 같은 것을 사는 데 썼다. 나이키 로고가 그려진 야구모자도 쓰고 다녔는데, 당시는 그게 나이키 로고인지도 몰랐다. 그냥 멋있어 보이니 쓰고 다닌 것이다. 그런 물건들은 모두 청진 시내에서 구할 수 있었다.

청진 시내에는 김정은이 권력을 물려받은 이듬해인 2013년에 문을 연 스케이트 링크가 있는데, 날씨가 좋을 때는 친구들과 함께 거기 가서 놀았다. 롤러블레이드가 큰 인기였는데, 그녀 같은 부잣집 아이들은 자기 롤러블레이드를 갖고 있었다.

"스케이트 링크에 놀러 갈 때는 롤러블레이드를 어깨에 메고 갔습니다. 그게 무슨 신분의 상징처럼 되었어요. 돈이 많다는 것을 과시하는 것입니다." 나라씨는 이렇게 말했다. 그녀는 핑크 롤러블레이드를 메고 다녔는데, 헬멧과 무릎보호대, 팔꿈치 패드도 갖추었다. 시장에서 30달러를 주고 산 것이었다. "가난한 아이들은 생각도 할 수 없는 돈이었습니다." 라고 어깨를 으쓱해 보였다. 그런 아이들은 값이 싸고 불편한 렌탈 롤러블레이드를 빌려 타야 했다. 하지만 빌려 탈 형편이 되어야 그렇게라도 했다.

저녁에는 친구들과 어울려 시장으로 나갔는데, 거기 가면 온 세계 먹거리들이 다 있었다. 페킹덕이나 오코노미야키도 팔았다. 오코노미야키는 도톰하고 맛있는 일본식 부침 요리인데 면, 돼지고기 다진 게 들어있었다. 이런 식으로 놀거리, 자랑할 거리들이 계속 늘어났다.

어떤 때는 스마트폰으로 친구들과 연락해 탁구장으로 놀러 가기도 했다. 현지 사업가가 문을 연 민간 탁구장이 있었다. 그곳에 가면 한쪽에 의자가 놓인 바가 있었는데 거기 가면 10대들도 맥주와 간식거리를 사먹을 수 있었다. "탁구를 치는 게 목적은 아니고, 남자아이들과 어울리려고 가는 것이었습니다." 나라씨는 이렇게 말했다. "남자아이들이 말을 걸어오면 먼저 어떤 핸드폰을 가지고 있는지부터 살펴보았답니다. 버튼식 구식 핸드폰을 갖고 있는 아이한테는 관심을 보이지 않았습니다." 400달러짜리 북한산 아리랑 스마트폰을 갖고 있으면 다시 쳐다보았다고 했다.

"아이들한테는 신발과 핸드폰이 대표적인 신분의 상징이었습니다. 부잣집 아이가 아니면 스마트폰을 가지고 다닐 수 없습니다." 한때 자신이 빠져 지냈던 생활을 뒤돌아보며 나라씨는 이렇게 말했다. "그 다음에는 아이들이 입은 옷을 봅니다. 북한제 옷을 입고 있으면 별 볼 일 없고, 외국 옷을 입은 아이들한테만 관심이 있었답니다." 중국 옷을 입고 있으면 오케이였다. 서구 세계에서는 중국 옷이 싸구려 저질품으로 괄시받고 있지만 북한에서는 중국 옷도 부와 세속적 가치의 상징으로 대접받고 있는 것이다.

김정은의 북한에서 부잣집 아이들은 사는 게 신난다. 아주 부잣집 아이들은 정말 재미있게 잘 살고 있다.

11장
친구 데니스 로드먼

데니스 로드먼은 단상으로 올라가 김정은 위원장께 허리를 굽혀 인사했다.
위원장 동지께서는 그를 옆자리에 앉도록 허락하시었다.

조선중앙통신 2013년 2월 28일

고립된 독재자는 사람들과의 접촉이 줄어든다. 김정은에게는 혈육인 친형과 친여동생이 있다. 아버지가 맺어준 아내도 있다. 그리고 그에게 갖은 비위를 다 맞춰 주는 소규모 충성집단이 있다. 이들은 늘 김정은이 최고라고 말하고, 무슨 일을 하든 그가 승자가 되도록 한다. 하지만 이들이 정말 김정은을 좋아할까? 아니면 목숨 때문에 그를 두려워하는 것일까? 이런 인간관계에서의 박탈감을 가장 극명하게 드러내 보여준 사건이 바로 2013년 유명인사 친구의 깜짝 등장이었다. 그 B급 유명인사는 바로 키 2미터가 넘는 전직 시카고 불스 농구선수 데니스 로드먼Dennis Rodman이었다.

김정은이 권력을 물려받은 첫 해, 첩보요원과 정보요원들, 전문가들은 북한 새 지도자의 내면에 대한 정보를 하나라도 찾아내려고 그의 일거수일투족을 면밀히 들여다보고 있었다. 그런 때 로드먼은 다른 사람은 엄두도 못 낼 정도로 김정은과의 친밀감을 과시했다. 한때 NBA 스타였던 그는 세 번에 걸쳐 북한을 찾아갔는데, 첫 번째 방문 때 김정은과 만나 파티까지 했다. 북한은 절대복종, 그리고 튀는 행동을 하지 않는 것이 생존에 필수조건인 나라이다. 그런 나라의 새 지도자가 튀는 행동을 일삼는 왕년의 농구 스타를 환영한 것이다.

워싱턴에 있는 외교정책 담당자들에게는 대단히 못마땅한 일이었다. 석사, 박사를 따고 한국말까지 배워 가며 평생 이 불량국가 북한 분석에 매달려 온 사람들이었다. 이들은 베일에 싸인 이 위험인물에 대해 무엇이든 알아내고 싶었지만, 전문가도 아닌 자에게 찾아가서 김정은에 관한 정보를 물어보고 싶지는 않았다. 더구나 그자는 사람들의 이목을 끌려고 튀는 행동을 일삼는 한물간 퇴물이었다.

"우리는 절친 사이는 아니지만 정치가 아닌 스포츠를 놓고는 우정 관계를 지속하고 있습니다." 몇 년 뒤 로드먼은 김정은과의 관계를 이렇게 설명했다. 그는 김정은을 '평생 친구'라고 불렀다. 그가 말하는 김정은의 평가는 이렇다. "내 눈에는 그저 보통 친구일 뿐입니다."[1]

로드먼의 방북은 김정은이 시카고 불스의 열렬할 팬이었기 때문에 성사되었다. 김정은이 1996년 여름 스위스에 도착했을 당시는 시카고 불스가 NBA 챔피언 시리즈에서 우승한 직후였다. 마이클 조던Michael Jordan이 최우수선수MVP로 뽑혔고, 로드먼은 리바운드에서 맹활약을 펼처 승리에 크게 기여했다. 시카고 불스는 마이클 조던과 로드먼의 활약에 힘입어 연이어 두 번 더 챔피언 시리즈 우승을 차지했다. 매들린 올브라이트Madeleine Albright 미국 국무장관은 2000년 평양을 방문할 때 마이클 조던의 사인이 든 월슨 농구공을 아들에게 주는 선물이라고 김정일에게 가져갔다.

2012년 시카고 불스를 북한의 새 지도자에게 친선사절로 보내자는 아이디어가 진지하게 검토되었다. 김정은이 지도자의 자리에 오른 직후로 그를 만나 본 미국인이 아무도 없던 때였다. 당시 버락 오바마 대통령은 북한 전문가들을 오벌 오피스로 초대해 북한의 젊은 새 지도자를 어떻게 다루는 게 좋을지에 대해 조언을 구했다.

그 자리에서 북한 기아 문제 전문가인 경제학자 마커스 놀랜드Marcus Noland 박사가 스티브 커Steve Kerr 선수를 북한을 상대로 한 외교 노력에 활용해 보는 게 어떻겠느냐는 제안을 내놓았다. 스티브 커는 1990년대 시카고 불스에서 선수로 활약했는데, 어린 시절을 교수인 아버지를 따라 중동에서 보내 복잡 미묘한 세상을 겪어 본 경험이 있다는 점을 이유로 들었다.

놀랜드 박사는 오바마 대통령에게 김정은이 시카고 불스의 열렬한 팬이라는 점을 이용해 보는 것이 좋을 것이라고 했다. 스티브 커는 은퇴 후 방송 해설가와 코치 등을 하고 있었는데, 대통령이 그에게 직접 부탁해 평양으로 보내는 게 어떻겠느냐고 했다. 그가 가서 김정은과 놀도록 하고, 함께 간 오바마 대통령의 보좌관들이 북한 새 지도자가 어떤 인물인지 관찰해 보라는 것이었다.

"물론 반 미친 소리였지만 그래도 로드먼이 가는 것보다는 나았을 겁니다." 놀랜드는 나중에 내게 이렇게 말했다. 물론 그의 제안은 받아들여지지 않았다.

뉴욕 바이스 뉴스Vice News 텔레비전 제작팀도 같은 아이디어를 갖고 있었다. 이들은 당시 북한 특집 프로그램을 계획 중이었는데, 새 지도자도 만나보고 싶어 했다. 그를 만나기 위해서는 시카고 불스에 대한 그의 애정에 호소하는 것보다 더 좋은 방법은 없는 것 같았다.

바이스 뉴스 제작팀은 그런 아이디어를 가지고 마이클 조던의 에이전트를 찾아갔지만 긍정적인 답을 듣지 못했다. 그 아이디어는 돌고 돌아 유야무야 되고 마는 듯했다. 바이스 뉴스 제작팀은 뉴욕에 있는 북한 외교관들과 만나 이야기하면서 마이클 조던의 이름은 언급하지 않았다. 하지만 북한 측이 원하는 것은 마이클 조던이었다. 바이스 뉴스 측은 마이클 조던이 비행기 타는 것을 두려워한다는 말로 둘러댔다. 겁나서 비행기를 못 탄다는 핑계는 북한 사람들이 상당히 진지하게 받아들인다. 김정일이 비행기 안 타기로 워낙 유명했기 때문이다.

그렇게 해서 대타로 떠오른 인물이 바로 로드먼이었다. 유명한 수비수였던 로드먼은 '벌레'The Worm라는 별명으로 불릴 만큼 기행을 일삼는 악동으로 유명했다. 그는 1996년 '뉴욕시와 결혼한다'며 결혼 예복 차림에 베일과 흰 장갑까지 하고 뉴욕 시가지를 마차를 타고 지나가 화제를 모았다. 그 해프닝은 자신의 자서전 『나쁜 녀석들』Bad As I Wanna Be 출간에 맞춰 벌어졌다. 9년 뒤 그는 다시 한 번 이상한 행진을 했다. 이번에는 영구차를 타고 갔는데, 검은 상복을 입은 미녀들이 그의 모의 장례식에 동행했다. 할로윈에 살아난 나사로처럼, 좀비처럼 그는 온라인 카지노 로고를 잔뜩 붙여놓은 관에서 걸어 나왔다.

로드먼은 기행만 하는 게 아니라 빈털터리가 되어서 돈만 주면 무슨 일이든 할 태세였다. 농구에서 은퇴한 뒤 온라인 도박 사업에 뛰어들고, 도널드 J. 트럼프가 진행한 '셀레브리티 어프렌티스'Celebrity Apprentice를 비롯해 텔레비전 리얼리티 쇼에도 여러 번 출연했다. 그런 자가 출연료도 얼마 주지 않을 '농구 외교'에 관심이 있을까? 그런데 그는 그 일에 관심을 보였다. 바이스 뉴스 제작팀은 시카고 불스 선수 한 명을 확보했다는 소식을 가지고 다시 뉴욕 주재 북한 외교관들을 만났고, 북한 인사들은 그 메시지를 평양의 고위층에 전달했다. 그리고 긍정적인 회신이 왔다.

북한 측이 바이스 뉴스가 정상적인 텔레비전 뉴스 프로그램이 아니라는 사실을 알게 된 것은 그 다음이었다. 몸에 문신을 새기고 언론에 대해 파격적인 접근을 하는 밀레니얼 세대들이 만드는 방송이었다. 하지만 이제 와서 물리자고 할 수도 없었다. 위대한 후계자 동지께서 시카고 불스가 오기를 기다리고 있는 상황이었다. 그래서 북한 외교관들은 바이스 뉴스의 모기업인 HBO 경영진과의 면담을 요구했다.

맨해튼에 있는 HBO 사무실에서 가진 면담에서 북한 인사들은 HBO의 니나 로젠스타인Nina Rosenstein 선임 부회장에게 자기들은 '홈랜드'Homeland 시리즈를 재미있게 보고 있다며 인사말을 했다. '음,' 하고 로젠스타인 부회장은 대답했다. '그건 쇼타임Showtime에서 하는 프로입니다.' 쇼타임은 HBO의 경쟁 케이블 채널이었다. 그녀가 북한 인사들에게 HBO에서 방영하는 '왕좌의 게임'Game of Thrones을 보았는지 묻자 그들은 멍한 표정으로 눈만 껌벅였다. HBO 측은 면담이 끝나기 전에 북한 인사들에게 '왕좌의 게임' 박스 세트를 선물로 주었다.

북한 인사들은 그렇게 해서 시카고 불스 선수의 방북이 실현될 것이라는 확답을 얻어냈고, 2013년 2월 26일 데니스 로드먼 일행은 베이징을 경유해 평양으로 들어갔다. 묘기 농구단 할렘 글로브트로터스Harlem Globetrotters 단원 3명과 단장, 그리고 바이스 뉴스 제작팀이 동행했다. 바이스 뉴스 측은 할렘 글로브트로터스가 코트에서 익살스러운 묘기를 선보이며 '가장 자연스런 농구 친선대사' 역할을 해줄 것이라고 생각했다.[2]

'보통 여행이 아닌데.' 평양 순안공항에 도착해서 기다리는 취재진과 차량 행렬을 보는 순간 로드먼의 머릿속에는 이런 생각이 들었다. 전 주에 가졌던 자서전 사인회와는 격이 완전히 다른 일이었다. "아무도 그의 존재에 대해 신경쓰지 않은 지 오래 됐습니다. 그런데 갑자기 자신이 다시 대단한 존재가 되었다는 사실을 알고 로드먼은 놀라고 흥분했습니다." 바이스 뉴스의 보도국장으로서 이 여행을 뒤에서 돕는 역할을 한 제이슨 모지카Jason Mojica는 이렇게 말했다.

방문단이 이번에 김정은을 만나면 그를 만나는 최초의 미국인들이 되는 것이었다. "그는 자기가 다시 화제의 인물이 된다는 생각을 했습니다. 눈앞에 거금이 어른거렸어요."

로드먼도 그때 받은 환대에 기분이 우쭐했다고 나중에 말했다. "비행기에서 내려 밖으로 나가니 우와, 엄청나게 반가워해 주었습니다. 국빈급 환대를 해주는 겁니다."[3]

하지만 워싱턴에서는 그의 방북을 달가워하지 않았다. 오바마 행정부는 가능한 한 로드먼과 거리를 두려고 했다. 그보다 두 달 전, 김정은이 권력을 물려받은 지 1주년을 불과 며칠 앞둔 어느 날 북한은 장거리 로켓을 발사해 인공위성을 궤도에 진입시켰다. 미사일 프로그램 기술에 상당한 진전이 있었다는 말이었다. 그리고 로드먼 일행이 오기 두 주 전에 북한은 세 번째 핵무기 실험을 했다. 로드먼 일행이 그날 아침 평양에 있는 호텔에 도착해 보니 로비에 핵실험 '성공'을 경축하는 대형 깃발이 내걸려 있었다. 수천 명의 시민들이 축하행사에 참석하기 위해 도심 광장으로 몰려가고 있었다.

로드먼의 방북이 북한 주민들로부터 폭넓은 환영을 받은 것은 아니었다. 일행이 평양에 도착한 직후 '냉정한 인상'의 여성이 모지카 국장만 따로 검정 리무진 뒷좌석에 태웠다. 그녀는 완벽한 영어로 모지카 국장에게 그가 전에 북한 강제노동수용소에 관해 내보낸 방송이 맘에 들지 않았다는 말을 했다. 바이스 뉴스도 그래서 맘에 안 든다고 했다. 자기는 이번 방문에 반대 의견을 냈지만 받아들여지지 않았다는 말도 했다. [4]

모지카는 내게 그 이야기를 하며 사진을 꺼내놓고 그 여성이 누구인지 가리켜 주었다. 사진을 보고 나는 누군지 금방 알 수 있었다. 바로 최선희였다. 북한정권에서 상당히 영향력이 센 여성으로 당시 직책은 외무성 미국국장이었다. 10여 년 전 6자회담 당시 북한 측 수석대표의 통역을 맡은 이후 차근차근 요직으로 승진했다. 내각 총리를 지낸 최영림의 수양딸로 유명하며 김씨 일가와 가까운 집안이다. 몇 년 뒤 외무성 부상으로 승진했다. 이처럼 고위 외교관이 로드먼의 방문에 관여한다는 사실은 북한정권이 이 방문을 얼마나 중요하게 보고 있는지 말해 준다. 최선희는 방문단 농구선수들 통역도 맡아서 해주었다.

사실 미국인들을 평양에 불러들인다는 것은 상당히 복잡한 문제이다. 북한은 70여 년 동안 미국에 대한 적개심을 분출해 왔다. 미국에서는 한국전쟁에 대한 기억이 거의 잊혔지만, 북한에서는 전쟁이 남긴 폐허의 상흔이 아직도 국민들의 뇌리에 깊이 새겨져 있다.

북한정권은 엉망이 된 경제의 책임을 미국에게 돌렸고, 내부 통제를 강화할 때도 미국을 희생양으로 내세웠다. 초등학생들은 평양의 조국해방전쟁 승리기념관이나 평양 남쪽에 있는 신천박물관으로 야외소풍을 간다. 신천박물관은 한국전쟁 당시 미군의 만행을 고발하기 위해 만든 곳으로 금발에 창백한 피부, 엄청나게 큰 코를 가진 '승냥이 미제 살인귀들'이 북한 주민을 잔인한 방법으로 고문하고 죽이는 장면들이 그려져 있다. 그림 속에서 미군들은 여성의 머리에 못을 박고, 어린이들을 창검으로 찔러 죽였다. 갓난아이들을 군화발로 짓밟아 죽이고, 사람들을 밧줄로 묶어 우물에 빠트려 죽이기도 했다. 신천박물관에는 이런 그림들과 함께 어린이들이 울부짖는 소리를 음향으로 틀어놓았다.

한국전쟁 당시 신천 지역에서는 양측 사이에 전투가 있었고, 사망자도 있었다. 그런데 북한 당국은 이를 크게 부풀리고 왜곡해서 무려 3만 5,000명의 '순교자'가 미군이 저지른 학살 만행으로 희생당했다고 억지주장을 한다.

김정은은 2011년 말 권력을 물려받은 뒤 여러 차례 신천박물관을 찾았다. 한 번은 이곳에서 신천박물관이 '반미 계급 교육의 중심'이 되도록 확장하라고 지시했다. 이곳은 북한정권이 미국에 대한 적개심과 두려움을 고취시켜서 이를 주민들을 결집시키는 데 이용하는 전형적인 사례이다. 아주 작은 진실 한 조각을 이데올로기 선전 목적으로 과장해 거대한 거짓의 산을 만든 것이다.

평양에 나타난 미제 승냥이들

그래서 2013년 3월 1일 북한 주민들은 아침에 일어나 당 기관지 노동신문 1면에 실린 경애하는 지도자 동지가 미국인 남자와 함께 앉아서 찍은 사진을 보고 매우 혼란스러웠다. 더구나 그 미국인은 감히 지도자 동지 앞에서 불경스럽게 모자에 선글라스까지 끼고 있었다.

로드먼 일행은 엄청나게 추운 2013년 2월 마지막 날 평양에 도착했다. 김정은이 지도자 자리에 오른 지 14개월째 접어든 때였다. 로드먼 일행은 농구 캠프를 열고, 친선 시범게임도 할 계획이었다. 1만 석 규모의 평양 류경정주영체육관에 도착하니 18세 미만 국가대표팀이 일행을 기다리고 있었다. 관람석은 텅 비어 있었지만 북한정권은 이 시범경기를 진지하게 생각하고 있음이 분명했다.

이튿날 로드먼과 글로브트로터스 선수들은 시범경기를 하기 위해 다시 체육관에 모습을 나타냈다. 이날은 관중석에 수천 명이 모여 이들이 나타나기를 기다리고 있었다. 그러다 갑자기, 그리고 일제히 모든 사람들이 일어나 박수를 치고 '만세!'를 외치기 시작했다. 그분이 나타난 것이다.

"나는 그곳 벤치에 앉아 있었는데, 갑자기 그가 걸어 들어왔어요. 땅 딸막하게 생긴 사나이였습니다." 로드먼은 당시를 생각하며 이렇게 말했다. "세상에, 아니, 저게 누구야? 이 나라 대통령 아니야? 그 사람이 자기 아내, 그리고 참모진들과 함께 걸어오는 것이었어요." [5]

검정 인민복 차림의 김정은이 아내 리설주와 함께 경기장 VIP석 있는 쪽을 향해 계단을 걸어 내려오고 있었다.

로드먼은 VIP석에서 그를 기다렸다. 이후 두 사람은 VIP석에 나란히 앉아 경기를 관람했다. '벌레' 로드먼은 짙은 선글라스에 USA가 새겨진 검정 모자, 그리고 양쪽 귀와 코, 입술 끝에는 반짝이는 링을 달고 있었다. 그는 김정은에게 다가가 악수를 나누었다.

얼굴 없는 아첨꾼들이 자기 앞에서 굽실거리는 것만 보아온 김정은에게 로드먼의 행동은 다소 생소한 것이었다. 관중들은 환호를 계속했다. "선수와 관중들 모두 우레 같은 환호를 보냈다. 김정은 동지가 자리를 함께 하신다는 사실에 모두들 엄청나게 들떴다." 국영 조선중앙통신은 이렇게 보도했다. 이 통신은 이어서 김정은이 로드먼에게 옆자리에 앉도록 "허락하시었다."고 보도했다.

북한 농구선수들도 함께 박수를 쳤다. 하지만 표정에는 긴장한 기색이 역력했다.

"조선 인민 모두가 원수님을 존경하고, 보고 싶어 합니다." 북한 대표팀 선수인 표현철은 이렇게 말했다. 그는 김정은을 군대계급인 원수로 불렀다. "원수님이 계시는 장소에 함께 있다는 게 말로 이루 표현할 수 없을 만큼 기분이 좋습니다. 경기를 잘하고 싶습니다. 더 이상 바랄 게 없습니다."[6] 경기는 양 팀에 미국 선수와 북한 선수가 섞여서 뛰는 혼합 경기방식으로 진행됐다.[7] 경기가 시작되자 선수들 모두 약간 느슨하게 움직였다. 글로브트로터스 선수들은 바스켓 위에 올라가고 링에 거꾸로 매달리는 등 다양한 묘기를 선보였다.

그러는 가운데 모지카 국장과 시카고에서 펑크 밴드를 같이 하던 시절부터 친구 사이인 마크 바틀레미Mark Barthelemy가 카메라를 김정은 있는 곳을 향해 돌렸다. 바틀레미는 한국어도 유창하게 구사한다. 그런데 놀랍게도 젊은 독재자가 카메라 렌즈를 똑바로 쳐다보는 것이었다. 바틀레미는 카메라에서 눈을 떼고 그를 쳐다보았다. 그랬더니 김정은이 손을 살짝 흔들어 보였다. 그러면서 옆자리의 아내 리설주를 쿡 찔렀다. 바틀레미는 하루 종일 놀라운 일의 연속이었지만 그 중에서도 제일 놀라운 순간이었다고 했다. 독재자 김정은이 장난스런 모습을 보여준 것이었다.

4쿼터에 들어서며 경기는 진지하게 진행됐다. 김정은은 통역을 통해 로드먼과 경기 내용에 대해 진지한 표정으로 이야기를 나누었다. 고개를 끄덕이기도 하고, 이리저리 손짓을 해가며 대화를 이어갔다. 마치 어울리지 않는 친구 두 명이 뉴욕 닉스팀 경기를 보며 이야기를 나누는 것 같았다.

양 팀 경기는 놀랍게도 연장전 없이 110대 110으로 끝났다. 완벽하게 외교적인 스코어였다. 로드먼이 일어나서 인사말을 했다. 먼저 그 자리에 올 수 있게 해주어서 무한한 영광으로 생각한다고 김정은에게 감사

인사를 했다. 김정은은 표정 없이 가만히 앉아서 관중석을 둘러보았다. '벌레'가 다음에 무슨 말을 할지 걱정되는 것처럼 보이기도 했다.

하지만 로드먼은 외교적인 발언을 이어갔다. 그는 미국과 북한 두 나라 사이가 좋지 않아 유감이라며 자신이 양측을 잇는 가교 역할을 하겠다고 했다. 그는 김정은에게 허리를 굽혀 인사하며 "각하, 감사합니다. 각하는 이제 평생의 친구를 얻었습니다."라고 말했다.

김정은은 그곳에서 꼬박 두 시간을 보내고 경기장을 떠났다. 모두들 안도의 숨을 내쉬었다. 하지만 안심하기에는 너무 일렀다. 방문단을 안내하는 사람들이 중요한 일정이 있다며 로드먼 일행을 급히 경기장 밖으로 데리고 나왔다.

안내원이 두꺼운 흰색 종이로 만든 리셉션 초청장을 바이스 뉴스 측에 가져왔다. 자세한 내용은 적혀 있지 않았고, 참석자들은 복장을 갖춰 입도록 하고, 리셉션 장에는 아무 것도 가져올 수 없다는 구두 안내만 해주었다. 전화기, 카메라, 필기도구를 비롯해 아무 것도 안 된다고 했다. 김정은을 만나러 가는 게 분명했다.

평양 시내를 가로질러 공원을 지나고, 불필요하게 이리저리 우회로를 돌아서 커다란 흰색 건물로 들어섰다. 일행은 금속탐지기와 검색봉까지 동원된 국제공항급 보안검색을 받은 다음 오픈 바가 마련된 로비로 안내되어 갔다.

이어서 커다란 대리석 방으로 들어갔는데, 흰색보로 덮인 테이블과 흰색 의자들이 놓여 있었다. 김정은은 미리 와서 기다리고 있다가 사람들이 도착하는 대로 일렬로 한 명씩 인사를 받았다. 마치 결혼식장의 하객 맞이 같은 분위기였다.

로드먼은 선글라스와 야구모자는 계속 쓰고 있었지만 나름대로 턱시도를 갖춰 입었다. 평소에 입는 회색 티셔츠 위에 검정 양복을 걸쳐 입은 것이다. 분홍과 흰색으로 멋을 낸 손톱에 맞춰 목에는 짙은 분홍색 스카프를 둘렀다.

테이블에 자리를 잡고 앉은 사람들은 하나같이 환하게 웃고 있었다. 테이블은 야채를 정교하게 깎아 만든 조각들로 장식해 놓았다. 호박을 깎아 큰 꽃을 만들고, 하얀 무 같은 것을 깎아 새를 만들어 수박 위에 앉혀 놓았다. 만찬요리는 캐비어와 스시를 포함해 10가지 코스로 나왔다. 프랑스 포도주와 싱가포르 타이거 맥주도 있었다. 미제국주의자들의 음료인 코카콜라도 제공되었다.

김정은과 로드먼은 만찬 내내 이야기를 주고받았다. 통역이 있었지만 로드먼이 하는 말 가운데 몇 마디는 분명히 알아듣는 것 같았다. 김정은은 만찬 시작 때 건배를 제안하며 작은 소주잔을 로드먼과 부딪쳤다. 리설주는 독한 소주 대신 레드 와인을 마셨다.

그런 다음 로드먼이 건배사를 장황하게 늘어놓고는 이렇게 마무리했다. "원수님, 원수님의 아버지와 할아버지가 말도 안 되는 짓을 좀 했습니다. 하지만 원수님이 이제 변화를 통해 그걸 바로잡으려고 노력하고 있습니다. 그래서 나는 원수님을 좋아합니다." 모두가 숨을 죽이며 긴장했다. 이어서 김정은이 잔을 높이 들며 웃어 보였다.[8] 휴우.

조금 뒤 리설주 맞은편에 앉은 남자가 일어서더니 이렇게 서로 만나서 알게 되니 얼마나 좋으냐며 건배를 제의했다. 그 말에 김정은이 눈을 부라리며 언짢은 표정을 지었다. "말 많은 늙은이가 또 그따위 잔소리 같은 말을 늘어놓느냐라고 핀잔을 주는 것 같았다." 모지카는 당시 장면을 떠올리며 이렇게 말했다. 사진을 펴놓고 확인해 보니 내 짐작이 들어맞았다. 그 늙은 수다쟁이는 바로 김정은의 고모부 장성택이었다.

그날 저녁은 대체로 참석자 모두가 웃으며 행복한 시간을 보냈다. 계속 건배가 이어졌고, 모지카는 소주의 힘을 빌려 김정은에게 뉴욕에도 한 번 오시라고 청했다.

그런 다음 그는 잔을 들어서 한 모금 홀짝 마셨다. 그랬더니 갑자기 젊은 독재자가 소리를 버럭 지르더니 손짓을 해대며 뭐라고 하는 것이었다. 순간 모지카는 자기가 무슨 큰 실수를 한 게 아닌가 하는 생각이 들었다. 그때 통역이 끼어들며 이렇게 말했다. "바텀 업!"Bottoms up 잔을 비우면 웨이트리스가 얼른 와서 다시 채웠다. 와인 잔 채우듯이 저녁 내내 그런 식으로 잔이 비면 채웠다.

"그건 지도자의 명령이었어요." 몇 년 뒤 그날 저녁 이야기를 듣기 위해 브루클린으로 찾아갔을 때 모지카는 내게 이렇게 말했다. "사악한 독재자가 나에게 원샷으로 잔을 비우라고 명령하면 나는 꼼짝없이 잔을 비웠습니다."

그는 머리가 어질어질했지만 마이크를 잡고 혀꼬부라진 소리로 이렇게 말했다. "이런 식으로 자꾸 술을 먹이시면 나중에 옷을 홀랑 다 벗어버릴 겁니다." 그 말에 최선희가 얼굴에 대단히 불쾌한 기색을 나타냈다. 통역이 모지카가 한 말을 그대로 전달했더니 김정은은 폭소를 터뜨렸다. 그렇게 파티는 무르익었다.

무대 커튼이 올라가고 모란봉악단이 등장했다. 북한 스파이스 걸스로 불리기도 하는 걸 그룹이다. 흰색 재킷과 스커트를 갖춰 입은 여성 악단이 '록키'Rocky 테마 뮤직을 연주했다. 무릎 위까지 오는 스커트를 입었는데, 북한 기준으로는 낯뜨거울 정도로 짧은 것이었다. 이들은 전자기타와 전자 바이올린, 드럼 세트, 그리고 음성합성장치 신시사이저synthesizer까지 갖추고 있었다. .

마신 소주가 효과를 나타내기 시작했다. 김정은의 얼굴이 차츰 붉어지고 웃음소리도 커졌다. 심한 흡연으로 탈색된 치아를 드러내놓고 계속 웃음을 터뜨렸다. 모지카가 대충 세어 봐도 위대한 계승자 동지께서 소주를 열댓 잔은 마신 것 같았다. 바이스 뉴스 보도국장의 표현에 따르면 참석한 모두가 "술에 완전히 절었다."

어느 순간 글로버트로터스 선수들이 무대 위로 올라가더니 모란봉 여성단원들과 손을 잡고 몸을 흔들기 시작했다. 조금 뒤 로드먼이 마이크를 잡고 '마이 웨이'My Way를 부르자 마크 바틀레미가 색소폰으로 반주를 넣었다. 케니 지Kenny G. 기분이라도 내는 것처럼 두 눈을 지그시 감고 몸을 앞뒤로 흔들면서 분위기를 잡았다.

로드먼이 분위기가 너무 과열됐다 싶어서 모지카를 발로 툭 건드렸다. 모지카도 그때서야 자신들이 하는 행동이 도가 지나쳤다는 생각이 들었다. 국제적으로 소문난 악동이 진정하라는 말을 할 정도면 분위기가 너무 나간 것이 맞다.

모지카는 그 외 나머지 일들은 뚜렷하게 기억이 나지 않는나고 했다. "만약 내가 훌륭한 저널리스트였다면 정신을 바짝 차리고 눈앞에 벌어지는 일을 빠짐없이 기억하려고 했을 겁니다." 그는 그날 저녁 일에 대해 이렇게 말했다. "하지만 우리 일행 모두가 파티 분위기에 취해서 정신줄을 놓았어요."

몇 시간에 걸쳐 시끌벅적한 파티가 이어졌고, 마침내 김정은이 일어서서 마지막 건배를 하자고 제의했다. 그는 그날 만찬이 "두 나라 국민 간의 상호이해를 증진시키는 데 기여했다."고 했다.

김정은은 로드먼과 포옹을 나누면서 환한 웃음을 지으며 그의 등을 두드려 주었다. 이 장면은 북한 텔레비전에서는 방영되지 않았다. 그렇게 해서 김정은은 시카고 불스의 한물 간 스타와 친구가 되었다.

모란봉악단 불러놓고 질펀한 술판

놀랍게도 데니스 로드먼은 그날 저녁 평양에서 벌인 요란한 술 파티에서 김정은과 한 약속을 실제로 지켰다.

그로부터 7개월 뒤 그는 그 약속에 따라 평양을 다시 찾아갔다. 이번에는 더 특이한 패거리들과 함께 갔다. 근육질의 개인 조수인 크리스 '보' 볼로Chris 'Vo' Volo를 데려갔고, 컬럼비아대 유전학자인 조 터윌리거 Joe Terwilliger 박사도 함께 갔는데, 그도 대단히 별난 사람이다. 튜바를 전문가 수준으로 연주하고, 에이브러햄 링컨 흉내를 잘 내며, 아미시Amish 스타일 턱수염을 기르고, 핀란드어를 구사하며, 핫도그 먹기 챔피언이기도 하다.

유전학자로서 터윌리거 박사는 한국인 디아스포라를 연구했다. 한국 말을 조금 할 줄 알고, 한국과 미국의 기독교인들이 설립한 사단법인 동북아교육문화협력재단이 운영하는 민간 교육기관인 평양과학기술대에서 가르치기도 했다.

그는 로드먼이 평양을 다시 방문하려고 한다는 말을 듣자 자선 경매에서 2,500달러를 걸고 로드먼과 함께 농구경기를 할 기회를 따냈다. 농구 코트에서 그는 자신이 한국 전문가로서 로드먼을 도와줄 수 있을 것이라고 말했다. 그렇게 해서 그는 북한 방문팀에 포함되었다. 하지만 평양 가는 길은 쉽게 열리지 않았다. 그러다 터윌리거 박사는 평양에서 알게 된 캐나다인 남성에게 전화를 걸었다. 그 남성은 마이클 스페이버 Michael Spavor로 중국 북부에 살며 북한을 방문하는 학술 대표단과 비즈니스 대표단을 인솔해 들어가는 일을 했다.

마침내 9월에 이들 네 명은 평양에 도착했다. 평양에서 김정은의 전용 헬기에 올랐는데 헬기에는 편한 의자 여러 개와 재떨이로 쓰는 나무 탁자 한 개가 갖춰져 있었다. 그들은 헬기를 타고 김씨 일가의 해안 별장이 있는 원산으로 갔다. 헬기는 별장 구역 안에 착륙했다.

로드먼은 별장 시설이 마음에 들었다고 했다. "모든 게 오성급, 육성급, 칠성급 수준이었다. 매일 매일 재미있었다. 놀거리가 너무 많아 재미있게 놀았다. 정말 편하게 쉬었다. 모든 게 너무도 완벽했다."[9]

텔레비전으로 중계하는 농구경기도 일정에 없고, 형식을 갖춘 모임도 없었다. 그저 대궐 같은 해안 별장에서 신나게 놀기만 했다.

김정은은 로드먼 일행을 나무 패널로 실내장식을 한 150피트짜리 보트로 초대했다. 아버지 김정일이 타던 보트였다. 김정은도 시가 700만 달러인 95피트 요트가 있었는데, 그 배는 원산 지역에 있는 특별 실내 부두에 정박해 두고 있었다.

그들은 갑판에서 롱아일랜드 아이스티를 마셨다. 제트 스키를 타고 해안선을 따라 레이스를 펼쳤는데 항상 김정은이 이겼다. 그가 모는 제트 스키가 제일 강력한 엔진을 장착하고 있었기 때문이다. 젊은 지도자는 해변 가까이 다가가고, 파도를 타고 넘는 스릴을 즐겼다.

아내 리설주도 함께 갔는데 토실토실한 딸아이 주애를 안고 왔다. 김정은의 형제들도 함께 왔다. 친형 정철은 손님들과 영어로 대화하고, 길이 200피트짜리 선상 수영장 플로팅 풀 보트floating pool boat 있는 곳까지 함께 제트 스키를 타고 갔다. 워터 슬라이드까지 갖춰져 있는 선상 수영장은 해안에 정박해 있었다.

여동생 김여정도 함께 갔다. 그녀는 대학에서 엔지니어링을 전공했다는 말을 들었다. 이후 여러 해 지나는 동안 김여정은 오빠가 이끄는 정권에서 점차 중요한 직책을 맡았다. 그녀는 김정은이 가장 신임하는 보좌관이고, 오빠와 관련된 모든 일을 꼼꼼히 다 챙긴다. 하지만 그날 김여정은 빨간 수영복 차림으로 해변에 앉아 사람들이 노는 것을 보며 일광욕을 즐겼다. 모란봉악단 여성 단원들도 함께 와서 제트 스키를 탔는데, 남자 손님들은 내내 그 여성들에게서 눈길을 떼지 못했다.

하루는 김정은이 로드먼 일행을 데리고 승마를 하러 나갔다. 로드먼이 백마를 타고 찍은 사진이 있는데, 사진 속에서 그는 신발을 벗고 분홍색 양말을 신은 발을 등자에 끼워 놓고 있다.

저녁에는 호화로운 만찬과 음주, 떠들썩한 술자리가 벌어졌다. 모란봉악단 여성들도 끝까지 자리를 함께 했다. 바로 전 달 한국 언론들이 처형당했다고 보도한 미모의 현송월 단장은 "9월에 있었던 그 술 파티에서 우리를 접대하며 앞장서서 분위기를 이끌었다." 터윌리거 박사는 당시 분위기를 이렇게 말했다. "마치 처형당한 자신을 애도라도 하는 사람처럼 술을 많이 마셨다."

밴드가 우렁차게 연주를 시작하자 터윌리거 박사는 북한 가요 '내 조국이 최고예요'를 불렀다. 로드먼은 팔의 문신이 다 드러나는 회색 조끼 차림으로 자신의 가라오케 18번곡 '마이 웨이'My Way를 큰소리로 열창했다. 로드먼이 전하는 말에 의하면 김정은은 자기 차례가 오자 미국의 소울 가수 제임스 브라운James Brown의 대표곡 가운데 하나인 '겟 온 업'Get on Up을 불러 보려고 시도했다.

그 두 번째 방문 때 김정은은 로드먼에게 자기는 할렘 글로브트로터스의 묘기 농구를 싫어한다는 말을 했다. 그러면서 자기는 농구를 진지한 운동이라고 생각한다면서 진짜 농구 경기를 보고 싶다고 했다. 김정은이 하는 말을 듣고 로드먼은 그러면 '진짜 농구 경기'를 한번 해보자고 제안했다. 로드먼은 김정은의 생일이 1월에 있다는 것을 알고 생일에 맞춰 진짜 농구 경기를 한다면 그보다 더 좋은 생일선물이 없을 것이라고 생각했다.

곧바로 준비에 들어갔다. 로드먼은 왕년의 NBA 스타들과 대결을 펼칠 북한팀 선수들을 선발하기 위해 일행과 힘께 12월에 다시 평양을 방문했다. 하지만 그 시기 선택은 최악이었다.

김정은이 고모부 장성택을 처형하라고 지시한 지 불과 한 달도 지나지 않은 때였다. 자신의 권력을 지키려고 가족을 죽인 잔혹한 독재자에 대해 외부 세계에서 격한 비난 여론이 계속되는 그 시기에 로드먼 일행은 평양에 있는 볼링장에서 시시덕거리고 있었다. 조국 해방전쟁 승리 기념관에 가서 북한군에 의해 격추된 미군용기들의 잔해를 구경하기도 했다.

미국 내에서 비판 여론이 거세졌다. 로드먼의 평양 농구 경기를 후원하려고 했던 아일랜드 도박회사는 후원계획을 철회했다. 참가를 약속했던 NBA 출신 선수들 가운데서도 이탈자가 생겨났다. 일정은 예정대로 추진되었지만 시작부터 문제가 이만저만이 아니었다.

성인이 된 이후 내내 음주 때문에 어려움에 시달렸던 로드먼은 베이징에서 평양으로 가는 비행기 안에서부터 술을 마시기 시작해 비행기에서 내린 다음에도 계속 마셨다. 다른 NBA 선수 출신들도 불안감이 커졌다. 자기들이 독재자의 생일을 축하하는 경기를 하는 데 대해 비난하는 여론이 많다는 소식이 고국에서 들려왔다. 몇몇 선수들은 선수단에서 빠지겠다는 의사를 밝혔다. 경기가 제대로 열릴 수 있을지 의문이었다. 어쨌든 경기는 예정대로 진행하기로 했다. 거기까지 가서 멈출 수는 없는 노릇이었다.

김정은이 30번째 생일을 맞는 2014년 1월 8일, 왕년의 NBA 스타였던 선수들이 경기장으로 입장하기 위해 출입구 터널에서 대기하고 있었다. 스타디움을 꽉 메운 북한 관중들이 외치는 함성과 '만세!' 소리가 마치 천둥소리처럼 다시 울려 퍼졌다. 함성은 그들의 지도자 김정은이 경기장 안으로 들어서는 순간 완벽하게 한 목소리로 터져 나왔다. 세상의 그 어떤 농구 경기보다도 특별한 경기가 될 것이 분명해 보였다.

선수들이 경기장에 입장해 일렬로 서자 로드먼이 앞으로 나왔다. 모자를 쓰지 않고 선글라스도 벗은 모습이었다. 그는 김정은을 향해 허리를 굽혀 인사를 올렸다. 그리고는 마이크를 잡고 바깥세상 사람들이 이번 행사와 김정은 원수에 대해 '다른 생각'을 갖고 있다는 사실을 언급했다. 그의 이 말은 아마도 그동안 북한 땅에서 사람들이 공개적으로 한 말 중에서 가장 반역적인 말일지도 모른다. 북한 사람들은 원수님에 대해 한 가지 생각만 할 수 있다. 그분은 신격화된 존재라는 사실이다. 다른 견해는 용납되지 않았다.

김정은은 의자에 앉아 뒤로 비스듬히 기댄 채 경기장을 훑어보고 있었다. 저자가 도대체 무슨 말을 하려는 건지 궁금해 하는 게 분명했다. 로드먼은 이렇게 말을 이었다. "맞습니다. 그분은 위대한 지도자입니다. 그분은 이곳에 모인 여러분을 위해 일하십니다. 여러분은 원수님을 너무도 사랑합니다." 이렇게 말을 마친 다음 그는 아무리 좋게 봐도 끔찍한 버전으로 '해피 버스데이 투유'를 불렀다.

조선중앙통신은 "로드먼이 북한 주민들이 김정은을 존경하는 것 같다고 말했다."고 보도하고 "김정은 원수를 존경하는 마음을 담아 생일 축하 노래를 불러 관중들에게 감동을 안겨주었다."고 했다.

놀라운 일은 계속 이어졌다. 미국 선수들은 자기들이 비록 나이가 들어 몸 상태가 예전 같지 않지만 그래도 자기들이 경기를 주도할 것이라고 생각했다.

하지만 날렵한 북한의 어린 선수들은 뛰어난 기량으로 전반전 내내 미국 선수들을 압도했다. 전반 두 쿼터를 마친 스코어는 45대 39로 북한팀이 앞섰다. 북한 선수들이 기량 면에서 앞서 있다던 미국 선수들보다 한 수 위의 기량을 보인 것이다.

1쿼터가 끝난 뒤 로드먼은 코트에 나와 허리 굽혀 인사한 다음 나와서 회색 양복으로 갈아입고 나와 거만한 자세로 앉아 있는 친구 옆자리에 가서 앉았다. 로드먼과 김정은은 2쿼터가 진행되는 동안 선수들의 플레이를 보며 열심히 대화를 주고받았다. 김정은은 그가 하는 말을 한마디도 놓치지 않으려는 듯 로드먼 쪽으로 몸을 기울인 채 귀를 기울였다. 수시로 미소를 짓고 웃음을 터트리고 하면서 경기가 끝날 때까지 만족스러운 표정을 유지했다. 경기가 끝난 뒤 관중들이 김정은 생일 축하 노래를 부르자 그는 자리에서 일어나 열광하는 관중들을 향해 손을 흔들어 보였다.

행사가 끝나고 로드먼은 경기장에 딸린 방 의자에 느긋하게 앉아 자신이 한 일이 믿겨지지 않는 듯 웃으며 이렇게 말했다. "세상에, 내가 그 망할 자식에게 to the fucker 생일 축하 노래를 다 불러주다니."

하지만 그날 그가 한 행동은 나중에 적지않은 후유증을 낳게 된다. 경기를 함께 보는 도중에 김정은은 로드먼과 그의 일행 중 일부를 마식령 스키장으로 초대해 주말을 함께 보내자고 했다. 마식령 스키장은 김정은의 지시로 건설된 대표적인 리조트 단지이다. 일행이 그곳에 도착해서 보니 김정은 가족들과 북한정권의 고위 인사들이 미리 와서 기다리고 있었다. 로키산맥 부근에서 자란 마이클 스페이버는 김정철, 김여정과 함께 스키를 탔다. 터월리거는 공기 튜브를 타다가 중심을 잃고 내달려 북한 사람 여러 명을 자빠뜨린 다음, 절벽 아래로 떨어지기 직전에 가까스로 멈춰섰다.

리조트에서는 군과 보안 분야 최고위 보좌관인 황병서가 내의 차림으로 김정은과 직접 연결되는 아날로그 직통전화 앞에서 몇 시간째 대기하고 있었다. 하지만 김정은은 주말 내내 모습을 나타내지 않았다.

로드먼과의 평생 우정은 보류된 것 같아 보였다.

THE
GREAT SUCCESSOR

PART 03
자신감

12장
오토 웜비어 죽음의 진실

김정은 동지는 백두에서 개척되고 승리적으로 전진해 온
주체의 혁명위업을 빛나게
계승 완성해 나가는 조선노동당과 인민의 최고 영도자이시다.

김영남 최고인민회의 상임위원장 2016년 5월 10일

김정은은 김정일이 사망한 2011년 12월 사실상 북한의 지도자가 되었다. 하지만 공식적으로 지도자가 된 것은 2016년 5월 초였다. 경애하는 지도자 동지는 이때 권력 장악에 대한 확고한 자신감을 보여주었다. 단일 지도체제를 공고히 하고 절대 권력을 장악했다. 무대는 노동당 제7차 당대회였다. 김씨 일가는 3대에 걸쳐 공산당 최고 권력기구인 이 당대회를 통해 국가 권력을 장악했다.

그 전 마지막으로 당대회가 열린 것은 1980년이었다. 김정은이 태어나기 4년 전이고, 그의 할아버지 김일성이 지도자 자리에 있던 때였다. 김정일은 당대회를 한 번도 개최하지 않았다. 새로 지도자가 된 김정은은 간부들을 한자리에 모으고 싶었다. 조선노동당이 이제 자기 것이라는 사실을 보여주고 싶었기 때문이다.

나는 당대회 개막 사흘 전 평양에 도착했다. 행사 기간 동안 나를 안내해 줄 안내원들이 기다리고 있었다. 북한정권이 정해서 보낸 사람들이었다. 중간 간부 두 명이었다. 장 선생은 배드 캅bad cop 역할을 맡았다. 내가 미리 정해진 일정을 조금이라도 벗어나려고 하면 어김없이 나서서 못하게 막았다. 반면에 박 선생은 쾌활한 굿 캅good cop 역할을 했다. 방문 기간 중 장 선생은 내가 질문을 너무 많이 한다고 불평하면서 나를 병원 병동이나 달팽이 농장 같은 곳으로 데려가 보여주려고 했다. 이런 곳을 방문하도록 일정이 만들어졌다. 그러면 박 선생은 빙그레 웃으며 현장 사진을 자기 스마트폰에 담기만 했다.

평양은 온통 축제 분위기였다. 신문들은 당대회를 앞두고 경제 분야의 성과 달성을 위해 벌인 '70일 전투'라는 속도전 소식을 대대적으로 싣고 있었다.

전국에서 도착하는 검은 인민복 차림의 당 간부와 황록색 군복을 입은 장교들이 평양역에서 몰려나왔다. 전국의 도로와 시가지, 농장과 공장에는 당대회 개최를 알리는 선전 현수막과 황금 망치, 낫, 붓이 그려진 붉은 노동당기가 나붙었다.

대회 공식 슬로건이 생소한 한국어로 울려 퍼졌고, 조선중앙통신에서 나누어주는 영어판 안내문에 적힌 구호도 어색하기는 마찬가지였다. '온실 채소 생산 운동에 박차를 가하여 전국을 들끓게 하자!', '소비재 문제에 결정적인 해결책을 마련하자!', '수소탄 실험에서 성공한 그 기세로

올해의 총진군을 힘 있게 다그쳐 나가자!'

축하 분위기의 중심에 누가 있는지는 두 말할 필요가 없었다. 대회 구호들은 전 국민이 '경애하는 최고사령관 김정은 동지'를 위해 온몸을 바쳐 싸울 것을 다짐하고 있었다. 모두가 그의 '흔들림 없이 충직한 젊은 전위대'가 되자고 맹세했다.

모든 선전 방법이 총동원되었다. 당대회 개막 전날 밤에는 대회 준비 상황을 최대한 가까이서, 아니면 조금이라도 더 가까이서 보여주기 위해 기자들을 대회장인 4·25 문화회관으로 데려갔다. 돌기둥이 일렬로 늘어선 전형적인 사회주의 외관의 콜로네이드 건물이었다.

당대회 이틀째 되는 날 나는 북한 당국이 외신기자들을 위해 47층짜리 양각도호텔에 마련해 놓은 프레스센터의 내 컴퓨터 앞에 앉아 있었다. 평양 시내를 흐르는 대동강 한가운데 있는 섬에 세워진 호텔은 북한 당국이 외신기자들을 꼼짝 못하게 묶어놓기 위해 즐겨 이용하는 곳이다.

우리는 그곳을 알카트라스Alcatraz 형무소라고 불렀다. 그들은 외국인 방문객들이 무슨 일이 있어도 호텔을 떠나지 못하게 막으려고 했다. 지하에 카지노가 한 곳 있고, 꼭대기 층에는 회전식 전망 레스토랑이 있는데 돌지는 않았다. 예전에는 평양 시내를 두루 볼 수 있도록 돌았다고 하는데 모터가 고장 나 사람들이 걸어 다녀야 했다. 편의점에는 맛이 아주 괜찮은 맥주와 꼭 톱밥으로 만든 것 같은 비스킷, 북한산 '네오 비아그라' 등이 진열돼 있었다.

프레스센터 한 중앙에 설치해 놓은 여러 대의 대형 스크린을 통해 김정은이 대회장 단상으로 걸어 나오는 모습을 지켜보았다. 단상 바닥은 사회주의의 영광을 상징하는 붉은색으로 장식됐다. 단상의 김정은과 그의 측근들이 앉는 의자도 붉은색, 단상 아래 의자도 모두 붉은색이다. 노동당 휘장이 새겨진 붉은 깃발, 붉은 현수막들이 '일심단결'의 각오를 과시하고 있었다.

이날 김정은은 무대 뒤쪽 벽에 아버지 김정일과 나란히 걸린 초상화 속 할아버지 김일성처럼 짙은 양복에 회색 넥타이 차림을 했다.

대부분이 김정은보다 나이가 두 배 쯤 많은 3,467명의 대의원들이 모두 일어나 박수를 쳤다. 몇 시간은 칠 것 같은 기세였다. 군 최고위 간부들은 가슴부터 허리까지 치렁치렁 훈장을 달고 있었다. 무대 위에서는 88세의 명목상 국가수반인 김영남 상임위원장이 김정은 쪽으로 몸을 돌려 박수를 쳤다. 그는 김정은이 태어나기도 전에 이미 부총리에 오른 사람이다.

단상의 김정은은 한 손을 내밀어 조용히 하라는 제스처를 취해 보였다. 자신을 향한 열정을 진정시키려는 것 같았다. 하지만 대의원들은 그럴수록 박수와 환호를 더 보내야 한다는 사실을 잘 알고 있었다.

그의 나이 32세였다. 하지만 이제는 대의원들 앞에서 당당하게 자신이 지도자임을 선언할 만큼 권력을 장악했다. 그는 1만 4,000 단어에 달하는 매우 긴 연설을 하면서 몇 개월 전에 감행한 핵실험이 국력을 빛냈다고 역설했다.

경제발전 5개년계획도 발표했다. 자기 책임 아래 경제 강국 건설을 이룩하겠다는 계획이었다. 주민들이 심각하게 시달리고 있는 식량 부족과 에너지 부족 사태를 강조하며 이를 해결하기 위해 노력하겠다는 약속도 했다. 그는 집권 후 첫 연설을 한 2012년부터 주민들의 삶을 개선하겠다는 약속을 되풀이해 왔다. "자본주의 자유와 개혁 개방이라는 추잡한 바람이 우리 이웃에 불고 있다."며 중국에 대해 못마땅한 소리도 했다. 이전 당대회 때와 달리 중국은 주요 관심에서 한발 옆으로 비켜나 있었다.

별로 놀랄 일은 아니지만 김정은은 당의 지도자로 재선출되었다. 그리고 직책이 노동당 제1비서에서 당위원장으로 격상됐다. 할아버지 김일성이 가졌던 직책이다. 또한 김정일 시대 때 군으로 넘어갔던 당의 핵심적인 지위를 할아버지 김일성 시절 때와 같은 '사회의 영도적 지위'로 회복시켰다.

자칫 군의 불만을 초래해 다른 나라들 같았으면 군부 쿠데타로 이어질 수도 있는 위험한 조치였다. 하지만 경제발전과 핵무기 개발을 동시에 추진하는 '병진노선'을 통해 당의 지위를 높인다고 해 군의 위상을 깎아내리지는 않았다.

위대한 계승자는 빈약한 자원을 핵무기와 미사일 개발에 투입함으로써 군이 불만을 가지지 않도록 해주어서 쿠데타를 방지하는 방식을 택했다. 그리고 핵과 미사일 개발을 책임진 장성들을 영웅으로 떠받들었다. 이들은 김정은이 참석한 대회에서 졸다가 적발되어서 고사포로 즉결 처형된 현영철 인민부력부장의 일을 기억하고 있다.

화려한 당대회 행사를 취재하면서 나는 김정은이 얼마나 침착한 사람인지 보고 놀랐다. 그는 주어진 일을 제대로 해낼 수 있을지 우려할 정도의 사람이 아니었다. 그는 회의적인 시각을 가진 외부 세계 사람들에게 그들의 생각이 틀렸음을 보여주었다. 있는지 모르지만 국내의 회의론자들도 마찬가지다. 그는 경쟁자를 얼마든지 숙청하고 처형할 수 있다는 것을 증명해 보였다. 그리고 경제발전과 핵 개발 두 분야 모두에서 용케 성과를 냈다. 당대회 몇 달 전에 실시한 핵실험은 그때까지 북한이 한 것 가운데서 최대 규모였다. 경제는 호황은 아니지만 4~5퍼센트 성장을 기록했는데, 수년 내 최고 기록이었다.

당대회 다음 달 김정은은 국방위원회를 폐지하고 대신 최고위 권력 및 정책 결정 국가기구로 국무위원회를 신설하고 자신이 국무위원장을 맡았다. 이로써 그는 명실상부한 북한 최고지도자가 되었다. 국방위원회는 1972년 김일성이 군과 국방 분야를 총괄하는 최고 국가기관으로 설치했다.

국내에서 입지를 굳힌 김정은은 국제적으로 자신의 능력을 보여주고 싶었다. 자신을 얕잡아보는 바깥세상 사람들의 코를 납작하게 만들어 줄 필요가 있었다. 그렇게 하는 데 핵 프로그램이 핵심 역할을 할 것이었다.

김정은은 2015년 말 집권 4주년에 맞춰 평양 중심지에 있는 평천혁명사적지를 방문했다. 김일성이 1945년 한반도 분단 직후 이곳의 사격장에서 기관단총 시험발사를 했다는 곳이다. 북한 혁명사와 군수산업 관련 기록에 자주 등장하는 곳이다.

나는 몇 달 뒤 그곳을 찾아가 김정은의 방문 사진들을 모아놓은 기념

전시실을 둘러보았다. 북한은 김씨 3대가 방문한 장소에는 모두 이렇게 전시실을 꾸며놓는다. 안내를 맡은 50세 전후의 한복 차림 여성에게 김정은 원수가 방문했을 때 이곳에서 근무하고 있었는지 물어보더니 그랬다고 했다. 그래서 김정은의 방문 당시 상황에 대해 좀 더 자세히 물어보려고 했더니 그녀는 갑자기 화를 버럭 내며 한 손을 번쩍 들어 나보고 나가라고 밀어내는 시늉을 했다.

김정은은 그날 이곳에서 사람들을 깜짝 놀라게 하는 큰일을 벌였다. 그는 건물 안에 있던 새로 개발한 소총을 살펴보고 나서 폭탄선언을 했다. 유적지 건물 바깥으로 나와 북한이 "강대한 핵보유국이 되었다."고 선언한 것이다. 그는 "나라의 자주권과 민족의 존엄을 굳건히 지키기 위해서라면 자위의 핵폭탄인 수소탄의 거대한 폭음을 올릴 태세가 되어 있다."고 말했다.

그는 이 자리에서 "해방 직후 근로자들이 자력으로 기관단총을 생산한 것과 같은 정신으로 싸운다면 어떤 적도 감히 우리에게 도발하지 못할 강대한 조국을 건설할 수 있다."고 강조했다. 옆에서 군 간부들은 그가 하는 말을 빠짐없이 수첩에 받아 적었다.

외부 세계는 그의 주장에 믿지 못하겠다는 반응을 보였다. 김정은은 권력을 물려받고 나서 2013년 초 단 한 차례 핵실험을 했고, 북한으로서는 세 번째 핵실험이었다. 비교적 소형인 단순한 형태의 원자폭탄이 터졌다. 북한의 핵기술능력에 큰 진전이 이루어지지는 않은 것으로 보였다.

정보기관과 핵전문가들은 수소폭탄 완성 주장을 북한의 전형적인 허풍이라고 평가절하했다. 수소폭탄을 만들려면 핵분열과 융합 기술을 모두 다 갖추어야 하는데 김정은 정권이 그럴 능력은 보유하지 않고 있다고 생각한 것이다.

한 달 뒤 김정은이 두 번째 핵실험을 단행하자 외부 세계의 이런 부정적인 평가가 입증되는 것 같았다. 북한은 실험한 것이 수소폭탄이라고 주장했지만 지진파를 관측한 외부 세계 전문가들은 특별할 게 없는 평범한 원자폭탄으로 보았다. 폭발규모가 약 6킬로톤으로 2013년 핵실험 때와 비슷했다.

1945년 미국이 히로시마에 투하한 원자폭탄 '리틀 보이'Little Boy의 폭발규모는 15킬로톤, 며칠 뒤 나가사키에 투하한 '팻맨'Fat Man의 폭발규모는 20킬로톤이었다. 하지만 그런 평가절하는 오판이었다. 희망사항이 반영된 평가였던 것이다.

사이버 전사들

위대한 계승자는 기존의 군대와 전혀 다른 새로운 종류의 군대를 양성하고 있었다. 바로 사이버 전사들이다. 외부 세계는 북한의 핵무기 기술을 평가절하한 것과 마찬가지로 상당한 수준에 이른 북한의 해킹 기술도 2류로 간주했다

북한 해커들은 여러 해 동안 인터넷에 출몰했지만 사람들을 크게 긴장시킬 정도의 수준은 아니었다. 2009년 암호명 '다크서울'DarkSeoul Gang

을 사용하는 단체가 서울의 금융기관과 텔레비전 방송국을 공격했다. 정보를 빼내가려는 목적으로 시도되었지만 혼란만 초래하는 선에 그친 공격이었다.

이러한 북한의 해킹 활동은 김정은이 권력을 물려받은 뒤부터 기하급수적으로 늘어났다. 한국 관리들의 말에 따르면 현재 한국을 겨냥한 북한의 해킹 시도 건수는 하루 150만 건에 달하며, 이는 초당 17건씩 해킹 공격이 이루어진다는 말이다.[1]

주한미군사령관은 북한이 사이버 공격을 통해 비대칭 전력을 증강하고 있다고 말했다.[2] 2014년 말, 북한은 이러한 주장을 뒷받침하듯 깜짝 놀랄 정도의 사이버 공격을 감행했다. 첫 번째 목표는 소니 엔터테인먼트Sony Entertainment였다. 마지막 장면에서 김정은이 최후를 맞는 영화 '인터뷰'The Interview를 제작한 데 대한 보복 해킹이었다. 케이티 페리 Katy Perry가 부르는 '파이어웍스'Fireworks가 배경음악으로 흐르는 가운데 김정은이 탄 헬기는 미사일에 맞아 화염에 휩싸인다.

2014년 6월 이 영화가 제작돼 상영에 들어간다는 뉴스가 나왔을 때 북한정권은 최고지도자 암살 장면을 담은 영화를 만든 데 대해 격분했고, 영화가 상영되면 소니 측에 '무자비한 보복'을 가하겠다고 경고했다.

상영 예정일을 한 달 앞둔 성탄절, 평화의 수호자Guardians of Peace라는 정체불명의 단체가 소니 직원들에게 악성 소프트웨어가 실린 이메일을 보냈고, 일부 직원들이 메일함을 열어 보았다. 그런 식으로 해킹에 노출된 소니는 사상 유례 없는 일대 혼란에 휩싸였다. 정보들이 모두 삭제되고, 임금 내역과 임원들 사이에 오간 시시껄렁한 이메일 내용까지 유출

되었다. 해킹을 가한 단체는 이어서 영화 '인터뷰'를 상영하는 극장들을 상대로 9/11 같은 형태의 테러공격을 감행할 것이라고 협박했다. 그러자 대형 영화관 체인들이 영화 상영 계획을 잇달아 취소했다.

미국 연방수사국FBI은 테러 공격의 주체가 북한임을 보여주는 명백한 증거가 있다고 밝혔다. 미국 법무부는 해킹 공격을 가한 북한 정찰총국 소속 북한인 1명을 기소했다. 북한의 정보공작 기관인 군 정찰총국은 산하에 해커 전문 부대인 '121부대'를 운용한다.

북한 당국은 소니 해킹이 자국 해커들의 소행이 아니라고 하면서도 해킹은 정당한 행위였다고 주장했다. 국제적으로 두 번의 대담한 해킹 공격을 감행한 나사로 그룹Lazarus Group 멤버들도 북한인들이었다. 첫 번째 공격은 2016년 방글라데시 중앙은행 직원으로 위장해서 국제은행간 통신협회SWIFT 망을 해킹해 10억 달러를 불법이체 하려고 한 것이었다. 스펠을 잘못 입력하는 바람에 공격이 도중에 저지되기는 했지만 8,100만 달러는 이미 빠져나간 뒤였다. FBI는 이 사건을 역사상 최대 규모의 사이버하이스트cyberheist로 규정했다.[3]

2017년에는 워너크라이WannaCry 2.0 랜섬웨어가 전 세계 150개국 23만 대가 넘는 컴퓨터를 감염시켰다. 해커들은 피해 컴퓨터에 데이터를 심은 뒤 이를 복구해 주는 대가로 돈을 요구하는 수법을 썼다. 영국 국립건강보험도 이 해킹 공격으로 마비됐다. 미국과 영국 모두 이 공격의 배후에 북한이 있다고 지목했으나 북한은 관여 사실을 부인했다. 하지만 해킹 기술 전문가들은 소스 코드와 IP 어드레스, 이메일 계정 등 북한이 배후에 있음을 보여주는 증거가 널렸다고 말한다.

북한 해커들은 한국군 데이터 망에도 침입해 235기가바이트 분량의 방대한 데이터를 훔쳐 갔다. 도둑맞은 정보 가운데는 김정은 '참수계획'이 포함된 전시비상계획도 들어 있다. 2018년 초에는 일본의 가상화폐 거래소 코인체크Coincheck가 5억 3,000만 달러 상당의 가상화폐를 도난당했는데, 북한 해커들의 소행일 가능성이 높은 것으로 파악됐다.

사건이 거듭되면서 해커들의 수법이 점점 더 정교하고 치밀해지고 있음을 알 수 있다. 북한 정찰총국 소속 해커들이 2016년부터 2018년 사이 100곳이 넘는 금융기관과 가상화폐거래소를 공격해서 그 과정에 6억 5,000만 달러가 넘는 금액을 훔쳐갔다는 통계가 있다.[4]

북한정권은 실제로 엘리트 해커를 양성해 정찰총국 산하 121 부대에 배치한다. 북한에서는 과학에 재능이 있는 학생들을 11세 전후부터 선발해 특수 전문학교를 거쳐 평양에 있는 지휘 자동화대학에 보내 전문 해커로 양성한다. 이 대학의 공식 명칭은 조선인민군정치군사대이며 컴퓨터를 전문으로 가르치는 군사 교육기관이다.

이들은 5년 동안 해킹기술과 컴퓨터 바이러스 만드는 법을 배운다. 학생들은 '해커톤'hackathons을 통해 문제해결의 아이디어를 도출하고, 극도의 압박감 속에 사이버 공격 시 제기되는 문제점들을 해결해 나가는 훈련을 한다. "6개월 동안 밤낮으로 해커톤 준비에 매달립니다." 지휘 자동화대학 출신의 탈북자는 이렇게 말했다.[5]

2018년 인도의 한 소프트웨어 회사가 주최한 인터넷 프로그램 경연인 코드쉐프CodeChef에서는 평양의 북한 대학생들이 계속 선두를 달렸고, 1등도 여러 번 차지했다. 북한에서 대학을 다닌 또 다른 학생은 북한에서는 해킹을 가장 막강한 무기로 생각한다고 말했다. 그리고 북한에서는 해킹을 '비밀 전쟁'이라고 부른다고도 했다.[6]

미국 정보기관 통계에 따르면 해외에 거주하거나 해외에서 활동하는 북한 사이버 요원은 1,000명이 넘는다. 이들은 인터넷 접근이 유리한 해외에 머물며 해킹활동을 주로 하는데, 이들이 활동하는 지역은 대부분 중국이고 러시아, 말레이시아에서도 일부가 활동하고 있다.

이들의 활동 목적은 단 하나, 김정은 정권을 위해 수단방법을 가리지 않고 돈을 버는 것이다. 돈을 벌기 위해서라면 악성 소프트웨어, 랜섬웨어는 물론이고, 스피어 피싱을 비롯해 도박 사이트, 게임 사이트에까지 몰래 숨어든다. 재능이 뛰어난 자들은 연간 10만 달러까지 벌어들이는데, 그 중 9만 달러는 북한정권에 보내고, 나머지 1만 달러는 본인이 챙긴다.[7]

국제적인 대북 제재 때문에 합법적인 비즈니스로 외화를 벌어들이는 경로가 차단되어 있기 때문에 이런 식의 수입은 김정은 정권에게 점점 더 중요해지고 있다. 돈을 벌 수 없으면 훔치겠다는 것이다.

김정은은 외부 세계, 특히 북한정권이 '교활한 미제 도당'이라고 부르는 사람들의 관심을 끌기 위해 즐겨 쓰는 또 한 가지 일을 만지작거리고 있었다.

인질 몇 명이 더 필요한 때가 되었다. 미국인 인질이었다. 과거에도 미국의 관심을 끌어들이는 데 유용한 것으로 입증된 수법이었다. 그동안 북한이 억류한 사람들은 대부분 중국과의 국경 지역에서 선교활동을 하던 한국계 미국인들이었다. 사업가 행세를 하며 실제로는 포교활동을 하던 사람들도 있었다.

오토 웜비어 사건

북한 당국은 김정은이 권력을 물려받고 1년쯤 되었을 때 북한에 들어와 선교활동을 하던 한국계 미국인 케네스 배Kenneth Bae를 체포했다. 한국 이름이 배준호인 그는 빙그레 이글스 초대 감독을 지낸 배성서씨의 아들이다. 그는 중국을 근거지로 삼아 김정은 정권을 전복하려는 음모를 꾸민 죄로 15년 중노동형을 선고받았다. 그는 2년 동안 억류돼 있다 풀려나 미국으로 돌아갔는데, 그동안 강제노역에 동원되기도 하고 평양 외교단지에 있는 친선병원에 강제입원 당하기도 했다. 이곳은 외국인이 치료받을 수 있는 유일한 병원이다.

그 다음 억류된 미국인은 매튜 밀러Matthew Miller였다. 캘리포니아 출신의 이 젊은이는 평양 공항에 도착하자 여권을 찢고는 북한에 정치적 망명을 요구하기도 했다. 그는 입국과정에서 법질서를 위반한 혐의로 억류된 지 8개월 만에 풀려났다.

그 다음은 오하이오주에 사는 도로관리인 제프리 포울Jeffrey Fowle씨가 관광객으로 왔다 억류됐다. 56세에 안경을 쓴 그는 북한으로 출발하기 전 데이턴에서 열린 묘기 농구단 할렘 글로브트로터스의 시범경기에 가서 산 농구공 하나를 가방에 넣어가지고 왔다. 그는 북한에 가지고 가려고 한다며 글로브트로터스 선수들의 사인까지 공에 받았다. 그는 그 공을 김정은에게 선물할 생각이었다. 한국어 성경도 한 권 가지고 갔는데, 청진시에 있는 외국선원 클럽 화장실에 그 성경책을 두고 나왔다. 북한의 지하 기독교 신자 누구든 가지고 가서 읽으라는 생각에서였다. 성경책을 발견한 북한 주민이 즉각 당국에 신고해 포울씨는 6개월 정도 억류시설에 갇혀 있다 풀려났다.[8]

오직 한 명의 신 김정은만 섬겨야 하는 북한에서 기독교인은 환영받지 못한다. 한국계 미국인들은 한국어를 구사하는데다, 북한정권은 이들을 민족의 반역자로 간주하기 때문에 특히 더 싫어한다. 그래서 첫 번째 억류 목표가 바로 이들이다.

북한정권은 보통 자기들 기준으로 미국 행정부의 상당히 고위급 인사가 이들의 석방을 위해 직접 찾아올 때까지 이들을 억류한다. 전직 대통령 지미 카터와 빌 클린턴도 미국인 억류자들을 데려오기 위해 평양을 찾은 고위인사 대열에 합류했다. 북한 언론은 이들의 방북을 외국의 유명인사들이 최고지도자에게 경의를 표하고 비위를 맞추기 위해 찾아오는 것이라고 포장해서 선전한다. 매튜 밀러와 캐네스 배는 오바마 행정부의 국가정보국DNI 국장인 제임스 클래퍼James Clapper가 북한을 방문한 뒤 풀려났다.

2015년 말, 한 젊은 미국인 대학생이 미국에서 남학생끼리 파티에서 했으면 캠퍼스 경찰에 불려가 훈계나 듣고 풀려날 법한 짓을 했다. 하지만 그 짓을 한 장소가 미국이 아니라 북한이었다는 점이 문제였다. 그것은 자신에게 치명적인 실책이 되고 말았다.

당시 오토 웜비어Otto Warmbier는 21세를 갓 넘긴 청년이었다. 신시내티 교외 마을의 다재다능한 모범생으로 특이한 중고 티셔츠 수집 취미를 가진 부유한 집안 아이였다. 명문 버지니아대에서 경제학을 공부하며 홍콩으로 해외연수를 떠날 준비를 하고 있었다. 해외여행도 제법 해 보았다. 가족과 함께 쿠바 여행을 했고, 런던에 연수를 다녀왔으며, 유대교 신앙을 따라 이스라엘에도 가 보았다. 그리고 홍콩 연수 가는 길에 북한에 들러 볼 생각을 했다.

애초에는 아버지 프레드Fred씨와 동생 오스틴Austin등 삼부자가 고려관광을 이용해 함께 갈 생각이었다. 고려관광은 베이징에서 북한으로 가는 외국 관광객들을 상대로 영업을 하는 오래 된 여행사이다. 북한으로 개별여행은 허용되지 않으며, 영국인들이 운영하는 고려관광은 평판이 좋은 편이었다.

최종적으로 오토 웜비어 혼자 가기로 했고, 그는 자기 나이 또래들이 함께 가는 영 파이오니어 투어스Young Pioneer Tours의 패키지 프로그램에 합류했다. 공산당청년동맹에서 이름을 딴 이 여행사는 '여러분의 어머니가 여러분을 보내고 싶어 하는 곳'이라는 슬로건을 내걸고 관광객을 모집했다.

나는 평양에 취재 출장을 가 있는 동안 이 그룹 일행들과 마주친 적이 있다. 오전 11시경 워터파크의 카페테리어를 지나가는데 이들이 그곳에서 맥주를 주문하고 있었다. 그룹의 리더 격인 청년이 주위에 지나가는 북한 여성들을 희롱하고 있었는데, 당시 그 장면을 보며 '저러다 큰 일 나는데.' 하고 걱정했던 기억이 난다.

오토 웜비어는 12월 29일 베이징에서 평양으로 가는 4박 5일 '신년맞이 관광'길에 올랐다. 처음 며칠은 모든 일이 순조롭게 진행됐다. 평양 중심가에 있는 21미터 높이의 김일성 김정일 동상 앞에서 동료 관광객들과 함께 기념사진을 찍었다. 북한 주민들은 눈길을 힘들게 걸어와 의무적인 참배를 하고 있었다. 어린이들이 외국인들을 위해 공연하는 기이한 음악회도 관람했다.

얼굴에 환한 미소를 지은 채 추운 주차장에서 북한 어린이들과 눈싸움을 하는 사진도 있다. 1968년 북한에 강제 나포된 미해군 소속 정찰함 푸에블로호 전시장에 갔을 때는 심각한 표정이 되었다. 82명의 해군 승선원들은 구타당하고 굶다시피하며 1년 가까이 억류되어 있다 풀려났다. 하지만 함정은 돌아오지 못한 채 평양 대동강에 전시되어 관광객들을 상대로 반미 선전에 이용되고 있다.

새해 전 날 관광단 일행은 남북한을 가로지르는 비무장지대DMZ를 둘러보았다. 북한을 찾는 관광객들의 필수코스 가운데 하나이다. DMZ 관광을 마친 일행은 평양으로 돌아가 저녁식사 후 맥주를 조금 마시고 다시 김일성광장으로 가서 요란한 불꽃놀이를 구경했다. 그러고 나서 일행은 20세 전후 그 또래들이 새해 전날 밤이면 으레 그러듯이 계속 술을 마셨다.

일이 잘못되기 시작한 것은 자정 조금 넘긴 시간부터였다. 그날 밤 자정부터 새벽 4시 사이에 정확히 어떤 일이 있었는지는 알 수 없다. 오토 웜비어의 룸메이트인 영국인 대니 그래턴Danny Gratton이 방에 돌아왔을 때 미국인 친구는 침대에서 자고 있었다.

김정은 정권 주장으로는 새벽에 짧은 시간 동안 오토 웜비어는 호텔 내 직원만 출입하도록 되어 있는 층으로 내려가서 '김정일 동지의 애국심으로 철저히 무장하자!'라고 쓴 대형 선전물을 끌어내렸다고 한다. 북한 당국은 이러한 행위를 국가에 대한 '적대행위'로 규정하고, 1월 2일 출발시간을 기다리던 오토 웜비어를 공항에서 체포했다.

북한은 그로부터 3주 뒤 핵실험과 장거리 미사일 발사를 하고 나서야 그를 억류하고 있다는 사실을 발표했다. 억류 뒤 오토 웜비어의 모습을 처음으로 공개한 것은 2월 말이 되어서였다. 제정신이 아닌 상태로 카메라 앞에 나온 젊은이는 자신의 죄목으로 적시된 모든 사실을 인정한다는 기괴한 자백을 했다.

온 가족이 돈에 쪼들려 지냈는데, 자기가 다니던 오하이오주 감리교회에서 어떤 사람으로부터 호텔에 걸린 그 선전물을 '전리품'으로 훔쳐오면 1만 달러를 주겠다는 제안을 받았다고 자백했다. 그의 가족은 돈에 쪼들리지 않았고, 그는 유대교 신자이기 때문에 감리교회에 다닌다는 말도 거짓이다.

또한 자신이 저지른 도발의 배후에 중앙정보국CIA과 'Z 소사이어티'라는 이름의 버지니아대 비밀 학생조직이 있다고 털어놓았다. 그의 자백에는 영어를 모국어로 쓰는 사람이면 사용하지 않는 서툰 표현이 가득해 그를 억류한 북한 사람들이 대신 적어준 글임을 짐작케 했다. 오토 웜비어는 극도로 겁먹은 표정이었고, '생애 최악의 실수'를 저질렀다고 말하며 허리를 깊이 숙여 어색한 사과 인사를 했다.

김정은이 오토 웜비어 사건에 대해 알고 있었을까? 사건 초기에는 몰랐을 가능성이 있다. 북한 당국의 보안원들은 별도의 허가 없이 최고지도자의 명예를 지키는 업무를 수행할 수 있다. 하지만 그가 체포된 이후 어느 시점에 새로운 인질에 대한 보고를 받았을 것이다. 북한은 인종적으로 백인 미국인과 한국계 미국인 인질을 구분했기 때문에 백인 미국인 인질은 중요한 보고 사안이 된다. 보고를 받고 김정은은 이 젊은 백인 미국인을 미국 대통령 선거가 있는 그해 미국과의 협상카드로 유용하게 써먹을 생각을 했을 것이다.

기괴한 모습으로 처음 카메라에 등장하고 나서 2주 뒤에 그는 다시 카메라 앞에 섰다. 3월 16일, 그는 수갑을 찬 채 법정으로 들어서서 한 시간 가량 공개 재판을 받았다. 재판에서 그는 15년 강제노역형을 선고받았다. 이미 10주를 북한의 독감방에서 보낸 21살의 청년에게 상상할 수 없는 중형이 내려진 것이다.

재판 이튿날 북한정권은 새해 첫날인 1월 1일 오전 1시 57분이라고 찍힌 흐릿한 감시용 보안 카메라 영상을 내보냈다. 영상에는 얼굴이 보이지 않는 키 큰 남자가 복도로 걸어들어가 벽에 걸린 선전물을 떼내는 장면이 담겨 있었다. 영상은 그 남자가 떼어낸 선전물을 바닥에 내려놓는 장면에서 끊어졌다. 그 남자가 오토 웜비어라고 말할 단서는 일체 없었고, 영상과 관련된 모든 점이 의문투성이였다. 영상 속의 남자는 홀에 누가 있는지 살펴보는 기색 하나 없이 곧장 선전물이 붙은 벽을 향해 다가갔다. 선전물을 떼어내 바닥에 내려놓는 모습도 어색하기 짝이 없다. 만성 전력부족에 시달리는 나라에서 그 시간에 그곳에 불을 환하게 밝혀 놓았다는 점도 의문이었다. 건물 내 불필요한 곳에 그처럼 전기를 켜

놓은 것을 본 적이 없다. 반대로 불이 꼭 켜져 있어야 할 곳에 켜놓지 않은 곳이 많았다.

이 사건과 관련해 내가 들은 새로운 정보가 하나 있는데, 그것은 바로 오토 웜비어가 그 선전 포스터를 훼손했다는 것이었다. 몇몇 인사가 북한 내 소스를 인용해 그랬다는 말을 해주었다. 포스터를 훼손하며 북한정권에 대한 욕도 했다고 한다. 이 이야기도 북한이 상투적으로 하는 수법인 과장이나 조작한 것일까? 그건 알 수 없다. 나는 그 이야기를 신뢰할 만한 다수의 사람들로부터 들었다. 하지만 그 이야기의 신빙성 여부는 가늠할 길이 없다.

북한 당국이 두 번째 영상을 내보낸 시점은 오토 웜비어가 이미 그를 죽음에 이르게 한 부상을 당한 뒤였다. 재판에서 형이 선고된 바로 그날 밤에 그의 신변에 어떤 일이 일어났다. 북한 측은 그날 저녁 그가 시금치와 돼지고기를 먹고 나서 식중독 증세를 나타냈고, 그래서 약을 처방해 주었는데 약물 부작용을 일으켰다고 설명했다.

일부 소식통들은 재판이 열린 그날 저녁 극도의 스트레스에 시달린 이 젊은이가 감방 안에서 자살을 기도했고, 발견되었을 때는 이미 시간이 늦었을 것이라는 관측을 내놓았다. 이튿날 술을 깨고 나서 자기가 한 행동이 얼마나 심각한 일인지 알았을 것이다. 하지만 이런 시나리오의 사실 여부는 확인할 길이 전혀 없다.

원인이 무엇이건 의식불명의 상태에 처한 게 분명했다. 케네스 배가 치료 받았던 평양의 친선병원으로 옮겨졌다. 북한정권이 아무리 망나니 짓과 도발을 일삼는다 하더라도 미국인의 피를 직접 손에 묻히고 싶어

하지는 않는다. 앞서도 케네스 배처럼 나이가 좀 더 들었거나 몸이 아픈 억류자는 병원에서 치료를 받게 한 다음 풀어주었다. 죽은 억류자는 협상카드로 쓸 수 없기 때문이다.

하지만 당시 북한의 보안기관은 놀라서 자기들이 한 짓을 숨기기 바빴다. 오토 웜비어가 처한 상황을 상부에 즉시 보고해서 고국으로 돌려보내 치료를 받도록 하는 대신 그 사실을 숨기기에 급급했다. 곧 깨어날 것이라고 생각했을 수도 있다. 그리고 깨어나지 못할 것임을 알았을 때는 이미 때가 늦었다.

나는 재판 판결이 있고 6주 뒤에 양각도 호텔에 도착했다. 그리고 곧바로 오토 웜비어와 인터뷰를 하게 해달라고 요청했다. 이전 억류자들도 기자들의 요청에 따라 공개했기 때문에 그와의 인터뷰가 가능할 것이라고 생각했다. 그가 선전 포스터를 훔치기 위해 갔다는 그 층도 보여달라고 요청했다. 두 가지 요청 모두 다 받아들여지지 않았다.

몇 주가 지나고 몇 달이 흘렀지만 그와 관련해 아무런 기별도 없었다. 북한 외무성 관리들은 스웨덴 외교관들의 질문에 아무런 대응도 하지 않았다. 스웨덴 대사관은 북한과 외교관계가 없는 미국 정부를 대신해 북한 당국과 접촉했다.

중개인이 전한 소식에 의하면 북한 당국은 오토 웜비어를 비롯해 선교와 관련된 다른 세 명의 한국계 미국인 억류자를 모두 '전쟁포로'라고 선언했다는 것이었다. 그 중개인은 또한 이 사건 처리과정에서 북한 외무성은 완전히 배제돼 있다는 말도 해주었다.

미국 대통령 선거일이 다가오며, 북한이 인질들을 선거 후 미국과 협상을 개시하는 데 필요한 담보물로 잡고 있다는 추측이 나돌았다. 오바마 대통령을 제쳐놓고 차기 미국 행정부가 들어선 뒤 인질들을 풀어줄 것이라는 가능성도 제기되었다. 테헤란 주재 미국 대사관을 점거한 이란 대학생들이 지미 카터 당시 대통령을 무시하고 1981년 로널드 레이건 대통령이 취임한 직후 인질들을 풀어 준 것과 같은 맥락이다.

하지만 선거일이 지나가고 도널드 트럼프 대통령이 미국의 새 대통령으로 취임했는데도 인질들의 거취는 오리무중이었다. 웜비어가 억류되고 16개월이 지난 2017년 5월까지도 아무런 변화의 조짐이 없었다.

5월에 북한 외무성의 최선희는 전직 미국 관리들과 정기적으로 갖는 모임에 참석하기 위해 노르웨이로 향했다. 특별한 의제 없이 북한 측은 미국의 정책 방향에 대해 궁금한 사항들을 묻고, 미국 측은 북한에 좀 더 책임 있는 행동을 해달라고 주문하는 식의 통상적인 회담이었다.

미국 국무부의 북한 담당 특별대표인 조셉 윤은 이 회담에서 미국인 인질 네 명의 석방을 위한 협상을 진행하기 위해 특별 허가를 받아 오슬로로 향했다. 피요르드가 내려다 보이는 호텔에서 가진 회담에서 조셉 윤은 최선희에게 선의의 조치로 네 명의 인질과 영사 접촉을 갖도록 허락해 달라고 요청해 긍정적인 답을 얻어냈다. 네 명 모두 여러 달 째 행방이 묘연한 상태였다.

최선희는 귀국해서 보안 당국에 오슬로에서의 합의사항을 전달했다. 최선희는 그제서야 대단히 큰 문제가 발생해 있다는 사실을 알게 되었다. 보안 당국은 웜비어가 혼수상태에 있으며, 억류된 17개월 중 15개월을 그런 상태로 누워 있다는 사실을 알려주었다.

최선희는 문제의 심각성을 깨닫고, 유엔에 나가 있는 북한 외교관들에게 즉각 그 사실을 통보했고, 이들은 그 소식을 조셉 윤에게 전달했다. 이 청년을 데려와 치료받게 하기 위한 급박한 노력이 시작됐다. 조셉 윤은 트럼프 대통령의 지시에 따라 미국인 의사 한 명을 대동하고 북한으로 떠날 준비를 했다.

　북한은 언론의 관심을 따돌리기 위한 미끼가 필요했다. 그들도 이 사건이 얼마나 심각한 문제가 될지 분명히 알고 있었다. 당시 두 나라 관계는 최악의 상태였다. 거친 설전이 계속되고 있었고, 긴장 상태가 실제로 군사적 충돌로 이어질 가능성을 심각히 우려하는 목소리가 미국과 한국 모두에서 나오고 있었다.

북한, 치료비 2백만 달러 미국에 청구

　이런 상황에 갑자기 데니스 로드먼이 끼어든 것이었다. NBA 챔피언 출신인 로드먼은 트럼프 대통령이 당선 전에 진행하던 '셀레브리티 어프렌티스'Celebrity Apprentice라는 리얼리티 TV쇼에 두 번 출연한 바 있다. 그는 술에 취해 흥청망청한 두 번째 북한 방문 이후 이상하게 북미 문제와 엮이게 되었다.

　지난 몇 개월 사이에 셀레브리티 어프렌티스 쇼를 진행하던 사람이 미국 대통령이 되었고, 전 세계를 통틀어 도널드 트럼프와 김정은, 이 두 사람을 모두 아는 인물은 데니스 로드먼 한 명뿐이었다.

로드먼의 등장은 그 자체로 기괴한 일이었다. 그는 자신의 후원사인 합법적 마리화나 산업의 암호화폐 '포트코인'PotCoin이 새겨진 티셔츠를 입고 평양에 도착했다. 그가 미국 대통령 특사 자격으로 평양을 방문한다는 추측까지 있었다. 그는 트럼프 대통령의 저서 『협상의 기술』The Art of the Deal까지 한 권 들고 갔다.

나중에 알고 보니 로드먼은 미국 외교팀이 웜비어를 송환하기 위해 북한으로 간 같은 시간에 방북 초청을 받았다. 로드먼은 그해 여름 내내 북한으로 가고 싶어했지만 북한 측에서 계속 미루다가 미국 외교팀의 비밀 북한행과 정확히 타이밍이 맞추어졌다. 북한 측은 로드먼에게 부지불식간에 사람들의 관심을 돌리는 역할을 맡긴 것으로 보였다.

로드먼이 사이드 쇼를 펼치는 가운데 조셉 윤과 미국 의사는 여러 시간의 협상 끝에 마침내 웜비어가 누워 있는 병원으로 갔다. 코로 튜브가 연결되어 있었고, 아무런 반응을 보이지 않았다. 실랑이 끝에 감형을 허락한다는 의식이 병상 옆에서 진행된 다음, 의사는 환자를 집으로 데려갈 먼 여행을 떠날 채비를 했다. 북한 측은 오토 웜비어를 내주기 전 마지막으로 한 가지 더 요구사항을 조셉 윤에게 내밀었다. 웜비어의 치료비 청구서였다. 200만 달러였다.

김정은 정권은 아주 사소한 위반을 저지른 혐의로 건강한 청년을 억류해 뇌사상태에 빠트렸다. 제때 제대로 된 치료도 해주지 않은 채 1년 넘게 억류하고 있었다. 그리고 이제 와서 뻔뻔하게 '치료비' 청구서를 내민 것이다.

조셉 윤은 호텔에서 당시 국무장관이던 렉스 틸러슨Rex Tillerson에게 전화를 걸었고, 틸러슨은 트럼프 대통령에게 그 사실을 보고했다. 조셉 윤에게 200만 달러를 지불하겠다는 합의서에 서명해 주라는 지시가 내려졌다. 단 이 젊은이의 국내 송환이 먼저라는 단서가 붙었다.

오토 웜비어는 그로부터 6일 뒤 신시내티에 있는 한 병원에서 숨을 거두었다. 그가 뛰놀며 자란 숲이 우거진 교외에 있는 병원이었다. 200만 달러 치료비 청구서는 재무부로 보내졌다. 청구서는 지불되지 않은 채 지금까지 그곳에 보관돼 있다.

13장
이복형 김정남

김정은은 상징적인 존재에 불과하고,
기존 파워 엘리트가 실질적인 권한을 행사할 것이다.
외부세계에서는 권력세습을 웃음거리로 본다.

김정남 2012년

독재자들은 타고난 피해망상증 덩어리이다. 그리고 독재자의 피해망
상을 제일 심각하게 키우는 것은 다름 아닌 그의 형제이다. 형제는 그
독재자와 같은 배경, 같은 피를 타고 난 사람이고, 태어날 때부터 독재
자 이후를 기다리는 잠재적 지도자이다.

로마의 시조始祖인 로물루스는 쌍둥이 형제 레무스를 죽이고 로마를
세웠다. 카인은 질투심에 사로잡혀 동생 아벨을 죽였다. 햄릿왕을 죽인
것은 동생 클라우디스였다. 이처럼 형제들은 도마 위에서 만나 서로를
죽이고 죽었다.

오스만제국은 형제 살해를 법으로 인정했다. 정복자 메흐메드Mehmed

the Conqueror는 자기 아들 중에서 누구든 일단 왕위에 오르고 나면 나머지 형제들을 모두 죽일 수 있도록 합법화시켰다. 권력투쟁의 소지를 없앤다는 명분에서였고, 그게 국민 모두의 공통의 이익을 위하는 길이라고 했다. 귀머거리에 벙어리인 사람들을 시켜 비단실로 목을 졸라 형제들을 죽이도록 했다.[1]

고모부를 잔인하게 처형한 김정은은 정복자 메흐메드의 가르침에 따라 이복형 김정남을 제거하기로 했다.

이 두 형제의 아버지도 과거 자신의 이복형제에 대해 같은 생각을 했다. 김정일은 1970년대 후계자로 확정되자 이복동생 김평일을 잠재적 경쟁자 대열에서 밀어냈다. 당시 김평일은 군대 내 실세로 영향력을 행사하고 있었다. 김정일은 후계자 수업을 받던 1970년 대 말 이복동생을 대사로 내보냈고, 이후 김평일은 40년 넘게 줄곧 대사로 나가 있게 되었다. 김평일은 유고슬라비아, 헝가리, 불가리아, 폴란드를 거쳐 체코공화국 대사로 재직하게 되었으며 이후 계속 프라하에 머물고 있다.

김정남은 장자 상속을 중시하는 문화를 가진 나라에서 장남으로 태어난 사람이다. 경애하는 지도자 동지 김정은에게는 대단히 위협적인 존재였던 것이다. 김정남은 무려 15년 가까이 해외를 떠돌며 낭인생활을 하고 있었지만 그래도 마음이 놓이지 않기는 마찬가지였다. 김정은은 한마디로 백두혈통의 피가 몸속에 흐르는 큰형님 김정남에 대한 이야기가 북한과 관련되는 게 싫었다. 그가 살아 있는 한 마음을 놓을 수가 없었다.

2017년 2월 13일 오전 9시가 되기 직전, 김정남은 극히 대담한 공개

암살의 표적이 되었다. 그 시각에 그는 쿠알라룸푸르 국제공항의 저가 항공사들이 이용하는 터미널에 있었다. 공항은 사람들로 북적이고 있었다. 그는 15년 넘게 본거지로 삼고 있는 마카오 행 비행기를 타기 위해 대기하고 있었다. 그가 탑승할 에어 아시아Air Asia기는 이 지역을 운항하는 저가 항공사이다. 수하물은 따로 없이 백팩 하나만 메고, 함께 가는 일행도 없었다. 씀씀이가 헤픈 국제적인 플레이보이로 이름이 난 사람 치고는 지극히 평범해 보이는 45세의 대머리 중년 남성이었다.

셀프 체크인 키오스크 앞에 서 있는 김정남의 뒤에서 젊은 인도네시아 여성 한 명이 접근해 천으로 그의 두 눈을 가린 다음 양손으로 얼굴과 입을 쓸어내렸다. 이 여인이 손을 씻으러 급히 떠나자 이번에는 LOL이라고 새겨진 흰색 티셔츠를 입은 베트남 여성이 접근해 같은 짓을 되풀이했다.

이 여인도 급히 화장실에 들른 다음 공항을 빠져나갔다. 이들은 두 가지 화학물질을 김정남의 얼굴에 바른 다음 문질렀다. 이 물질들은 서로 혼합될 경우 치명적인 신경독 VX를 만드는데, VX는 국제적으로 사용이 금지된 화학무기이다.

공격을 당한 직후 김정은은 공항 직원을 찾아가 도움을 요청했고, 이들을 따라 공항 의무실로 갔다. 의무실에서 그는 의식을 잃고 배를 드러낸 채 의자에 축 늘어졌다. 그리고 신경독이 점막으로 스며들며 바지에 배변을 했다. 독은 심장과 폐부터 시작해 몸의 근육을 계속 수축시켜 나갔다.

그의 죽음을 둘러싼 여러 미스터리가 제기되었다. 미스터리 중 하나는 김정남이 사망 당시 독극물 공격에 대비해 해독제 12알을 갖고 있었던 사실이 드러난 것이다. 그 가운데는 VX용 해독제도 들어 있었다.[2] 김정남이 왜 해독제를 사용하지 않았는지는 누구도 알지 못한다.

그는 해독제를 쓰지 않고 엄청나게 고통스런 죽음을 맞이했고, 이 모든 과정이 공항 보안 카메라에 고스란히 담겨 있다.

처음에 나는 백주 대낮에 그가 암살당했다는 사실이 믿겨지지 않았다. 북한정권은 이전에도 사람을 암살한 적이 많지만, 외국인들까지 끌어들여 이처럼 어설픈 방식으로 일을 처리하지는 않았다. 그리고 두 명의 용의자인 인도네시아 여성 시티 아이샤와 베트남 여성 도안 티 흐엉이 신속히 체포되어서 진실을 이야기할 수 있게 된 것도 쉽게 이해가 되지 않았다.

이들은 자신들이 속아서 독극물을 운반했으며, 미화 100달러를 받기로 하고 TV 몰래 카메라 쇼에 나오는 장면을 촬영하는 줄 알았다고 했다. 이들에게는 사형이 선고됐다.

나는 오래 된 북한의 행태를 생각해 보았다. 이게 바로 김정은의 북한이었다. 의도적으로 배신자들에게 단호한 공개 메시지를 보내는 나라가 바로 북한이다. 그것은 바로 '네가 어디에 있건 우리는 너를 찾아서 응징하고 만다.'는 메시지였다.

김정은은 외부 세계의 시선에 아랑곳하지 않고 당당하게 맞섰다. 그는 사람이 붐비는 공공장소에서 화학무기를 써서 자신의 피붙이를 죽였다. '그게 어쨌다고?' 비난 받고 시간이 지나면 그뿐이지만, 평양 내부에 미칠 실질적인 효과는 따로 있는 것이다.

이 사건이 일어난 것은 트럼프 행정부가 출범한 지 불과 한 달 남짓 된 시점이었다. 당시 미국은 여러 해 만에 북한과의 직접 대화를 갖기 위해 북한 외교관들의 뉴욕 방문을 허용해 주려고 하던 참이었다. 하지만 미국 정부가 김정남 암살에 대해 북한정권을 비난함으로써 이 계획은 무산되고 말았다. 이런 종류의 화학무기를 손에 넣을 수 있는 주체는 극소수에 불과하고, 나아가 그것을 사용할 동기를 가진 주체는 더 범위가 좁아진다. 하지만 직접 회담 계획을 취소하고 추가 제재조치를 몇 건더 취하는 것 외에 미국이 할 수 있는 일은 없었다.

암살 작전을 주도한 북한 요원들은 즉시 말레이시아에서 도주했다.

이들은 일부러 중국을 거치지 않으려고 한 듯 자카르타, 두바이, 블라디보스토크를 거쳐 평양으로 돌아갔다. 중국 정부가 알면 크게 격노할 것이기 때문이었다. 북한은 중국 정부가 오랫동안 김정남을 보호해왔고, 유사시 그를 북한의 새로운 지도자로 세우려는 의도를 갖고 있다는 사실을 잘 알고 있었다.

그 일로 말레이시아 주재 북한대사는 추방되었다. 하지만 사건에 직접적인 책임이 있는 북한인들을 체포하는 데는 실패했다. 북한 당국이 말레이시아 외교관과 그 가족들을 평양에 인질로 잡고 있는 현실 때문이었다.

머지않아 관련국들은 원래의 일상으로 되돌아갔다. 북한에 유화적인 입장을 갖고 있는 마하티르 모하메드Mahathir Mohamed는 총리로 다시 선출되자 이 사건을 추적하는 데 아무런 관심도 보이지 않았다. 그는 도쿄에서 열린 한 국제회의에 참석해서 이렇게 말했다. "많은 나라들이 사람을 죽인다. 이스라엘과 팔레스타인을 보라. 이게 무슨 대단한 일이라도 되는가?"

말레이시아 정부는 2019년 3월 김정남 살해 혐의로 체포돼 말레이시아 감옥에서 복역 중이던 인도네시아 여성 시티 아이샤를 돌연 풀어주었다. 말레이시아 검찰과 재판부는 기소를 취하하고 석방한 이유를 밝히지 않았고, 아이샤는 곧바로 고국으로 돌아갔다. 이어서 5월에는 베트남 여성 도안 티 흐엉도 석방돼 고국으로 돌아갔다.

숨겨 놓은 자식으로 살다

김정남은 1971년 5월 10일 평양에서 태어났다. 아버지 김정일이 유명한 배우 출신으로 다른 남자와 결혼 상태에 있던 유부녀 성혜림과 동거하면서 태어났다. 김정일은 나중에 성혜림을 남편과 이혼시켰지만, 두 사람의 관계는 아버지 김일성에게 비밀로 했다. 북한에서 나이 많은 이혼녀와의 사이에 혼외 자식을 낳는다는 것은 용납되지 않는 일이었다. 더구나 성혜림은 남쪽에서 월북한 집안의 딸이었다. 김씨 왕조의 대를 이어 최고지도자가 될 생각이 있는 사람이라면 더구나 하지 말아야 할 일이었다. 어린 시절 김정남은 한 번도 할아버지를 만나지 못했다.[3]

숨겨놓은 자식이었지만 김정일은 김정남을 끔찍이 좋아했다. 적어도 김정은과 그의 동생들이 태어나기 전 10여 년은 그랬다. "김정일이 아들을 얼마나 끔찍이 예뻐했는지 이루 말로 다하기 어려울 정도였다." 성혜림의 언니 성혜랑은 김씨 왕조의 집안 이야기를 담은 회고록에서 이렇게 썼다.[4] "젊은 후계자는 아이가 칭얼대면 등에 업어서 재워 주었고, 아이가 울면 그칠 때까지 안고 흔들어 주었다. 엄마들이 아이를 달랠 때처럼 아이에게 말을 하며 달랬다."

어린 시절 김정남은 친구와 자유를 제외하고는 없는 게 없이 풍족하게 살았다. 그는 평양에 있는 격리된 거처에서 살았는데, 집안에는 외할머니와 이모를 비롯해 집안일을 하는 사람이 많았다. 성인 남자 두 명도 함께 있었는데, 한 명은 영상 기술자이고, 다른 한 명은 화가였는데, 이들이 김정남의 놀이친구였던 것 같다. 김정남은 이들을 '광대'라고 불렀다. 일본인 스시 요리사가 김정은의 놀이친구를 해준 것과 같았다.

생모는 거의 함께 있지 않았다. 그녀는 화려한 배우생활을 접고 치욕스럽게 숨겨놓은 첩 대접을 받고 살면서 우울증에 시달렸다. 우울증을 앓던 성혜림은 김정남이 세 살 때 치료를 받으러 모스크바로 건너갔고, 이후 북한으로 돌아오지 않았다.

그의 이모는 어린 시절 김정남이 "비정상적으로 자랐다. 담장 바깥 외부세계와 철저히 격리된 채 단 한 명의 친구도 없었고, 어린아이들이 친구들과 노는 재미는 알지도 못한 채 자랐다."고 회고록에서 썼다.[5]

학교에 갈 나이가 되자 이모가 집으로 들어와 함께 살았다. 이모는 빅토리아 시대의 가정교사처럼 그에게 국어와 러시아어, 수학, 역사를 직접 가르쳤다. 이모의 아이 두 명도 함께 살았는데, 남자 아이는 김정남보다 열 살 위, 여자 아이는 다섯 살 위였다. 이모의 아이들은 평양의 일반 가정과 너무도 다른 환경을 보고 놀라 입이 다물어지지 않았다.[6]

남자 아이는 얼마 안 되어 대학에 들어갔고, 이름이 이남옥인 여자아이는 집에 남았다. 김정일이 집밖으로 나가지 못하게 했기 때문에 두 아이는 어린 시절을 매우 외롭게 보냈다.

아이들은 엄청나게 많은 장난감을 갖고 놀았다. 이종사촌 간인 두 아이는 함께 영화를 보고 총싸움을 하고, 골프 카트를 타고 여기저기 돌아다녔다. 다른 아이들과는 기묘할 정도로 다른 세상에서 자란 것이다.

김정은이 공식적으로 여덟 번째 생일을 맞기 10년도 더 전에 김정남도 비슷하게 화려한 여덟 번째 생일을 맞았다. 그날 김정남은 아이 몸에 맞춰 만든 군복을 입게 되었는데, 원수 계급장이 달려 있었다. 그는 진짜 군인들 앞에서 자기 군복이 더 멋지다고 으시댔다.

어린 정남은 얼마 안 있어 '장군동지'로 불렸다. 그의 이복 막내동생 정은은 그로부터 10여 년 더 지나 같은 칭호로 불리게 된다. 아버지의 애정이 정은에게로 옮겨가면서 정남은 관심에서 멀어지기 시작했다. 정은의 생일에는 요란한 불꽃놀이가 벌어졌다. 하늘에는 불꽃으로 '장군동지의 생일을 축하합니다.'라는 글씨가 새겨졌다.

정남이 6살 때부터 12살 때까지 아버지 김정일은 장남의 생일선물을 사기 위해 선물 구매팀을 해외로 보냈다. 이들은 일본, 홍콩, 싱가포르, 독일, 호주 등지로 나가 어린 왕자의 생일선물 구입비로 매년 1백만 달러를 썼다.

아이가 원하는 전자오락 게임은 모조리 사다 주었고, 금박을 입힌 장난감 권총도 사주었다.[7] 놀이방에 있는 장난감은 너무 많아서 한번 훑어보는 데도 하루가 꼬박 걸렸다.

아이의 비정상적인 출생과정 때문에 걱정하던 외할머니는 정남이 아홉 살이 되어갈 무렵 모스크바로 데려갈 생각을 하기 시작했다. 겉으로는 엄마에게 데려가야 한다는 핑계를 내세웠지만 그보다는 아이들이 어느 정도 정상적인 생활을 하도록 만들어 주고 싶었던 것이다. 그리하여 1978년 이들은 모스크바로 갔다. 외할머니와 이종사촌, 그리고 젊은 장군동지였다. 레오니드 브레즈네프가 소련을 이끌던 당시는 '침체의 시대'로 불리던 어려운 시기였다.

김정남에게도 힘든 시기였다. 낯선 사람들과 어울려 노는 데 적응이 안 된 아이는 소련에서의 생활이 즐거울 수가 없었다. 하루는 학교에서 오줌이 마려웠는데 화장실에 가기가 싫었다. 너무 더러웠기 때문이다. 그래서 바지에다 오줌을 쌌고, 영하의 날씨에 집에까지 오니 바지는 꽁꽁 얼어붙어 있었다.

1980년이 시작되면서 외할머니는 플랜 B를 세웠다. 요란한 새해 잔치가 벌어졌다. 음식을 너무 많이 차려서 상다리가 부러질 지경이었다. 그 자리에서 외할머니는 아이들을 스위스로 보내면 좋겠다는 생각을 말했다. 중립국이고 비밀이 보장되는 나라여서 아이들의 안전이 어느 정도 보장될 것이란 생각에서였다. 거기다 화장실도 당연히 깨끗할 것이기 때문이었다.

김정일의 여동생 김경희와 매제인 장성택도 좋은 생각이라고 거들었다. 김정일은 프랑스어를 구사할 줄 아는 리수용이라는 외무성 관리를 불렀다. 그리고는 8살 난 김정남을 아들이라고 소개했다. 김정남을 외부 사람들에게 소개한 것은 그때가 처음이었다. 리수용에게 곧바로 제네바로 가서 제네바 국제학교를 알아보라고 지시했다. 영어와 프랑스어로 가르치는 사립학교였다. 할리우드 배우 마이클 더글러스Michael Douglas, 인도 총리를 지낸 인디라 간디 같은 유명 졸업생이 있고, 태국의 왕족 몇 명도 이 학교 졸업생이었다.

고모부 장성택도 리수용과 함께 갔다. 이들은 돌아와서 그 학교에 보내도 좋겠다고 보고했다. 그렇게 해서 플랜 B가 실행에 옮겨졌다.[8]

이들은 제네바 호숫가에 자리한 수영장과 사우나까지 갖춘 으리으리한 빌라에 들어갔다. 2백만 달러짜리 저택이었다. 김정일은 선금으로 이들에게 20만 달러를 주었다. 잔금은 매달 5만 달러씩 갚아나가기로 했다.[9] 리수용은 스위스 대사관의 2인자인 공사로 임명되었고, 김정남과 이종사촌 이남옥은 리수용의 자녀로 위장해 입학했다. 김정남은 리한Ri Han, 이남옥은 리마희Ri Ma Hy가 되었다. 영어 이름은 헨리Henry와 마리Marie였다.

이들은 학교의 프랑스어 학급에 들어갔고, 대부분 영어 학급에 몰려 있는 한국 학생들과는 마주칠 기회가 거의 없었다. 후일 김정은도 베른에서 비슷한 행동을 보였지만, 김정남은 다른 아이들과 잘 어울리지 못했다. 외국어를 구사할 줄 몰라 그런 면도 있고, 다른 아이들을 싫어하기 때문에 그렇기도 했다.

이모 성혜랑은 제네바 시절 김정남에 대해 이렇게 쓰고 있다. "그는 어른들이 하는 아첨에 적응이 되어 있었다. 어른들은 그 아이에게 항상 장군동지, 이거 드릴까요? 장군동지 저거 드릴까요? 예, 예 하며 굽신거렸다." 그러니 다른 아이들과 어울려 놀고 싶은 마음이 없었던 것이다. 휴식시간에는 교실에 앉아 미국을 욕하는 만화를 그렸다. 나중에 북한에 돌아왔을 때 보게 되는 포스터와 비슷한 만화들이었다.

경호원들은 혹시라도 그에게 무슨 일이 생길까 봐 전전긍긍했다. 그래서 이종사촌 이남옥이 김정남보다 5살이나 더 많았지만, 둘을 같은 반에 넣었다. 경호원들은 학교 맞은편에 있는 5층짜리 아파트를 빌려 그곳에서 학교를 감시했다. 심지어 학교 소풍 때도 따라갔다.

이들은 2년 정도 제네바에서 살았다. 리철RiChol이란 가명으로 스위스에서 근무하던 리수용은 아이들이 계속 그곳에서 사는 게 너무 위험하다고 생각했다. 그래서 아이들은 모스크바로 돌아와 프랑스 학교에 들어갔다. 제네바에서 배운 외국어를 잊어버리지 않도록 하려고 그렇게 한 것이다.

그러는 동안 리수용은 김씨 왕가의 풍향이 바뀌고 있다는 사실을 알아채고 재빨리 김정은 가계 쪽으로 줄을 바꾸어 섰다. 리수용은 스위스 대사로 승진해 베른으로 근무지를 옮겼고, 김정은이 학교를 마칠 때까지 계속 그곳에 머물렀다. 김정은 쪽으로 줄을 바꿔 선 선택은 리수용에게 많은 보상을 안겨다 주었다. 그는 김정은 시대에 와서 크게 출세해 2014년 외무상이 되었고, 이후 노동당에서 더 높은 직책으로 계속 올라갔다.

김정남 일행은 모스크바에 여러 해 머물렀다. 그런 다음 이들은 제네바로 다시 가서 이남옥은 대학에 다니고, 김정남은 고등학교 과정을 그곳에서 마치게 되었다. 이번에는 이름 철자를 Ri에서 Lee로 바꾸고, 북한 대사의 아들이라고 했다. 그에게 특별히 관심을 가지고 주시하는 사람은 없었다.

　김정은도 베른의 사립학교에 다니면서 같은 경험을 하게 되지만, 각국 외교관 자녀들이 모인 멜팅폿인 그곳에서는 모두가 어느 나라에서 온 누구누구이고, 모두가 언어를 몇 가지씩 구사했다. 그리고 유럽 아이들은 북한과 남한을 구분하지 않았다.

　김정남은 십대 제트족들과 어울려 나이트클럽을 섭렵하고 다녔다. 아랍 부호의 자녀, 힐튼호텔 상속자, '프랑스의 프랭크 시나트라' 샤를 아즈나부르Charles Aznavour의 자녀들이 함께 어울렸다.

　김정남의 학교 동창인 스위스 사업가 안토니 사하키안Anthony Sahakian은 김정남이 규율에 잘 적응하지 못했다고 했다. "그는 규율을 싫어했어요. 무정부주의자라는 말이 아니라 툭하면 수업에 빠지고, 법적으로 운전할 나이가 되기 전부터 운전을 하고 다녔어요."

　그 시절 '리'Lee에게는 특별한 점이 있었다. 그냥 자동차를 몰고 제네바 시내를 돌아다니는 게 아니라 메르세데스 600을 몰았다. 독재자들이 좋아하는 거대한 세단이었다. 사하키안은 그 시절에 대해 이렇게 말했다. "당시 우리 모두 운전을 하고 싶어 했기 때문에, 그를 무척 부러워했어요. 낮에도 수업을 빼먹고 커피를 마시러 차를 몰고 나가곤 했어요."

　편집증과 특권의식, 비밀주의와 속임수가 뒤범벅된 시절이었다. 하지만 '리'는 유럽 십대의 삶을 나름대로 즐겼다. 친구들과 스키를 타러 가고, 가짜 신분증을 들고 술집을 드나들었으며, 메르세데스를 몰고 신나게 달리기도 했다.

　하지만 이런 생활은 김정남이 18세가 된 1989년 말이 되면서 끝났다. 그는 평양으로 돌아갔다. 자유분방한 유럽 생활과는 완전히 딴판인 생활로 되돌아간 것이다. 그는 제네바의 학교 친구들에게 평양의 '궁전 생활'이 매우 갑갑할 것이라고 했다. 자기가 원하는 것은 없는 게 없지만 그곳에서의 삶은 대단히 우울하다는 말도 했다.

설상가상으로 아버지 김정일이 자기에게 쏟던 애정이 새로운 가족에게로 옮겨갔다는 사실도 알게 되었다. 새로운 가족에게는 정철과 정은 이렇게 두 명의 아들이 있었다. 동생 정은은 그때 다섯 살이었다.

김정남이 사는 집으로는 아버지가 거의 오지 않았다. 새 여자를 헐뜯는 말이 여기저기서 들렸다. 새 여자인 김정은의 어머니는 워낙 사악해서 김정일을 독살하고 말 것이라는 말도 오갔다. 새 여자는 무용수인데 엄청나게 뚱보라는 말도 들렸고, '반 쪽바리'라 부르기도 했다. 경멸하는 뜻으로 '넓적코'와 '파칭코'를 합쳐서 '빵치코'라고 부르기도 했다. 당시 일본에서 파칭코 사업은 재일교포들이 장악하고 있었다.[10]

1990년대가 되자 이남옥이 보기에 김정일의 마음은 막내아들 김정은에게 가 있는 것이 분명했다. 스시 요리사 후지모토 겐지의 눈에도 그렇게 보였다.

이남옥의 말에 따르면 당시 아버지의 눈밖으로 밀려난 장남 김정남은 집안에 갇힌 채 앞으로 자신의 미래가 어떻게 될지 몰라 전전긍긍하며 지냈다. 그러다 밤중에 몰래 집을 나와 술을 마시고 아무데서나 잠을 잤다. 이런 식으로 사람들 눈에 띄면서 일이 더 꼬였다. 김정남이 아버지의 규율을 무시하기 시작하면서 굳게 닫혀 있던 경애하는 시노자의 비밀스런 사생활의 문도 조금씩 열리기 시작했다.

"김정일이 새 가족과 보내는 시간이 많아지면서, 동생 정남의 입장은 점점 더 힘들어졌다." 이종사촌 누나인 이남옥은 회고록에서 이렇게 썼다. 이 회고록은 책으로 출판되지는 않았다. "아빠는 새 가족과 함께 있는 게 더 편하다고 느낀 것 같았다." 김정일의 수양딸이 된 이남옥은 그를 아빠라고 불렀다.

김정남과 이남옥이 살던 집은 기아선상에 놓인 다른 북한 주민들보다는 호화로웠다. 하지만 그것은 '고위층 감옥'에 갇혀 지내는 기분이었다. 평생 그렇게 살아야 할 것 같았다. 마침내 김정일은 장남에게 하나의 타협안을 내놓았다. 결혼해서 아이가 생기면 그때는 북한을 떠나 살아도 좋다는 것이었다. 김정남은 기꺼이 그 제안을 받아들였다.

1995년 무렵 김정남은 결혼해서 아들 한솔과 딸 솔희를 두고 있었다. 가족은 마카오로 옮겨가서 출입문이 따로 있는 고급 빌라 두 채에 살았다. 다른 북한 여인에게도 아이 셋을 두었는데, 이들은 베이징의 고급 주택가에서 지내도록 했다. 관계자들의 증언에 따르면 2011년에는 세 번째 여인에게서 아이 한 명을 더 낳았다. 그 아버지에 그 아들이었다.

동생에게 밀려나 마카오로 이주

방송 카메라들이 환히 지켜보는 가운데 도쿄의 나리타 공항에서 체포돼 추방당하는 일을 겪고 나서도 김정남은 사람들 사이에 호감 가는 인물로 떠올랐다. 어쩌면 그 일 때문에 사람들이 호감을 갖게 되었을 수도 있다. 그는 북한 로열패밀리 가운데서 바깥세상을 돌아다니며 얼굴을 알린 유일한 인물이었다.

한국 언론에는 수많은 전문가, 탈북자, 정부 관리들이 북한정권 내부에서 김정남의 역할에 대해 많은 의견을 내놓았지만 대부분 사실과 차이가 많았다. 군 고위간부, 노동당 간부, 5억 달러에 달하는 평양 조선컴퓨터센터의 우두머리를 지낸 사람의 의견도 마찬가지였다. 조선컴퓨터센터는 북한 컴퓨터 해킹 사업의 본부 같은 역할을 하는 곳이다. 2002년 말 김정남이 오스트리아에 갔을 때 동생들이 뜻을 합쳐 그를 암살하려다 미수에 그쳤다는 이야기도 있다. 그로부터 2년 뒤에도 비슷한 암살 기도가 있었으며 이번에는 장소가 중국이라고 했다. 비슷한 이야기가 계속 이어졌다.

그가 암살당한 뒤 한국 국가정보원 원장은 국회정보위원회 보고에서 김정남이 동생 김정은에게 살려달라고 호소하는 편지를 보낸 적이 있다고 말했다. 편지에서 김정남은 "우리는 이제 갈 곳도 피할 곳도 없다. 도망가는 길은 자살밖에 없다."고 썼다. [11]

김정남이 술에 취해 고모 김경희와 장시간 전화통화를 하며 나라 사정에 대해 울분을 터뜨렸다는 말도 있다. 김정일이 큰아들의 능력을 시험해 보려고 그를 해외로 내보냈다고 하는 전문가도 있었다. 김정남이 2007년 무렵, 귀국해서 노동당 조직지도부에서 일하고 있다는 보도도 있었다.

김정남의 삶은 아직도 상당 부분 미스터리의 베일에 쌓여 있다. 드러난 것이라고는 그가 그림자처럼 자신을 드러내지 않고 살았다는 사실이다. 그는 도박사와 갱, 스파이들의 세계에 함께 뒤섞여 살았다. 이처럼 그는 북한정권 바깥에서 살았지만, 그러면서도 정권과 어느 정도의 끈을 유지하고 있었던 것 같다.

김정남은 '김철'을 비롯해 여러 개의 가명을 썼다. 여권도 북한 여권 2개, 포르투갈 여권 등 여러 개를 번갈아 가며 사용했다. 어떤 사업가는 김정남이 중국 여권도 가지고 있었다는 말을 했다. 그리고 그는 한국어 외에 중국어 일본어, 영어, 프랑스어, 러시아어를 구사했다. 2008년 김정일이 뇌졸중으로 쓰러졌을 때 장남 김정남은 어버지를 보기 위해 평양으로 돌아왔다.

말년에 김정남은 북한정권의 분노를 사서 자신의 최후를 재촉할 수 있는 위험한 도박을 벌였다. 돈을 받고 정보를 팔아넘긴 것이다. 김정남이 미국의 마음에 들지 않는 독재자들을 권좌에서 끌어내리는 데 일조한 전력이 있는 미국 중앙정보국CIA에 정보를 제공한 적이 있다. 김정은은 이렇게 미국 스파이와 접촉하는 행위를 조국에 대한 배신행위로 간주할 것이다. 그런데도 김정남은 싱가포르나 말레이시아 등지에서 CIA 요원들과 만나 정보를 건네주었다. 대부분 자신의 동향을 추적하는 정보원들이었다. [12]

김정남이 운명의 마지막 여행에서 최후를 맞은 뒤, 앞서 그가 한 호텔 엘리베이터에서 아시아계 남성과 접촉하는 장면이 담긴 보안카메라 영상이 공개되었다. 공항에서 피살되고 나서 김정남의 백팩에는 미화 12만 달러 현금 다발이 들어 있었다. 정보를 넘기고 받은 돈일 가능성이 있었다.

물론 카지노 사업으로 번 돈일 가능성도 배재할 수는 없다. 그의 사업 파트너인 친구의 말에 따르면 김정남은 최소한 피살되기 10년 전부터 말레이시아를 비롯해 동남아시아를 무대로 도박 사이트를 운영해 왔다. 이 친구는 2007년부터 그와 사업을 함께 하면서 친구 사이가 되었다고 했다.

나는 김정남이 죽던 날 제일 먼저 이 사업가 친구와 이야기를 나누었다. 나와 서로 아는 사람을 거쳐 그와 연결되었다. 그는 당시 비행기를 타고 가고 있었는데, 내게서 그의 사망 소식을 전해 듣고 기겁을 했다. 우리는 인플라잇 와이파이 페이스타임FaceTime으로 통화를 하고 있었는데 그가 펑펑 우는 바람에 무슨 말을 하는지 알아듣기 힘들었다. 그는 출입국심사대에서 추가질문을 받았고, 자신의 사무실 주위에 낯선 사람들이 얼쩡거렸다는 말 등을 해주었다.

나는 이 사업 친구의 이름과 국적, 어디 사는지에 대해 알고 있다. 자기가 하는 사업에 대해 말할 때는 다소 두루뭉수리하게 넘어가는 부분이 있다. 이런 혼탁한 지하세계에서 일하는 사람들이 대부분 그렇듯이 그도 비밀스러운 구석이 많은 사람이다.

그는 자기 신상에 대해 세세하게 밝히는 것을 원치 않을 것이 분명하기 때문에 여기서는 그냥 마크Mark라고 부르기로 한다. 마크는 인터넷 보안 분야 전문가이다. 어느 날 그는 방콕의 최고급 샹그릴라 호텔에서 '조니 킴'Johnny Kim이라는 사람을 소개받았다. 그 사람은 서버 보안 문제를 도와줄 IT 전문가가 필요하다고 했다.

어떤 사람인지, 출신이 어디인지 전혀 알 수 없고, 어딘가 미심쩍은 구석이 있는 사람이었다. 그 사람이 하는 일은 '불법적인 사업'이었다. 도박 사이트를, 그것도 아주 많이 운영하고 있었다. 카지노, 특히 온라인 카지노들은 대부분 불법자금을 돈세탁하기 위해 운영된다.

그러던 2009년 어느 날 함께 텔레비전을 보다가 조니 킴이 마크를 보고 이런 말을 했다. "내가 누군지 말해 주겠소. 나는 김정일의 아들이고, 이름은 김정남이라고 합니다." 마크는 어떻게 대꾸해야 할지 떠오르지가 않았다. 그는 북한에 대해 아는 게 별로 없었다. 이후에도 두 사람은 이전과 다름없이 사업을 진행했다. 조니가 운영하는 온라인 도박 사이트 일이었다. 마크는 신분을 드러내지 않은 두 명의 북한 사이버 전문가가 김정남을 많이 도와주었다고 했다.

마카오에서 김정남은 도박업계의 거물 두 명과 가깝게 지냈다. 한 명은 '도박의 왕'으로 불리는 스탠리 호Stanley Ho였다. 마카오에 카지노 20곳, 평양에도 카지노 한 곳을 소유하고 있는 카지노 재벌이다. 다른 한 명은 찬 명 캄Chan Meng Kam으로 카지노 여러 곳을 소유하고 있는 전직 의원이다. 마크의 말에 의하면 김정남은 스탠리 호 소유의 카지노 리스보아Lisboa와 찬 명 캄 소유의 카지노 골든 드래곤Golden Dragon에 자주 들렀다. 그곳에 오면 이들은 보드카와 위스키를 병째 시켜서 마셨다.

마크의 말에 따르면 김정남은 유명인사들을 많이 알고 지냈다. "중국인, 영국인, 포르투갈인, 싱가포르인 등등 마카오 사람이면 김정남을 모르는 사람이 없었어요."

마크가 내게 말한 바에 따르면 북한은 2000년대 초 미화 100달러 위조지폐를 대량으로 찍어냈는데, 김정남이 그 돈을 세탁하는 데 마카오는 최적의 장소였다. 한번은 김정남이 마크에게도 이 위조지폐로 비용을 지불한 적이 있다고 했다. 이 위조지폐는 워낙 정교하게 만들어져서 '슈퍼노트'Super Note로 불렸다. 2006년 미국 정부는 마카오 소재 방코델타아시아은행BDA을 북한 불법자금 세탁을 돕고, 위조 미국 화폐를 유통시킨 혐의로 제재 대상으로 지정했다.

마카오에서 김정남은 한량처럼 지냈다. 사교클럽에 다니고 술을 펑펑 마셨다. 아시아 전역에 애인을 두었다. 아시아에서 조직범죄단원들이 많이 하는 것처럼 몸에는 거대한 용과 잉어 문신을 새겼다. 마크는 김정남이 일본 야쿠자와 중국 삼합회三合會에 매료되어 있었다고 했다.

이처럼 준準 망명생활을 하는 동안에도 그는 북한정권과의 끈은 계속 유지했다. 개혁파인 고모부 장성택과는 특별히 친밀한 관계를 유지하며 자주 연락했다. 북한으로 자주 돌아가지는 않았지만 고모부의 약을 구하기 위해 프랑스로 가끔 날아갔다. 프랑스로 가는 길에 에릭 클랩튼Eric Clapton을 만나기도 했는데, 김씨 형제들 사이에 에릭 클랩튼의 인기는 대단했던 것 같다.

그는 김정일이 사망하고 몇 주 뒤에 북한을 찾았는데, 최고지도자가 된 이복동생 김정은을 만나지 않았고, 아버지 장례식에도 참석하지 않았다.[13]

마크의 말에 의하면 그는 동생이 권력을 승계한 뒤 자신에게 무슨 일이 일어날지 몰라 걱정했다. 그러면서 자기는 북한에서 어떤 역할도 하고 싶지 않다는 말도 했다고 한다. "그는 마카오에서 지금처럼 사는 게 좋다고 했어요. 아이와 아내들, 첩들이 모두 북한 국내에 살지 않아 좋다고 했어요."

김정남은 제네바와 빈에 들러 옛날 친구들을 만나면 사업차 들렀다고 했다. 유럽에 사는 초 부유층 아시아 고객들에게 컨설팅을 해준다고 했다. 예를 들면 스위스에서 와인을 3만 달러어치 사겠다거나 부동산을 구입하고 싶어 하는 중국 졸부들에게 자문을 해준다고 했다. "그런저런 일들을 한다고 했어요. 특별히 지저분한 일을 하는 것 같지는 않았어요." 제네바 국제학교에서 김정남의 클래스메이트였던 사하키안은 이렇게 말했다. 친구 김정남이 아시아에서 하고 있는 큰돈이 오가는 도박사업에 대해서는 아는 게 별로 없는 것 같았다.

김정남은 와인을 즐겨 마시고 시가를 많이 피웠다. 그리고 값비싼 손목시계를 차고 사치를 즐겼다. 하지만 사하키안은 친구 김정남이 술에 취해 플레이보이 도박사 모습을 보인 적은 한 번도 없다고 했다.

그 친구는 김정남의 사생활을 자세히 들여다본 것은 아니지만, 그래도 김정남이 동생으로부터 금전적인 도움이 끊어진 상태에서 생활비를 벌기 위해 열심히 일하는 것 같다는 생각을 했다. 마지막으로 제네바에 왔을 때 김정남은 포시즌스Four Seasons 호텔이 아니라 에어비앤비AirBnB 숙소에 묵었다.

사하키안은 두 사람이 제네바에서 함께 찍은 셀카 사진을 내게 보내주었다. 사진 속에서는 까칠하게 턱수염이 자란 중년의 두 남자가 선글라스를 셔츠 안으로 집어넣은 채 카메라를 보며 밝게 웃고 있었다. 고메 핫도그 체인점 미샤Mischa 앞이었다.

클래스메이트 친구 두 명 모두 김정남이 늘 신변안전을 걱정했다고 했다. 마크의 말에 따르면 컴퓨터에 붙어 있는 웹카메라는 모두 커버로 덮어놓고, 사무실과 집에는 도청장치가 없는지 수시로 샅샅이 살폈다고 했다.

보안 감시 카메라를 피해 빌딩 뒷골목을 골라 다니고, 길에서 일본 기자들이 보이면 피했다. 특히 베이징에서는 극도로 경계심이 높아졌는데, 2000년대 초에 나온 구식 노키아 핸드폰을 썼다. 위치 추적이 안 되는 폰이기 때문이었다.

그는 이렇게 은밀히 움직이는 사람이지만 어떤 면에서는 놀라울 정도로 개방적인 태도를 보였다. 망명생활을 하는 내내 그는 김철Kim Chol이란 이름으로 페이스북 페이지를 유지했다. 김철은 그가 쓰는 가명 가운데 하나이다. 그리고 여기에다 자기 사진을 아무 거리낌없이 올렸다. 마카오 카지노 바깥에서 찍은 다양한 사진들도 다 올렸다. '아시아의 라스베이가스에서'라고 사진설명을 붙인 사진도 있다.

그의 페이스북 계정을 알게 되었을 때 나는 곧바로 180여명 되는 그의 페이스북 친구들에게 모조리 메시지를 보냈다. 그의 계정은 검색이 불가능하도록 막혀 있고, 이후 곧바로 폐쇄조치 되었다. 사하키안도 내가 보낸 메시지를 통해 알게 된 친구이다.

김정남은 기자들에게도 엄청나게 많은 이야기를 쏟아냈다.

일본 뉴스 통신사들은 베이징과 평양을 오가는 모든 비행편을 지켜보며 사람이 직접 공항에 나가서 누가 오가는지 일일이 체크했다. 그러다 김정남이 걸려들면 대박을 치는 날이다. 그의 주위에 우르르 몰려들어 카메라를 얼굴에 들이대며 질문공세를 퍼붓는 것이었다.

대부분은 질문을 피하지만, 어떤 때는 공항에서 명함을 받은 일본 기자들에게 그가 먼저 이메일을 보내오기도 했다. 권력 승계에 대해 아직 공식적인 발표가 없었던 2004년, 김정남은 기자 몇 명에게 북한정권의 후계자로 누구를 택할지는 아버지 김정일이 '전적인 권한'을 갖고 있다는 내용의 이메일을 보냈다.

김정일이 눈에 띄게 쇠약해져 갈 무렵인 2009년 마카오에서 김정남은 추리닝 바지 차림으로 나왔다가 후계 문제에 대해 묻는 일본 TV 기자의 질문을 받자 면박을 주며 이렇게 대답했다. "후계자가 됐다면 이런 차림으로 바깥에 나다니겠어요?"

나중에 아버지 김정일이 동생 김정은을 후계자로 선택했을 때 후계 구도에서 밀려난 김정남은 원칙적으로 3대 세습에 반대한다는 말을 했다. 그러면서 "정은이 북한 주민들이 윤택한 생활을 할 수 있도록 최선을 다해주길 바란다."고 했다. 동생이 잘하도록 해외에서라도 기꺼이 돕겠다는 말도 덧붙였다.[14]

나중에 그는 아사히 TV에서 비판적인 말을 했는데, 2009년 화폐개혁에 대해 "실패한 정책"이라고 말하고, 이제는 북한도 중국처럼 개혁과 개방을 해야 할 때라고 했다. 김정남은 동생 김정은이 북한의 새로운 지도자가 된 2012년 초 북한정권에 대해 가장 날카로운 비판을 가했다.

그는 고미 요지五味 洋治 도쿄신문 기자에게 보낸 이메일 편지를 통해 "절대권력을 겨우 2년간 후계자 교육을 받은 어린이에게 물려주어 안정이 유지되겠느냐는 의문을 갖고 있다."고 말했다. 고미 요지 기자는 김정남과 두 번 만나 인터뷰 하고 150통 넘게 이메일을 주고받았다. 김정은으로서는 도저히 참을 수 없는 비판을 들은 것이었다.

김정남이 암살되고 1년 뒤에 나는 그의 이종사촌 이남옥을 수소문해서 찾아냈다. 김정일의 수양딸처럼 살던 그녀가 '아빠'라고 부르던 그의 손아귀에서 탈출한 지 이미 4반세기가 지났다. 당시 그녀는 '동생' 김정남을 위해 자신의 삶이 너무 많이 희생된 데 대한 좌절감 때문에 북한을 탈출했다고 했다. 김정남 때문에 학교 교육을 제대로 못 받았고, 대학도 못 갔다. 김정남이 잘못하면 그녀가 대신 꾸중을 들었다. 20살 난 동생 김정남이 술 마시고 외박을 해도 그녀가 꾸중을 들었다고 했다.

특종을 포기하다
이남옥의 행방

이남옥이라는 이름을 가진 사람은 이제 세상에 없다. 남옥은 프랑스 사람이 되었고, 프랑스 남자와 결혼했다. 모스크바의 프랑스 대학 예비학교 리체에서 만난 남자였다. 그리고 부부는 잘 생기고 쾌활한 두 명의 프랑스인 아들을 두고 있다.

그녀는 지금도 풍족한 삶을 누리고 있지만 과거에 누리던 것과는 다른 종류의 풍요로움이다. 부부가 함께 성공적인 사업을 하고 있는데, 그녀가 가지고 있는 정치적 커넥션의 도움을 적지 않게 받고 있다. 두 사람은 매우 안락한 삶을 누리고 있다. 그녀는 서류상으로 베트남에서 태어났다. 사람들에게 자신의 출신지를 소개할 때는 간단하게 '한국인'이라고 말한다.

그녀는 극히 은둔적인 삶을 살고 있다. 페이스북이나 링크드인 LinkedIn도 하지 않는다. 인터넷에는 최근 몇 십 년 사이에 찍은 그녀의 사진이 한 장도 없다. 인터넷에 올라 있는 사진은 모두 그녀가 '동생' 김정남의 집에서 살 때 함께 찍은 사진들이다. 한복 차림 혹은 밍크코트를 입고 찍은 사진도 있다. 원산에서 둘이 해군 수병복을 같이 입고 찍은 사진도 있다. 그리고 함께 사냥을 나가서, 북한 해변이나 수영장에서 함께 찍은 사진도 보인다.

모두 그녀가 영국계 프랑스인 작가 이모젠 오닐Imogen O'Neil과 공동집필한 그녀의 회고록에 들어 있는 사진들이다. 오닐은 회고록을 탈고한 뒤 『황금감옥: 김정일과 함께 한 인생, 수양딸의 이야기』 *The Golden Cage: Life with Kim Jong Il, A Daughter's Story*라고 책 제목까지 정해 놓았다. 그런데 그녀가 겁을 먹는 바람에 결국 출판되지 못했다.

나는 그녀가 남편과 함께 살고 있는 도시까지 찾아냈다. 그리고 그녀의 회사로 메모를 전했다. 그녀의 남편이 나를 만나주었고, 남옥이 왜 나와 직접 만나지 못하는지에 대해 해명했다. 신변안전 때문에 북한정권에 대해서는 입을 다물고 살아야 한다는 것이었다. 그녀의 남편과 나는 햇볕 아래서 오렌지 주스를 마시며 이야기를 나누었다.

그녀의 친오빠 이한영은 북한정권에 의해 암살되었다. 서울 외곽에 있는 자신의 아파트 현관 앞에서 머리와 가슴에 총격을 받고 숨졌다. 그는 한국으로 망명해서 숨어 살았다. 한국에서의 삶이 순탄치 않았지만 북한정권의 추격은 없었다. 그러다 사업을 시작했다 부도가 났고, 생활이 어려운 상태에서 북한 로열패밀리에 관해서 쓴 책을 출판했다. 그리고 몇 달 뒤 피살되었다.

이후 고모부 장성택이 공개적으로 망신을 당한 뒤 죽음을 맞았다. 장성택은 남옥이 스위스에서 학교에 다니도록 주선해 주었고, 그녀가 평양에서 감옥살이처럼 집에 갇혀 지낼 때 재미있게 같이 놀아준 몇 안 되는 사람들 가운데 한 명이었다.

그리고 아주 최근에는 그녀의 이종사촌 동생 김정남이 백주대낮에 많은 사람들이 오가는 공항에서 끔찍한 방법으로 피살되었다. 아내가 사람들 앞에 나서서 입을 열었다가 이들과 같은 운명을 맞게 할 수는 없다고 그녀의 남편은 내게 말했다.

나는 이남옥씨가 공개적으로 말을 하지 않는 이유에 대해 남편이 한 말을 전적으로 다 믿지는 않았다. 그녀가 지금까지 북한정권과 관계를 지속하고 있으며, 북한으로부터 많은 도움을 받고 있다는 사실을 뒷받침해 주는 자료들이 얼마든지 있다.

이남옥의 행방을 알아낸 사실을 어떻게 처리해야 할지를 놓고 많이 고민했다. 바꾼 새 이름과, 지금 어디 살고 있고, 무슨 사업을 하는지를 공개하고, 그리고 무엇보다도 왜 아직도 북한정권과 손잡고 일을 하고 있는지, 북한정권의 어떤 자들이 그녀의 뒤를 봐주고 있는지 등에 대해 기사를 쓸까 하는 생각도 해보았다. 쓴다면 대단한 특종이 될 것이다. 지난 4반세기 동안 아무도 그녀를 찾아내지 못했으니까.

하지만 나는 그동안 가족을 지키기 위해 이름을 공개하지 말아 달라는 평범한 탈북자들의 청을 존중해 왔다. 이번에도 나는 이남옥의 새 이름을 밝히지 않기로 했다. 아무 잘못도 없는 그녀의 아이들이 왜 엄마의 새 이름이 밝혀짐으로써 받게 될 그런 엄청난 관심의 대상이 되어야 한단 말인가. 한국 기자와 일본 기자들이 아이들이 다니는 대학으로 우르르 몰려가고, 아이들이 가는 스키장까지 따라갈 것이다.

콩가루 집안이 된 위대한 김씨 왕가에서 그녀는 우여곡절 끝에 그나마 평범한 삶을 찾은 유일한 구성원이었다. 나는 그런 사람의 삶마저 허공에 날려 보낼 짓은 하고 싶지 않았다.

백두혈통의 장손 김한솔

김정남이 피살된 뒤 제일 먼저 위험에 처한 인물은 이종사촌이 아니라 바로 그의 아들 김한솔이었다. 당당하게 할 말을 하는 그는 김정남의 자녀들 가운데 유일하게 외부에 알려진 인물이다.

영어 이름이 '도널드'Donald인 한솔은 김씨 왕조의 일원이면서 북한정권에 대해 놀라울 정도로 비판적인 생각을 갖고 있다. 한솔은 평양에서 태어났지만 성장한 곳은 마카오이다. 그리고 자기 아버지처럼 부유한 해외거주자 자녀의 삶을 살았다. 겉으로 보기에 행복한 삶이었다. 사립학교에 다녔고, 약간 영국식 억양이 묻어나는 완벽한 영어를 구사한다. 머리를 염색하고, 한쪽 귀에는 구멍을 뚫었으며, 십자가 목걸이를 두르고, 소냐Sonia라는 이름의 예쁜 여자친구도 있다.

그는 페이스북에 많은 사진을 올리고, 유투브 비디오를 통해 하고 싶은 말을 했다. 기아에 허덕이는 북한 주민들의 모습을 보여주는 유투브 비디오를 올리며 "우리 국민들이 굶주리고 있다는 사실을 알고 있다. 그들을 돕기 위해 무슨 일이든 할 것"이라고 했다. 그러면서 어떤 포스트에서는 자신이 북한 지도자 가족의 '일원'이라는 사실을 밝히고 있다. 그러면서 또 어떤 비디오에서는 북한을 공식 영문약칭인 DPRK조선민주주의인민공화국로 표기해 "DPRK여 영원하라!"라고 썼다.[15]

삼촌 김정은이 북한 지도자로 권력을 공식 승계하기 불과 몇 개월 전인 2011년, 한솔은 보스니아 남부 모스타르에 있는 유나이티드월드칼리지United World College in Mostar 국제학교에 입학했다. 이후 몇 개월 동안 비교적 사람들의 눈에 띄지 않고 살았는데, 얼마 안 가 한국 언론이 그가 있는 곳을 알고 쫓아다니기 시작했다.

그러던 중 이 대학의 창립자 가운데 한 명인 전 핀란드 국방장관이 그와 이례적으로 인터뷰를 하게 되었다. 비정상적인 가족 배경을 가진 한 코스모폴리탄 젊은이가 정상적인 삶을 살기 위해 애쓰는 이야기를 담은 인터뷰는 핀란드 텔레비전의 전파를 통해 방영됐다.

그는 삼촌이 어떻게 해서 북한의 '독재자'가 되었는지 알지 못한다고 말하고, 아버지 김정남이 같은 말을 한 것처럼, 앞으로 사정이 나아지기 바란다며 "언젠가는 나도 고국으로 돌아가 사정이 나아지도록 만들고 싶어요. 그곳에 사는 사람들의 삶이 더 나아지도록 할 것입니다. 나는 통일이 되는 날이 올 것이라는 꿈도 꾸고 있습니다." 라고 말했다. 매년 여름 '가족들을 만나기 위해' 북한으로 긴다는 말도 했다.

보스니아 다음 김한솔의 행선지는 프랑스였다. 2013년 가을 명문 파리정치대학 시앙스포 르아브르 캠퍼스Le Havre campus of Sciences Po에 입학했다. 그해 말 고모부 장성택이 처형되었을 때는 프랑스 경찰의 보호를 받았다. 그에게는 신변안전을 걱정해야 할 분명한 이유가 있다. 남성이고 김씨 일가가 주장하는 백두혈통의 직계 후손이다. 권력 승계 자격을 타고난 셈이고, 김정은 입장에서는 라이벌로 생각할 것이 분명하다.

아버지 김정남이 피살될 당시 한솔은 마카오에 있었던 것으로 알려졌다. 내가 쿠알라룸푸르에 있던 당시 말레이시아 경찰은 김정남의 시신을 넘겨주기 전에 신원확인을 위한 DNA 샘플이 필요하다는 입장이었다. 한솔이 DNA를 제공하기 위해 말레이시아로 올 것이라는 소문이 파다했다. 마카오에서 출발하는 에어 아시아Air Asia기로 도착하는 20세 전후의 긱 시크 스타일 안경 쓴 남자 승객만 보면 텔레비전 카메라들이 우르르 몰려갔다.

그는 끝내 나타나지 않았다. 대신 그는 엄마와 여동생과 함께 급히 다른 곳으로 피신했다. 이들은 먼저 타이완으로 가서 다음 행선지로 가는 데 필요한 비자 발급을 기다리며 30시간을 그곳에 머물렀다. 이 과정에 미국과 중국, 네덜란드 정부가 도움을 제공했다. 몇몇 곳에서 그의 피신을 막으려고 개입한 것으로 알려졌다. 직계 백두혈통을 가진 이 젊은이가 익명으로 잠적해 김정은 정권의 잠재적인 비판자가 되는 것을 막기 위해서였다. 나아가 그가 정권 전복 음모에 나설 가능성을 미리 막으려는 것이었다. [16]

안전지대에 무사히 도착한 뒤 김한솔은 다시 한 번 이례적인 영상을 내보냈다. "내 아버지는 며칠 전 피살됐습니다, 나는 지금 내 어머니, 여동생과 함께 있습니다." 그는 이렇게 아버지가 피살당했으며, 자신은 가족과 함께 안전하게 피신해 있다고 밝혔다. 검정색 스웨터 차림의 한솔은 흰색 벽을 배경으로 자리해 영상을 촬영한 장소가 어디인지 특정할 수 없도록 했다.

자신의 신분을 증명하기 위해 북한 여권을 들어보였지만 신원정보가 담긴 페이지는 모자이크 처리했다. 아버지 김정남을 빼닮았기 때문에 굳이 신원을 확인할 필요도 없었다.

영상에서 그는 주한 네덜란드 대사를 비롯해 가족이 안전하게 피신할 수 있도록 도와준 많은 사람들에게 감사를 표했다. 이 말 때문에 그가 네덜란드로 피신했을 것이라는 추측이 제기되었지만 프랑스, 중국, 그리고 불가피하게 CIA가 개입했을 것이라는 추측도 나돌았다.

영상에는 이 비디오를 내보낸 '천리마민방위'라는 단체의 인장이 찍혀 있었다. 단체 이름은 하루에 천리를 달린다는 전설 속의 말을 지칭하는 것으로, 단체 이름을 영어와 한글로 표기했다. 한솔은 영어로 진행한 영상을 'We hope this gets better soon.'상황이 어서 호전되기 바란다이라는 말로 마무리했다. 천리마민방위는 2019년 3월초 홈페이지에 올린 영상을 통해 북한 임시정부 수립을 선포하고, 단체 이름도 자유조선Free Chosun으로 바꾸었다. 며칠 앞서 일어난 스페인 마드리드 주재 북한대사관 침입 사건도 자신들이 한 짓이라고 밝혔다.

친형 김정철

직계 백두혈통을 이어받은 후손 가운데서 신변이 안전한 한 명이 있다. 안전한 정도가 아니라 처지가 더 나아진 것으로 보이기도 하는 사람인데, 바로 김정은의 친형인 정철이다. 그는 현재 김씨 왕가의 특별 거처 안에서 격리된 생활을 하는 것으로 보인다.

김정철과 함께 자란 김정은은 친형에 대해 누구보다도 잘 알고 또한 그를 믿는다. 게다가 정철은 '여성 같다'는 말을 들어왔고, 최근 몇 년 사이 '가슴이 나왔다'는 말도 있다. 한마디로 동생에게 어떤 위협도 되지 않을 인물이라는 것이다. 그저 좋아하는 것이라고는 기타 연주뿐이다. 그러니 살아남는 데 문제가 없을 것이다.

2015년 어느 날, 태영호 당시 영국 주재 북한대사관 공사는 본국으로부터 암호가 걸린 메일 한 통을 받았다. '로열 앨버트 홀에서 열리는 에릭 클랩튼 70주년 공연에 티켓을 구입하라.'는 내용이 들어 있었다.

공연을 보러 갈 사람이 누구인지는 들어 있지 않았다. 하지만 북한에서 에릭 클랩튼의 제일 열렬한 팬이 누구인지는 말하지 않아도 다 안다. 그 VIP는 3박 4일 일정으로 아에로플롯Aeroflot 편으로 블라디보스토크와 모스크바를 경유해 런던으로 왔다.

태영호 공사는 5성급 첼시 하버 호텔에 개별 침실 두 개가 딸린 투베드룸 스위트 하나를 숙박자 지불로 예약했다. 펜트하우스 스위트 하루 숙박비가 3,000달러가 넘는 호텔이었다. VIP는 몸이 상당히 좋지 않은 것 같았다. 의사가 함께 동행했는데 항상 그의 옆에 바짝 붙어 다녔고,

하루에 세 번 알약을 한웅큼씩 챙겨먹었다.

바짝 긴장한 태영호는 인기 관광 코스도 준비했는데, 다른 성실한 북한 관리들이 하듯이 들를 관광지의 관련 사실과 수치까지 꼼꼼히 알아두었다. 북한에서는 누가 방문하면 안내원이 반드시 안내하도록 되어있는데, 예를 들어 기념탑을 방문하면 안내원은 몇 개의 벽돌로 지었는지, 최고지도자가 언제 그곳을 처음 방문했는지 등에 대해 훤히 알고 있어야 한다. 그래서 태영호는 런던 타워와 타워 브릿지, 런던 아이, 국회의사당 광장 등에 관한 자료들을 한보따리 준비했다.

하지만 김정철이 원한 것은 덴마크 거리에 가서 기타 구경을 하는 것이었다. 런던 소호Soho 지역에 있는 덴마크 거리는 전문 상점이 늘어선 유명한 악기 거리로 기타 매니아들에게는 많이 알려진 곳이다. 김정철은 기타 상점 여기 저기 들어가 마음에 드는 기타를 잡고 즉흥연주를 해보았다. 태영호의 증언에 따르면 그는 매우 진지한 태도를 보였고, 상점 주인들이 그의 즉석연주 실력에 감탄할 정도였다. 왼손가락 마디 끝에 몇 군데 못이 박혀 있었다. 연습을 얼마나 많이 했는지 보여주는 흔적이었다.

하지만 김정철이 찾는 기타는 없었다. 태영호가 수소문한 결과 런던 외곽 40킬로미터 정도 떨어진 소도시에 전문가들이 찾는 기타 상점이 있었다. 함께 가보았더니 정말 원하는 기타가 있었고, 김정철은 그것을 샀다. 가격은 3,000파운드로 미화로 환산하면 4,500달러 정도 됐다. 계산하는 동안 태영호는 멀찌감치 떨어져 지켜보았는데, 김정철은 의사소통에 아무 지장이 없을 정도로 영어 구사 능력이 훌륭했다. 태영호는 김정철이 "그 기타가 아주 마음에 들어 했다."고 말했다.

김정철은 하루가 아니라 이틀 저녁 연속으로 에릭 클랩튼의 공연을 보러 로열 앨버트 홀로 갔다. 사진을 보면 검정 가죽 재킷과 선글라스를 쓴 그의 옆에 태영호 공사, 그리고 남성 한 명과 여성 한 명이 동행하고 있다. 동행한 여성도 녹색 가죽 재킷과 선글라스를 낀 록 풍 차림이었다. 태영호 공사 말에 따르면 여성은 김정철의 걸프렌드나 아내는 아니고, 모란봉악단 기타리스트였다.

둘쨋날 밤, 잔뜩 몰려와 그가 나타나기를 기다리는 기자들과 카메라에도 불구하고 김정철은 에릭 클랩튼의 공연을 만끽했다. 그날 공연에서 슬로우핸드Slowhand 에릭 클랩튼은 '라일라'Layla, '티어즈 인 헤븐'Tears in Heaven, '원더풀 투나잇' Wonderful Tonight 같은 히트곡들을 불렀다. "그는 공연을 마음껏 즐겼어요. 노래마다 가사를 다 따라 부르며 좋아했어요." 그날 공연에 참석했던 BBC 기자는 이렇게 말했다. [17]

태영호 공사는 김정철이 공연에 완전히 빠져든 것 같았다고 했다. 자리에서 일어나 열광적으로 박수를 치고, 흥분한 나머지 주먹을 치켜들기도 했다. 그리고 공연장 매대에서 티셔츠를 비롯해 에릭 클랩튼과 관련된 기념품들을 구입했다. "호텔로 돌아온 김정철은 흥분이 쉽게 가시지 않은 듯했다. 또 술을 마시자고 했다. 각자의 방 미니바에 비치된 양주와 맥주를 들고 내 방에 모였다. 미니바에 있던 모든 술이 그날 밤 동이 났다."

태영호 공사는 VIP 방문자에게 콘서트장에 가지 않는 시간을 즐길 수 있도록 런던의 제일 좋은 코스들로 관광 일정을 짰다. "더 샤드 건물에 있는 식당으로 김정철 일행을 안내했습니다. 고급 요리가 나왔지만 김정철은 잘 먹지 않았습니다." 태영호는 그로부터 몇 년 뒤 내게 이렇게 말했다. "그래서 다음에는 무엇을 먹고 싶은지 의견을 물었더니 김정철은 맥도날드 햄버거가 먹고 싶다고 했어요. 그래서 우리는 맥도날드로 갔고 그는 맛있게 먹었어요. 프렌치프라이를 특히 좋아했습니다."

하지만 공연장에서나 프렌치프라이를 먹을 때도 김정철은 행복한 모습을 오래 보여주지 않았다. 태영호 공사는 그가 "잘 웃지 않고, 대부분은 입을 다물고 있었다."고 했다.

김정은은 친형이 가고 싶어 하는 곳은 어디든 보내 주는 것 같았다. 그러면서도 그의 행동을 면밀히 감시하고, 누가 아버지가 물려주는 왕권의 정당한 상속자인지에 대해 형이 절대로 다른 생각을 갖지 않도록 철저히 단속하는 것 같았다. 김정철은 감시의 눈을 피해 몰래 움직이거나 동생이 못마땅하게 생각할 짓은 하지 않았다. 그리고 그는 기자들 앞에서 북한정권이나 동생을 비판하는 말은 절대로 하지 않았다.

김정철은 에릭 클랩튼 콘서트 때 말고는 공개적인 자리에 한 번도 얼굴을 나타내지 않았다. 군대 열병식 때도 동생 옆 자리에 나타나지 않고, 현지 지도나 핵무기 실험, 미사일 시험발사 같은 자리에도 동생 옆에 모습을 보이지 않았다. 핵무기 실험과 미사일 시험발사는 해가 가면서 그 회수가 점점 더 많아졌다.

14장
핵 보검을 가지다

우리는 미국과 그 추종세력들의 핵위협과 공갈이 계속되는 한
그리고 우리의 문전 앞에서 연례적이라는 감투를 쓴
전쟁연습소동을 걷어치우지 않는 한 핵무력을 중추로 하는
자위적 국방력과 선제공격 능력을 계속 강화해 나갈 것입니다.

김정은 신년사 2017년 1월 1일

위대한 계승자는 매우 기분이 좋았다. 두 손을 허리에 얹은 채 활짝 웃으며 자신이 이룬 성취에 스스로 갈채를 보내고 있었다. 김정은이 권력을 승계한 지 6년이 다 되어 가는 시점인 2017년 9월, 북한은 "미 제국주의자와 그 종노릇을 하는 세력들에게 해머로 무자비한 타격을 가했다."고 선언했다. 북한 과학자들이 수소폭탄 개발에 성공해 풍계리 만탑산 지하에서 핵실험에 성공한 것이었다. 워낙 강력한 폭발이 일어나 폭발 직후 해발 2,200미터 높이의 산정상이 눈에 띄게 내려앉은 것이 지구관측위성들을 통해 확인됐다.[1]

이 실험을 함으로써 북한은 수소폭탄 클럽의 가장 신입 회원이면서,

또한 대단히 반갑지 않은 회원이 되었다. 지금까지 이 클럽의 회원은 공식적으로 미국과 러시아, 중국, 프랑스뿐이었다.

김정은은 북한의 권력 실세들을 모아놓고 앞으로 더 이상의 핵실험은 필요치 않다고 말하고, "우리는 이제 평화 수호의 강력한 보검을 갖게 되었다."고 선언했다. 북한이 자신들이 목표로 하던 기술적인 능력을 달성했음을 알리는 신호였다. 그리고 이제 핵폭탄을 완성했기 때문에 더 이상의 핵실험은 필요하지 않다고 한 것이다. [2]

김정은은 이미 규모 면에서 세계 4위인 120만 명의 병력을 보유하고 있다. 그리고 33세의 나이에 세계 최연소 핵보유국 지도자가 된 것이다. 그는 핵보유국이 된 것이 자신의 업적임을 분명히 하고 싶었다. 그래서 미사일 발사대 앞에서 사진을 찍고, 땅콩 모양의 수소폭탄 모형을 공개하고, 핵실험을 승인하는 결정서에 서명했다.

김정은은 경제개발과 핵프로그램을 동시에 진행하겠다고 약속했지만 실제로 이는 순차적으로 진행하는 것이라고 할 수 있다. 그는 권력을 승계한 뒤 초기에 경제의 족쇄를 풀어 주고, 장마당이 활성화되는 것을 방치했다. 초기에 경제가 다소 성장하게 된 것은 '선의의 무시' benign neglect, 쉽게 말해 이러한 무관심의 결과였다.

그리고 그것은 김정은의 관심이 핵 프로그램에 가 있었기 때문이다. 그는 국내 통치기반을 확고히 하고, 외부 세계에는 북한에 대한 도발을 포기하라는 확실한 경고를 보여주고 싶었다. 이를 위해 모든 국가자산을 핵무기 개발과 미사일 프로그램에 집중시켰다.

한동안 세계는 북한이 핵무기 개발과 관련한 무용담을 늘어놓는 것을 보고 손가락질하며 비웃었다. '천재 전략가' 김정은은 최고지도자가 되고 난 직후 쌍안경을 거꾸로 든 모습으로 풍자거리가 되었다. 그 다음에는 녹슨 잠수함을 타고 훈련을 지휘하는 모습이 공개돼 또 조롱거리가 되었다. 소형 핵무기 모형을 공개하는 장면이 공개되었을 때는 디스코 볼 같다는 조롱이 나왔다. 인터넷에는 갖가지 패러디물이 넘쳐났다.

하지만 경애하는 최고지도자는 자신이 우스갯소리를 하는 게 아니라는 점을 분명히 보여주려고 했다. 최고지도자의 지위가 안정된 다음 자신의 계획에 분명한 진전이 있음을 내놓고 싶었다. 자신이 되풀이해서 강조해 온 '강성 부국 건설'이라는 약속을 현실로 보여줄 필요가 있었다. 그리고 그 방법의 하나로 핵무기 프로그램 완성에 집중적으로 매진하기 시작한 것이다.

그 첫 번째 작업은 헌법을 손질하는 것이었다. 2012년 중반에 김정은은 헌법을 개정해 아버지 김정일의 핵무기 개발 업적을 명문화 했다. '핵'이란 단어가 처음으로 헌법에 명기된 것이다. 개정 헌법 서문은 "김정일동지께서는 우리 조국을 불패의 정치사상 강국, 핵보유국, 무적의 군사 강국으로 전변시키셨으며 강성국가건설의 휘황한 대통로를 열어놓으셨다."라고 강조했다. 헌법 개정을 통해 핵보유국임을 명기하고 이를 공식화한 것이다.[3]

김정은은 2013년 2월 자신의 주도로 첫 핵실험을 강행했다. 그리고 이어서 몇 차례의 미사일 시험발사가 이어졌다. 이때만 해도 김정은이 자기 아버지와 같이 허풍을 떠는 것처럼 보였다. 북한의 기술 능력을 과장해서 말하고, 핵프로그램을 정치적 목적으로 활용하는 것 같았다.

북한정권은 적절한 시기에 맞춰 도발을 감행함으로써 최대의 효과를 노리는 전략을 취해 왔다. 핵실험을 한 그 달에는 자신들이 때를 맞춰 허세를 과시할 필요가 있는 세 개의 행사가 겹쳐 있었다. 몇 주 전 버락 오바마 미국 대통령이 두 번째 임기를 시작했고, 몇 주 후면 보수주의자인 박근혜 대통령이 대한민국 대통령으로 취임하게 되어 있었다. 그리고 그 전에 김정은의 아버지 김정일의 생일이 있다. '광명성절'로 불리는 이날은 국가적인 명절이다.

김정은의 첫 핵실험은 기술적인 면에서 볼 때 이전 핵실험보다 큰 진전을 이룬 것은 없다. 젊은 독재자가 자신의 능력을 과시하기 위해 핵실험 시기를 택한 것으로 보였다. 2013년과 2014년에 발사된 미사일도 그렇게 눈길을 끌만한 것은 못 된다. 북한이 이미 보유하고 있는 것으로 알려진 단거리 미사일들이었다.

하지만 2016년 중반이 되면서 이런 사정이 급변하기 시작했다. 그해 1월 북한의 선전매체들은 자신들이 수소폭탄 실험에 성공했다고 대대적으로 자랑했다. 그러면서 수소폭탄을 공개하지는 않았다. 그러다 며칠 뒤 잠수함에서 탄도미사일이 발사되는 장면을 담은 영상을 공개했다. 사실이면 기술적으로 상당한 진전을 이루었다는 말이었다.

하지만 수중 발사 장면을 담은 비디오는 컴퓨터로 짜깁기한 것으로 드러났다. 북한이 미사일 능력을 실제보다 크게 과장하고 있다는 의심이 증폭되었다. 포토샵도 제대로 못한다는 비아냥까지 겹쳐지며 북한정권은 전 세계적으로 다시 웃음거리가 되었다. 도대체 이런 자들이 어떤 위협을 가하겠다는 것이냐는 조롱이었다.

하지만 북한이 그렇게 하고 싶다는 의사를 갖고 있다는 사실은 그냥 지나칠 일이 아니었다. 김정은이 아직 수소폭탄을 보유하고 있지 않고, 탄도미사일을 수중에서 발사할 능력도 없는 것은 사실이었다. 하지만 그는 조만간 그렇게 하고 말겠다는 강한 의지를 갖고 있었다.

2016년 김일성의 생일인 태양절에 맞춰 북한은 무수단 중거리탄도미사일을 발사했다. 기술적으로 일본과 한국 영토 전체는 물론이고 태평양 한가운데 있는 미국령 괌까지 도달할 수 있는 능력을 가진 미사일이다. 발사는 실패로 끝났다. 그리고 일주일 뒤 잠수함에서 다시 탄도미사일을 발사했지만 역시 실패했다. 5월 말에 무수단 미사일을 한 번 더 발사했지만 실패했다.

하지만 6월 들어 두 번의 추가 시험발사를 통해 북한은 과거의 실패에서 배운 게 있음을 입증해 보였다. 한 발은 실패했지만 그 중 한 발이 성공한 것이다.

세계는 이를 보고 다시 코웃음을 쳤지만 북한은 한발 한발 진전을 이루고 있었다. 그리고 그 진전은 모두 '불패의 지도자, 강철 같은 의지를 가진 최고사령관 동지' 덕분이었다.

무수단 미사일 발사를 참관하고 김정은은 "태평양 작전지대 안에 미국놈들을 전면적이고 현실적으로 공격할 수 있는 확실한 능력을 가지게 됐다."고 말했다. 쌍안경을 들고 작전지도가 놓인 테이블 앞에 앉아 있는 김정은의 사진이 공개됐고, 주위에는 기쁨에 들떠 두 손을 높이 쳐들고 환호하는 군인들의 모습이 보였다.

미사일은 트럭을 개조해 만든 이동식 발사대에서 발사되었다. 이제 북한 영토 내 어느 격납고나 터널에든 숨겨놓았다가 발사할 수 있게 된 것이다. 위성으로 감시하기 쉬운 고정 시험 발사대는 앞으로 더 이상 쓰지 않아도 된다는 말이었다. 전 세계가 놀라지 않을 수 없었다. 북한이 가진 패가 커진 것이다.

8월이 되자 잠수함 발사 컴퓨터 조작 건으로 비롯된 북한에 대한 조롱은 자취를 감추었다. 북한 지역 동해안에 있는 잠수함에서 발사된 탄도미사일 한 발이 정확하게 일본 영해로 날아가 떨어진 것이다. 이 성공을 기점으로 이후 북한의 미사일 발사는 실패율이 떨어지고 성공률은 높아져 갔다. 비행거리도 늘었다. 놀라운 점은 발사 기술이 발전했다는 것뿐만 아니라 발사 횟수가 급격하게 늘었다는 사실이었다. 아끼지 않고 미사일을 마구 쏘아댄다는 말이었다.

2017년에는 두 번의 핵무기 실험이 실시됐는데 그 중의 한 발은 수소폭탄이었다. 그리고 모두 세 발의 대륙간탄도미사일이 발사되었는데, 첫 번째 발사는 효과를 극대화하기 위해 미국독립기념일인 7월 4일에 이루어졌다. 이론상으로는 알래스카까지 도달할 수 있는 미사일이었다. 김정은 정권은 '독립절에 미국놈들에게 선물보따리를 보내주었다.'고 큰소리쳤다.

같은 달 말에 두 번째 미사일이 발사됐는데, 미국 본토의 덴버나 시카고까지 타격할 수 있는 능력을 갖추었음을 보여주었다. 11월 말에 김정은은 또 한 번의 미사일 발사 지시를 내렸는데, 이번에는 워싱턴 D.C.를 포함해 미국 본토 어디든 타격 가능한 비행 사거리를 입증했다.

북한은 아직 핵무기와 미사일 두 요소를 결합시킬 능력까지 갖추었는지는 입증해 보이지 않고 있다. 핵폭탄을 탑재한 탄두를 목표물에 도달시키는 것은 매우 어려운 기술이다. 핵무기가 심한 진동과 극한의 고열을 견뎌낼 수 있어야 한다. 시간이 걸리고 더 많은 실험을 거쳐야 하겠지만 김정은이 머지않아 그런 목표에 도달하게 될 것임을 의심하는 전문가는 별로 없다.

김정은으로서는 믿을 만한 핵무기 시스템을 개발하는 것은 내부적으로 자신의 권력을 공고히 하고, 외부적으로 미국의 위협에 맞서는 수단이 된다. 핵실험과 미사일 시험발사는 기본적으로 매우 도발적인 성격을 갖고 있지만, 김정은은 핵무기를 오직 방어용으로만 사용할 것이라는 점을 강조해 왔다. 그는 한 세대 만에 개최된 2016년 노동당 당대회에서 "우리의 주권이 공격받지 않는 한 핵무기를 선제 사용하지는 않을 것"이라고 말했다.

김정은은 핵 프로그램을 무아마르 가다피가 겪은 운명을 피할 수 있는 안전장치로 생각한다. 물론 핵무기를 선제 사용하는 것은 자살행위가 될 것이다. 미국이 반드시 대응 공격을 할 것이고, 김씨 일가가 살아남기는 불가능할 것이기 때문이다. 하지만 워싱턴을 타격할 수 있는 소량의 핵 탑재 미사일을 보유하고 있으면 미국의 공격을 억제할 수 있다고 생각한다. 수소폭탄을 개발하고 그것을 운반할 수단을 보유한다면 외부 세계를 향해 '나를 무시하지 말라.'고 경고하는 데 그보다 더 효과적인 방법이 없다고 본 것이다.

소중한 자원을 핵 프로그램에 쏟아부음으로써 군을 다독이는 효과도 노렸다. 군은 자질 미달의 '원수'에 대해 가장 못마땅한 생각을 가지고 있는 집단일 수 있다. 그리고 축하할 일이 별로 없는 나라에서 핵 프로그램은 주민들에게 엄청난 자부심을 안겨줄 만한 일이다. 체제에 불만을 가진 사람들에게도 마찬가지이다.

북한에서 탈출한 만복이라는 이름의 학생은 그곳에서 배운 학과목에 대해 설명하면서 이렇게 말했다. "하루는 핵기술에 대해 배웠어요. 그때 나는 우리나라가 이 정도로 발전된 기술을 가진 핵보유국이 되었다는 사실에 정말 가슴이 뿌듯했습니다."

북한에서는 핵무기와 미사일 관련 지식이 교과목에 들어 있다. 어린 이들에게는 핵 프로그램을 가지고 있다는 데 대해 자부심을 갖도록 가르치고, 좀 더 나이 든 사람들에게는 그와 관련된 물리학 지식을 배우도록 한다. 2013년에 발간된 초등학교 사회윤리 교과서에 보면 어떤 아이가 엔지니어인 듯한 자기 아버지에게 이런 말을 한다. "경애하는 지도자 동지께 기쁨을 안겨드린 게 맞습니까?" 아이 옆에는 은하 3호 로켓 그림이 그려져 있다.

김정은은 최고지도자가 되자 분야를 막론하고 과학자들을 칭송하고, 그들에게 사치품을 듬뿍 나누어 주었다. "김정은 최고지도자 동지의 과학과 기술자에 대한 사랑은 끝이 없으시다. 이들은 인민의 생활을 향상시키고, 조국 수호 능력을 끌어올리는 데 큰 역할을 한 사람들이다." 노동신문은 2013년 김정은이 북한의 MIT라고 할 수 있는 김책공업대학을 방문한 데 대해 이같이 보도했다.

김정은이 권력을 물려받은 이후 데니스 로드먼 방북을 제외하고 그의 이미지와 관련해 가장 놀라운 사건은 2017년 3월 동창리 시험장에서 장거리 로켓 엔진 지상 분출 시험에 성공한 뒤에 일어났다. 갈색 코트를 입은 경애하는 원수가 활짝 웃으며 핵개발 프로젝트에 참여한 핵심 과학자 한 명을 업어준 것이었다. 김정은보다 몇 십년 더 나이 들어 보이는 과학자는 황송해서 울음을 터트리기 일보 직전의 표정으로 그의 등에 업혔다. 황록색 군복을 입은 다른 간부들은 모두 둘러서서 웃으며 환호했다.

한국에는 남을 업어주는 전통이 있다. 젊은 사람들은 고생하며 자기를 키워 준 부모의 은혜에 보답하는 뜻으로 부모를 업어준다. 결혼식장에서는 신랑이 자신의 신체가 건강함을 과시하고, 평생 아끼며 업고 살겠다는 의미로 신부를 등에 업는다.

김정은이 보여주고자 한 메시지는 분명했다. 그런 식으로 이들 로켓 전문가들에게 최대한의 감사와 애정을 표시한 것이다. 그것은 바로 김정은이 핵 프로그램을 다른 모든 일보다 우선시하겠다는 신호였다.

핵개발로 주민들에게 자부심

북한 국영 매체는 권력을 물려받은 지 6년째가 끝나가는 연말 어느 일요일 김정은이 핵탄두 모형을 살펴보는 여러 장의 사진을 보도했다. 외부 세계 사람들은 사진을 보고 조소를 금치 못했다. 사진에서 김정은은 은색 금속 표면을 한 물체를 이리저리 살펴보고 있었다. 한쪽 끝은 둥근 원형이고 다른 한쪽 끝은 조금 더 큰 원형 모양의 이 물체는 곧바로 '땅콩'이라는 별명을 얻었다. 인터넷에선 우스꽝스러운 외모의 독재자가 자기보다 작은 우스꽝스럽게 생긴 물체를 들여다보는 모습을 보고 조소를 금치 못했다. 통돼지 바비큐만한 물체였다.

주위에 모인 5명의 과학자들 모두 김정은처럼 짙은 감청색 인민복 차림이었다. 과학자들은 지도자를 둘러싸고 손으로 가리켜 가며 모형에 대해 상세하게 설명하고 있었다. 이들은 지도자가 말하는 내용을 받아 적기 위해 하나같이 손에 작은 메모장을 들고 있었다. 자기들은 핵과학자이고 김정은은 그렇지 않지만 그런 점은 개의치 않는 듯했다.

김정은이 어떤 지시를 내릴지 몰라 모형은 대륙간탄도미사일의 노즈 콘nose cone 뒤편에 놓아두었다. 벽에는 탄두가 이 노즈 콘에 어떻게 결합되는지 보여주는 차트가 걸려 있었다.

전형적인 북한식 허풍을 보여주는 듯했다. 하지만 예상과 달리 그것은 허풍이 아니었다.

그로부터 몇 시간 뒤, 지진 센서들은 인공지진으로 추정되는 규모 6.3의 지진파를 감지했다. 열핵폭탄의 폭발로 인한 것으로 외형적으로는 지난 번 핵실험 때보다 폭발 위력이 더 컸다. 이 핵폭발의 위력 측정치는 250킬로톤으로 미국이 1945년 히로시마에 투하한 미국 원자폭탄의 17배에 달했다.

과학적 증거는 의문의 여지가 없었다. 전 세계 정보당국과 핵 전문가들은 폭발 규모가 열핵폭탄 실험과 일치한다는 사실을 인정했다. 김정은은 이번 핵실험 성공이 온전히 자신의 공적임을 분명히 했다. 북한은 텔레비전 특별방송을 통해 김정은이 핵실험 실시 명령서에 서명하는 사진을 내보냈다. 이번 성공은 모두 그가 이룬 영광스러운 업적이라는 사실을 모든 사람이 다 알도록 해야 했다. 핵폭탄은 바로 그가 낳은 옥동자였다. 평양에서는 핵실험 성공을 자축하는 축하행사가 일주일 넘게 계속되었다.

핵개발 관계자들은 주말에 금수산태양궁전에서 기념촬영을 했다. 하지만 죽은 지도자 두 명의 대형 사진 아래 너무 많은 사람이 빼곡하게 자리잡고 앉았기 때문에 기념사진이 마치 장난 같아 보였다. 누구도 쉽게 뺄 수가 없었기 때문이다. 앞줄 한가운데 인민복을 입은 거구의 남자는 빠져도 될 인물이지만, 그 사람이 바로 주인공이 되고 싶어 했다.

김정은은 핵폭탄 개발의 성공은 최고위 당간부를 비롯한 지도부의 뒷받침이 있었기 때문에 가능했다는 점을 보여주고 싶었다. 수많은 북한 인민의 노력을 통해 핵무기의 국산화가 가능했다는 점을 보여주고 싶었다. 그리고 이러한 노력은 모두 위대한 수령 김일성과 위대한 영도자 김정일이 품었던 비전과 뗄 수 없는 관계가 있다는 점을 보여주고 싶었던 것이다.

이후 평양 중심가에 위치한 호화로운 영빈관에서 열린 대규모 축하연회에서 참석자들은 세계 최강의 핵폭탄을 보유한 북한을 혁명의 열정으로 수호할 것을 다짐하고, 김정은에게 충성을 맹세했다.

평양에서는 축하공연까지 이어졌다. 의기양양한 표정의 김정은이 아내 리설주, 두 명의 고위급 핵과학자와 함께 입장하자 기다리던 참석자들은 우레 같은 박수로 이들을 맞았다. 공연에는 '김정은 장군께 영광을', '충성의 한길로 가고 가리라'와 같은 경쾌한 곡들이 연주되었다. 대형 스크린에 젊은 지도자의 사진이 등장하자 관중들은 '감격에 찬 열렬한 박수갈채를 보냈다.'고 국영방송은 보도했다.

"우리가 보유한 초강력 수소폭탄은 한마디로 김정은 지도자 동지의 폭탄입니다. 조국과 인민에 대한 동지의 열렬한 애정이 이 폭탄을 만들었습니다." 수소폭탄 개발의 핵심 책임자 중 한 명인 리만건 군수공업부장은 축하공연에서 이렇게 말했다. 리만건을 포함한 핵심 핵과학자 몇 명이 개발의 전 과정을 이끌었다. 하지만 이들은 누구에게 공을 돌려야 하는지 잘 알고 있었다.

공연장 전체에 조명이 환하게 밝혀지고, 관중들 가운데 많은 이들의 가슴에 주렁주렁 달린 훈장들이 불빛에 반짝였다. 박수와 찬양은 당연히 하는 것이었다. 관객으로 선발된 사람들은 모두 다 자기들이 어떻게 행동해야 하는지 알고 있었다. 진심에서 우러나와 환호하는 면이 없지 않다는 것도 분명한 사실일 것이다. 어쨌든 이제 북한이 대단한 일을 해냈다는 사실은 모두 인정할 수밖에 없게 되었다.

거의 모든 분야에서 기술 수준이 지극히 낮은 단계에 머물러 있고, 주민들에게 기본적인 먹거리와 서비스도 제공해 주지 못하는 나라가 핵폭탄을 만들었다는 사실에 외부 세계는 광범위한 충격에 휩싸였다. 그런 나라가 핵기술을 어떻게 마스터했는지도 놀랍지만 핵무기 개발에 필요한 자금과 관련 부품을 차단하기 위해 취해진 10년의 제재를 도대체 어떻게 피할 수 있었다는 말인가.

하지만 지그프리드 헤커Siegfried Hecker 박사는 놀라지 않았다. 북한은 그동안 매 단계마다 자신들이 갖고 있는 의중을 밖으로 드러냈다. 하지만 북한정권이 하는 말에 주의를 기울여 주는 사람이 별로 없었다는 게 문제였다.

핵실험이 있고 얼마 뒤 그는 내게 이렇게 말했다. "북한은 1980년대부터 자기들이 핵무기 개발에 공을 들이고 있다는 사실을 우리에게 드러내 보였습니다." 헤커 박사는 저명한 핵과학자로 원자폭탄의 산실인 로스 알라모스 국립연구소Los Alamos National Laboratory소장을 지낸 뒤 스탠퍼드대Stanford University로 옮겼다. 그는 북한 핵프로그램에 대해서도 탁월한 식견을 갖고 있다. 북한은 자신들이 이룬 성과물을 자랑하고 싶으면 헤커 박사를 불렀다.

김정은이 후계자 수업을 받던 2010년에 그는 북한에 초청받아 갔는데, 당시 그는 이전 방북 때처럼 50년 전의 기술을 보게 될 것으로 생각하고 갔다. 그런데 북한은 그에게 2,000대의 원심분리기를 갖춘 현대식 우라늄 농축 시설을 보여주었다. 시설은 초현대식이고 깔끔하게 정렬돼 있었다. 그것을 보고 그는 크게 놀랐다. 그리고는 "이 사람들에게 핵개발을 포기하도록 만들기는 어렵겠다."는 생각이 들었다고 했다.

그날 헤커 박사가 본 원심분리기는 연한 청색 지붕이 덮인 건물 안에 보관돼 있었다. 공중에서 또렷하게 보이는 지붕이었다. 김정은이 권력을 승계한 뒤 이 청색 지붕 건물은 두 배 크기로 증축되었다. 북한이 핵분열물질을 정확히 어느 정도 보유하고 있는지는 누구도 모른다. 핵폭탄 15개를 만들 수 있는 양이라고 하는 전문가들도 있고, 미국 정보기관은 60~70개 정도 만들 분량이라고 말한다. 헤커 박사는 김정은 정권이 현재 연간 6~7개 만들 정도의 물질을 생산하고 있다고 생각한다. 매년 그렇게 생산한다.

여러 면에서 볼 때 북한이 얼마나 많은 핵물질을 보유하느냐는 중요치 않다. 중요한 것은 북한이 핵폭탄을 갖게 되었다는 사실이고, 그것은 논란의 여지가 없다. "사람들은 이렇게 후진 나라가 핵폭탄을 갖게 되었다는 사실에 놀랍니다. 하지만 이 분야에서는 북한이 후진 나라가 아닙니다." 헤커 박사는 내게 이렇게 말했다.

핵 자주노선, 마침내 이룬 김일성의 꿈

수소폭탄 실험에 성공하고, 현재 진행 중인 탄도미사일 프로그램의 발전 속도로 미루어 볼 때 김정은은 할아버지 김일성이 꾸었던 꿈을 부인할 수 없는 현실로 바꾸어 놓았다. 김일성은 북한 건국 초기부터 핵무기를 가져야겠다는 생각을 했다. 그가 핵무기에 집착하게 된 것은 1945년 미국이 히로시마와 나가사키에 투하해 그 일대를 황폐화시키고, 제국주의 일본이 즉각 항복하게 만드는 것을 목격하고 나서였다.

그리고 한국전쟁 중에 미국은 북한에 핵무기를 쓰겠다고 위협했다. 그 위협이 기대효과를 가져와 양측은 휴전협정을 통해 전쟁을 중단시켰다. 하지만 그런 일들을 통해 김일성의 생각은 이루 말할 수 없이 큰 영향을 받게 되었다. 이후 북한에 대한 미국의 핵무기 사용 위험은 북한정권이 전략적 사고와 행동에 핵심 원칙으로 자리잡았다. [4]

김일성은 미국처럼 핵무기를 갖고 싶었다. 전쟁이 끝나고 몇 년 뒤,

김일성은 북한 핵물리학자들을 소련으로 보내 모스크바 외곽에 있는 저명한 두브나 핵연구소에서 이론을 공부하고 개발에 필요한 실질적인 훈련을 받도록 했다. 그로부터 얼마 지나지 않아 쿠바 미사일 위기가 일어났고, 그 사태를 지켜보며 김일성은 독자적으로 핵개발 능력을 확보해야 되겠다는 생각을 한층 더 굳혔다.

1962년 소련과 미국은 쿠바에 소련제 핵미사일 장비를 설치하는 문제를 놓고 13일 동안 일촉즉발의 대치상태를 겪었다. 미국 해안에서 160킬로미터도 채 떨어지지 않은 곳이었다. 그 2주 동안 전 세계는 핵전쟁 발발 일보전의 긴장상태를 경험했다. 그 대치상태는 당시 니키타 흐루시초프가 존 케네디 대통령으로부터 쿠바를 침공하지 않겠다는 약속을 받아내고, 그것을 전제로 미사일 장비들을 철수시키기로 합의함으로써 외교적인 해결로 마무리되었다. 극적으로 협상이 타결되고 사태는 진정되었다.

김일성은 이 합의를 소련이 미국에 항복한 것으로 보았다. 소련이 자국 안보를 지키기 위해 동맹국을 기꺼이 팔아넘긴 것으로 받아들인 것이다. 위대한 수령 김일성은 쿠바 사태에서 얻은 교훈을 바탕으로 북한의 국가 안보는 절대로 남의 나라 손에 맡기지 않겠다는 결심을 한층 더 굳혔다.

쿠바 사태는 김일성이 핵 자주노선을 추구하는 데 새로운 동력을 제공해 주었다. 그로부터 몇 개월 뒤 북한정권은 독자적인 핵억지력 개발 가능성을 연구하기 시작했다. 당시 김일성은 강력한 농업진흥정책에 박차를 가하고 있었다. 김일성은 서둘러 평양에 간부들을 모아놓고 경제

발전과 국가안보의 중요성을 모두 강조하는 연설을 했다. 경제와 국방의 '병진노선'並進路線이 처음으로 천명된 것이다. 1956년 4.3퍼센트이던 국방예산이 10년 만에 거의 30퍼센트로 올라갔다. [5]

소련에서 공부를 마치고 귀국한 북한 핵물리학자들은 평양 북동쪽 60마일 정도 떨어진 곳에 두브나 핵연구소와 비슷한 연구소 건물을 세웠다. 이후 이 건물이 영변원자력연구단지로 확대된다.

그러다 1970년대 초 가장 가까운 우방인 중국이 비밀리에 미국과 수교협상을 시작한 사실이 드러나면서 북한의 핵개발 작업은 한 번 더 가속도가 붙게 됐다. 미국과 중국의 비밀협상은 1972년 리처드 닉슨 대통령의 역사적인 중국 방문으로 이어졌다.

한편 한국에서는 군사 쿠데타military coup를 통해 권력을 장악한 박정희 대통령이 강력한 통치력을 바탕으로 비밀리에 자체 핵무기 개발을 추진했다. 이 소식이 알려지면서 김일성은 개인적인 야망과 국가적인 자존심에 말할 수 없이 큰 상처를 입는다. [6]

이 과정에서 김일성의 정신상태를 가늠하는 데 간과할 수 없는 또 하나의 사실은 그의 나이였다. 당시 60대였던 그는 공산국가로서는 처음으로 권력세습의 길을 닦을 채비를 하기 시작했다. 핵무기를 손에 쥐게 된다면 아들이 권력을 넘겨받더라도 장악력을 유지하기가 한결 수월할 것이라고 그는 생각했다. 카리스마가 부족한 아들 김정일의 손에 핵무기를 대신 쥐어준다는 계산이었다.

1970년대 말부터 지금까지 북한은 영변 한 곳에서만 100곳이 넘는 핵시설을 만들었다. [7] 미국 정보 당국은 경악했다. 핵을 만든 경험이 전

무한 나라가 불과 6년 만에 원자로를 만들어 가동하고 있는 것이었다. 3년 뒤에는 원자로의 용도가 민간용이 아니라 군사용이라는 사실을 입증하는 움직일 수 없는 증거가 드러났다. 원자로의 사용후핵연료를 핵분열물질로 바꿀 수 있는 재처리시설을 건설한 것이다. [8]

북한의 동맹국들도 이러한 움직임을 파악했다. 소련은 1985년 말 NPT핵확산금지조약에 서명하라고 김일성에게 압력을 가했다. 북한이 이 조약이 요구하는 사찰단을 받아들이기까지 그로부터 7년이 걸렸다. 북한에 들어간 사찰단은 북한이 조약의 요구에 따라 중단하겠다고 약속한 핵프로그램을 비밀리에 계속해 왔다는 흔적을 대거 찾아냈다.

1993년 김일성은 NPT를 전격 탈퇴하겠다고 선언해 긴장을 극도로 고조시켰다. 미국과 북한은 핵 문제를 놓고 40년 만에 다시 전쟁 직전 상황으로 치달았다.

대치 상태를 풀기 위한 양측의 협상이 진행되는 와중인 1994년 여름 김일성이 갑자기 사망했다. 상황은 다시 오리무중으로 빠져 들어갔다. 그러다 양측은 제네바합의Agreed Framework라고 부르는 핵군축에 극적으로 합의했다. 합의에서 북한은 핵무기 프로그램을 동결한 다음 궁극적으로 폐기하겠다고 약속하고, 대신 미국이 주도하는 연합국은 만성 전력 부족에 시달리는 북한에 전력 생산에 쓰일 민간용 원자로를 건설해 주기로 약속했다.

하지만 북한은 애초에 이 합의를 지킬 의사가 없었다. 겉으로 합의에 응하는 척하면서 핵개발을 지속할 시간을 벌려는 것에 불과했다. 그러면서 북한은 파키스탄 핵물리학자 압둘 카디르 칸Abdul Qadeer Khan 박사와 긴밀한 관계를 맺었다. 북한 주민들이 대거 기근으로 죽어가고, 김정은이 스위스에서 성룡Jackie Chan 영화에 푹 빠져 지내던 1990년대 북한은 비밀리에 우라늄 농축 프로그램을 만들고 있었다. 우라늄 농축은 기술적으로 제네바합의의 금지 항목에 들어 있지 않았고, 북한은 이 빈틈을 노렸다.

조지 W. 부시 행정부는 2002년 여름 북한이 비밀리에 우라늄 농축 프로그램을 보유하고 있다고 선언했다. 이후 제네바합의는 파기되고 말았다. 북한이 우라늄 농축 프로그램을 만드는 데는 칸 박사가 적지 않은 기여를 했다.

정면충돌 국면으로 치닫다

김정은이 집권 5주년을 눈앞에 둔 시점에 태평양 건너편에서 지금까지 북한이 미국을 상대해 오던 방식을 완전히 뒤집어 놓은 일이 일어났다. 유명 사업가인 도널드 J. 트럼프Donald J. Trump가 미국 대통령으로 선출된 것이다. 다른 나라들도 마찬가지였지만 특히 북한 관리들은 미국의 새 대통령이 어떻게 나올지 예측하기 위해 안간힘을 썼다.

하지만 김정은의 핵개발 프로그램이 점점 더 신뢰할 만한 단계에 접어들면서 미국의 새 군통수권자는 임기 첫해 차츰 차츰 더 강경한 어법을 구사했다. 공화당 지도자들은 곧바로 김정은을 미친 사람madman이라고 했다. 트럼프 대통령은 그를 '완전 또라이'total nut job라고 불렀다. 트럼프 행정부의 첫 유엔 주재대사인 니키 헤일리Nikki Haley는 김정은이 '합리적인 사람'이 아니라고 했고, 존 매케인John McCain 상원의원은 그를 '미친 뚱보 아이'라고 했다.

권력을 승계하고 난 초기 김정은의 심리상태가 어떨지를 놓고 온갖 추측이 오갔다. 마키아벨리도 말했듯이 전 세계 많은 지도자들이 권력을 잡고 나서 초기에는 미친 척 행동하는 게 현명하다고 생각했다. 정적들이 자신을 미쳤다고 생각하도록 만들어서, 그렇지 않으면 취하지 않을 행동을 하도록 만들려는 지도자도 더러 있다.

리처드 닉슨 대통령은 베트남전 때 이런 지도자의 전형을 보여주었다. 그는 자신의 태도를 강압외교coercive diplomacy를 구사하는 '광인이론' madman theory이라고 불렀다. 1960년대 소련과 미국의 무기경쟁, 그리고 쿠바 미사일 위기 때 양측 모두 상대가 핵무기를 사용할지 모른다는 우려 때문에 서로 핵위협을 자제했다. 양측 모두 확실히 파멸한다는 전망이 있기 때문에 소련과 미국 지도자들 모두 명백한 위협을 삼갔다. 그리고 "핵전력은 중앙에서 철저히 통제하고, 누구도 원치 않는 군사적 대치 상태로 발전하기 전에 긴장을 해소하기 위해 직통 통신을 이용했다."고 스콧 세이건Scott D. Sagan 박사와 제레미 수리Jeremi Suri 박사는 밝혔다.[9]

닉슨은 드와이트 아이젠하워 대통령이 북한과 중국, 소련을 상대로 핵무기를 사용하겠다고 위협해 1953년 한국전을 끝낼 수 있었다고 생각했다. 1969년 닉슨은 월맹에 대한 대규모 공습 계획을 세웠지만 국내에서 지지를 얻지 못했다. 그러자 '교활한 딕'Tricky Dick이란 별명으로 불리던 그는 아이젠하워가 쓴 전략을 따라 하기로 했다. 자기가 못할 일이지만 하려는 것처럼 상대에게 보이도록 하는 것이었다. 그래서 핵무기를 쓰겠다는 신호를 비밀리에 소련으로 보냈다. 월맹을 상대로 핵공격을 포함해 대규모 공습을 감행하겠다고 한 것이다.

"나는 이걸 광인이론이라고 부르기로 했네." 그는 비서실장에게 이렇게 말했다. "전쟁을 끝내기 위해서라면 내가 무슨 짓이라도 할지 모른다고 월맹이 믿도록 만들겠다는 것이야. '미쳤어. 닉슨이 공산주의라면 정말 치가 떨리는 모양이야. 닉슨이 화내면 정말 누구도 못 말려. 벌써 핵단추에 손이 가 있단 말이야.' 이런 말이 그 사람들 귀에 들어가도록 하면 되는 거야. 그렇게 하면 이틀 안에 호치민이 파리에 나타나 제발 평화를 달라고 애걸복걸 하게 될 거야."[10]

트럼프와 김정은이 설전을 벌이던 2017년 한 해 동안 많은 이들이 두 사람 중에 누가 광인이론을 실천하고 있는지 궁금해 했다. 일부에서는 트럼프가 자기는 무슨 일을 할지 모른다는 점을 북한 측이 믿도록 만들려고 한다고 생각했다. 한국을 희생시키는 한이 있더라도 미국의 전임 대통령들이 하지 못한 짓을 자기는 할 것이라는 말이었다. 그러면서 트럼프는 줄곧 김정은이 미친 짓을 한다고 욕했다.

트럼프는 그해 내내 김정은이 '미친 사람'이며 주민들이 굶거나 죽어나가도 눈 하나 깜박하지 않는 것을 보면 확실히 미친 사람이 분명하다고 비난했다. 그러면 북한은 트럼프를 '늙은 미치광이'라고 불렀다.

미국 대통령이 케이블 뉴스를 통해 이런 말을 하면 대단히 인상적으로 들린다. 하지만 그 말이 정말 사실일까? 자기 주민들을 그처럼 포악하게 다룬다고 해서 반드시 의학적으로 미치광이라고 할 수 있고, 사이코패스임을 증명할 수 있을까? 정말 정신이 온전치 않은 자라면 온갖 어려움을 딛고 지금처럼 지도자 행세를 할 수 있을까?

스파이 업무에 종사하는 전 세계 심리 프로파일러들은 이런 일들을 분석한다. 미국중앙정보부CIA는 수십 년 동안 전 세계 지도자들의 프로필을 구축하려고 해왔다. 어떤 때 반응을 보이는지 미리 알고, 특히 협상이나 위기상황 때 이들이 어떻게 행동하는지 예측하기 위해서이다.

1943년 CIA의 전신인 전략사무국Office of Strategic Services은 심리이력기법psycho-biographical techniques을 써서 아돌프 히틀러의 심리상태와 성격을 알아보려고 했다. 그리고 1970년대부터 CIA는 전 세계 지도자들의 정치적 행위와 인지 스타일, 정책결정 과정을 평가하기 위해 이들의 프로필을 작성해 왔다. 하지만 어떤 요인들이 이들의 행위에 영향을 미치는지 제대로 알기 위해서는 개개의 지도자들이 어떤 문화에 속해 있는지도 함께 들여다보아야 한다.[11]

트럼프의 주장과 달리 미국의 정보 분석가들은 김정은을 자신의 삶의 목표를 달성하기 위해 행동하는 '합리적인 행위자'로 분류한다. 그리고 그 목표는 바로 권력을 지키는 것이다. "지금까지 김정은이 한 행동들을 보면 분명한 목적의식을 가지고 하고 있습니다." CIA 코리아미션센터의 고위관리인 이용석은 2017년 드물게 하는 공개석상 발언에서 이렇게 말했다. 김정은이 성능이 개선된 미사일을 마구 쏘아대던 시기였다.

그는 김정은이 어느 날 아침 일어나 갑자기 로스앤젤레스로 핵폭탄을 날리지는 않을 것이라고 했다. 그렇게 하면 미국의 보복공격을 받는다는 사실을 너무도 잘 알기 때문이다. 이용석은 이렇게 덧붙였다. "그는 오랫동안 지도자 노릇을 한 다음 자기 침대에 누워 편하게 눈을 감고 싶어 하는 사람입니다."

사실 김정은 입장에서는 핵무기 보유를 추구하지 않는 게 미친 짓일 것이다. 척박한 자원을 가지고 끊임없이 미국의 침략 공포에 시달리는 작은 나라 북한으로서는 핵무기 개발과 미사일 기술에 투자하는 것이 돈 값을 충분히 뽑는 것이다. 김정은도 북한이 갖고 있는 재래식 무기는 미국의 군사력에 견줄 바가 못 된다는 사실을 잘 안다. 하지만 냉전시대 때 너무도 효과적으로 작동한 상호확증파괴mutually assured destruction 전략을 쓴다면 미국의 공격을 막아내는 데 도움이 될 것이라고 생각하는 것이다.

하지만 백악관 입장에서 김정은이 하는 행동을 보면 미친 자가 분명했다. 2017년 7월 북한이 대륙간탄도미사일을 발사하고 난 뒤 트럼프 대통령은 북한에 '세계가 지금까지 본 적이 없는 화염과 분노에 직면하게 될 것'이라고 경고했다. 그리고 군사적 행동이 '장전 완료됐다'locked and loaded고도 했다. 9월의 핵실험이 있은 뒤 트럼트 대통령은 유엔안보리 단상에 올라 미국을 지키기 위해 필요하다면 '북한을 완전히 파괴할 것'이라고 했다. 수십 년 된 미국의 정책이기는 하지만 그런 말을 트럼프처럼 거칠게 입에 담은 미국 대통령은 아무도 없었다.

트럼프 대통령은 김정은을 '리틀 로켓맨'Little Rocket Man이라고 조롱했다. 그는 놀란 표정을 한 유엔 청중들을 향해 "로켓맨은 자신을 상대로 자살특공 임무를 수행하고 있다."고 선언했다. 김정은도 지지 않았다.

오히려 더 과감해져서 트럼프를 상대로 "노망난 미국 늙은이를 불로 확실히 길들여 놓겠다."라고 했다. 전 세계 사람들이 무슨 말인지 몰라 사전을 뒤지느라 법석을 떨게 만들었다. 북한이 내놓은 일반적인 허풍과 달리 이번 성명은 김정은 본인이 직접 나서서 했다. 그만큼 사태가 심각하다는 것을 보여주는 매우 이례적인 일이었다.

트럼프의 위협으로 악마인 미국으로부터 북한 인민을 보호해야 한다는 김정은의 주장에 힘이 더 실리게 됐다. 김정은의 말은 미국이 북한을 파괴하려고 하는 적대세력이라는 전제 위에서 나온 것이다. 트럼프의 말이 그 전제가 사실임을 확인해 주었다.

H. R. 맥매스터H. R. McMaste 백악관 국가안보보좌관은 북한이 핵무기 개발을 계속 밀어붙인다면 '예방전쟁'preventive war을 포함한 모든 대북 옵션을 준비하고 있다고 경고했다. 그는 예방전쟁을 북한이 미국을 핵무기로 위협하는 것을 막기 위한 전쟁으로 규정했다. 맥매스터는 이라크 침공 당시 미국의 입장을 상기시키는 듯한 말투로 이렇게 말했다. "자기 이복형을 공항에서 신경가스로 암살하는 자가 통치하는 잔악한 불량정권이 야기하는 위험은 아무리 과장해도 지나치지 않는다."[12]

때마침 미군과 한국군이 대규모 연례 합동군사훈련을 시작하고 있었다. 수륙양용차량이 해안에서 상륙작전을 시작하고, 전투기들이 남북한 군사분계선에서 불과 10여 마일 떨어진 훈련장에서 포탄을 투하했다.

한미 두 나라 군대는 북한 지도부에 대한 '참수 공격'을 적극적으로 진행했다. 한국은 긴장이 극도로 고조된 시기에 '스파르탄 3000'이란 별칭으로 정예 참수부대를 창설했다. 한국 정보 당국에 따르면 김정은은 마지막 순간에 일정을 바꾸어서 자신을 추적하는 사람들을 혼란에 빠트린다고 했다.

이에 맞서 북한은 미국 영토인 괌 주위를 미사일로 포위 공격해 '미국을 화염으로 길들이겠다.'고 위협했다. 아울러 고위관리의 입을 통해 미국이 자신들로 하여금 '초강경 대응조치에 방아쇠를 당기도록 부추기고 있다.'고 개인 명의로 민감한 반응을 내놓았다. 핵무기 공격을 시사한 것이다.

동북아와 워싱턴 일부에서는 북한과 실질적인 무력충돌 가능성에 대한 우려가 매우 심각하게 나돌았다. 일본은 2차세계대전 이후 처음으로 미사일 공격에 대비한 훈련을 실시했다. 한국에서는 예측불가능하고 호전적인 기질을 가진 미국 대통령에 대한 우려도 제기되었다. 하와이에서는 냉전시대 이후 처음으로 북한의 핵미사일 공격을 가상한 주민 경보 훈련도 실시되었다.

워싱턴에서는 신중한 입장을 가진 분석가들마저도 무력충돌이 일어날 가능성이 50퍼센트가 넘는 것으로 예측했다. 트럼프 행정부 관리들 입에서 냉전시대 미국 핵정책의 근간이 되었던 핵억지력이 북한에는 더 이상 통하지 않는다는 의견들이 나오면서 긴장감은 더 고조되었다.

트럼프 대통령은 한 발 더 나아가 더 강력한 제재조치로 북한에 대해 '최대 압박'maximum pressure 공세를 시작했다. 그때까지는 제재의 타깃을 핵무기 개발과 미사일 프로그램과 관련된 산업시설, 그리고 자금줄을 차단하는 데 둔 반면, 이제는 금수조치를 취하는 식으로 진행되고 있다. 해산물과 석탄, 의류 수출이 전면 봉쇄됐다. 미국 국무부는 이러한 제재조치로 북한 수출의 90퍼센트 이상이 봉쇄된 것으로 추산했다. 추가로 제재 대상에 오른 노동력 수출을 포함하지 않고서도 그렇다. 제재조치로 인한 북한의 경화수입 감소액은 모두 10억 달러로 전체 수입의 3분의 1이 줄어든 것으로 추산되었다.

중국도 과거에 전례가 없었던 제재조치를 단행했다. 그때까지 중국은 최소한의 제재조치만 취했는데, 그 이유는 미사일 개발보다 북한의 붕괴를 더 두려워했기 때문이다. 하지만 트럼프 대통령의 북한에 대한 공격 가능성이 심각하게 우려할 수준에 이르렀고, 중국 입장에서 볼 때 북한의 불안정보다 전쟁 가능성이 훨씬 더 우려스럽기 때문이었다. 중국은 북한과의 무역거래를 중단시켰다. 자신들이 행동에 나섰다는 점을 미국에 보여줄 필요가 있었기 때문이다.

전문가들은 오판에 의한 전쟁 발발 가능성에 대해서도 공개적으로 우려를 나타냈다. 어느 한 쪽이 복잡하게 오가는 갖가지 시그널과 조치들을 잘못 읽고 성급히 행동에 나설 수 있기 때문이다. 지난 여러 해 동안 양측 사이에는 이런 식의 상호접촉이 조마조마하게 균형을 이루며 계속돼 왔다. 미국과 북한 지도자의 정치 경험은 합쳐서 모두 7년밖에 되지 않는데, 그 가운데 6년은 김정은의 집권 경험 기간이었다.

양측의 오판 가능성은 연일 커지고 있었다. 트럼프 행정부가 김정은을 상대로 '코피 작전'bloody nose을 준비한다는 이야기가 있었다. 핵시설이나 미사일 시설만 골라 제한적인 정밀타격을 한다는 계획이었다. 그렇게 함으로써 이 젊은 지도자로 하여금 도발적인 행동을 자제하고 핵무기 폐기를 위한 협상 테이블로 돌아오도록 만들겠다는 것이었다.

북한 관리들은 전직 미국 관리와 미국 기자들을 상대로 미국의 핵공격 절차에 대해 질문했다. 실제로 어느 기자에게 트럼프 대통령이 정말 핵 버튼을 누를 독자적인 권한을 갖고 있는 것이냐는 질문을 하기도 했다. 평양 시내 전역에 북한 미사일이 미국 수도를 타격하고 미국 성조기를 찢는 포스터가 나붙었다. 포스터에는 '북조선의 대응'이라는 제목이 붙어 있었다.

　2017년이 가고 2018년이 시작되는 시점에 두 명의 역사적인 인물이 서로 맞서고 있었다. 겁 없고 경험도 상대적으로 빈약하면서 수시로 핵단추를 만지작거리는 두 명이 서로 마주보고 으르렁거리는 것이었다. 간신히 유지되고 있는 한반도의 평화는 풍전등화처럼 위태로워 보였다.

15장
비밀병기 김여정

우리는 진정으로 민족적 화해와 단합을 원한다면
남조선의 집권 여당은 물론 각계각층 단체들과 개별적 인사들을 포함하여
그 누구에게도 대화와 접촉 내왕의 길을 열어 놓을 것입니다.

김정은 신년사 2018년 1월 1일

김정은은 권력을 다지는 데 필요하다면 무슨 짓이든 다했다. 먼저 믿을만한 핵억지력을 확보했다. '믿을만한 핵억지력'이란 북한의 핵보유가 부인할 수 없는 현실이라는 뜻이다. 그리고 정치적 라이벌은 모조리 살해했다. 실제로 경쟁 상대이건, 경쟁자라고 생각되는 상대이건 가리지 않았다. 아울러 그는 자신이 권력을 유지함으로써 강력한 이득을 누리는 집단을 만들었다.

지금까지는 핵무기를 손에 쥔 난폭하고 위협적인 독재자의 시간이었다. 다음 단계로 품격 있는 개발독재자로의 변신을 시도했지만 그의 의도는 제대로 평가받지 못했다. 앞으로 제2막에서 김정은은 외부 세계와

의 관계 개선을 통해 자신의 권력을 더 강화시켜 나가려고 할 것이다.

이 과정을 시작하는 초기 단계에서 그는 비밀병기인 자신의 여동생 김여정을 등장시켰다. 김여정은 2018년 초 평창에서 열린 동계올림픽 개막식에 참석했다. 한국전쟁 이후 김씨 왕가를 뜻하는 백두혈통의 일원이 남쪽으로 내려온 것은 처음이었다.

김여정을 파견한 것은 김정은의 철저한 계산에서 나온 결정이었다. 김여정 역시 김씨 일가가 북한의 권력을 장악하는 데 대해 김정은과 똑같은 인센티브를 갖고 있다. 하지만 김여정은 김정은과 달리 사람들의 조롱거리가 될 만한 요소를 갖고 있지 않다. 실제로 남한에 머무는 3일 동안 그녀는 거의 입을 열지 않았다.

김여정이 수수께끼 같은 모나리자의 미소를 머금고 남쪽에 도착한 것은 바로 동계올림픽 개막일인 2018년 2월 9일이었다. 한국 텔레비전 방송들은 그녀가 오빠 김정은의 전용기를 타고 서울 외곽에 있는 인천공항에 도착하는 장면을 생중계로 보도했다.

북한 사람들은 상징을 좋아한다. 김여정을 태운 김정은의 전용기는 편명 PRK-615를 달고 인천공항에 착륙했다. 한국 정부는 이 편명을 좋은 징조로 받아들였다. 2000년 김대중 대통령과 김정일 위원장 간에 열린 최초의 남북한 정상회담이 끝나고 공동성명이 채택된 날이 바로 6월 15일, 6·15 공동성명이기 때문이었다.

북한의 공주가 북한의 명목상 국가수반인 90세의 김영남과 함께 비행기에서 내려 공항 귀빈실로 걸어 들어와 한국 정부 고위관리들의 영접을 받는 동안 그 장면을 중계하기 위해 TV 방송 인력이 떼를 지어 뒤를 따랐다.

그 순간부터 북한의 퍼스트 시스터First Sister는 한국 대중들 사이에 매혹의 대상이 되었다. 그녀는 얌전하고 조심스럽게 처신했다. 수수한 의상에 장신구도 최소화했고, 헤어스타일은 평범하게 뒤로 넘긴 스타일이었다. 유명 연예인들이 호화로운 치장과 성형으로 미를 돋보이게 만든 모습에 익숙한 한국의 젊은이들은 김여정의 수수한 모습을 보고 놀랐다.

김여정이 나이 많은 김영남 상임위원장에게 먼저 앉으라고 자리를 양보하는 장면을 보고 한국 언론들은 '예의 바르다.'고 보도했다. 북한에서 왕족이지만 유교식 예법에 따라 연장자인 사람에게 상석을 양보한 것이다. 김여정이 시종 꼿꼿한 자세를 유지하는 것을 보고 해설자들은 그녀가 자기 엄마처럼 무용수를 하지 않았을까 하는 추측을 내놓기도 했다. 김정은으로서는 친선관계를 유지하고 있지 않는 나라에 이보다 더 신비스럽게 매혹적인 친선대사를 보낼 수는 없었을 것이다.

김여정은 개막식에 참석해 남북한 단일팀을 응원했다. 개막식장에서 마이크 펜스Mike Pence 미국 부통령은 의도적으로 그녀를 무시했는데, 그 때문에 오히려 본인이 옹졸한 사람으로 비쳤다. 그녀는 태극기가 게양되고 애국가가 제창될 때 다른 참석자들을 따라 자리에서 일어났다. 북한에서는 정치범으로 몰려 처벌되는 범죄행위다. 그리고 이튿날 저녁에는 여자아이스하키 남북 단일팀 경기를 참관하며 응원했다.

그 경기를 취재하는 도중에 취재석 바로 아래쪽에 있는 귀빈석으로 슬쩍 내려가 보았더니 그녀를 좀 더 가까이 볼 수 있었다. 자기 오빠 이미지와는 딴판으로 아주 단정한 모습이었다. 예의 바르게 미소를 지었고, 누가 말을 걸면 대화를 주고받았다. 전반적으로 수수께끼 같은 인물이었다.

이튿날 그녀는 청와대로 가서 한국 대통령에게 김정은의 친서를 전달했다. 이전에 북한인들이 청와대에 가장 가까이 접근한 것은 1968년 실패로 끝났지만 한국 대통령을 암살하려고 침투한 무장공비들이었다.

이번에 북한인들은 한국 정부가 제공한 현대의 최고급 제네시스 승용차를 타고 당당하게 청와대 정문으로 들어왔다. 김여정은 가슴에 아버지 김정일과 할아버지 김일성의 배지를 달고 있었다. 그리고 한국 대통령에게 전달할 초청장이 담긴 파란색 폴더를 들고 들어갔다. 한국의 문재인 대통령은 이 초청을 받아들여 그의 오빠를 만나러 갈 것인가.

문재인 대통령은 그로부터 8개월 전에 대통령으로 선출되었다. 강경 보수주의자인 그의 전임 대통령이 충격스럽게 대통령직에서 쫓겨나 감옥에 갇힌 뒤였다. 그 전임 대통령은 어쩌면 감옥에서 평생을 보내야 할지도 모른다.

문재인 대통령은 성향과 정책 면에서 전임 대통령과는 정반대편에 서 있는 사람이다. 전임 대통령이 제재로 북한의 숨통을 조이려 했다면, 문재인 대통령은 북한을 포용하려고 한다. 그는 대통령직에 취임하자 북한과 대화하고, 한반도의 대치상태를 끝내기 위한 중재자 역할을 하겠다고 약속했다. 김정은은 기회가 왔다는 것을 알아차렸고, 그 기회를 활용하기 위해 여동생을 내려 보낸 것이있다.

그러한 신호는 여러 달에 걸쳐 감지되었다. 북한은 11월 29일 대륙간탄도미사일을 발사했다. 미사일의 성공적인 발사를 자축하는 성명에서 북한은 "우리는 이제 우리의 로켓 프로그램을 완성하였다."라고 했다. 그것은 하나의 신호였다. 협상 칩을 충분히 모았으니 이제 제대로 한번 놀아보자는 말이었다.

북한의 의도는 김정은이 주민들을 상대로 내놓은 그해 신년사에서 한층 더 분명해졌다. "남과 북의 첨예한 군사적 긴장상태를 완화하고 조선반도의 평화적 환경부터 마련해야 한다."고 말하고 남쪽을 향해 "군사적 긴장을 완화하기 위해 공동으로 노력하자."고 촉구했다.

김정은은 이 신년사에서 2018년에는 핵무기와 미사일을 대량생산하겠다고 밝힘으로써 일을 한층 더 복잡하게 만들었다. 하지만 김정은에게 있어서 그런 약속은 전혀 모순되는 게 아니다. 그의 메시지는 서로 다른 청중, 다른 방향을 향해 전달되는 것이기 때문이다. 문재인 대통령은 핵무기와 관련된 호언장담은 무시하고 김정은과의 대화 준비를 시작했다. 문재인 정부의 협상팀은 몇 개월에 걸쳐 비밀리에 북한 관리들과 접촉했다. 중국에서 열린 국제 축구대회에서도 만났다. 북한의 평창동계올림픽 참가를 이끌어내기 위한 물밑작업이었다.

1970년대 적대 관계에 있던 중국과 미국이 핑퐁외교로 국교 정상화의 길을 연 것처럼 이곳에서도 매우 정치적인 협상을 시작하는 데 스포츠가 비정치적인 수단으로 이용된 것이다.

한국은 평창동계올림픽을 '평화의 제전'으로 불렀다. 고대 그리스에서 시작된 근원을 생각하면 수긍이 가는 말이기는 하지만, 이는 북한정권을 염두에 둔 말이 분명했다. 특히 올림픽 개최지인 평창군이 속한 강

원도는 분단선을 사이에 두고 남북한에 걸쳐 있는 도이다. 남북 양측의 선수들은 'KOREA'라고 적힌 유니폼을 입고 통일 한국을 상징하는 한반도기를 흔들며 개회식에 공동입장해서 들어왔다.

토마스 바흐Thomas Bach IOC국제올림픽위원회 위원장이 한때 분단된 나라였다가 통일된 독일의 펜싱 선수 출신이라는 점도 남북 단일팀의 상징성을 더 높여주었다. 개막식 연설에서 그는 남북 단일팀 구성이 올림픽 정신을 훌륭하게 구현했다고 말했다.

김여정은 청와대 방명록에 '평양과 서울이 우리 겨레의 마음속에서 더 가까워지고 통일 번영의 미래가 앞당겨지기를 기대한다.'는 글을 남겼다. 그녀의 매혹 공세는 계속 이어졌다.

그녀는 공개석상에서 발언하지는 않았지만 사적으로 신선하고 솔직한 발언으로 자신을 초청한 사람들의 마음을 사로잡았다. 그녀는 청와대 측이 자신을 위해 마련한 비공개 환송 만찬에서 건배사를 해달라는 요청을 받고 "이렇게 갑자기 오게 되리라고 생각하지 못했다. 생소하고 많이 다를 거라 생각했는데 비슷하고 같은 것도 많았다. 하나 되는 그 날을 앞당겨 평양에서 반가운 분들을 다시 만나기 바란다."고 했다.

북한의 퍼스트 시스터는 한국 언론들을 사로잡았다. 한국 언론은 그를 '북한의 이방카'라고 불렀다. 그녀는 사람들에게 욕을 많이 먹고 별난 용모를 한 자기 오빠와 달리 친숙하고 수수한 용모의 소유자였다. 한편 김정은이 자기 여동생을 개막식에 보낸 것처럼 트럼프 대통령은 딸을 폐막식에 보냈다.

하지만 북한은 이 특별한 여행을 통해 정치적으로나 정보 면에서 정확히 자신들이 원하는 만큼만 내놓았다. 김여정은 오성급 호텔 프레지덴셜 스위트에 묵으면서 침구류를 따로 가져와 거기서 잤다. 그녀가 묵었던 방은 깨끗이 치워져 있었다. 지문 하나 남기지 않고, 머리카락 한 올도 남기지 않았다. 한국 정보 당국은 김씨 일가의 유전자 정보를 하나도 얻지 못했다.

오빠와 다른 이미지로 매력 공세

김정은이 자기 여동생을 남쪽으로 보낸 것은 절묘한 수였다. 남한을 상대로 매력 공세를 펼치는 데 있어서 그녀보다 더 절묘한 인물은 찾기 힘들 게 분명했다. 아울러 그녀는 북한에서 김정은이 신뢰할 수 있는 불과 몇 안 되는 인물 가운데 한 명이기도 하다. 기이한 개인숭배 통치가 행해지는 북한에서 피는 확실히 물보다 진하다. 김정은은 자기 친여동생을 누구보다도 신뢰하는 것이 분명하다.

김여정은 오빠가 최고지도자인 북한정권에서 매우 핵심적인 역할을 수행하고 있다. 비서실장과 의전담당비서, 실무 보좌관을 하나로 합친 역할을 하고 있다고 보면 된다. 김정은의 오른팔 겸 게이트키퍼를 맡고 있는 여성이 바로 김여정이다.

이들 남매는 자기 아버지가 만든 선례를 따르고 있다. 김정일도 여동생 김경희와 매우 가까운 관계를 유지했다. 김경희와 결혼한 장성택은 김정은의 고모부이다. 김씨 일가의 증언에 따르면 김정일은 김경희를

매우 아꼈다고 한다.[1]

김정일이 자신의 이복 남동생을 해외로 쫓아내면서 김경희는 사실상 김정일 곁에 남은 유일한 혈육이 되었다. 그녀는 오빠에게 핵심적인 보좌 역할을 했고, 그러면서 노동당 안에서 여러 요직을 차지했다. 김정은이 고모의 남편인 장성택을 처형하고 나서 그녀도 모습을 감추었다. 그 직전까지 그녀는 권력 핵심부를 지키고 있었다.

김경희와 김여정 두 여성이 2012년 말 기마부대 훈련장에서 갈색 재킷 차림으로 함께 백마를 타는 모습이 포착되기도 했다. 김정일이 아들 김정은을 교육시킨 것처럼 김여정의 고모 김경희는 그녀에게 퍼스트 시스터 역할을 제대로 하도록 가르친 것 같다.

김여정은 오빠 김정은보다 두어 살 아래인데 정확한 나이는 추측만 할 수 있을 뿐이다. 한국 정보 당국은 그녀가 1988년생이라고 하고, 미국 정보 당국은 1989년생으로 알고 있다. 김정은이 공부하던 베른으로 합류할 당시 김여정은 1991년 4월 28일생 박미향Pak MiHyang이란 가명으로 입학했다. 하지만 이때 나이를 줄여서 입학했을 가능성이 높다. 새로 외국어를 배워야 하는 점을 감안해 원래보다 낮은 학년에 들어가기 위해서 그랬을 것이란 추측이 있다.

당시 사진을 보면 8~9세 쯤 되어 보이는 두 볼이 통통한 여자 아이가 밝게 웃는 모습을 하고 있다. 지금의 각진 얼굴형과는 크게 차이가 나는 모습이다. 사진 속의 여자 아이는 빨간 드레스에 1990년대 유행하던 초커choker 목걸이를 하고 있다. 당시 김여정은 엄마를 닮아 무용을 좋아했다.

김여정은 왕궁 같은 특별 저택에서 격리된 생활을 했다. 아버지 김정일은 그녀를 '우리 이쁜이', '우리 공주'라고 불렀다. 김정일은 딸이 재치가 있고 훌륭한 지도자가 될 자질을 갖추고 있다고 생각했다. 정은과 여정 두 아이 모두 정치적인 생활을 하기에 적합한 자질을 타고났다고 생각했다.[2]

김여정은 스위스 베른에서 2000년 말까지 학교에 다녔다. 미국의 6학년에 해당하는 학년까지 학업을 마쳤다. 이후 사교육을 통해 공부를 계속한 뒤 김일성대학으로 진학했다.

김여정은 오빠 김정은이 권력을 승계할 때까지 대외적으로 모습을 드러내지 않았다. 2009년 원산에서 나무를 배경으로 찍은 흐릿한 가족사진에서 김여정의 모습을 볼 수 있다. 김정은의 후계자 지위를 공식화한 2010년 노동당 대표자대회 때 김여정도 참석했다. 당시 김여정은 김정일의 개인비서로 일한 그의 다섯 번째 부인 옆에 서 있었다. 이 사진으로 인해 김여정이 비서국에서 일한다는 추측이 나왔다.

이후 김여정이 대중 앞에 모습을 드러낸 건 아버지 김정일의 장례식에서였다. 그녀는 수척한 얼굴로 고개를 숙인 채 오빠 뒤를 따라 김정일의 시신이 안치된 곳을 향해 걸어갔다. 당시 그녀의 존재는 외부에 알려진 적이 거의 없기 때문에 김정은의 아내일지 모른다는 추측이 나돌기도 했다. 지금 북한의 퍼스트레이디인 리설주의 존재에 대해서도 당시 아는 사람이 없었다.

김여정은 오빠가 후계자로 등장한 초기부터 지근거리에서 그를 보좌하는 역할을 해왔다. 몸매가 빼어난 리설주는 김정은의 옆에서 그를 보다 현대적인 지도자로 보이도록 만드는 역할을 한다. 그녀를 통해 김정은이 야심을 가진 지도자로 보이게 하는 이미지 효과도 어느 정도 누린다. 반면에 김여정은 열심히 일하는 여성이라는 분위기를 풍긴다. 퍼스트레이디는 밝은 의상을 입고 남편의 팔짱을 끼고 여유롭게 움직이는 반면, 퍼스트 시스터는 늘 짙은 정장 차림으로 뒤편에 서서 모든 일이 차질 없이 돌아가도록 챙기는 역할을 한다.

김여정은 김정은이 군부대와 공장, 박물관으로 현지 지도를 나갈 때도 수행한다. 대부분 다른 간부들처럼 한 손에 수첩을 들고 웃는 얼굴을 하고 있다. 그리고 다른 근로자들과 큰 차이 없는 수수한 차림새를 하고 있다. 김여정은 2014년 말 경에 노동당 선전선동부 부부장에 임명되었다. 당 선전선동부는 북한의 모든 매체를 통제하는 자리로 텔레비전과 라디오에 내보낼 내용, 신문에 실릴 기사 내용을 최종 결정하고, 출판물 허가권도 갖고 있다. 한마디로 최고지도자 개인숭배의 수호자 역할을 하는 기관이다.

김여정은 선전선동부 안에서도 '제5과'라 불리는 기록영화제작과를 직접 지휘한다. 김정은의 활동 내용을 취급하는 곳으로, 최고지도자의 동정을 담은 보고서와 사진을 작성해 국영 언론에 보도되도록 하는 일을 이곳에서 한다. 김여정의 아버지 김정일도 그 아버지를 위해 이 일을 했다.[3]

선전선동부 내 김여정의 공식 직함은 다소 혼란스럽다. 제1부부장이지만 부서 내 2인자는 아니다. 그녀는 오빠 김정은을 힐아버지 김일성처럼 자애로운 지도자로 존경받을 수 있도록 만드는 임무를 띠고 그 자리에 앉았다. 89세의 김기남으로부터 선전선동부의 실권을 넘겨받았다. 김기남은 북한정권에서 핵심 역할을 해온 인물로 김정일 장례식 때 영구차를 호위한 8인 가운데 한 명이었지만 이후 모습을 감추었다.

그리고 퍼스트 시스터가 갑자기 모든 자리에 모습을 나타내기 시작했다. 김여정은 2016년 노동당 당중앙위원회 위원으로 선출되었고, 이듬해인 2017년 노동당 정치국 후보위원으로 발탁되었다. 김경희가 정치국원 자리에서 빠지고 조카인 김여정이 들어간 것이다. 새로 구성된 정치국원 사진을 보면 김정은이 가운데 자리에 앉고, 좌우로 십여 명의 원로들이 자리잡고 있다. 하나같이 연금을 받고 있을 법한 나이이다. 그런 자리에 20대 젊은 여성이 함께 앉아 있다.

김여정이 최고지도자의 여동생이라는 사실은 한 번도 공식적으로 밝혀진 적이 없다. 하지만 그렇다는 사실은 누구라도 쉽게 알 수 있다. 북한에서 아무리 엘리트라고 해도 젊은 여성이 그녀처럼 순식간에 권력 상층부로 올라갈 수는 없다. 2017년 평양에서 열린 대규모 열병식에서 김여정이 발코니의 주석단 뒤편에서 서류 뭉치를 들고 나와 김정은 앞에 두고 가는 모습이 포착되었다. 발코니 아래로 내려다보이는 김일성광장에서 진행되는 열병식 행사에 필요한 서류가 분명해 보였다. 같은 해 평양의 대표적인 주택단지 준공식에서도 김여정은 사진기자들에게 제자리를 잡도록 하는 등 오빠 김정은이 도착하기 전 모든 행사 준비가 마무리되도록 하기 위해 무대 위에서 바삐 움직였다. 수시로 전화기를 들여다보는 모습도 목격되었다.

김여정은 마침내 미국의 제재명단에 이름이 오를 정도로 거물이 되

15장 | 비밀병기 김여정 · **359**

었다. 그녀는 북한 내에서 조직적이고 억압적인 검열을 통한 인권유린을 한 혐의로 명단에 올랐다. 제재명단에 오르면 미국 시민은 그녀와 사업을 할 수 없고, 미국 영토 안에 있는 그녀의 재산은 동결된다. 물론 미국 시민 중에서 김여정과 사업을 하는 사람은 없고, 미국 영토 안에 그녀가 가진 재산도 없기 때문에 이는 상징적인 조치에 불과하다. 하지만 이 제재조치를 통해 북한정권 안에서 김여정이 중요한 역할을 한다는 사실은 분명해진 셈이다.

김여정은 이런 제재조치에 대해 전혀 개의치 않았다. 북한정권 안에서 영향력은 더 커지고, 당내 서열도 계속 올라갔다. 과거 고모 김경희가 그랬던 것과 마찬가지였다. 현재 김정은에게는 뚜렷한 후계자가 없다. 만약 아들이 있다 해도 아주 어릴 것이다. 그렇게 때문에 그가 자신의 신변이상 등 만일의 사태에 대비해 여동생 김여정을 후계자로 키우고 있을 것이라는 추측이 나돌기도 했다.

한번은 북한정권의 리더십 문제에 대해 한국 전문가를 만나 김여정이 김정은의 후계 구도 안에 들어 있는지 물어보았다. 그랬더니 그는 제정신이냐는 표정으로 나를 쳐다보며 이렇게 대답했다. "김여정은 될 수 없습니다. 여성이잖아요." 그 사람은 내 입장을 배려해 '그것도 몰라!'라는 말까지 덧붙이지는 않았다.[4]

그의 말은 일리가 있다. 지극히 남성 중심 사회인 북한에서 여성이 남성을 보좌하는 이상의 역할을 맡는다는 것은 매우 이례적인 일이 될 것이다. 가장 그럴듯한 시나리오는 지금은 관심권 밖으로 밀려난 김정은의 형 김정철이 권력을 승계하고, 김여정은 그가 김씨 왕가의 후계자 역할을 제대로 하도록 최대한 돕는 것이다. 물론 그녀는 막후에서 일이 제대로 돌아가도록 총지휘자 역할을 한다.

퍼스트 시스터는 백두혈통의 다음 세대를 키우는 일에도 정성을 들이는 것으로 보인다. 김여정이 왼손 약지에 반지를 낀 모습이 목격되었고, 김정은 시대 들어서 국무위원회 부위원장이 된 최룡해의 아들과 결혼했다는 설이 있다. 남편은 최고통치자의 통치자금을 관리하는 노동당 39호실에 근무하는 것으로 알려졌다. 최룡해는 2019년 4월 김영남의 뒤를 이어 최고인민회의 상임위원장에 올랐다.

김여정이 평창동계올림픽에 참석하기 위해 한국을 방문했을 당시 마른 체구에 비해 배가 약간 나온 것을 보고 현재 임신 중일 것이라는 말도 나왔다. 이후 한국 관리들은 김여정이 그보다 몇 개월 전에 출산했다고 말했다. 퍼스트 시스터의 방문을 계기로 남북한 사이에는 활발한 접촉이 오갔다. 양측 관리들은 본격적인 정상회담 준비작업에 들어갔고, 그로부터 2달 뒤 DMZ 한가운데 위치한 판문점에서 정상회담이 열리게 되었다.

회담에 앞서 양측 사이에 놀라운 소프트파워가 선을 보였다. 남의 대규모 공연단이 평양을 방문해 김정은과 북한 고위간부들 앞에서 '봄이 온다'를 공연했다. 공연단에는 많은 K팝 스타들이 포함됐다. 북한에서는 이들의 노래를 듣는 것이 금지되어 있다. 머리를 염색하고 노출이 심한 의상을 입는 인기 걸그룹 레드 벨벳은 대표적인 '배드 보이' 면전에서 '배드 보이'Bad Boy를 포함한 히트곡들을 불렀다.

날 보는 시선 너도 느껴봐

홀린 듯 날 따라와

모두 환호해 너도 곧 오 오

아닌 척해도 넌 오 오

한 번 내기를 해볼까

너무 쉽겐 오지 마

재미없잖아 거기 서 오 오

이들의 안무는 평소보다 덜 자극적이었다. 김정은과 부인 리설주는 공연 중간에 박수를 치기도 했다. 공연이 끝난 뒤 관중들의 기립박수는 10분이나 계속됐다. 리설주는 북한판 K팝이라 할 수 있는 예술단 단원 출신이다. 북한 엘리트들이 적어도 공식적으로는 이전에 한 번도 본 적이 없는 장면이었다.

한국 가수들이 북한에서 공연한 적은 이전에도 있었지만 북한 최고 지도자가 직접 관람한 것은 이번이 처음이었다. 위대한 최고영도자 동지가 보다 현대적인 지도자라는 이미지를 강조하기 위해 기울이는 노력의 일환이었다. 심지어 그는 일정을 조정하면서까지 레드 벨벳이 출연하는 첫날 공연을 보기 위해 왔다고 했다. 공연이 끝난 뒤 그는 가수들과 만나 "평양 시민들에게 고마운 선물을 안겨주어서 고맙다."며 감사 인사를 건넸다. 평소보다 톤다운 시킨 공연을 했지만 레드 벨벳의 공연 장면은 북한의 일반 주민들이 보기에는 너무 위험한 내용이었다. 북한 국영 텔레비전에서는 남측 예술단의 공연 가운데서 이들의 공연 장면을 삭제하고 내보냈다.

하지만 김정은과 리설주는 공연 뒤 레드 벨벳을 포함해 모든 출연자들과 만나서 악수를 나누고 기념사진도 함께 찍었다. 노랑머리를 한 한국 여가수, 짧은 바지에 무릎을 덮는 부츠를 신은 한국 여가수, 흰색 의상의 YB 로커들이 포즈를 잡았고, 인민복 차림의 김정은이 이들 한가운데 자리했다. 이 사진은 노동신문 전면에 실렸다. 노동당 기관지인 노동신문으로서는 매우 이례적인 일이었다. 북한에서는 남쪽 가수들의 노래를 듣는 게 금지돼 있다. 남쪽 노래를 듣거나 CD를 소지하고 있다가 적발되면 큰 처벌을 받는다. 그런데 남쪽 노래를 듣지 못하도록 금지시킨 장본인인 김정은이 바로 그 '날라리풍' 남쪽 가수들과 함께 기념사진을 찍어 노동신문에 실은 것이다.

북한은 최고지도자가 모순된 행동을 한다는 사실을 절대로 인정하지 않는다. 신문은 "경애하는 최고지도자 동지께서 인민들이 남측의 대중예술에 대한 이해를 깊이하고, 진심으로 환호하는 모습을 보면서 가슴이 벅차고 감동을 금할 수 없었다고 말씀하셨다."고 보도했다.

공연 뒤 김정은을 만난 60대의 여가수 최진희씨는 김정은이 매우 친근하게 대해 주었다고 했다. "김정은이 자기 고모부를 죽이고, 끔찍한 일을 많이 저질렀다는 사실을 나도 알아요. 하지만 가까이서 만나 보니 말을 잘하고 좋은 인상을 주었어요." 최진희씨는 그 뒤 서울 근교에 있는 자신의 레스토랑으로 찾아간 내게 이렇게 말해 주었다.

최진희씨는 히트곡 '사랑의 미로'로 유명한 가수이다. 김정일의 애청곡이기도 하다. 그녀는 평양에 갔을 때 당연히 이 노래를 부를 것이라고 생각했다. 그런데 도착하고 보니 주최측에서 '뒤늦은 후회'를 부르라고 했다. 이 노래는 1985년에 발표된 발라드곡으로 자신의 노래가 아니고, 그 전에 불러 본 적도 없었다고 했다.

그녀는 당황스러웠다. 하지만 알고 보니 김정은이 그 노래를 불러달라고 요청했다는 것이었다. 최진희씨는 "김정은 위원장이 내려와서 그 노래를 불러주어서 고맙습니다라고 했다."고 말했다. "나중에 북한 가수들로부터 뒷이야기를 들었는데 자기 어머니가 암으로 누워 있을 때 '뒤늦은 후회'를 많이 들었다는 것이었어요."

한국을 중재자로 활용

김정은은 권력 승계 이후 권력기반을 다지는 초기 6년 동안 국외로 한 번도 나가지 않았다. 그리고 이제 여동생 김여정의 노력에 힘입어 자신을 책임 있고 존경받는 글로벌 지도자로서 자리매김해 나갔다. 이 변신기간 동안 그는 자신이 국제외교의 복잡한 장기판에서 능수능란하게 말을 움직일 줄 아는 전략가임을 보여주었다.

그는 먼저 한국 대통령을 정상회담으로 불러냈다. 하지만 이 과정에서 그는 한국 측을 자신과 도널드 트럼프 대통령의 정상회담을 성사시키는 데 필요한 중재자로 교묘하게 활용했다. 한국 측으로서는 그런 역할을 기꺼이 맡을 이유가 있었다.

평창동계올림픽 개막식에 참석한 김여정이 처음 미국 대통령을 만나고 싶다는 김정은의 의사를 전달한 지 한 달이 채 지나지 않은 2018년 3월 초, 한국 대통령은 특사단을 백악관으로 파견했다. 특사단 일행은 먼저 백악관 관리들과 만나 김정은의 뜻을 전한 뒤 이튿날 트럼프 대통령과의 면담이 있을 것이라고 생각했다.

그런데 한국 특사단과 백악관 국가안보팀의 첫날 만남에 트럼프 대통령이 끼어들어서 김정은과 만나겠다며 그대로 '예스'라고 해 버린 것이다. 그것도 곧바로 만나겠다고 했다. 한국 대표단은 화들짝 놀랐다. 그리고 대한민국 대통령이 김정은을 먼저 만나서 그가 원하는 바가 정확이 어떤 것인지 알아보는 게 낫지 않겠느냐고 물었다. 트럼프는 못마땅했지만 그 말이 일리가 있다고 생각했다.

트럼프의 국가안보팀이 김정은과 만나겠다는 발표는 잠시 늦추자고 요청했고, 트럼프는 한 시간만 늦추라고 지시했다. 트럼프의 국가안보팀은 서둘러 일본 총리실로 전화를 걸어서 보수적인 입장을 가진 동맹국에게 다가올 일에 대해 미리 알려주었다. 그런 다음 한국 특사단의 정의용 국가안보실장이 웨스트윙 드라이브웨이로 걸어나가 미국과 북한의 정상회담 개최 계획을 발표했다. 외교적인 관점에서 보면 전례가 없는 일이었다. 외국 정부가 미국 대통령을 대신해 미국과 북한의 정상회담 개최 계획을 발표한 것이다.

이렇게 해서 그때까지 국제적 외톨이 신세였던 김정은은 외국 지도자들이 서로 자기를 먼저 만나기 위해 경쟁을 벌이는 판을 만들어 버렸다. 역사를 만들고 싶어 하는 사람은 트럼프 혼자가 아니었기 때문이다.

베이징에서는 시진핑習近平 국가주석이 사태를 지켜보고 있었다. 그는 그때까지만 해도 바로 옆에 사는 악동에게 시간을 내주지 않았다. 중국과 북한은 과거 70년 동안 순망치한脣亡齒寒의 관계를 유지해 왔다. 서로 떨어질 수 없는 밀접한 관계라는 뜻이다. 하지만 이런 역사적인 관계에도 불구하고 시진핑과 김정은은 두 사람 모두 권좌에 오르고 5년이 다 되도록 한 번도 만나지 않고 있었다.

김정은은 그동안 국경을 접하고 있는 북한의 최대 공산주의 후원국가인 중국에 한 번도 인사를 하러 찾아가지 않았다. 그리고 2013년 초에 국가주석에 오른 시진핑은 김정은에 대해 전혀 관심을 내보이지 않았다. 나아가 김정은은 시진핑이 주석직에 오른 바로 그해 친중파로 알려진 고모부 장성택을 처형했다.

중국은 김정은이 줄기차게 핵무기와 미사일 개발에 매달리는 것을 달가워하지 않았다. 그리고 시진핑이 항저우에서 G20 정상회의를 개최하고 정상들을 만나는 기간에 북한이 동해상으로 중거리 탄도미사일 세 발을 쏘았다. 시진핑이 화가 나지 않을 수 없었을 것이다. 이듬해 북한은 시진핑의 일대일로一帶一路 국제협력 정상 포럼 개막일에 맞춰 탄도미사일 시험 발사를 했다. 일대일로 정상 포럼은 시진핑이 다보스 포럼에 대항해 야심차게 발족시킨 거대한 육상 및 해상 실크로드 계획이다.

김정은의 돌발적인 행동은 시진핑을 계속 난처하게 만들었다. 젊은 지도자의 이러한 도발적인 행동이 언제까지 계속될 수 있을지 불안한 상태가 계속 이어졌다. 이웃 나라 지도자에게 굽실거리지 않을 수는 있겠지만, 그에게 드러내놓고 골욕김을 안겨 주려고 한다면 그건 전혀 다른 이야기가 되기 때문이다.

하지만 2018년 초에 접어들면서 상황이 갑자기 바뀌었다. 시진핑이 김정은과 급박하게 만나야 할 이유가 생긴 것이다. 더 정확히 말하면 김정은과 만나는 대열에서 자기 혼자만 낙오하고 싶지 않은 것이었다.

그렇게 해서 김정은은 자신의 커밍아웃 퍼레이드 특별열차의 첫 번째 기착지로 베이징을 향하게 되었다. 그는 레몬색 스커트 정장에 황금빛 하이힐 차림의 아내 리설주와 함께 푹신한 핑크색 의자를 갖춘 특별열차에 몸을 실었다. 중국 국영 매체들은 김정은이 시진핑을 만나면 최근 전개되고 있는 주변 상황에 대해 직접 설명할 것이라고 보도했다.

시진핑이 그토록 오랫동안 기피해 왔던 인물인 김정은은 최상급 환대를 받았다. 실제로 베이징 기차역 플랫폼에 레드 카펫이 깔렸다. 나중에 시진핑과 김정은은 인민대회당에서 레드 카펫 위를 함께 걸으며 중국 인민해방군 의장대를 사열하고, 두 부부가 함께 기념촬영도 했다. 중국에서 유명한 오페라 가수였던 시진핑의 부인 펑리위안과 역시 가수 출신인 리설주는 미모를 과시하며 퍼스트레이디 외교를 펼쳤다.

만찬은 화기애애한 분위기 속에서 진행되었다. 만찬장 대형 스크린에는 과거 두 나라 관계가 긴밀했던 시절 김정은의 할아버지 김일성이 마오쩌둥, 덩샤오핑, 장쩌민江澤民과 만나 교류하는 장면을 찍은 흑백 영상이 상영되었다. 김정일이 장쩌민, 후진타오胡錦濤와 만나 만나 포옹하는 영상도 있었다. 이들 선대 지도자들은 사회주의 국가의 전통적인 예법에 따라 세 번씩 포옹을 나누었다.

만찬 끝 무렵 시진핑과 펑리위안은 한 손을 잡은 채 미소를 지으면 작별인사를 하고 검정 세단에 올라 만찬장을 떠났다. 마치 처음으로 시댁에 들러 추수감사절 만찬을 하고 떠나는 신혼부부 같은 분위기였다.

그것은 두 나라가 긴밀히 상호협력하는 우방국으로 외부에 비치는 게 서로에게 큰 이득이 된다는 사실을 알게 되었음을 보여주는 놀라운 장면이었다. 김정은은 아직 서로 껄끄러운 관계이기는 하지만 그래도 시진핑이 자신의 가장 든든한 뒷배라는 사실을 잘 알고 있었다.

김정은은 중국에게 미국이 밀어붙이는 '최대압박'maximum pressure 정책에 대해 더 이상 우려할 필요가 없다고 했다. 한반도의 전쟁위험이 가라앉았으니 이제 시진핑 주석은 평소의 관심사로 되돌아갈 수 있게 되었다. 그것은 바로 북한 내부가 안정을 되찾도록 하는 것이었다. 중국 국경도시에 북한산 생선이 다시 등장하고, 중국 공장들에 북한 근로자들의 모습이 다시 보이기 시작했다. 기술적으로는 국제재재가 취해지고 있지만 이제부터는 곧이곧대로 제재조치를 실행하지 않을 것이었다. 시진핑은 미국의 북한 침공은 더 이상 걱정할 필요가 없게 되었다.

김정은이 귀국하자 북한 국영 매체들은 그의 방중 성과를 떠들썩하게 선전했다. 방송은 방중기간 중 그의 일거수일투족을 세세히 필름에 담아 내보냈다. 심지어 그가 탄 특별열차가 압록강 철교 위로 국경을 넘어가는 장면까지 영상으로 보여주었다.

경애하는 최고지도자 동지는 북한 주민들에게 자신의 드높은 위상을 한 순간도 놓치지 않고 보여주고 싶었다. 김정은은 중국 지도자와 양국 국기 앞에서 어깨를 나란히 하고 섰으며, 양옆에 미모의 부인들을 나란히 세워놓았다. 실세로 영상에서 김정은과 시진핑 두 사람은 동등한 위치의 지도자처럼 보였다.

메인 이벤트 앞두고 문재인과 리허설

김정은은 남북한을 65년간 갈라놓은 군사분계선인 콘크리트 턱을 뒤뚱거리며 넘었다. 한국전쟁 때 남쪽으로 온 북쪽 피난민의 아들인 문재인 대통령은 DMZ 안 공동경비구역의 남측 지역에서 그를 기다리고 있었다. 1953년 휴전협정 조인식도 바로 이곳에서 열렸다.

걸어오면서 김정은은 한쪽 손을 뻗어 웃으면서 기다리는 문재인 대통령과 악수를 나누었다. 카메라가 역사적인 순간을 담을 수 있도록 두 사람은 특별히 오랫동안 손을 잡고 있었다.

그리고 나서 북한의 젊은 지도자는 누가 사태를 주도하는지 보여주는 행동을 했다. 군사분계선을 넘어 남쪽으로 와서 카메라 앞에서 잠시 포즈를 잡은 그는 남쪽 대통령에게 다시 북쪽으로 넘어가 보자고 권했다. 문재인 대통령이 권고를 받아들여 두 사람은 손을 잡고 북쪽 지역으로 넘어갔다. 그곳은 기술적으로 북한 영토이다. 남쪽 기자들은 숨이 멎는 기분이었다. 사실 이 모든 일이 김정은의 각본대로 움직였다.

2018년 4월 27일은 특별한 날이 되었다. 두 지도자는 전쟁상태를 공식적으로 끝내고 남북관계를 개선시켜 나가겠다고 다짐하는 합의를 이끌어냈다. 두 사람은 또한 비핵화를 통해 핵 없는 한반도를 만들어 가겠다고 선언했다. 워싱턴, 특히 백악관 일각에서는 이 부분을 김정은이 자신들이 보유한 핵무기를 포기하기 위한 토대를 놓은 것으로 해석했다. 트럼프는 아침에 일어나 남북정상회담 뉴스를 보고는 트위터에 '좋은 일이 일어나고 있다.'Good things are happening라고 올렸다.

하지만 '한반도'는 문제의 소지를 안고 있는 용어이다. 북한은 오래 전부터 어떤 협상을 하더라도 한반도 남쪽에 미군이 보유하고 있는 핵 능력을 함께 제거해야 한다는 입장을 고수해 왔다. 실제로 주한미군이 보유한 핵무기는 한미 합의에 따라 1991년에 모두 철수했다. 하지만 필 요한 경우 수시로 핵잠수함과 항모, 전략폭격기 등을 한국에 파견해 왔 다. 그동안 강력한 동맹관계를 유지해 온 두 나라 사이에 이러한 핵전력 파견은 협상 대상이 아니다.

4월의 그날 나는 충격 속에 두 사람의 만남을 지켜보았다. 김정은과 문재인 대통령은 군사분계선 표식물이 있는 도보다리까지 산책했고, 이 어서 벤치에 앉아 30분간 배석자 없이 일대일 단독회담을 진행했다. 중 계 영상을 통해 두 사람의 입모양을 판독한 립리더lip reader들은 미국과 유엔, 북한 핵개발 프로그램, 도널드 트럼프 등이 화제에 올랐다고 설명 했다. 문재인 대통령이 트럼프 대통령이 김정은과의 회담에 어떤 생각 으로 임할 것인지에 대해 설명하는 것으로 보였다. [5]

두 사람은 이 회담에 이어 수개월 안에 두 번을 더 만났다. 두 번째 만남은 김정은과 트럼프 대통령 간의 회담이 불발로 그칠 위기에 처한 뒤 황급히 성사되었고, 세 번째 만남은 문재인 대통령이 답방 형식으로 북한을 방문하면서 이루어졌다.

문재인 대통령의 평양 방문에서는 놀라운 일들이 일어났다. 김정은 은 대한민국 대통령에게 평양의 한 경기장에 모인 15만 명의 북한 주민 들 앞에 서서 감동적인 언설을 할 기회를 수었다. 북한 당국은 자신들을 한반도의 유일한 합법 정부로 간주하기 때문에 문재인 대통령은 그들이 보기에 완전히 불법 단체의 수장일 뿐이다. 2018년 말 남북한 양측은 DMZ에 있는 감시초소를 시범적으로 해체하기 시작했다.

김정은은 또한 북쪽 풍계리 야산에 건설된 핵실험장을 폐쇄하기로 결정했다. 그는 이미 핵개발에 필요한 기술적인 능력을 확보했기 때문에 이 실험장은 더 이상 필요없게 되었다. 그리고 실험장이 위치한 산이 심하게 훼손된 상태였다. 그런데도 이 시설물을 파괴하겠다고 공언함으로써 그는 실제로는 포기하는 게 하나도 없으면서 자신이 핵 프로그램을 포기하는 것처럼 보이도록 하는 독특한 효과를 노렸다. 핵실험장 갱도 입구들에서 폭파작업이 거행되었고, 영상은 전 세계 언론에 보도되었다. 전형적인 북한식 선전 수법이었다. 김정은은 자신이 무엇인가를 양보하는 것처럼 보이도록 하지만 이번 경우처럼 실제로 그것은 연막에 불과하다.

김정은과 문재인 대통령의 만남 역시 다소 피상적인 행사에 그쳤다. 그럼에도 불구하고 이들의 만남은 정보의 보고 같은 역할을 해주었다. 우선 이들의 만남을 통해 김정은이 어떤 식으로 행동하는지가 어렴풋이나마 드러났다. 김정은은 그동안 불바다와 대량살상무기 같은 말을 주요 협박 수단으로 삼은 인물이었다. 하지만 이번 만남을 통해 그는 자신을 국제적인 정치인의 자질을 갖추고 있고, 부드러운 성품에다 자신을 낮출 줄도 아는 인물로 비치도록 만들었다.

김정은은 2018년 한 해에도 여러 차례 평양을 방문한 마이크 폼페이오 미국 국무장관과 친해지면서 그를 만나면 '폼페이오 국무장관' 대신 '마이크'라고 편하게 이름을 부른다.

토마스 바흐 국제올림픽위원회IOC 위원장이 2018년 3월 북한을 방문했을 때 김정은은 이 독일인과 함께 평양 능라도 5월 1일 경기장으로 축구경기를 관람하러 갔다. 경기를 관람하는 도중에 김정은은 북한의 교육제도에서 스포츠의 중요성에 대해 여러 차례 강조했다. 전체 주민의 건강 증진을 위해 스포츠를 중시한다고 했다는 것이다.

누가 봐도 비만인 사람이 스포츠의 중요성을 강조하는 것은 아이러니였고, 본인도 그렇다는 점을 잘 알고 있었다. 그는 자신의 신체특징을 소재로 농담을 하는 데 놀라운 소질을 보여주었다. 물론 북한에서 다른 사람이 그런 농담을 했다가는 반역죄로 처벌받게 된다. 그는 바흐 위원장에게 이렇게 말했다. "그렇게 보이지 않겠지만 나도 운동을 좋아합니다. 농구도 많이 했어요." 그 말에 한바탕 폭소가 이어졌다.

그런데 바흐 위원장과의 만남은 김정은이 가지고 있는 가장 큰 위험인자가 무엇인지 생생하게 드러나는 기회가 되었다. 그 위험인자는 바로 건강이다. 이 젊은 지도자는 금방이라도 심장마비를 일으킬 것 같은 외모를 하고 있고, 실제로 건강에 문제가 있다. 처음 건강에 이상 신호를 보인 것은 2014년 말이었다. 불과 30세밖에 안 된 그가 6주 동안 공개석상에서 모습을 감추었는데 심한 통풍 가능성이 높았다. 다시 모습을 드러냈을 때는 지팡이를 짚고 있었다.

그로부터 4년 뒤 남북한 지도자가 첫 번째 만났을 때 두 사람은 기념식수를 하고 소나무 밑둥에 삽으로 흙을 뿌렸는데, 65세의 문재인 대통령은 힘 안 들이고 했지만, 34세의 김정은은 숨을 몰아쉬었다. 흙을 몇 삽 떴을 뿐인데 얼굴도 빨개졌다. 앞서 김정은의 부인 리설주는 평양을 방문한 남쪽 특사단에게 남편에게 담배를 끊기 바란다고 부탁하지만 말을 들어주지 않는다는 푸념을 하기도 했다.

9월에 백두산에 함께 올랐을 때 김정은은 심하게 숨을 헐떡였다. 그가 문재인 대통령을 보며 하나도 숨차 하지 않는다고 말하자 등산을 즐겨하는 문재인 대통령은 이 정도는 괜찮다는 식으로 대답했다.

북한 경호팀은 최고지도자의 건강상태를 철저히 챙긴다. 싱가포르 때도 그랬지만 김정은이 해외에 나갈 때 지도자를 위해 특수 제작한 휴대용 화장실을 반드시 가지고 간다. 건강 정보가 새나갈 수 있는 배설물 샘플을 일체 남기지 않기 위해서이다.

하지만 여러 번의 회담을 진행하다 보니 그의 건강상태를 짐작해 볼 수 있는 많은 영상자료들이 다량으로 나돌게 되었다. 북한 당국의 검열을 거치지 않은 자료들이었다. 그런 자료를 토대로 의학전문가들은 특정한 결론을 내릴 수 있게 되었다.

첫째는 심각한 비만이다. 키 170센티미터 정도에 몸무게는 130킬로그램이 넘는다. 신체질량지수BMI 45~46의 초고도비만에 해당한다. 그로 인해 양쪽 발끝과 두 팔을 바깥으로 뻗는 특이한 걸음걸이를 한다. 의사들은 코골이도 심할 것으로 추정한다. 영상 분석으로 호흡수까지 계산해 냈다. 첫 번째 정상회담에서 문재인 대통령과 함께 42초 동안 걷는 동안 김정은은 35회 호흡했다. 매우 긴장한 상태였거나 아니면 운동부족으로 인해 폐활량이 줄었음을 보여주는 수치이다.

전문가들은 오른쪽 발목에도 문제가 있는 것으로 파악했다. 발목 보조대를 착용했을 가능성도 있어 보였다. 2014년 보도와 일치하는 진단이다. 발목 문제가 치즈 과다 복용으로 인한 것인지는 분명치 않다.

전문가들은 김정은이 과도한 업무 스트레스로 폭식을 하고 있다고 추정했다. 건강상태는 매우 암울하다는 의견을 내놓았다. 허윤석 인하대병원 교수는 "일반적으로 이 정도의 초고도비만에 흡연까지 겹치면 기대수명을 10년~20년 단축시킨다."고 말했다. 당뇨도 있는 것으로 보인다고 했다. 걸을 때 뒤뚱거리는 것도 하체가 약한 때문이라고 했다. 또 다른 의사는 고도비만인 사람은 정상 체중보다 관절염 발생 확률이 4배 정도 높다고 했다.

상태가 심각한 것은 최고지도자의 건강뿐만이 아니다. 김정은은 문재인 대통령에게 소위 인민들의 지상낙원이라는 DMZ 북쪽의 열악한 상황에 대해 놀라울 정도로 솔직하게 털어놓았다. 그는 문재인 대통령에게 북쪽을 방문하면 남쪽의 고속열차에 비해 "교통이 불비해서 불편을 드릴 것 같다."며 이례적으로 열악한 사정을 인정했다.

그는 회담을 마치고 나서 전 세계 시청자들을 상대로 처음으로 생방송으로 메시지를 전달했다. 그는 남쪽의 선출된 대통령이 옆에서 지켜보는 가운데 연단에 서서 정상 국가의 지도자들이 하는 것처럼 기자들을 향해 회견문을 읽어 나갔다.

그의 아내도 자신의 역할을 충실히 해나갔다. 만찬에서 한국 측은 분위기를 부드럽게 하자는 뜻에서 마술사의 공연을 선보였다. 하지만 모두를 웃게 만든 건 다름 아닌 북한의 퍼스트레이디였다. 리설주는 마술사를 보며 '내가 사라지나요?'라고 농담조로 말해 일시에 분위기를 밝게 했다.

마술사는 만찬장을 돌며 참석자들로부터 돈을 거둔 다음 고액권을 작은 액수의 화폐로 바꾸는 마술을 보여주었다. 그런 다음 그는 10달러 지폐를 100달러짜리로 바꾼 다음 그것을 문재인 대통령에게 건네주었다. 두 지도자는 요란하게 웃었고, 문재인 대통령은 지폐를 들어보였고, 김정은은 유쾌하게 한 손을 들어올려 흔들었다. 그때 누군가가 이렇게 소리쳤다. "북한은 이제 수출은 그만해도 되겠어요. 마술로 돈을 만들면 되니까요!"

참석자들은 술을 많이 마셨다. 한국 측은 알코올 도수 40퍼센트의 프리미엄 브랜드 소주를 내놓았는데, 김정은은 거의 3시간 동안 진행된 만찬 내내 한 번도 거절하지 않고 주는 술을 다 받아 마셨다.[6]

만찬이 끝난 다음 북한 측 인사들은 김정은과 김여정이 사용한 유리잔과 포크, 나이프 등을 모조리 모아서 일체 흔적이 남지 않도록 깨끗이 씻었다. 한국 대통령과의 정상회담을 통해 김정은은 농담을 곧잘 하며, 나름 매력도 있고, 필요하면 상대 대통령의 자존심을 건드릴 줄도 아는 지도자임을 보여주었다.

그는 모든 면에서 결코 미치광이가 아니라 철저히 계획한 대로 전략적인 계산에 따라 움직이는 지도자임을 증명해 보였다. 이렇게 드레스 리허설을 마친 김정은은 메인 이벤트를 치를 준비에 나섰다.

16장
미국과 담판

세기의 회담, 조미관계의 역사적인 새 장을 열었다.

노동신문 2018년 6월 13일

조소의 대상으로 평가절하 받던 김정은은 마침내 최대의 이득을 챙기는 큰 일을 성사시켰다. 별 볼일 없는 소국의 지도자가 기술적으로는 아직 전쟁 중인 미국의 대통령과 한 자리에 마주앉게 된 것이다.

그 기회를 통해 김정은은 전 세계적으로 정상적인 지도자로서의 정통성을 확보하고 그에 걸맞는 대접을 받을 수 있게 된다. 회담이 잘 진행되면 끔찍한 제재조치도 사라지고, 시간이 지나면 미국의 투자도 들어올 것이었다.

불과 9개월 전까지도 북한은 도널드 트럼프를 상대로 '늙다리 미치광이를 반드시 불로 다스릴 것'이라는 위협을 퍼부었다. 하지만 2018년 6

월 12일, 김정은과 트럼프는 싱가포르의 한적한 휴양지에 자리한 카펠라 호텔Capella Hotel 회의장으로 동시에 걸어 들어왔다. 나란히 배치된 북한 인공기와 성조기를 배경으로 두 사람은 웃으며 악수를 나누었다. 몇 분처럼 길게 느껴지는 동안 그렇게 손을 잡고 있었다.

놀라운 장면이었다. 위대한 계승자 스스로도 그렇게 생각했을 것이다. 몇 달째 이어진 양측의 대결 국면과 너무도 대비되는 극적인 국면 전환이었다.

"세계의 많은 사람들이 이번 회담을 보며 공상과학 영화를 보는 것으로 생각할 것입니다." 김정은은 두 나라 대표단이 지켜보는 가운데 확대 회담장으로 걸어 들어가면서 통역을 통해 트럼프 대통령에게 이렇게 말했다.

'리틀 로켓맨', '완전 또라이'total nutjob라는 조롱을 듣던 김정은의 모습은 찾아볼 수 없었다. 트럼프 대통령은 김정은을 '스마트 쿠키'라고 부른 적이 있는데, 김정은은 자신이 정말 '스마트 쿠키'라는 사실을 사람들에게 보여주고 있었다.

김정은은 성사시키기 쉽지 않은 미국 대통령과 만남의 기회를 놓치지 않고 잡았다. 아버지 김정일과 할아버지 김일성이 이루고 싶어 했지만 끝내 이루지 못한 일을 자기 손으로 해낸 것이다.

김일성은 만년에 미국과 대타협의 가능성을 모색했다. 그를 위해 빌리 그레엄Billy Graham 목사를 두 번이나 초청해서 만났다. 1992년 이루어진 첫 번째 방문에서 그레엄 목사는 김일성에게 조지 H. W. 부시 대통령의 친서를 전달했다.

김정일은 두 번째 임기 말을 눈앞에 둔 빌 클린턴 대통령을 평양으로 초청했다. 클린턴 대통령은 정상회담 가능성을 타진하기 위해 매들린 올브라이트 국무장관을 평양으로 보냈고, 두 나라 사이의 관계 개선에 대한 기대도 함께 높아졌다. 하지만 클린턴 대통령은 임기 마지막 몇 달을 또 다른 골칫거리인 이스라엘과 팔레스타인 문제를 다루는 데 집중했다.

하지만 김정은은 그 일을 마침내 해냈다. 워싱턴 D.C.에서는 전문가들이 방송에 나와서 머리를 절레절레 흔들었다. 외교를 이런 식으로 하면 안 된다고 모두들 입을 모았다. 정상회담은 외교과정의 시작이 아니라 마무리가 되어야 한다고 그들은 말했다. 김정은은 자기 아버지가 하던 수법을 그대로 따라하고 있었다. 이런 식으로는 절대로 북한으로 하여금 핵무기를 포기하도록 만들 수 없다고 전문가들은 탄식했다.

하지만 싱가포르에서 현장을 지켜보며 나는 진행과정에 낙관적인 면이 있다고 생각했다. 물론 나는 위대한 계승자가 핵무기를 포기할 것이라고는 추호도 기대하지 않는다. 핵무기는 그를 지켜주는 안전장치이다. 그는 지금도 무아마르 가다피가 당한 최후 모습이 눈에 어른거리는 사람이다. 제재완화를 얻어내기 위해 북한이 가지고 있는 미사일과 핵무기의 일부를 포기할 의사는 갖고 있을 수도 있다. 물론 쉬운 일은 아니지만 그럴 의사는 가지고 있는 것 같았다.

미국은 지난 4반세기 동안 전통적인 외교방식으로 북한을 다루어 보았지만 아무런 결과도 얻어내지 못했다. 이제는 무언가 색다른 방식을 시도해 볼 때가 되었고, 전통적인 지도자들과는 거리가 있는 이 두 사람이 그 일을 해낼 수 있을지도 모른다. 김정은은 자기 아버지와 달랐다. 그는 김정일보다 더 과감하고 담대했다. 그리고 도널드 트럼프는 미국 역사상 그 어떤 대통령과도 닮은 점이 없는 사람이었다.

트럼프 대통령은 취임하고 나서 다른 나라 지도자들을 만날 때 독특한 방식을 채택했다. 통역만 배석한 채 일대일로 만나는 방식을 선호하는 것이었다. 그런 방식을 통해 상대방과 개인적인 친밀관계를 만들 수 있고, 그런 친밀관계를 통해 자신이 원하는 좋은 협상 결과를 얻어낼 수 있다는 확신을 갖고 있었다. 이것은 특히 김정은에게 잘 들어맞는 방식이었다.

더구나 아시아에서는 어떤 거래를 하든 인간적인 관계가 매우 중요한 부분을 차지한다. 어려운 거래일 경우에는 특히 더 그렇다. 강력한 지도자 한 명의 생각이 정책을 좌우하는 독재국가에서는 대부분 그렇다.

1970년대 초 미국과 중국이 국교정상화 협상을 진행할 당시 미국의 헨리 키신저Henry Kissinger 국무장관은 저우언라이 周恩來 중국 총리와 수백 시간을 만나서 함께 시간을 보냈다. 폼페이오 국무장관도 이번 정상회담이 성사되기까지 워싱턴과 뉴욕, 그리고 평양을 오가며 김정은을 비롯해 그의 고위 보좌관들과 많은 시간을 함께 보냈다.

이 정상회담은 김정은과 도널드 트럼프 두 사람 모두에게 개인적으로도 중요한 회담이었다. 두 사람 모두 이 회담을 성사시킴으로써 얻을 게 분명히 있다고 생각했다.

위대한 계승자 김정은이 핵무기를 포기하지 않을 것이라는 점은 두말할 필요가 없다고 나는 생각한다. 핵무기는 그의 안전을 보장해 주는 안전막이다. 하지만 그는 제재완화를 얻어내고 세계 무대에 정상적인 지도자로서의 이미지를 심어 주기 위해 미사일과 핵탄두 몇 개는 기꺼이 포기할 의사를 갖고 있었다. 미사일과 핵탄두는 필요하면 얼마든지 새로 만들면 되는 것이기도 하다. 김정은은 트럼프와의 회담을 간절히 원하고 있었고, 이러한 외교과정에 발을 담그고 싶어 했다. 무언가를 만들어 내고 싶어 한 것이다.

싱가포르식 개발독재를 꿈꾸다

김정은과 도널드 트럼프는 전혀 다른 개성을 가졌지만, 한편으로 많은 공통점을 갖고 있기도 하다. 두 사람 모두 가족 왕국에 태어났다. 그리고 두 사람 모두 자동으로 가업을 승계하도록 되어 있는 맏아들이 아니다. 둘 다 자기 아버지로부터 자신이 제일 적임자라는 신임을 얻어서 왕국을 이어받았다. 그리고 두 사람 모두 대규모 건설 프로젝트를 선호한다.

무엇보다도 내가 회담 결과를 낙관적으로 본 가장 큰 이유는 김정은이 그의 가장 큰 관심이 100퍼센트 경제에 가 있다는 점 때문이었다. 김정은은 그런 신호를 분명하게 내보였지만 사람들이 간과했다.

김정은은 문재인 대통령과 정상회담을 하기 일주일 전에 노동당 전원회의에 참석해 핵과 경제 병진노선을 끝내고 경제 우선으로 방향을 바꾸겠다고 선언했다. 핵실험과 대륙간탄도미사일 발사를 즉각 중단한다는 방침도 밝혔다.

그동안 김정은은 핵무기 개발과 공포정치, 선별적으로 규제를 완화하는 시혜조치를 통해 북한 지도자로서의 지위를 확고히 다졌다. 이제는 조심스런 변화를 통해 경제 성장을 이루어낼 준비가 되어 있었다. 이제부터는 '새로운 노선'에 집중하겠다고 밝혔다. 경제에 집중하겠다는 말이었다. 이를 위해서는 사회주의 경제 건설에 우호적인 국제적 환경이 필요했다.

구조적인 변화를 시도하는 것이었다. 수십 년 계속해 온 선군 시대를 마감하고, 2013년 김정은은 경제를 핵 프로그램 위치로 과감히 격상시켰다. 이후 5년이 더 지난 지금까지 그는 일관되게 경제를 최우선 과제로 삼고 있다.

하지만 미국의 주도로 이루어지는 제재조치가 계속되는 한 경제발전이라는 김정은의 전략적 비전은 달성될 수 없다. 전방위적으로 이루어지는 제재조치는 북한 경제에 전면 무역봉쇄에 버금가는 타격을 입히고 있다. 그는 미국 대통령이 공개적으로 자신의 지위를 인정해 주지 않는 한 정상 국가의 책임 있는 지도자로 제대로 대우받고 싶다는 자신의 외교적인 목표를 달성할 수 없다는 사실도 잘 알고 있었다.

아울러 세계에서 가장 부유한 최고 강대국 지도자와 동등한 자격으로 마주앉는 것처럼 비친다면 그것은 북한 주민들에게 던져 줄 매우 유용한 정치적 소재가 될 것이 분명했다. 북한 주민들은 드디어 학수고대하던 역사상 최고의 지도자를 맞이하게 되는 것이었다.

김정은의 글로벌 정치인으로 변신 가능성은 그가 이 정상회담에 참석하기 위해 북한 땅을 떠나는 순간부터 분명하게 드러나 보였다. 그의 아버지 김정일은 비행기 타는 걸 두려워해서 베이징과 모스크바를 방문할 때 방탄 열차를 이용했다.

위대한 후계자 김정은은 이런 두려움이 없었다. 하지만 믿고 탈 만한 비행기가 없는 게 문제였다. 그래서 그는 에어 차이나_{중국국제항공} 소속의 보잉 747기를 탔다. 중국 총리가 전용기로 이용하는 민항기였다. 이웃 후견국의 신세를 진 것이다. 출입문 위에 '스타 얼라이언스'Star Alliance 로고가 큼지막하게 붙은 미국산 비행기였다.

김정은은 중국 국적의 비행기를 빌려 탔다는 사실을 숨기려고 하지 않았다. 에어 차이나에 올라 손을 흔드는 그의 사진은 노동신문을 비롯한 북한의 주요 매체에 컬러로 실렸다. 막강한 중국이 자기에게 비행기를 내주었다는 사실을 자랑으로 생각하는 듯했다.

평양 공항을 이륙할 당시 김정은이 탄 비행기의 편명은 베이징행 CA122편이었다. 하지만 베이징 상공을 지난 시점부터는 싱가포르행 CA61로 편명을 변경했다. 비행기는 정상 항로인 해상을 이용하지 않고 계속 중국 대륙 상공을 가로질러 날았다. 이 특별한 여행길에 가능한 한 중국 영공으로 비행하겠다는 의도가 분명했다.

김정은의 여동생인 퍼스트 시스터 김여정은 북한 고려항공기를 타고 따로 갔다. 뜻밖의 불상사가 일어날 경우 백두혈통의 피를 한꺼번에 흘리지 않겠다는 뜻일 것이다.

정상회담은 김정은으로서는 권력 승계 이후 가장 중내한 행사였다. 회담 준비는 철저히 진행되었다. 김정은은 북한 영토에서 이렇게 멀리 날아와 본 적이 없었다. 최고지도자를 경호하는 12만 병력의 북한 호위사령부는 추호의 허점도 용납지 않는다는 자세로 회담 경호 준비에 만전을 기했다.

북한 경호팀은 세인트 레지스St Regis 호텔 입구의 보안검색과 함께 엘리베이터도 24시간 감시하며 16층 위로는 누구도 함부로 드나들지 못하게 막았다. 20층의 하룻밤 7,000달러짜리 프레지덴셜 스위트를 비롯해 꼭대기 3개 층은 북한 대표단에게 배정되었다. 북한 대표단의 호텔 숙박비와 식사비는 싱가포르 정부가 대신 지불했다.

북한 경호팀은 호텔의 모든 층 객실을 검색하겠다고 요구했지만 호텔 측은 꼭대기 3개 층 외에는 경호팀의 접근을 불허했다. 이들은 폭발물과 도청장치 등 최고지도자의 안위를 해칠 물건이 있는지 찾아내기 위해 숙소 객실과 정상회담장의 미팅룸들을 샅샅이 뒤졌다.

김정은이 싱가포르를 떠난 6월 12일 이후 6월 14일까지 호텔 측은 이들이 묵은 객실에 다른 투숙객을 받지 않았다. 북한 대표단은 며칠에 걸쳐 요란한 청소 작업을 거친 다음에야 호텔 측에 방을 넘겨주었다. 김정은과 여동생 김여정은 세인트 레지스 호텔에 묵는 동안 방에 틀어박혀 지냈다. 이들은 평양에서 공수해 온 식자재로 특별식을 만들어 먹었다. 식자재는 별도 수송기로 공수해 와 싱가포르 공항에서 대기 중이던 냉장 트럭에 곧바로 옮겨 실은 다음 운반했다. 수송기는 김정은이 탈 리무진과 허가된 경호무기를 비롯한 여러 물품을 함께 싣고 왔다.

싱가포르에 도착한 김정은은 의기양양했다. 첫날 김정은은 리셴룽 싱가포르 총리를 만났다. 작은 도시국가 싱가포르의 국부로 추앙받는 리콴유 초대 총리의 아들이다. 리콴유는 무려 50여 년 간 싱가포르를 통치하며 현대 싱가포르의 기틀을 다진 인물이다. 리셴룽 총리는 김정은을 만난 뒤 이 34세의 지도자에 대해 '확신에 찬 젊은 지도자'라고 추켜세워 주었다. 리셴룽 총리는 그리고 나서 한 차례 더 김정은을 만나 공개적으로 악수 사진을 찍었다. 김정은의 정통성을 인정해 주는 기념사진첩에 올려질 사진이었다.

그날 저녁 김정은은 예고 없이 싱가포르의 관광명소들을 찾아 심야 시내 투어에 나섰다. 싱가포르 외무장관과 교육장관의 안내를 받으며 동생 김여정, 그리고 한 떼거리의 경호원, 북한 카메라맨들에게 둘러싸인 채 휘황찬란한 베이 프론트 일대를 돌아다녔다. 이들은 첨단과학이 어울어진 가든스 바이 더 베이Gardens by the Bay 공원의 아름다운 화원을 보며 찬탄을 금치 못했다. 관광을 마치기 전 수많은 관광객들이 하는 것처럼 셀피 카메라 앞에 포즈도 취했다. 김정은은 싱가포르 외무장관이 손에 든 카메라를 보며 환한 웃음을 지어보였다. 후덥지근한 날씨에 통통한 두 빰이 불그스레하게 번들거렸다.

이들은 도로를 가로지르는 육교를 지나 마리나 베이 샌즈 호텔Marina Bay Sands Hotel로 걸어 들어갔다. 거대한 콘크리트 배를 고층 건물 3개 동 위에 앉혀 놓은 경이로운 건축물이다. 호텔 소유주는 2016년 미국 대선 때 도널드 트럼프를 지지한 카지노 업계의 거물 셸든 애델슨Sheldon Adelson으로, 지금은 고인이 된 김정은의 이복형 김정남이 자주 들르던 마카오의 도박장도 그의 소유이다.

김정은 일행은 호텔 57층의 인피니티 풀이 있는 오픈 바 '스카이 파크'Sky Park에도 올라갔다. 김정은은 전망대 바닥 데크에 서서 10분가량 싱가포르 도심의 스카이라인을 바라다보았다. 시티뱅크Citibank와 HSBC 같은 간판들이 환하게 빛나는 고층건물들이 줄이어 늘어서서 도심의 밤하늘을 수놓고 있었다.

루프 탑 바 세라비Cé La Vi에 앉아 있던 손님들은 전망대 데크 마감시간이 지나 바닥 청소까지 마친 시간이었기 때문에 예정에 없던 무슨 일이 생겼음을 직감했다. "도대체 저자가 이 시간에 왜 여기 온 거지? 내일 아침에 회담이 있지 않나?" 루프 데크 한쪽 끝에서 맥주를 마시고 있던 영국인 비즈니스맨이 웃으면서 이렇게 말했다. 예기치 않게 역사적인 사건의 현장을 목격하게 된 손님들은 여기저기서 웅성거렸다.

그가 가는 곳마다 많은 사람들이 모여들었다. 관광객과 현지 주민들 모두 먼 발치에서라도 그의 얼굴을 보고 싶어 했다. 그가 묵는 호텔 숙소 주변 도로변과 호텔 입구에는 경찰이 바리케이드를 쳐놓았지만 모여든 사람들로 북적였다. 관광명소인 워터프론트에 나와 있던 사람들은 복합문화공간 에스플러네이드esplanade를 둘러보는 김정은의 모습을 사진에 담아 소셜 미디어에 올리느라 바빴다. 마리나 베이 샌즈 호텔 로비에서도 그를 보려고 몰려든 사람들이 서로 밀고 당기기를 했다. 호텔 옥상의 인피니티 풀에서는 알몸을 훤히 드러낸 스킴피 비키니 차림의 수영객들이 풀에서 나와 지나가는 그를 사진에 담았다.

하나같이 김정은의 개인숭배에 써먹을 완벽한 소재거리였다. 북한 땅에서 그에게 충성심을 보이기 위해 군중이 모이는 것처럼 이곳에서도 외국인들이 경애하는 최고지도자 동지를 보려고 무리를 지어 모여든 것이다. 북한 선전 기관들은 김정은이 외국에서도 존경받는 지도자라고 말할 것이 분명했다.

싱가포르는 미국과 정상회담을 하기에 아주 이상적인 장소였다. 북한과 싱가포르는 교역을 비롯한 여러 면에서 오랫동안 지속적인 관계를 유지해 왔다. 특히 싱가포르는 북한 사람들이 비자 없이 입국할 수 있는 몇 안 되는 나라들 가운데 하나였다. 싱가포르는 동남아시아 국가들 중에서 북한과 같은 불량국가를 올바른 길로 인도하기 위해서는 포용정책engagement이 효과적이라고 생각하는 대표적인 나라이기도 하다. 미국이 선호하는 제재와 고립정책과는 크게 다른 길을 걸어온 것이다.

아시아 지도자 가운데서 싱가포르의 발전을 보고 영감을 얻기 위해 이곳을 찾은 사람이 김정은이 처음은 아니다. 중국 경제 발전의 개척자인 덩샤오핑은 1978년 이곳을 찾았다. 당시 리콴유 총리는 덩샤오핑을 안내해 도시 곳곳을 보여주었고, 덩샤오핑은 큰 감명을 받았다. 그로부터 5년 뒤 덩샤오핑은 중국식 사회주의 개혁을 시작했다. 싱가포르는 경제 변화가 절실히 필요하지만 정치적인 변화는 극도로 두려워하는 북한 지도자에게도 그때와 같은 영감을 불어넣게 되기를 기대했다.

김정은은 배울 자세가 되어 있었다. 그러한 증거들은 북한 국영 매체들을 통해 나왔다. 이튿날 북한 노동당 기관지 노동신문은 고층 건물들 위에 콘크리트 배를 얹어놓은 마리나 베이 샌즈 호텔 사진을 포함해 전날 밤 싱가포르 시내를 돌아보는 김정은의 사진들을 1면에 실었다.

북한은 '경애하는 최고영도자 심성은 동지께서 미합중국 대통령과 역사상 첫 조미 수뇌상봉 회담 진행'이라는 제목의 42분짜리 공식 영상을 만들어 그의 3박 4일 일정 전 과정을 소개했다. 놀라운 것은 다큐멘터리 형식의 이 필름이 싱가포르의 놀라운 발전상을 그대로 소개하고 있다는 사실이었다. 세인트 레지스 호텔의 안락한 내부 모습과 함께 싱가포르가 얼마나 깨끗하고 아름다운 곳인지, 독특한 건물들이 얼마나 많은지 세세히 소개했다. "경애하는 지도자 동지께서는 앞으로 여러 분야에서 싱가포르의 훌륭한 지식과 경험들을 배우려고 한다고 말씀하셨다."고 해설자는 말했다.

정상회담이 끝난 뒤 북한의 한 경제전문가는 앞으로 제재조치가 풀리고 정치적인 분위기가 개선된다면 북한은 싱가포르나 스위스 같은 나라로 발돋움할 수 있을 것이라며 이렇게 말했다. "이 두 나라는 작은 영토에 빈약한 자원을 가지고 있지만 지리적인 이점을 최대한 활용해 경제 성장을 이루었습니다."[1]

김정은은 외부 세계를 향해 자신이 어떤 비전을 가지고 있는지 드러내 보였다. 하지만 그보다도 더 중요한 것은 북한 주민들에게 자신의 비전이 어떤 것인지 보여주려고 한 것이었다. 자기는 결코 스탈린식 독재자가 되지 않겠다는 의사를 분명하게 밝힌 것이다. 그는 아시아의 다른 한쪽에 위치한 이 나라의 지도자처럼 개발독재를 꿈꾸고 있었다.

드디어 결전의 날이 왔다. 불구대천의 원수 미국의 대통령과 일대일로 만나는 날이 온 것이다. 정치적인 의미에서뿐만 아니라 안전상으로도 엄청나게 위험한 만남이었다. 피해망상에 사로잡힌 독재자는 자기 생명이 위험에 처해 있다는 강박증에 끊임없이 시달린다.

김정은이 숙소 호텔을 나와 정상회담 장소로 이동할 때는 호위사령부 소속 경호원 40여 명이 주위를 완전히 에워싸다시피 했다. 호위사령부 요원들은 건강과 사상, 키, 외모, 그리고 무엇보다도 출신성분 등 철저한 검증을 거쳐 선발한다. 김정일의 경호원이었던 전직 요원은 북한에서 최고지도자의 경호원이 되는 길은 "바늘구멍을 통과하는 것보다 더 어렵다."고 했다.[2]

하지만 일단 최고지도자의 경호원이 되고 나면 상당히 유복한 삶이 보장된다. 최고지도자가 대우에 불만을 가진 사람이 총을 들고 자기 주위에 배치되는 것을 원할 리가 없기 때문이다. 싱가포르의 무더운 날씨 속에 검은 정장 차림으로 김정은이 탄 리무진을 따라 달리는 모습이 영상을 타면서 이들 12명의 경호원들은 잠깐 동안 인터넷에서 유명인사가 되기도 했다. 북한 지도부의 어리석은 행동을 압축적으로 보여주는 장면 같기도 했다.

김정은의 이러한 인간장벽 아이디어는 클린트 이스트우드의 영화에서 본딴 것이다. 어렸을 적 김정은은 클린트 이스트우드가 주연한 영화 '사선에서'In The Line of Fire를 봤는데, 영화에서 이스트우드는 1963년 존 F. 케네디 대통령이 암살당할 당시 그를 지키는 비밀 요원이었다. 영화에서 그는 다른 요원들과 함께 대통령이 탄 차를 에워싸고 달린다.[3]

김정은이 탄 차도 사람들의 눈길을 끌었다. 그가 탄 차량은 메르세데스 마이바흐 S 600 풀만 가드Pullman Guard로 판매가 시작된 지 6개월이 채 되지 않은 최신형 모델이었다. 소매가격이 160만 달러에 달한다.

메르세데스는 최상급 모델을 '국가원수를 비롯해 특별한 위협에 노출된 개인들'에게 판매하고 있다. 회사 측은 이 차량이 사이즈가 상당히 크고 뒷좌석에 클럽 라운지급 편의시설까지 갖추고 있다는 사실을 특징으로 내세운다. 하지만 김정은이 이 차를 마음에 들어 한 주된 이유가 바로 다양한 안전장치들 때문임은 두말할 필요가 없다.

완전 방탄이 되어서 자동소총의 공격에도 견딜 수 있는 방호력을 자랑한다. 그리고 하부 폭발에도 견딜 수 있고, 뒷좌석 뒤편에는 강철 칸막이 벽이 설치되어 있어서 뒷창을 뚫고 들어오는 어떤 물체로부터도 탑승자의 머리를 지켜준다. 그러다 보니 차량 중량이 5톤이 넘는다. 옆문의 무게가 너무 무겁다 보니 자체 모터로 문을 열고 닫도록 해놓았다.

카메라 앞에서 첫 만남을 가진 뒤 두 지도자는 일대일 단독회담을 가졌다. 양측 통역이 배석하기 때문에 엄밀히 말하면 2대 2 회담이 되는 셈이다. 첫 만남에서 김정은은 "만나서 반갑습니다. 대통령 각하."Nice to meet you, Mr. President. 라고 영어로 말했다. 나는 영어와 독일어를 구사하는 사람들 중에 김정은을 직접 만난 10여 명에게 그가 영어나 독일어로 인사를 하더냐고 물어 보았더니 그런 적이 없다고 했다. 트럼프에게만 특별대우를 해준 것이었다.

5시간 동안 이어진 이날 회담을 통해 김정은은 트럼프 대통령을 어떻게 다루어야 하는지 정확히 알고 있음을 입증해 보였다. 그는 호텔에 먼저 입장했는데 이는 손윗사람을 예우하는 한국의 전통 예법에 따른 것이다. 트럼프의 나이는 김정은보다 두 배가 넘는데, 손윗사람이니 자기가 먼저 입장하는 게 옳다는 뜻이었다. 한국어에는 다양한 수준의 경어체가 있는데, 김정은은 트럼프에게 말할 때 최고 수준의 경어체를 구사했다. 그렇게 말하면 트럼프가 좋아할 것이라는 점을 알기 때문이었다. 트럼프의 한국어 통역은 그에게 김정은이 매우 공손한 말투를 쓴다는 사실을 알려주었다.

김정은은 이전에도 고집 센 트럼프를 어떻게 다루어야 하는지 보여 준 적이 있다. 정상회담이 시작되기 몇 주 전 그는 트럼프에게 보내는 친서를 자신의 최고위 참모 손에 들려서 백악관으로 보냈다. 보통 편지와 달리 엄청나게 큰 봉투에 넣어서 보냈다. 웃음거리가 될 정도로 큰 봉투였다. 백악관은 친서를 들고 웃고 있는 트럼프 대통령의 사진을 공개했는데, 곧바로 게임 쇼 콘테스트 우승자에게 주어지는 대형 수표 패러디물이 인터넷에 나돌았다.

다르면서 공통점 많은 두 사람

정상회담에서 김정은은 전혀 긴장한 기색을 보이지 않았다. 그는 농담을 하며 상대의 호감을 사는 행동을 해 보였다. 사람들을 능수능란하게 다룰 줄 알았고, 어떻게 해야 사람들에게 좋은 인상을 주는지도 아는 듯했다. 그는 사람들 눈에 자신이 품격을 갖춘 지도자로 비쳐지고 싶어했다.

트럼프 대통령은 부드러운 분위기 속에 김정은을 수행원들에게 소개했다. 김정은은 트럼프가 과거 1분 안에 상대의 속마음을 읽어낼 수 있다고 한 말을 상기시키며 자기 속마음이 어떠냐고 물었다. 그 말에 트럼프는 김정은이 강하고 똑똑하며 신뢰할 만한 상대라고 대답했다.

이어서 김정은은 존 볼턴을 향해 돌아섰다. 트럼프 대통령의 강경파 국가안보보좌관인 볼턴은 불과 몇 달 전에 북한을 미사일로 선제타격하는 것은 합법적이라고 주장하는 칼럼을 썼다.[4]

북한정권과 볼턴 보좌관 사이에는 풀리지 않은 앙금이 남아 있었다. 볼턴이 조지 W. 부시 행정부에서 일할 때 북한 선전 매체들은 그를 '인간쓰레기', '흡혈귀'라고 비난했다. 이런 욕을 들으면 볼턴은 이런 우스갯소리로 받아넘겼다. '북한 사람들이 거짓말 하는 건 어떻게 알아낼 수 있는지 알아요? 그 사람들은 거짓말 할 때 입을 씰룩거리지요.'

하지만 싱가포르에서는 달랐다. 트럼프로부터 추켜세우는 말을 듣고 김정은은 볼턴에게 어떻게 생각하느냐고 물었다. 볼턴은 잠시 뜸을 들이고 나서 '우리 대통령 각하는 사람 됨됨이를 최고로 잘 알아보십니다.' 라고 외교적인 수사로 대답했다.

단독 정상회담을 앞두고 김정은은 트럼프와 나란히 팔걸이의자에 앉아서 모두발언을 통해 이렇게 말했다. "여기까지 오는 길이 그리 쉬운 길은 아니었습니다. 우리한테는 우리의 발목을 잡는 과거가 있고, 그릇된 편견과 관행들이 우리의 눈과 귀를 가리고 있었습니다. 하지만 우리는 모든 것을 이겨내고 이 자리까지 왔습니다."

김정은이 발언을 마치자 트럼프 대통령은 앉은 자리에서 악수를 나눈 다음 그를 향해 자신의 트레이드마크인 엄지척을 들어보여 주었다.

트럼프 대통령은 김정은에게 혹했다. 『협상의 기술』*The Art of the Deal*이라는 책을 쓴 사람이 김정은을 '매우 재능 있는 지도자', '매우 스마트한 사람', '아주 훌륭한 협상가'라고 평가했다. 트럼프는 김정은이 천재를 넘어 만재임을 입증해 보였다며 이렇게 말했다. "그는 20대에 권력을 물려받아 국가를 이끌어가고 있다. 그것도 아주 엄격하게 이끌어가고 있다." 트럼프는 이어서 "김정은이 우리 두 사람은 매우 특별한 관계를 맺게 되었다고 말했다."고 했다. 그러면서 자기는 김정은을 신뢰한다고 덧붙였다.

정상회담 전후로 김정은은 트럼프에게 친서를 보냈다. 한 장짜리 짧은 편지를 한글로 쓰고 자기들이 만든 영역본을 함께 넣었다. 아첨 분야의 걸작에 속할 만한 편지들이었다.

김정은은 트럼프를 '각하'로 불렀다. 그는 편지에서 트럼프가 얼마나 현명하고 탁월한 정치적 감각을 가진 분인지 모를 정도라고 극찬을 늘어놓았다. 마이크 폼페이오와 함께 대화를 하게 되어 정말 좋다는 말도 했다. 폼페이오는 CIA 국장을 거쳐 트럼프 행정부의 국무장관이 되었다. 9월 말 트럼프는 자신이 김정은과 '사랑에 빠졌다.'fell in love고 했다. 그는 공화당원을 대상으로 한 유세연설에서 이같이 말하고 정상회담 뒤 북한 지도자가 자기에게 '멋진 편지들'을 보내왔다고 소개했다.

하지만 정상회담이 성사되기까지는 험난한 과정을 거쳐야 했다. 폼페이오 당시 CIA 국장은 2018년 4월 남북한 정상회담 직후 평양을 방문해 김정은에게 핵을 포기할 것인지 직설적으로 물었다. 당시 김정은은 심금을 울릴 만한 답을 내놓았다. 그 말도 진심이었는지, 아니면 의도적으로 꾸민 것인지는 알 수 없다.

당시 폼페이오 국장의 통역으로 동행한 앤드류 김 전 CIA 코리아 임무 센터장은 김정은이 "나는 아버지이자 남편이다. 그리고 자녀들이 있다. 나는 내 자녀들이 평생 핵무기를 이고 사는 것을 원치 않는다."고 대답했다고 밝혔다.[5]

조짐은 좋았다. 정상회담을 앞두고 양측은 의견 조율을 위해 수개월에 걸쳐 상호 협상단을 파견해 합의를 모색했다. 비무장지대DMZ 안에 있는 판문점에서도 만났다. 하지만 협상은 지지부진했다. 북한 협상단은 최고지도자의 지시를 받기 위해 수시로 곳곳이 파이고 무너져 노면 상태가 끔찍한 고속도로를 달려 평양으로 향했다.

싱가포르에 도착해서까지도 양측의 입장이 서로 좁혀지지 않았기 때문에 합의문도 두 개를 놓고 작업했다. 정상회담 전날 밤 폼페이오 국무장관은 기자회견을 통해 북한 비핵화와 관련해 미국이 받아들일 수 있는 유일한 합의는 '완전하고 검증가능하고 되돌릴 수 없는 비핵화'(CVID)라고 거듭 강조했다. CVID는 매우 특수한 용어로, 이것이 실현되기 위해서는 국제 무기 사찰단이 북한 영토 안에서 아무런 제한 없이 사찰을 실시할 수 있도록 되어야 한다.

미국 대표단은 북한의 비핵화 의지에 대해 회의적인 생각을 하고 있었고, 그럴 만한 충분한 이유가 있었다. 김씨 정권은 지금까지 비핵화 합의를 여러 차례 했지만 약속을 제대로 이행하지 않고 모두 파기한 전력이 있다.

김정은은 트럼프와의 협상에서 우위를 차지하고 있는 게 분명해 보였다. 그는 자신이 보유한 핵무기와 탄도미사일을 포기하겠다는 구체적인 약속을 한마디도 하지 않은 채 협상장을 떠났다. 그러면서 앞선 4월 문재인 대통령과 한 모호한 합의사항을 되풀이하는 것으로 일관했다. 한반도 비핵화를 위해 노력하기로 한다는 합의였다. 그것도 북한의 비핵화가 아니라 남북한을 포괄하는 한반도 비핵화라고 했다.

폼페이오 미국 국무장관이 정상회담 전날 밤 강조한 '완전하고 검증 가능하고 되돌릴 수 없는 비핵화'에 대해서는 한마디도 하지 않았다. 트럼프 대통령은 또한 1년에 두 번 실시해 오던 한미연합훈련을 중단하기로 합의했다. 한미합동군사훈련은 북한 내부의 쿠데타나 북한의 남침 등으로 인해 야기되는 한반도 정세의 급변 상황에 대비해 실시해 오던 것으로 한미동맹을 유지하는 데 매우 중요한 훈련으로 간주돼 왔다. 북한은 한미연합훈련을 도발적인 행동이라고 비난해 왔다.[6] 그러면서 한편으로는 이에 맞서 대응 훈련을 하는 데 드는 비용 면에서 어려움을 겪어 왔다.

옆방에서 회담 진행상황을 지켜보던 미국 국방부의 안보 담당 차관보 랜디 슈라이버Randy Schriver와 트럼프 대통령의 아시아 정책 선임보좌관 매트 포틴저Matt Pottinger는 자신들의 귀를 의심했다. 두 사람은 휴대전화로 황급히 문자를 주고받았다. 백악관 대변인 새라 허커비 샌더스Sarah Huckabee Sanders와 백악관 선임보좌관 스티븐 밀러Stephen Miller 처럼 이데올로기 성향이 강한 다른 참모들에게 굳이 자신들의 입장을 드러내 보일 필요는 없었다. 두 사람은 긴급계획을 세웠다. 한 명은 일본 총리실로 전화를 걸고, 다른 한 명은 한국 대통령 비서실로 전화를 걸어 두 동맹국에게 앞으로 닥칠 상황에 대비하라고 일리기로 했다.

트럼프 대통령의 한미연합훈련 중단 발표는 듣는 사람을 경악케 했다. 회담 뒤 열린 기자회견에서 트럼프 대통령은 한미연합훈련을 '전쟁놀이'war games라고 불렀다. 북한이 쓰는 표현과 주장을 그대로 받아쓴 것이었다.

트럼프는 김정은에게 선물을 하나 더 안겨주었다. 한국전쟁을 종식시키기 위한 종전선언에 서명할 것이라고 말한 것이다.[7] 종전선언은 대형 봉투를 들고 백악관을 찾은 김영철이 오벌 오피스에서 꺼낸 아이디어였다. 당시 김영철은 한반도의 항구적인 평화 정착을 위한 방안이 마련된다면 미국이 북한과 지금까지와는 다른 관계를 맺으려고 한다는 것을 보여주는 하나의 징표가 될 것이라며 종전선언 채택을 제안했다.

트럼프 대통령은 종전선언은 받아들일 수 있지만 평화협정 체결은 좀 더 준비작업이 필요하다는 입장을 보였다. 북한정권은 국가를 전시체제로 유지하는 게 주민들을 단합시키는 데 도움이 되기는 하지만 오래 전부터 평화협정 체결을 요구해 왔다. 평화협정이 체결되면 주한미군 철수를 요구할 수 있게 되기 때문이다. 하지만 미국은 그동안 주한미군 병력과 장비를 한반도에서 철수시켜 동맹국인 한국의 안보를 위태롭게 만들 의사가 없음을 분명히 해 왔다.

평화협정이 체결된다면 김정은으로서는 많은 돈과 노력을 들여서 개발한 핵무기 가운데 일부를 포기할 명분을 얻게 된다. 아울러 두 나라가 사실상 전쟁상태를 끝내게 된다면 북한은 경제의 숨통을 죄고 있는 제재조치를 해제해달라고 강력하게 요구할 수 있게 될 것이었다.

워싱턴에서는 트럼프가 김정은을 다루는 방식에 대해 못마땅해 하는 기류가 강했다. 트럼프는 북한을 다루는 방식에 있어서 놀랄 정도로 특별한 인식을 보여주었다. 대단히 비정상적인 방식이었지만 김정은과는 통하는 점이 있었다. 트럼프 대통령은 국가안보실에서 만든 비디오 영상을 통해 두 사람이 공통으로 가진 야망을 자극했다. 트럼프는 정상회담 기간 중에 아이패드로 김정은과 북한 대표단에게 이 영상을 보여주고 영상 사본도 넘겨주었다.

영상에는 다소 터무니없는 내용들이 담겨 있지만 김정은에게 보여주기에는 더없이 완벽한 내용이었다. 영상은 앞부분에서 백두산 천지를 보여주고, 이어서 이집트의 피라미드, 콜로세움, 타지마할, 이어서 맨해튼의 초고층건물군, 그리고 김일성광장 등 전 세계적으로 유명한 건설 프로젝트들을 차례로 보여주었다.

영상의 나레이터는 이렇게 말했다. "이것은 기회의 이야기입니다." "두 사람, 두 지도자, 하나의 운명에 대한 이야기입니다." 영상은 계속해서 두 사람을 동등한 지도자의 위치에 놓고 설명을 이어나갔다.

영상은 북한을 어마어마한 발전 기회를 가진 나라로 묘사했다. 평양의 스카이라인이 건설공사 크레인으로 뒤덮이는 장면도 있다. 한반도의 야경을 찍은 유명한 위성 사진도 등장한다. 칠흑같이 어두운 북쪽에도 어느 순간 남쪽처럼 환하게 불이 밝혀진다.

정상회담 뒤 트럼프 대통령은 기자들에게 이렇게 말했다. "부동산 개발이라는 측면에서 생각해 봅시다. 아름다운 원산 해변에 멋진 콘도들이 들어서는 것입니다. 한번 상상해 보시오. 세계 최고의 호텔들이 그곳에 세워지는 것입니다."

영상은 화려한 모습으로 개발된 플로리다 해변도 보여주는데, 트럼프는 이곳에 마라라고 별장Mar-a-Lago resort을 가지고 있다. 어떤 방송해설자는 이 장면을 보고 이것은 현실정치realpolitik가 아니라 '현실 부동산 정치'real estate politik라고 재치 있게 말했다.[8]

트럼프 대통령은 영상을 통해 김정은에게 핵무기를 포기하고 국제 사회의 정상적인 일원이 될 수 있는 좋은 기회를 놓치지 말라는 권고를 했다. 인류가 이룬 성공과 진보의 역사 모든 부분에서 당신은 지금 제일 밑바닥에 와 있다. 만약 당신이 성공에 대한 생각을 고쳐먹기만 한다면 우리는 기꺼이 당신을 도와줄 것이다. 김정은을 향해 이런 말을 한 것이다.

김정은이 따를 만한 다양한 발전 모델도 제시했다. 먼저 중국과 베트남 모델을 제시했다. 자본주의 경제 발전을 채택하면서도 공산당이 정치적 통제를 계속 유지하는 나라들이다. 일본 모델을 제시하기도 했다. 일본은 세계 3위 경제대국이면서 입헌군주제를 유지하는 나라이다. 일왕처럼 되는 건 어떻겠느냐고 김정은에게 제안한 것이다. 선출된 정부가 나라를 이끌도록 맡기고 본인은 북한 주민들의 존경을 받으며 명목상 국가원수 자리를 지키라는 말이었다.[9]

북한은 개방과 개혁 요구를 북한에 대한 레짐 체인지regime change 위협이라고 일축해 왔다. 김정은은 정치적 변화를 원하지 않을 뿐만 아니라, 일본 국왕처럼 명목상의 국가원수 자리에 만족할 생각도 없을 것이 분명하다. 하지만 북한 경제의 미래 비전에 대해서는 두 사람의 생각이 겹치는 점이 분명히 있었다.

그래서 김정은은 업무오찬장으로 걸어 들어가면서 상당히 느긋한 입장이었다. 트럼프는 사진기자들을 향해 '멋지고 날씬하고 완벽하게' 나오도록 찍어달라고 농을 던졌다.

회담 의제 못지않게 메뉴에 올릴 요리도 일일이 깐깐하게 따져서 고심 끝에 결정됐다. 그렇게 해서 업무오찬working lunch 메뉴는 동서양을 망라한 9가지 코스 요리로 정해졌는데, 주 요리는 소갈비 콩피, 무와 야채를 넣은 대구조림, 후식으로 다크 초콜릿 타르트 가나슈가 나왔다.

북한 측은 음식 안전에 매우 민감한 태도를 보였다. 트럼프 대통령 수행원들은 과거 미국의 어떤 지도자도 음식 안전에 그렇게 민감한 적이 없었다고 했다. 김정은의 시식원은 음식에 독이 들어 있는지 여부를 검사하기 위해 오찬 시작 2시간 전에 도착했다.

주메뉴인 소갈비 콩피를 앞에 두고 가벼운 대화들이 오갔다. 농구와 자동차도 화제에 올랐다. 김정은은 볼턴에게 그가 북한에서 '유명인사'라고 말하며 함께 사진을 찍자고 했다. 같이 찍은 사진을 보면 북한의 강경파 인사들 사이에 그의 이미지가 개선될 것이라고 했다. 볼턴을 '인간 쓰레기'라고 말한 인사들을 지칭한 말인 듯했다. 대북 강경론자인 볼턴은 말없이 웃어 넘겼다.[10]

트럼프는 김정은에게 비스트The Beast를 구경시켜 주겠다고 했다. 트럼프의 전용 승용차인 비스트는 최첨단 안전장치를 두루 갖춘 방탄 리무진이다. 나는 두 사람이 걸어서 리무진 쪽으로 간 다음 김정은이 차의 열린 문을 향해 다가가는 장면을 보고 두 사람이 차를 타고 어디론가 가려고 하나 하는 생각을 했다. 하지만 그새 트럼프의 비밀 경호원이 나타나 북한인들이 차량 가까이 접근하지 못하게 막았다.

김정은은 정상회담이 진행되는 동안 자기 식으로 안전을 챙겼다. 공동합의문 서명식이 진행되기 전 흰색 고무장갑을 손에 낀 북한 관리가 나타나 김정은이 서명할 테이블에 놓인 펜을 살펴본 다음 깨끗이 닦았다. 하지만 경애하는 지도자 동지는 그 펜을 손에 대지도 않았다. 여동생 김여정이 나타나 합의문과 함께 1,000달러짜리 몽블랑 펜을 그에게 직접 건네주었다. 김정은이 서명을 마치자 김여정은 펜을 받아서 지갑에 도로 챙겨 넣었다.

주민들에게 경제발전 보여주어야

그렇게 해서 김정은은 역사의 한 페이지를 장식했다. 그는 이 시대착오적인 정권의 강경한 고위간부들을 통제하지 못할 것이라는 예상을 뒤엎고 권력을 확고하게 장악했다. 그리고 수소폭탄을 개발하고, 미국 본토에 도달할 수 있는 장거리 미사일 개발에 성공함으로써 북한의 기술 수준을 평가절하 하는 사람들의 코를 납작하게 만들었다.

이제는 세계 최강대국의 대통령이 그의 비전이 이루어지도록 기꺼이 돕겠다고 나섰다. 싱가포르에서 김정은은 가능한 미래의 비전을 어렴풋이 보았다. 그 미래는 바로 할아버지 김일성이 세운 나라가 대를 이어 계속 번창하고 국제적으로도 존중받는 것이었다.

김정은은 회담을 마치고 귀국하자 곧바로 업무에 복귀했다. 경제 부문에서 자유방임적인 태도를 취하던 초기의 입장은 이제 끝났다. 김정은 시대의 제2막이 열리고 있었다. 전체 주민의 생활수준을 끌어올려 그들에게 경애하는 최고지도자 동지의 영도 아래 삶이 나아졌음을 실감시키는 쪽으로 전략노선을 바꾸었다.

그해 7월 김정은은 무더위 속에 중국과의 국경지대인 신의주 방직공장을 찾아 공장 관리자들을 호되게 질책했다. 그는 공장 관리자들이 계속해서 목표 미달 실적을 내고 있을 뿐만 아니라, '마굿간 같은 낡은 건물'에 귀중한 공장설비들을 밀어넣는 식으로 일하고 있다고 추궁했다고 북한 매체들은 전했다.

이러한 질책은 신의주 화학섬유공장에서도 이어졌다. 김정은은 "공장 지배인과 당위원장, 기사장이 서로 밀어내기를 하면서 국가 기업 정책 수행상황에 대해 정확히 답변하지 못하고 있다."며 이들을 호되게 질책했다고 북한 매체들은 전했다. "수많은 공장들을 가보았지만 이렇게 일하는 곳은 처음 본다."며 강한 어조로 불만을 쏟아냈다고 한다.

그는 계속해서 백두산 인근에 있는 양어장, 조선소, 감자 가공공장, 발전소, 석탄채굴기계공장 등을 잇따라 방문했다. 공사가 지지부진한 호텔 건설 공사장에 가서는 작업장 근로자들에게 '3차원 전쟁'에 임하는 자세로 일하라고 당부하고 '건설 전격작전'을 전개하라고 지시했다. 그는 이곳에 현대식 호텔을 지어 전국에서 사람들이 모여들어 '등산, 해수욕, 앵글링, 민물낚시, 온천 등을 즐기며 심신을 재충전할 수 있는 곳'으로 만들겠다는 의욕을 갖고 있다.

그린 다음 동해안 도시 원산으로 갔다. 과자를 만드는 식료품공장에서 김정은은 부인 리설주와 함께 쿠키와 캔디, 병 주스의 포장상태를 점검하고 제품의 품질과 포장의 수준을 향상시키라고 주문했다. 김정은 시대에 들어와서는 양파 링 크리스프에서 라면에 이르기까지 포장이 예뻐지고 있는데, 쉽게 말해 남한 제품의 포장을 따라가고 있다.

김정은은 지방 공장들이 좋은 성과를 내고 있고, 또한 이곳 주민들이 배급 받는 식량의 수준이 평양 주민들보다 열악하지 않다는 사실에 기분이 좋았다. 가방 생산 공장에 현지 지도를 나가서는 종업원들에게 "가방 하나를 만들어도 자기 자식에게 만들어 주는 심정으로 정성을 다해 만들라."고 지시했다.

비행연대 한 곳을 이동배치하고 그곳에 '번개 같은 속도로 신속하게' 대규모 채소 온실농장을 조성하라는 지시도 내렸다. '총보다 버터', 이 경우에는 '총보다 오이'를 구호로 내세운 셈이다. 러시아와 국경지대에 위치한 연어 양식장을 찾아가서는 만면에 미소를 지으며 양식한 연어와 가공품으로 "인민들의 식탁을 풍성하게 해주라."는 지시를 내렸다.

이러한 현지 시찰은 개인 소비를 늘려 궁극적으로 시장경제를 활성화하겠다는 그의 의지가 반영되어 있다는 점에서 주목할 만하다. 그가 찾아가는 시설이 북한 전역에 걸쳐 있다는 점도 눈여겨 볼 점이다. 그의 관심이 평양의 엘리트 계층에만 국한되지 않고 지방까지, 그리고 주민들의 일상생활에까지 미치고 있다는 사실을 보여주기 때문이다.

그동안 김정은은 여러 번의 어려운 테스트 과정을 거쳤다. 무엇보다도 권력 승계 후 초기 2년 동안 여러 도전을 이겨내며 권력을 공고히 다졌다. 또한 믿을 만하고 두려운 수준의 핵무기 개발에 성공함으로써 군부의 불만을 무마하고, 북한 주민들에게 자부심을 안겨주었다. 그리고 세계 2대 경제 대국인 미국과 중국의 지도자와 일대일 회담을 가짐으로써 국제무대에서 자신의 존재를 과시해 보였다.

이제 그의 앞에는 가장 큰 시험이 기다리고 있다. 북한 주민들에게 자신이 이 나라를 번영으로 이끌어가고 있음을 실제로 보여주어야 하는 힘든 과제가 남아 있는 것이다.

어디로 갈 것인가

2019년 1월 9일 베이징의 교통상황은 끔찍했다. 2100만 명이 바쁘게 움직이는 이곳의 교통체증은 늘 그랬지만 그날따라 유독 심했다. 두 번째 도시순환도로는 거의 자동차들이 움직이지 않고 서 있었다. 차를 세워놓고 도로에서 아침운동을 하는 사람들도 있었다. 나는 택시에서 내려 멈춰 선 차량들 사진을 찍은 다음 혹시 그 특별 차량행렬이 보이는지 둘러보았다.

김정은이 다시 베이징을 찾았다. 시진핑 중국 국가주석은 전날 밤 톈안먼天安門 광장에 인접한 인민대회당에서 김정은의 35번째 생일 축하 연회를 성대하게 베풀어 주었다. 인민대회당은 주요 행사가 열리는 중국의 대표적인 건축물 가운데 하나이다.

이튿날에도 시진핑은 이웃의 젊은 지도자를 국영 베이징 호텔로 초대해 오찬을 함께 했다. 마오쩌둥毛澤東이 김정은의 할아버지 김일성을 대접했던 곳이기도 하다. 시진핑은 5년간의 적대관계를 끝내고 마치 돌아온 탕자처럼 김정은을 환대하기 시작했다. 방문 횟수가 잦아지다 보니 이제 김정은의 출몰은 출퇴근하는 베이징 시민들에게 성가신 일이 되었다.

위대한 계승자는 그동안 놀라운 변신을 보여주었다. 그렇게 해서 세계 최강대국의 하나인 중국인들이 자신을 정상적인 국가의 정상적인 지도자로 대우하도록 만들었다.

여드레 전인 1월 1일 신년사를 통해 김정은은 제대로 된 국가 지도자의 모습을 선보였다. 신년사는 미국 대통령 상하합동연설의 북한 버전이라고 할 수 있다. 김정은은 이전처럼 연단에 서는 대신 나무 패널 장식이 된 서재의 큰 가죽 소파에 앉아 신년사를 읽어 내려갔다. 뒤편에는 아버지와 할아버지의 초상화가 든 대형 액자가 걸려 있고, 서재 책장에는 가죽 양장 책이 빼곡히 꽂혀 있었다.

우연히 연출된 분위기가 아니었다. 프랭클린 델라노 루스벨트의 전기를 읽은 김정은의 고위 보좌관 가운데 한 명이 대공황 시대 미국 대통령이 했던 유명한 '노변정담'fireside chats 방식을 따라해 보자는 제안을 한 게 분명했다. 위대한 계승자는 1930년대 루스벨트 대통령이 국민들과 허물없이 대화를 나누기 위해 택한 방식을 따라 자신이 국민들로부터 존경받을 만한 지도자라는 이미지를 보여주려고 한 것이었다.

김정은은 2018년 한 해 동안 '역사에 길이 남을' 일들이 일어났으며, 2019년은 '희망으로 가득찬' 한 해가 될 것이라고 했다. 생일을 일주일 앞둔 그는 이날 양복 차림으로 신년사를 읽었다. 그는 이어서 '양측의 노력에 의해 미국과의 관계가 결실을 맺을 것으로 믿는다.'고 말했다. 텔레프롬터를 읽으면서 손에 든 메모도 수시로 쳐다보았다.

그는 신년사에서 경제를 39번 언급하고, 핵 프로그램과 관련해서는 '핵무기를 더 이상 만들지도 시험하지도 않으며, 사용하지도 전파하지도 않을 것'이라고 선언하며 단 한차례만 언급했다.

이제 핵무기는 감추었고, 미사일은 침묵을 지키고 있다. 불과 2년도 지나지 않았지만 말레이시아에서 이복형을 암살한 일은 거의 잊혀졌다. 미국 대학생 오토 웜비어 사망 사건도 사람들의 뇌리에서 차츰 희미해져 가고 있다. 트럼프 대통령은 김정은의 책임을 묻지 않겠다는 투의 말도 했다. "김정은이 자기는 그 일에 대해 몰랐다고 하더라. 나는 그가 한 말을 믿는다." 트럼프는 2월 말 베트남에서 그와 두 번째 정상회담을 가진 뒤 이렇게 말했다.

하지만 합의 없이 끝난 하노이 정상회담은 어떤 형태로든 정상화를 향해 나아가는 여정이 쉽지 않음을 보여주었다. 두 나라 수도에 연락사무소를 설치하는 일처럼 관계 개선에 도움이 될 중간 단계의 조치도 일체 합의되지 못했다. 연락사무소 설치는 완전한 외교관계 수립으로 나아가는 전초 역할을 할 수 있다.

트럼프 대통령은 김정은에게 핵 프로그램 전부를 일시에 포기할 것을 요구했다. 이는 기본적으로 역대 미국 대통령들이 지난 수십 년 동안 북한을 상대로 요구해 왔지만 협상 타결에 실패한 전략이다.

김정은은 트럼프의 의사결정 패턴이나 논리를 알아내 그의 접근방식에 대처하겠다는 생각을 갖고 있었다. 하지만 여러 차례 사전 협상을 가졌음에도 불구하고 북한은 여전히 트럼프 대통령과 백악관이 어떻게 움직이는지에 대해 제대로 파악하지 못하고 있었다.

어떤 북한 고위관리는 그런 단서를 알아내기 위해 백악관과 국무부를 소재로 한 미국 텔레비전 드라마 '웨스트윙'West Wing과 '마담 세크러테리'Madame Secretary를 보기도 했다. 그 관리는 미국 정부의 관리에게 백악관이 실제로 드라마처럼 움직이느냐고 물었다. 관료들이 백악관으로 아이디어를 올려 보내는 식의 상향식 바텀업bottom-up 과정으로 운영되느냐는 질문이었다. 미국 관리는 그 말을 듣고 외교적인 표현으로 '그 반대'라고 대답했다. 트럼프 대통령은 대단히 하향식 톱다운top-down으로 의사결정을 한다.

트럼프 대통령도 상대방의 의중을 파악해 보려는 노력을 많이 하는 것처럼 보였다. 그는 핵 벙커에 숨어 있는 김정은을 대화 테이블로 이끌어내는 데는 '최대 압박'maximum pressure 작전이 유효했다고 생각한다. 아울러 김정은이 최대 압박을 통해 가해진 제재조치를 끝내기 위해 핵무기 포기를 협상 카드로 들고 나올 것이라고 믿는 것 같았다.

하지만 트럼프 행정부의 정보 담당 관리들은 그런 일은 일어나지 않을 것이라는 보고를 올렸다. 두 번째 정상회담을 앞두고 협상에 나선 북한 실무진들은 미국 협상단에게 핵무기 포기를 협상 카드로 쓰는 일은 없을 것이라고 했다. 그래도 트럼프 대통령은 회담을 밀어붙였다.

서방 국가들은 북한 핵무기 문제를 해결하는 데 몰두하고 있지만, 김정은이 당면하고 있는 문제는 핵무기에 국한되지 않는다. 북한은 핵무기가 미국의 공격에 대항하기 위해 필요한 수단이라고 생각한다. 따라서 양측의 협상은 비핵화 문제에 국한될 수가 없다. 70년 지속된 적대관계를 개선하고 신뢰를 구축하기 위한 조치도 함께 논의되어야 한다는 것이다.

김정은은 이런 이유를 들어 자칭 '보검'이라고 생각하는 핵무기를 그냥 폐기하지는 않겠다는 입장이다. 어쩌면 절대로 포기하지 않을지도 모른다. 어쨌건 그는 불과 18개월 전 북한을 '완전히 파괴'해 버리겠다고 위협한 사람에게 모든 것을 포기하고 넘겨주지는 않을 것이 분명하다. 그는 진정으로 자신을 전복시키지 않을 지도자가 미국 행정부에 들어설 때까지 기다리며 단계적인 협상을 해나가는 과정을 원한다. 그런 연후에야 비로소 자신이 만든 보검인 핵무기의 미래에 대해 어떤 결정이든 내리려 할 것이다.

김정은은 하나의 출발점으로 트럼프가 2016년과 2017년에 가한 제재조치를 해제한다면 영변 핵시설을 해체하겠다고 제안했다. 영변 핵시설은 노후화되어 이제 더 이상 필요 없는 시설이다. 유엔은 북한의 미사일 발사 및 핵무기 실험에 대한 응징으로 북한산 해산물, 석탄, 철의 수출을 금지시켰다. 김정은은 하노이에서 첫날 저녁 만찬에서 북한산 쇠고기 등심 스테이크를 함께 먹을 때부터 트럼프에게 그런 제안을 내놓았다. 김정일은 레어, 트럼프는 웰던으로 스테이크를 먹었다.

그는 이런 제재 조치들을 풀어 주지 않으면 트럼프 대통령이 무슨 말을 하더라도 북한은 어떤 조치도 취하지 않을 것이라고 했다. 그는 답답할 게 없었다. 혹은 답답할 게 없다는 식으로 보이려고 했다. 트럼프 대통령과 맞서 보겠다는 결의를 보였다.

하지만 계산을 잘못한 것 같았다. 달콤한 말을 써서 대형 봉투에 넣어 보낸 친서들로 트럼프 대통령과는 우호적인 관계가 든든하게 확립되었다고 생각했던 모양이다. 그는 원하는 제재 해제를 얻어내지 못했다. 최소한 공식적으로는 그랬다. 현실적으로는 중국과 러시아가 이미 국경에서 제재완화 조치를 시행하고 있다. 이 두 나라는 유엔에서 핵실험과 미사일 발사에 대한 제재는 더 이상 필요하지 않다며 제재 해제를 요구하는 한편 독자적인 제재 완화에 들어간 것이다.

트럼프 대통령도 상대를 잘못 읽었다. 김정은이 대화 테이블로 나온 것은 '최대 압박' 때문만은 아니었다. 신뢰 회복 조치에 대한 기대와 비핵화, 제재조치 완화 등 복합적인 요인이 작용해 회담에 응한 것이었다. 김정은은 협상을 깨고 나갈 각오가 되어 있었다.

두 정상이 오찬을 함께 하기로 되어 있는 식탁의 은식기와 유리잔들은 손도 대지 않은 채 그대로 있었다. 두 정상을 위해 준비한 푸아그라와 은대구 요리는 호텔 직원들이 대신 먹었다. 합의문 서명식을 위해 준비한 펜도 쓰지 않은 채 그대로 있었다. 두 사람이 하노이에서 마주 보며 벼랑 끝 전술을 펼치는 동안 핵보유국인 인도와 파키스탄은 실제 무력 충돌로 치달았다.

사실 북한핵이라는 심각한 의제만 아니었다면, 매우 우스꽝스러운 장면이 연출된 것이었다. 협상 불발에도 불구하고 김정은은 완전히 발을 빼고 떠나지 않았다. 그는 제재조치가 시행되는 한 자신이 원하는 경세석 번영 같은 것은 이뤄낼 수 없다는 사실을 잘 알고 있다. 양측 모두 대화가 지속될 것이라고 말해 판을 완전히 깨지는 않겠다는 의지를 보여주었다.

조선중앙통신은 김정은 위원장이 트럼프 대통령에게 "먼 길을 오가며 이번 상봉과 회담의 성과를 위해 적극적인 노력을 기울인 데 대하여 사의를 표했다."고 보도하고 "새로운 상봉을 약속하며 작별인사를 나눴다"고 밝혔다.

회담 합의 없이 끝났지만 위대한 계승자는 자랑할 만한 소득을 많이 얻었다. 우선 전 세계적으로 가장 영향력 있는 사람을 한 번도 아니고 두 번씩이나 아시아로 불러들여 만났다. 그리고 트럼프를 설득해 매년 봄 미군이 한국군과 수행하는 연례 대규모 연합훈련을 더 이상 실시하지 않도록 만들었다.

하노이 실패 이후

이제부터는 대응 작전을 위해 노후한 군용기를 상공에 띄우지 않아도 되게 되었기 때문에 한미 연합훈련 취소 하나만 해도 큰 소득이다. 게다가 두 정상이 동등한 위치에서 나란히 찍은 사진도 많이 남았고, 이 사진들은 노동신문 여러 페이지에 걸쳐 컬러로 게재되었다.

더구나 김정은은 트럼프와 달리 그 정상회담만 참석하러 베트남까지 간 게 아니었다. 결과적으로 트럼프보다 더 효과적으로 시간을 쓴 셈이 되었다. 베트남 집권 공산당은 북한의 동지를 국빈방문으로 초대해 성대한 연회를 베풀어 주었다. 하노이 시민들은 김정은이 탄 차량 행렬이 지나가는 연도에 나와 북한 인공기를 흔들며 환영해 주었다.

우여곡절이 있었지만 김정은이 원하는 목표는 분명하다. 앞으로 계속 권력을 유지하려면 제대로 경제발전을 이루어야 한다. 그는 중국 경제개혁의 아버지 덩샤오핑의 첫 번째 가르침을 충실히 따르기로 했다. 그것은 바로 '몇 사람을 먼저 부유하게 만들어라.'였다. 이제는 사람들이 흔히 잊고 있는 두 번째 가르침을 따라야 할 때가 되었다. 그 두 번째 가르침은 바로 '점차 모든 인민이 함께 잘 살도록 해주어라.'는 것이다.

김정은은 과연 어느 수준까지 나아갈 것인가? 그는 북한의 덩샤오핑이 될 것인가? 개혁개방 정책을 밀어붙여서 중국을 세계 2위의 경제대국으로 만든 덩샤오핑 같은 역할을 그가 북한에서 할 것인가? 아니면 베트남을 번영의 길로 들어서도록 이끈 도이모이 개혁 같은 것을 북한에서 시작할까?

두 모델 모두 김정은으로서는 구미가 당길 만하다. 두 나라 모두 공산당이 확고한 통제력을 유지하면서도 자본주의 이데올로기가 많은 사람들에게 동기부여를 하고 있기 때문이다. 하지만 이 경우에도 김정은으로서는 한 가지 고민거리가 있다. 그것은 바로 중국과 베트남 공산당은 가족 왕조가 아니라는 점이다. 이들 나라에서는 최고지도자 자리를 놓고 최소한 내부 경쟁은 허용된다. 그것은 북한에서는 절대로 용납될 수 없는 일이다.

따라서 위대한 계승자의 입장에서는 경제적 지원이라는 당근도 위험한 유인책으로 들릴 수 있다. 베트남 정상회담 때 미국 측은 경제적 지원 방안을 여러 차례 제시했다. 트럼프 대통령은 이전에도 김정은에게 이러한 경제적 지원 모델을 권한 바 있다.

북한은 오래 전부터 경제 개혁을 하라는 권고를 레짐 체인지 위협으로 간주해 왔다. 왜냐하면 북한 경제는 단순히 개방 정책을 채택해 자금과 사람, 정보의 자유로운 왕래를 허용하는 것으로 그치지 않는다는 데 고민이 있다. 그렇게 하면 김씨 일가의 권력 장악력이 크게 떨어지게 될 수밖에 없다.

하지만 자유화를 향해 아주 조금은 나아갈 수는 있을지 모른다. 김일성대학에서 공부한 저명한 북한 학자인 안드레이 란코프Andrei Lankov는 이것을 '개방 없는 개혁'reform without opening이라고 부른다.

연세대 국제대학원의 존 딜러리John Delury 교수를 다시 찾아가 만났다. 그는 김정은이 덩샤오핑 같은 개혁가가 될 수 있을 것이라는 희망이 있다고 주장하는 사람이다. 그는 김정은이 지금 단계까지 오는 데 걸리는 시간이 훨씬 더 빠를 것으로 예견한 사람이다. 어쨌든 그의 예언대로 현재 김정은이 경제에 몰두하고 있는 것은 분명한 사실이다.

"그는 긴급하고 단호하게 일을 밀어붙일 줄 압니다. 그러면서 또한 느긋하게 기다리며 사태의 추이를 지켜볼 줄도 압니다." 딜러리 교수는 내게 이렇게 말했다. 게다가 김정은은 젊고 경험 없는 사람들의 전형적인 결점인 충동적이거나 참을성이 없는 게 아니라는 점을 보여주었다. 그렇다고 나이 들고 경험 많은 사람들의 약점인 쉽게 체념하거나 융통성이 없는 것도 아니다. 딜러리 교수는 북한의 미래에 대해 조심스런 낙관론을 펼쳤다.

나도 김정은이 자기 앞에 놓인 특별한 기회의 창을 이용하고 싶어 할 것이라고 생각한다. 그 기회의 창은 오래지 않아 다시 닫힐 것이라는 점도 잘 알 것이다.

한국의 문재인 대통령이 추구하는 포용정책은 북한을 둘러싸고 활발한 외교전이 전개되도록 물꼬를 트는 역할을 했다. 하지만 문재인 대통령의 임기는 2022년에 끝나는데, 임기 후반 2년 정도는 레임덕에 빠지게 될 것이다.

김정은의 새 협상 파트너인 트럼프 대통령의 임기는 문재인 대통령만큼 오래 가지 못할 가능성도 있다. 그는 협상을 서두르지 않겠다는 말을 했다. 하지만 미국 대통령 가운데 비전통적인 계보에 속하는 트럼프는 2020년 두 번째 임기를 위한 선거를 치르게 되는데 당선 가능성은 매우 불투명하다.

북한 측은 트럼프의 재선 전망에 대단히 큰 관심을 갖고 있다. 김정은의 보좌관 한 명이 한국의 전통적인 점쟁이에게 그의 재선 가능성에 대해 물어보았는데, 점쟁이는 트럼프가 재선된다고 했다고 한다.

중국의 지도자 교체에 대해서는 김정은이 걱정할 필요가 없다. 시진핑 주석은 국가주석의 연임 제한 조항을 삭제해 자신이 무기한 권좌에 머물 수 있도록 하는 길을 터놓았다. 하지만 그게 김정은에게 큰 도움이 되는 것은 아니다. 시진핑은 이웃의 어린 동지를 높이 평가하지 않는 게 분명하고, 외교 무대에서 자신의 역할이 필요할 경우에만 그에게 손을 내밀었다. 김정은을 무시하는 입장으로 언제 되돌아갈지 모른다.

김정은은 현재 가해지고 있는 제재조치가 실질적으로 완전히 해제되기를 원한다. 그렇게 되기 위해서는 어떻게 하든 지금의 대화과정이 지속되도록 동력을 유지해 나갈 필요가 있다. 대화 상대가 흥미를 잃고 무관심으로 돌아서면 그가 그리는 미래의 비전을 실현하기는 매우 어렵게 된다.

"속단하기는 이르다고 생각합니다. 예단하지는 않겠습니다." 김정은은 하노이에서 트럼프 대통령과 단독 회담에 들어가기에 앞서 모두 발언을 하는 자리에서 미국 기자의 질문에 이렇게 대답했다. 김정은이 기자의 질문에 대답했다는 자체가 이례적인 일로 뉴스거리가 된 자리였다.

그는 트럼프 대통령이 옆에 앉아 있는 가운데 약간 미소를 지으며 이렇게 말을 이었다.

"하지만 내 직감으로 보면 좋은 결과가 나올 거라고 생각합니다."

북한을 소재로 책을 쓰는 것은 아주 재미있고, 힘들고, 화나고, 그러면서 너무도 흥미진진한 일이다. 궁금한 문제들에 대한 답을 모두 알아내기란 불가능하기 때문에 끝이 정해져 있는 작업도 아니다. 지구상에서 가장 접근하기 어려운 나라에 대해 책을 쓰겠다고 하는 나를 위해 자신들이 가진 생각과 지식을 아낌없이 나누어 준 모든 분들께 감사드린다. 책을 쓰는 동안 용기를 주고 힘을 준 친구와 가족들에게도 감사의 마음을 전한다.

가장 고마운 사람들은 북한에서 탈출해 나와 자신들이 겪은 이야기를 내게 털어놓아 준 탈북자들이다. 그렇게 함으로써 자신들이 얻는 것은 아무 것도 없는데도 그분들은 나를 만나 자신들이 경험하고, 보고 들은 이야기를 들려주었다. 그렇게 하는 것은 본인과 북한에 남아 있는 가족들에게 위험이 되는 일이다. 그런데도 수십 명에 달하는 용기 있는 탈북자들이 입에 올리기 힘든 이야기를 몇 시간씩 내게 들려주었고, 끝없이 이어지는 나의 성가신 질문에 인내심을 가지고 대답해 주었다.

나는 이들의 이야기를 통해 김정은 치하에서 사는 북한 주민들의 삶이 어떤지 그려내려고 했다. 그분들의 이름은 익명으로 쓸 수밖에 없었다. 그분들 한 분 한 분께 특별한 감사의 인사를 드린다. '고맙습니다, 여러분.' 그들이 들려준 이야기는 너무도 소중한 내용들이라서 그 이야기를 책을 통해 세상에 전할 수 있게 된 것이 나는 너무도 영광스럽다.

탈북자들과 인터뷰를 하기 위해서는 목숨을 걸고 이들의 탈출을 돕는 사람들의 도움이 필요했다. 오늘날 북한 주민들의 삶을 취재해서 쓰려면 이들의 도움이 필수적이다. 북한인권단체 노체인의 정광일 대표, 탈북민의 정착을 돕는 우리온의 박대현 대표와 그의 팀원들, 북한 인권 청년단체 나우의 지성호 대표, 그리고 북한인권정보센터의 김인성 연구위원께 감사드린다.

특히 북한 여성들이 겪는 고통에 대해 여러 시간에 걸쳐 이야기를 들려 준 너무나 멋진 리나 윤Lina Yoon씨께 감사드린다. 탈북민들을 돕는 일에 열성적일뿐만 아니라 오늘날 북한 내부의 사정에 대해 해박한 통찰력을 갖고 있는 박석길씨로부터도 많은 도움을 받았다. 그는 북한의 인권과 자유 문제에 대해 많은 이야기를 들려주었다.

이밖에도 여러 해 동안 많은 분들이 나를 위해 시간을 내어주고, 북한에 대해 자신이 아는 내용들을 아낌없이 들려주었다. 그분들께 감사 인사를 드리지 않을 수가 없다. (저자가 소개한 명단 가운데서 편집자가 임의로 한국 독자를 위해 한국인만 별도로 추려서 소개한다.) 하버드 케네디스쿨의 백지은Jieun Baek 연구원, 빅터 차Victor Cha 교수, 정성장 세종연구소 선임연구원, 최진욱 전 통일연구원 원장, 최강 아산정책연구원 부원장, 조봉현 IBK경제연구소 북한경제연구센터장, 조태영 대사, 조윤제 대사, 천영우 대사, 함재봉 아산정책연구원 원장, 데이비드 강David Kang 교수, 김병연 서울대 교수, 김두연 한꿈학교 교장, 마이클 김Michael Kim, 김석향 이화여대 교수, 김성민 자유북한방송 대표, 이학준 감독, TED '북한으로부터의 탈출'의 주인공 이현서씨, 백학순 세종연구소 소장, 하버드 케네디스쿨의 존 박John Park 연구위원, 라종일 교수, 신기욱 스탠퍼드대 아태연구소장, 송한나 링크 대표, 태영호 전 북한공사, 왕선택 YTN기자.

나에게 많은 도움을 주었지만 계속 북한을 드나들어야 하기 때문에 자신의 이름을 밝히지 말아달라고 한 사람들도 많이 있다. 그분들의 이름은 이 자리에서 밝히지 않기로 한다. 그렇게 하더라도 그분들은 감사해 하는 내 마음을 잘 아실 것이다.

내가 2004년 서울특파원으로 처음 부임한 이래 지금까지 마르지 않는 샘처럼 다양한 지식과 놀라운 상황인식 능력으로 줄곧 나를 지도해 주신 안드레이 란코프Andrei Lankov 국민대 교수께도 특별한 감사를 드린다.

2014년 워싱턴포스트로 자리를 옮기게 된 것은 정말 행운이었다. 워싱턴포스트에서 함께 일한 에디터들은 내가 많은 시간과 자원을 투입해 북한 취재를 할 수 있도록 전적으로 지원해 주었다. 이들은 취재기자인 나의 육감과 생각을 믿어 주었고, 성과를 장담할 수도 없는 취재 출장을 수시로 떠날 수 있도록 허락해 주었다. 이 책의 상당 부분은 내가 4년 동안 워싱턴포스트의 한국특파원과 일본특파원으로 일하면서 취재한 내용을 바탕으로 해서 쓴 것이다.

서울특파원으로 일하는 동안, 그리고 중국과 태국 등지로 힘든 취재 출장을 다니는 동안 서윤정 기자와 함께 일할 수 있어서 정말 다행이었다. 그녀는 내가 원하는 최고의 동료였고, 최고의 취재 파트너였다. 수많은 탈북자들과의 인터뷰를 그녀가 주선했다. 그녀는 늘 온화한 성품으로 그들의 마음을 편안하게 만들어 주었고, 그 덕분에 나는 수월하게 인터뷰를 진행할 수 있었다.

이 책을 쓰는 동안 강신희, 김민주, 김연지, 김민정, 그리고 오다 유키씨가 필요한 자료수집과 번역 작업을 통해 정말 많은 도움을 주었다. 민주씨는 급한 번역일을 도맡아서 해주었다. 나의 오랜 한국어 선생님인 이은경씨는 내가 문법공부를 잠시 접고 북한식 일상용어를 배우도록 너그럽게 허락해 주었다.

해외특파원 신분으로 처음 서울에 왔을 때 나는 정말 운좋게도 탁월한 기자인 바버라 데믹Barbara Demick과 친구가 되었다. 그녀가 쓴 『부러울 것 없다: 북한에서의 실생활』Nothing to Envy은 오늘날 북한의 실상을 아는 데 교과서 같은 책이다. 바버라, 당신은 내게 너그러운 친구이자 멘토였어요. 당신은 내게 정말 많은 것을 가르쳐 주었어요.

나를 독서와 여행을 좋아하고, 다른 문화에 대한 호기심이 많은 사람으로 키워주신 아빠에게 감사드린다. 내가 해외특파원이 되어서 바그다드, 테헤란, 평양 같은 험지로 취재 출장을 떠나게 되었다고 말씀드리면 아빠는 그저 얼굴 한 번 살짝 찡그리는 것으로 받아들여 주셨다. 항상 나를 믿고 지지해 주셔서 감사드려요, 아빠.

내가 워싱턴포스트 일본지국장으로 가게 되자 엄마는 평생 살아오신 뉴질랜드를 떠나 나를 따라 생전 처음으로 외국생활을 시작하셨다. 엄마는 4년 내내 도쿄에서 살며 우리 아들을 키워 주셨다. 엄마 덕분에 나는 마음 놓고 취재 출장을 다니고, 책상머리에 앉아 기사를 쓸 수 있었다. 엄마가 아니었으면 나는 지금 내가 하는 일을 하지 못했을 것이다.

뭐니 뭐니 해도 제일 고마운 것은 우리 아들 주드Jude이다. 아들은 엄마가 이 수수께끼 인물의 퍼즐을 맞추느라 집을 비운 사이, 그리고 집에 있다고 해도 엄마의 정신이 딴 데 가 있는 동안 잘 견뎌내 주었다. 북한 땅에 있는 어린이들도 우리 아들처럼 자유롭게 말하고, 마음껏 뛰놀고, 네트플릭스Netflix도 실컷 볼 수 있는 날이 하루 빨리 오기를 바란다.

애나 파이필드
베이징에서

1장 | 어린 독재자

1   *Korean Pictorial*, January 1986 issue.

2   Lee U Hong, *Angu na kyowakoku: Kita Chosen kogyo no kikai* (Tokyo: Aki shobo, 1990), 20.

3   Descriptions of seeds and agricultural methods from Lee, 32, 118, 168.

4   Yi Han-yong, *Taedong River Royal Family: My 14 Years Incognito in Seoul* (Seoul: Dong-a Ilbo, 1996).

5   Ju-min Park and James Pearson, "In Kim Jong Un's summer retreat, fun meets guns," Reuters, October 10, 2017.

6   Don Oberdorfer, *The Two Koreas: A Contemporary History* (New York: Little, Brown and Company, 1998), 347.

7   "GDR Ambassador Pyongyang to Ministry for Foreign Affairs, Berlin," April 14, 1975, History and Public Policy Program Digital Archive, Political Archive of the Foreign Office, Ministry of Foreign Affairs (PA AA, MfAA), C 6862.

8   Kim Hakjoon, *Dynasty: The Hereditary Succession Politics of North Korea* (Stanford, CA: Shorenstein Asia-Pacific Research Center, 2017), 87.

9   Kim Jong Il, *Brief History* (Pyongyang: Foreign Languages Publishing

House, 1998).

10   Oberdorfer, *The Two Koreas*, 341.

11   David Sanger, "Kim Il Sung Dead at 82," *New York Times*, July 9, 1994.

12   Anna Fifield, "Selling to Survive," *Financial Times*, November 20, 2007.

13   Kim Hakjoon, *Dynasty*, 131.

14   Ri Nam Ok, Kim Jong Nam's cousin, thought that Ko Yong Hui was behind this move. From Imogen O'Neil's unpublished book, *The Golden Cage: Life with Kim Jong Il, a Daughter's Story*.

15   O'Neil, *The Golden Cage*.

16   Kim Hakjoon, *Dynasty*, 153.

17   Kenji Fujimoto, *I Was Kim Jong-il's Cook* (Tokyo: Fusosha Publishing, 2003).

2장 | 스시 요리사 친구

1   *Immortal Anti-Japanese Revolutionary, Teacher Kim Hyong Jik* (Pyongyang: Publishing House of the Workers' Party of Korea, 1968), 93~94.

2   Yi Han-yong, *Taedong River Royal Family: My 14 Years Incognito in Seoul* (Seoul: Dong-a Ilbo, 1996).

3   David Halberstam. *The Coldest Winter: America and the Korean War* (New York: Hachette Books, 2007), 80.

4   Robert S. Boynton, *The Invitation-Only Zone: The True Story of North Korea's Abduction Project* (New York: Farrar, Straus and Giroux, 2016), 33.

5   Yoji Gomi, *Three Generations of Women in North Korea's Kim Dynasty* (Tokyo: Bunshun Shinso, 2016).

6   Ko Yong-gi, "A Curious Blood Line Connecting Kim Jong Un and Osaka," *Daily North Korea*, December 14, 2015.

7   Sin Yong Hui's memoir, cited in the South Korean media, including by investigative journalist Cho Gab-je in a post on chogabje.com on June 26, 2012.

8   *Anecdotes of Kim Jong Un's Life* (Pyongyang: Foreign Languages Publishing House, 2017), 49.

3장 | 스위스 유학

1   According to an author interview with ftomas Bach, former president of the International Olympic Committee.

2   Guy Faulconbridge, "North Korean Leaders Used Brazilian Passports to Apply for Western Visas," Reuters, February 28, 2018.

3   Evan Thomas, "North Korea's First Family," *Newsweek*, July 17, 2009.

4   Andrew Higgins, "Who Will Succeed Kim Jong Il?" *Washington Post*, July 16, 2009.

5   Mira Mayrhofer and Gunther Müller, "Nordkorea: Kim Jong-un Wird auf die Machtübernahme Vorbereitet," *Profil* (Austria), September 21, 2010.

6   According to an unpublished interview conducted by Swiss journalist Bernhard Odehnal.

7   "Kim Jung-un mochte Nike Air-Turnschuhe, aber keine Mädchen," *Berner Zeitung*, October 6, 2010.

8   Higgins, "Who Will Succeed."

9   Interview with Odehnal.

10   Information from Simon Lutstorf about Kim Jong Un's basketball games at the high school comes from Titus Plattner, Daniel Glaus, and Julian Schmidli, *In Buglen und Kochen eine 4*, SonntagsZeitung, April 1, 2012.

11   "Revealed: Kim Jong-un the Schoolboy," Al Jazeera English, November 7, 2010.

12   Atika Shubert, "Swiss Man Remembers School with Son of North Korean Leader," CNN, Sept. 29, 2010.

13   Higgins, "Who Will Succeed."

14   Colin Freeman and Philip Sherwell, "North Korea Leadership: 'My Happy Days at School with North Korea's Future Leader,'" *Daily Telegraph*, September 26, 2010.

15   "Kim Jong-Un Mochte Nike Air-Turnschuhe, Aber Keine Mädchen," *Berner Zeitung*, October 6, 2010.

16   Interview with Odehnal.

4장 | 독재자 수업

1   Details about songs on the airwaves and speculation in the South Korean press come from Kim Hakjoon, *Dynasty: The Hereditary Succession Politics of North Korea* (Stanford, CA: Shorenstein Asia-Pacific Research Center, 2017), 156~158.

2   *Anecdotes of Kim Jong Un's Life* (Pyongyang: Foreign Languages Publishing House, 2017), 4.

3   "Kim Jong Il's Doctor Opens Up on '08 Stroke," Associated Press, December 19, 2011.

4   Jamy Keaten and Catherine Gaschka, "French Doctor Confirms Kim Had

Stroke in 2008," Associated Press, December 19, 2011.

5   Lee Yung-jong, *Successor Kim Jong Un* (Seoul: NP Plus, 2010).

6   Thae Yong-ho, *Password from the Third-Floor Secretariat* (Seoul: Giparang, 2018), 280.

7   According to Cheong Seong-chang of the Sejong Institute.

8   "'Mother of Military-first Chosun' Made Public," *Daily NK*, July 12, 2012.

9   Cho Jong Ik, "'Great Mother' Revealed to the World," *Daily NK*, June 30, 2012.

10   Christopher Richardson, "North Korea's Kim Dynasty: The Making of a Personality Cult," *Guardian*, February 16, 2015.

11   Barbara Demick, "Nothing Left," *New Yorker*, July 12, 2010.

12   Demick, "Nothing Left."

13   Stephan Haggard and Marcus Noland, *Witness to Transformation: Refugee Insights into North Korea* (Washington, DC: Peterson Institute for International Economics, 2010).

14   "N. Korean Technocrat Executed for Bungled Currency Reform," Yonhap News Agency, March 18, 2010.

15   Kim Hakjoon, *Dynasty*, 176.

16   "Kim Jong Il Issues Order on Promoting Military Ranks," Korean Central News Agency, September 27, 2010.

5장 | 3대 세습의 주인공

1   Ken Gause, "North Korean Leadership Dynamics and Decision-Making under Kim Jong-un: A Second-Year Assessment," CNA, March 2014, 2.

2 Gause, "North Korean Leadership Dynamics," 110.

3 Gause, "North Korean Leadership Dynamics," 3.

6장 | 통제의 끈을 늦추다

1 Stephan Haggard and Marcus Noland, *Famine inNorth Korea: Markets, Aid, and Reform* (New York: Columbia University Press, 2009), 187.

2 According to Curtis Melvin, a researcher at the US-Korea Institute at Johns Hopkins University in the United States.

3 Benjamin Katzeff Silberstein, *Growth and Geography of Markets in North Korea: New Evidence from Satellite Imagery* (US-Korea Institute at the Johns Hopkins School of Advanced International Studies, October 2015), 29~36.

4 Kang Mi-jin, "Stall Transfers Yield Big Profits at the Market," *Daily NK*, May 14, 2015.

5 Cha Moon-seok, *Information about North Korea's Market: Focusing on Current Status of Its Official Market* (Seoul: Korean Institute for National Unification, 2016).

6 Kim Byung-ro, "North Korea's Marketization and Changes in the Class Structure," from *The Economy and Society in the Kim Jong-Un Era: New Relationship between the State and Market*, edited by Yang Moon-soo (Paju: Haneul Academy, 2014).

7 Yonho Kim, *North Korea's Mobile Telecommunications and Private Transport Services in Kim Jong Un Era* (US-Korea Institute at SAIS, 2018).

8 Yonho Kim, *North Korea's Mobile Telecommunications*.

7장 | 공포정치

1   "N. Korea Requires Students to Take 81-hour Course on Kim Jong-un," KBS, Nov. 25, 2014.

2   Helen-Louise Hunter, "The Society and Its Environment," in *North Korea: A Country Study*, edited by Robert L. Worden, 79~86 (Federal Research Office, Library of Congress, 2008), 85~86.

3   James Pearson, "The $50 Device That Symbolizes a Shift in North Korea," Reuters, March 26, 2015.

4   Greg Scarlatoiu, preface to *Coercion, Control, Surveillance, and Punishment: An Examination of the North Korean Police State* (Washington: Committee for Human Rights in North Korea, 2012), 5.

5   Hunter, "The Society and Its Environment," 79~80.

6   Andrei Lankov, "The Evolution of North Korea's 'Inminban,'" NK News, April 28, 2015.

7   Andrei Lankov, "Daily Life in North Korea," Al Jazeera, May 21, 2014.

8   Kang Dong-wan, *Hallyu Phenomenon in North Korea: Meaning and Impact* (Institute for Unification Education of South Korea), 73~74.

9   David Hawk, *Parallel Gulag* (Washington: Committee for Human Rights in North Korea, 2017), 21.

10   David Hawk, *The Hidden Gulag: The Lives and Voices of "Those Who Are Sent to the Mountains"* (Washington: Committee for Human Rights in North Korea, 2012), 4.

11   Hawk, *Parallel Gulag*, 11.

12   All descriptions of torture are from the Commission of Inquiry on Human Rights in the Democratic People's Republic of Korea Report of

Detailed Findings, 2014, 235.

13   Commission of Inquiry report, 2014, 124.

14   Hawk, *Parallel Gulag*, 31.

15   Anna Fifield, "North Korea's Prisons Are as Bad as Nazi Camps, Says Judge Who Survived Auschwitz," *Washington Post*, December 11, 2017.

8장 | 고모부 장성택

1   Milan W. Svolik, *The Politics of Authoritarian Rule* (UK: Cambridge Stud- ies in Comparative Politics, 2012), 5.

2   Ju-min Park and James Pearson, "North Korea Executes Defence Chief with an Anti-Aircraft Gun: South Korea Agency," Reuters, May 13, 2015.

3   Ra Jong-yil, *Jang Song Thaek's Path: A Rebellious Outsider* (Seoul: ALMA, 2016).

4   Ra, *Jang Song Thaek's Path*, 145.

5   Ra, *Jang Song Thaek's Path*, 167.

6   "Kim's Niece Kills Herself in Paris," *JoongAng Daily*, September 18, 2006.

7   Andray Abrahamian, *The ABCs of North Korea's SEZs* (US-Korea Institute at SAIS, 2014).

8   Ra, *Jang Song Thaek's Path*, 254.

9   Thae Yong-ho, *Password from the Third-Floor Secretariat* (Seoul: Giparang, 2018), 328.

10   Alexandre Mansourov, "North Korea: The Dramatic Fall of Jang Song Thaek," *38 North*, December 9, 2013.

11   Mansourov, "North Korea."

12   "Traitor Jang Song Thaek Executed," Korean Central News Agency,

December 13, 2013.

9장 | 평해튼 사람들

1   Park In Ho, *The Creation of the North Korean Market System* (Seoul: Daily NK, 2017).

2   "The Complex Ties Interlinking Cadres and the Donju," *Daily NK*, July 8, 2016.

3   Jonathan Corrado, "Will Marketization Bring Down the North Korean Regime?" *The Diplomat*, April 18, 2017.

10장 | 평양의 밀레니얼 세대와 리설주

1   "Rungna People's Pleasure Ground Opens in Presence of Marshal Kim Jong Un," Korean Central News Agency, July 25, 2012.

2   Thae Yong-ho, *Password from the Third-Floor Secretariat* (Seoul: Giparang, 2018), 307.

3   Yoji Gomi, *Three Generations of Women in North Korea's Kim Dynasty* (Tokyo: Bunshun Shinso, 2016).

4   Anna Fifield, "What Did the Korean Leaders Talk About on Those Park Benches? Trump, Mainly," *Washington Post*, May 2, 2018.

11장 | 친구 데니스 로드먼

1   Dennis Rodman, speaking at the Modern War Institute in West Point, New York, March 3, 2017.

2   Shane Smith in *VICE on HBO Season One: The Hermit Kingdom* (Episode 10), February 23, 2014.

3   Dennis Rodman to Megyn Kelly on NBC, June 19, 2018.

4   Jason Mojica, "In Dealing with North Korea, Fake It 'til You Make It," *Medium*, February 26, 2018.

5   Dennis Rodman in *Dennis Rodman's Big Bang in Pyongyang* (2015).

6   Vice News film.

7   Vice News film.

8   Darren Prince in *Dennis Rodman's Big Bang in Pyongyang*.

9   Dennis Rodman in *Dennis Rodman's Big Bang in Pyongyang*.

12장 | 오토 웜비어 죽음의 진실

1   Timothy W. Martin, "How North Korea's Hackers Became Dangerously Good," *Wall Street Journal*, April 19, 2018.

2   Curtis M. Scaparrotti to House Committee on Armed Services, April 2, 2014.

3   Ellen Nakashima and Devlin Barrett, "U.S. Charges North Korean Operative in Conspiracy to Hack Sony Pictures, Banks," *Washington Post*, September 6, 2018.

4   Patrick Winn, "How North Korean Hackers Became the World's Greatest

Bank Robbers," *Global Post Investigations*, May 16, 2018.

5   Martin, "How North Korea's Hackers Became Dangerously Good."

6   Ju-min Park, James Pearson, and Timothy Martin, "In North Korea, Hackers Are a Handpicked, Pampered Elite," Reuters, December 5, 2014.

7   Sam Kim, "Inside North Korea's Hacker Army," *Bloomberg Businessweek*, February 7, 2018.

8   Joshua Hunt, "Holiday at the Dictator's Guesthouse," *The Atavist Magazine*, no. 54, November 2015.

13장 | 이복형 김정남

1   Bruce Bueno de Mesquita and Alastair Smith, *The Dictator's Handbook: Why Bad Behavior Is Almost Always Good Politics* (New York: PublicAffairs, 2011), 30.

2   "Jong-nam Kept Antidote to Poison in Sling Bag, Court Told,"Bernama News Agency (Malaysia), November 29, 2017.

3   According to Ri Nam Ok, as told to Imogen O'Neil.

4   SongHye Rang, *Wisteria House: The Autobiography of Song Hye-rang* (Seoul: Chisiknara, 2000).

5   Song Hye Rang, *Wisteria* House.

6   According to Ri Nam Ok, as told to Imogen O'Neil.

7   Yi Han-yong, *Taedong River Royal Family: My 14 Years Incognito in Seoul* (Seoul: Donga Ilbo, 1996).

8   According to Ri Nam Ok, as told to Imogen O'Neil.

9   Yi Han-yong, *Taedong River Royal Family*.

10   According to Ri Nam Ok, as told to Imogen O'Neil.

11   Ju-min Park and A. Ananthalakshmi, "Malaysia Detains Woman, Seeks Others in Connection with North Korean's Death," Reuters, February 15, 2017.

12   Based on an interview with someone with knowledge of the intelligence who spoke on condition of anonymity.

13   According to Mark.

14   Kim Jong Nam to Japan's TV Asahi, interview aired October 12, 2010.

15   "Kim Jong-il's Grandson Feels Sorry for Starving Compatriots,"*Chosun Ilbo*, October 4, 2011.

16   Alastair Gale, "Kim Jong Un's Nephew Was in Danger After Father's Killing, North Korean Group Says," *Wall Street Journal*, October 1, 2017.

17   "Kim Jong-un's brother visits London to watch Eric Clapton," BBC News, May 22, 2015.

14장 | 핵 보검을 가지다

1   Anna Fifield, "After Six Tests, the Mountain Hosting North Korea's Nuclear Blasts May Be Exhausted," *Washington Post*, October 20, 2017.

2   Kim Jong Un to central committee meeting of the Workers' Party, as reported by KCNA, April 21, 2018.

3   Translation from Christopher Green, *Daily NK*.

4   Joseph S. Bermudez, *North Korea's Development of a Nuclear Weapons Strategy* (The US-Korea Institute at SAIS, 2015), 8.

5   James Person and Atsuhito Isozaki, "Want to Be a Successful Dictator? Copy North Korea," *The National Interest*, March 9, 2017.

6   Alexandre Y. Mansourov, "The Origins, Evolution, and Current Politics

of the North Korean Nuclear Program," *The Nonproliferation Review* 2, no. 3 (Spring~Summer 1995): 25~38.

7   Mansourov, "The Origins, Evolution, and Current Politics."

8   Jonathan D. Pollack, *No Exit: North Korea, Nuclear Weapons and Inter- national Security* (The International Institute for Strategic Studies, 2014), chapter 3.

9   Scott Douglas Sagan and Jeremi Suri, "The Madman Nuclear Alert: Secrecy, Signaling, and Safety in October 1969," *International Security* 27, no. 4 (2003): 150~183.

10   H. R. Haldeman with Joseph DiMona, *The Ends of Power* (New York: Times Books, 1978), 83.

11   Mercy A. Kuo, "Kim Jong-un's Political Psychology Profile: Insights from Ken Dekleva," *The Diplomat*, October 17, 2017.

12   H. R. McMaster in interview on MSNBC, August 5, 2017.

15장 | 비밀병기 김여정

1   From Imogen O'Neil's book *Inside the Golden Cage*.

2   According to sushi chef Kenji Fujimoto and Konstantin Pulikovsky, Russia's envoy to the Far East who visited North Korea frequently during the Kim Jong Il era.

3   According to Michael Madden of North Korea Leadership Watch.

4   Author interview with Lim Jae-cheon, a Kim family expert at Korea University in Seoul.

5   Anna Fifield, "What Did the Korean Leaders Talk About on Those Park Benches? Trump, Mainly," *Washington Post*, May 2, 2018.

6   Anna Fifield, "Did You Hear the One about the North Korean Leader, the $100 Bill and the Trump Card?" *Washington Post*, April 30, 2018.

16장 | 미국과 담판

1   Eric Talmadge, "Economist: N. Korea Eying Swiss, Singaporean-Style Success," Associated Press, October 29, 2018.

2   Lee Seok Young, "Successor Looks Set for Own Escort," *Daily NK*, August 26, 2011, citing Lee Yeong Guk, author of the book *I Was Kim Jong Il's Bodyguard*.

3   According to Kenji Fujimoto.

4   John Bolton, "The Legal Case for Striking North Korea First," *Wall Street Journal*, February 28, 2018.

5   Andrew Kim, "North Korea Denuclearization and U.S.-DPRK Diplomacy," speech given at Stanford University on February 25, 2019.

6   Andrew Kim, "North Korea Denuclearization."

7   First reported by Alex Ward, "Exclusive: Trump Promised Kim Jong Un He'd Sign an Agreement to End the Korean War," Vox, August 29, 2018. Confirmed through my own reporting.

8   Freddy Gray, "Donald Trump's Real-Estate Politik Is Working," *The Spectator*, June 12, 2018.

9   Based on author interviews with sources who spoke on condition of anonymity.

10   Karen DeYoung, Greg Jaffe, John Hudson, and Josh Dawsey, "John Bolton Puts His Singular Stamp on Trump's National Security Council," *Washington Post*, March 4, 2019.

옮긴이 **이기동**

서울신문에서 초대 모스크바특파원과 국제부 차장, 정책뉴스부 차장, 국제부장, 논설위원을 지냈다. 베를린장벽 붕괴와 소련연방 해체를 비롯한 동유럽 변혁의 과정을 현장에서 취재했다. 경북 성주에서 태어나 경북고등과 경북대 철학과, 서울대대학원을 졸업하고, 관훈클럽 신영연구기금 지원으로 미시간대에서 저널리즘을 공부했다. 《AI의 미래–생각하는 기계》《현대자동차 푸상무 이야기》《블라디미르 푸틴 평전–뉴차르》《미국의 세기는 끝났는가》《인터뷰의 여왕 바버라 월터스 회고록–내 인생의 오디션》《마지막 여행》《루머》《미하일 고르바초프 최후의 자서전–선택》을 우리말로 옮겼으며, 저서로 《기본을 지키는 미디어 글쓰기》가 있다.

김정은 평전
마지막 계승자

초판 2쇄 발행 | 2019년 6월 18일
초판 1쇄 발행 | 2019년 6월 11일

지은이 | 애나 파이필드
옮긴이 | 이기동
펴낸이 | 이기동
펴낸곳 | 도서출판 프리뷰
편집주간 | 권기숙
마케팅 | 팀장 유민호
디자인 | 박성진
주소 | 서울특별시 성동구 아차산로 7길 15–1 효정빌딩 4층
이메일 | previewbooks@naver.com
블로그 | http://blog.naver.com/previewbooks
전화 | 02)3409–4210
팩스 | 02)463–8554, 02)3409–4201
등록번호 | 제206–93–29887호
인쇄 | 상지사 P&B

ISBN 978–89–97201–47–1 03300

잘못된 책은 구입하신 서점에서 바꿔드립니다.
책값은 뒤표지에 있습니다.